"十四五"职业教育国家规划教材

高等职业教育"互联网+"新形态教材·财会专业

财务报表分析

（第3版）

刘晓菊　郭邦涌　骆淑芳　主　编

谭素娴　周炳伟　副主编

電子工業出版社

Publishing House of Electronics Industry

北京·BEIJING

内 容 简 介

本书以最新企业会计准则、国家财经法规为指导进行编写，主要满足高等职业教育大数据与会计专业财务分析、财务报表分析等课程教学需要，分财务报表分析基础、主要财务报表分析、企业财务效率分析、企业财务综合分析 4 个项目。本书借鉴财务报表分析的前沿成果，内容涵盖了财务报表分析的基本理论，注重与企业财务分析实务相衔接，各部分内容有理论、有实训，较好地体现了会计教学理实一体化的理念。各项目设有知识目标、能力目标、理论讲解、实务演练等模块，以任务引领细分内容，设置了大量的案例分析，以及小知识、任务检测等栏目，内容丰富、形式多样，有利于在教学中开展师生互动，培养学生的动手能力。

本书体系完整，内容实用，配套资源丰富，既可作为高等职业教育会计类专业学生的学习用书，也可作为企业管理人员的自学参考用书。

图书在版编目（CIP）数据

财务报表分析 / 刘晓菊，郭邦涌，骆淑芳主编. —3 版. —北京：电子工业出版社，2022.1

ISBN 978-7-121-41081-9

Ⅰ. ①财… Ⅱ. ①刘… ②郭… ③骆… Ⅲ. ①会计报表－会计分析－高等学校－教材 Ⅳ. ①F231.5

中国版本图书馆 CIP 数据核字（2021）第 075658 号

责任编辑：贾瑞敏
印　　刷：大厂回族自治县聚鑫印刷有限责任公司
装　　订：大厂回族自治县聚鑫印刷有限责任公司
出版发行：电子工业出版社
　　　　　北京市海淀区万寿路 173 信箱　邮编 100036
开　　本：787×1 092　1/16　印张：17　字数：446 千字
版　　次：2013 年 8 月第 1 版
　　　　　2022 年 1 月第 3 版
印　　次：2025 年 1 月第 9 次印刷
定　　价：54.00 元

凡所购买电子工业出版社图书有缺损问题，请向购买书店调换。若书店售缺，请与本社发行部联系，联系及邮购电话：(010)88254888，88258888。

质量投诉请发邮件至 zlts@phei.com.cn，盗版侵权举报请发邮件至 dbqq@phei.com.cn。

本书咨询联系方式：邮箱 fservice@vip.163.com；QQ 群 427695338；微信 DZFW18310186571。

前　言

《财务报表分析》从最初构思编写出版，到此次修订第3版，一直承载着编者一份心意，那就是籍三十年来企业财务分析教学工作经验，为广大师生倾情提供一本能够促进财务报表分析课程教学开展、提高教学效果的好教材。

随着计算机应用技术的不断发展，企业会计核算逐步实现由计算机自动处理，会计人员有更多的时间进行财务管理工作，财务分析的作用凸显出来。财务分析是企业财务管理工作的重要内容，是管理者了解企业过去的经营和财务活动情况、判断目前所处的境地、预测未来发展趋势和变化的主要途径。财务报表分析是会计人员直接根据企业财务报表数据进行解读、比较、计算和判断，为深入研究企业偿债、盈利、营运和发展等问题及其影响因素提供基础性分析，具有较强的专业性。因此，许多高校会计专业专门开设财务报表分析课程，对学生财务分析能力进行系统的训练。本书贯彻党的二十大精神，按照高职大数据与会计专业人才培养目标与岗位工作要求确定教材内容，结合大数据环境下获取相关企业财务报表数据进行分析，聚焦3个核心目标：第一，快速、准确地解读企业财务报表，把握企业财务信息；第二，计算财务效率分析相关指标，进行客观评价；第三，深入开展综合分析，撰写一份简明扼要、图文并茂、分析到位的财务分析报告。

一、修订中保留的内容特色

新版保留了第 2 版的主要特色，力求体现内容的实践性、结构的简明性。保留了原教材（第2版）结构和任务划分的方式，以及案例分析、实务演练、配套实训等特色段落，训练学生具体的操作能力，拓展学生的专业视野和思想深度。内容满足高职大数据与会计专业核心课程财务分析的教学需要，借鉴国内外财务分析最新理论研究成果，注重培养学生自信自强、守正创新的精神，结合企业财务分析实务，涵盖了财务报表分析的基本理论、主要方法和深度剖析路线。

二、修订的主要内容

本次修订的主要内容包括 4 个方面。**第一，结合新报表。**近年来，我国企业会计对外报送的四大主要会计报表虽然基本原理和报表结构没有大的变化，但具体项目及数据填报口径陆续做了一些调整。通过修订使教材紧跟实务变化，尽可能使学生更好地学以致用。**第二，补充新实训。**增加了部分新实务演练内容，对“财务分析报告的撰写”任务内容做了较多的充实。**第三，适应新背景。**深刻领会党的二十大主题，关注大数据时代给财务分析工作带来的变化和影响，强调制度自信、文化自信，进行数据挖掘与整合，财务信息与非财务信息相结合，企业个体信息与行业整体信息相结合，提高分析的准确性。**第四，体现新形态。**基于计算机网络和手机在教学中的广泛应用，教材配套了大量教学资源，包括微课、课程 PPT、配套实训案例、各任务习题、研究性学习设计及要求、线上互动讨论答疑、移动智能端做题与评判等，学生随时随地可通过教材上的二维码实现线上听讲、训练和与教师互动。提供财务分析数据网络资源链接，为教学的顺利开展和高效实施提供强有力的保障。

三、教学建议

基于课程的性质和本书编写的特点，建议教学中通过翻转课堂，开展研究性学习。以课程总时数 64 学时为例，研究性学习项目划分为：资产负债表分析、利润表分析、现金流量表分析、偿债能力分析、营运能力分析、盈利能力分析、发展能力分析、杜邦分析、财务分析报告九大课题。在开课之初划分学习小组，每组由三四名学生组成，各组分别选定国内上市公司作为分析对象，充分利用大数据资源，下载公司财务报告，开展分析研究，制作 PPT，进行成果分享汇报，师生共同评价，使财务分析教学活动更好地体现时代性、把握规律性、富于创造性，将党的二十大精神融入课堂教学中。通过分享、总结、提问、解答等环节，师生进行思想碰撞。小组学习为团队精神培养提供有效途径；成果分享培养学生的协作能力、竞争意识；学生参与评价，培养公平、公正的观念，以此全面提升学生素质，培养优质人才。

四、分工

本书由金华职业技术学院刘晓菊、郭邦涌，广州工程技术职业学院骆淑芳担任主编，广州工程技术职业学院谭素娴、广东女子职业技术学院周炳伟担任副主编。全书由刘晓菊负责拟定大纲、统稿和修改。具体分工为：各项目实训由郭邦涌编写；项目一，项目二，项目三中任务一、任务二由刘晓菊编写；项目三中任务三、任务四由周炳伟编写；项目四由骆淑芳、谭素娴编写。

五、致谢

在本书的编写过程中，编者参阅了大量的著作和文献资料，在此向相关作者表示感谢。同时，在编写中得到了金华安泰会计师事务所的大力支持，在此表示感谢！

由于编者水平有限，时间比较仓促，疏漏之处在所难免，欢迎广大读者批评指正，以便我们不断修改和完善。

编　者

目　录

项目一

财务报表分析基础

知识目标

1. 明确财务报表分析的目的。
2. 熟悉财务报表分析的内容、程序。
3. 熟悉财务报告的构成，了解财务报告的信息使用者。
4. 掌握财务报表分析的方法。
5. 理解财务报表分析的局限性。

培养有理想敢担当能吃苦肯奋斗的新时代好青年

能力目标

1. 能够描述不同会计信息使用者进行财务报表分析的目的。
2. 能够搜集较为全面的财务分析信息资料。
3. 能够灵活运用比较分析法、因素分析法。

任务一　财务报表分析的目的与内容

理论讲解

一、财务报表分析的产生与发展

财务报表分析是财务会计报表使用者以企业财务报告及其他相关资料为依据，采用专门的财务分析方法，系统分析和评价企业过去和现在的财务状况和经营成果，预测企业未来发展趋势，为做出正确决策提供准确依据的一项经济管理活动。

财务报表分析产生于 19 世纪末 20 世纪初，是由美国银行界倡导的。银行家需要了解企业的经营情况和财务状况，调查和分析企业的信用状况和财务实力，以评价与判断企业的偿付能力及违约风险，从而要求企业提供反映其财务情况的财务报表，作为其考察、评价企业信用状况的主要依据。因此，当时的分析主要是为银行服务的信用分析。

资本及债务市场的形成与发展，使投资者需要更为广泛、丰富的信息资料。财务报表分析由主要为贷款银行服务扩展到为所有的资金提供者服务，分析的内容由信用状况、财务风险及偿债能力扩展到筹资结构、利润分配及盈利能力等，从而形成了较为完备的外部财务分析体系。

股份公司纷纷设立并发展起来以后，所有权与管理经营权分离下的受托经营责任关系得以确立且普遍存在。为改进经营管理，增强公司的盈利能力与偿债能力，以取得投资者和债权人的信任与支持，经营管理者开发了内部财务报表分析，从而使财务报表分析由外部分析扩展到内部分析，分析主体由外部利害关系人扩展到内部经营管理者。

随着经济发展、体制改革与现代公司制的出现，现代财务报表分析领域不断扩展，财务分析在资本市场、企业重组、绩效评价、企业评估等领域的应用也越来越广泛。知识经济时代，大数据技术被广泛应用，如应用于保险、医疗、信息、航空航天等行业，并取得了良好成效。在财务分析中，大数据技术以其大量化、多样化、快速化的优势受到了财务管理人员的一致好评。一方面，它极大地提升了财务数据分析和处理的能力；另一方面，它提高了财务管理的质量和水平。

小知识

大数据为我们带来了什么？

大数据（big data），或称巨量资料，指的是所涉及的资料量规模巨大到无法通过目前主流软件工具，在合理时间内进行撷取、管理、处理，并整理成帮助企业经营决策的信息。当一波又一波的IT技术热潮源源不断地向我们扑来的时候，无论是否做好了准备，都要开始迎接它了。在物联网、云计算的推波助澜下，大数据开始登场了。但它到底给我们带来了什么呢？

预测未来

大数据吸引人的地方在于用“科学”的办法挑战了“预测学”，帮助人们发现未知，帮助人们进行决策。大数据把看起来不相关的数据放到一起分析，找出某些跨领域的关联，进而找出因果关系，发现价值。“现在已经是一个有海量数据的时代，应用数学已经取代了其他的所有学科工具，而且只要数据足够，就能说明问题。”

变革商业

大数据带来了商机，衍生出了一系列与之相关的商业机遇与商业模式，数据的潜在价值也在源源不断地发挥出来。目前，已产生了专门的数据搜集、数据分析、数据生成的数据产业链。包括航空、金融、电商、电信、电力，甚至F1赛车等各个行业的企业都在纷纷掘金大数据。可以看出，在推动大数据企业应用方面，真正看到大数据潜在商业价值的企业比大数据技术厂商还要着急。麦当劳、肯德基及苹果公司等旗舰专卖店的位置都是建立在数据分析基础之上的精准选址。而在零售业中，数据分析的技术与手段更是得到了广泛的应用，传统企业，如沃尔玛通过数据挖掘重塑并优化供应链；新崛起的电商，如卓越亚马逊、淘宝等则通过对海量数据的掌握和分析，为用户提供更加专业化和个性化的服务。

变革思维

大数据改变思维方式。大数据时代，人们对数据的思维方式最关键的转变在于从自然思维转向智能思维，使得大数据像具有生命力一样，获得类似于“人脑”的智能，甚至智慧。人们都去了哪里？运营商和地图大数据知道。人们不论如何出行，往往都会用到地图，基于此地图平台就可以形成宏观的出行大数据。百度迁徙应该是比较有代表性的一款产品，其基于地图大数据反映出人口流动轨迹，2017年推出时被央视用于报道春运，名噪一时。

资料来源：百度百科，2020-1-25.

二、财务报表分析的目的

财务报表分析的根本目的就是充分利用财务报表及其分析所揭示的信息作为决策的依据。概括起来就是：评价过去的经营业绩；衡量现在的财务状况；预测未来的发展趋势。不同的信息使用者进行分析的具体目的和侧重点有所不同，具体表现如下。

（一）企业经营管理者

企业经营管理者主要指企业的经理，以及各分厂、部门、车间的管理人员。他们进行财务报表分析的目的是综合的、多方面的，包括企业目标的完成情况、企业目前的财务状况、企业未来的发展前景。通过分析，可以及时发现生产经营中存在的问题，并采取有效措施解决问题，使企业增强盈利能力。

（二）企业投资者

企业投资者包括企业的所有者和潜在投资者。他们为决定是否投资，要分析企业的资产和盈利能力，判断投资风险；为决定是否转让股份，要分析盈利状况、股价水平和发展前景；为考察经营者的业绩，要分析资产盈利水平、破产风险和竞争能力；为决定股利分配政策，要分析筹资状况，等等。

（三）企业债权人

企业债权人包括短期债权人和长期债权人。他们审定是否发放贷款，要分析放贷的报酬和风险；了解短期偿债能力，要分析流动状况；了解长期偿债能力，要分析盈利状况；决定是否转让债权，要分析企业的发展能力，等等。

（四）注册会计师和审计人员

注册会计师和审计人员通过财务报表分析，来确定企业财务状况和经营成果的真实性与合理性，鉴证企业会计报表的可靠性。

（五）其他企业利益相关者

税务机关、财政机关、工商行政管理机关和国有资产管理机构、律师等进行财务报表分析的目的：一是监督国家的各项经济政策、法规、制度在企事业单位的执行情况；二是保证企业财务会计信息和财务分析报告的真实性、准确性，为宏观经济决策提供可靠信息。

与咨询业的发展有关，财务分析师已成为专门的职业，他们为各类信息使用者提供专业咨询，服务于不同的分析目的。

小知识

大数据时代的会计发展趋势

当今，大数据伴随着云计算、移动互联网的发展，正在对全球经济社会产生巨大的影响。大数据具有4V特点：数据体量巨大（Volume）；处理速度快（Velocity）；数据类型繁多（Variety）；价值密度低，商业价值高（Value）。大数据给现代会计提供了新的技术和方法，面对大数据所带来的新思维、新技术和方法的变革，会计人员需要应时而变。大数据对会计发展的影响，主要表现在以下 3 个方面。

从事后的财务报告向实时财务报告发展

在传统会计中，会计人员只是在企业生产经营业务发生后才编制财务报告，而且财务报告编制过程漫长，年度财务报告一般用三四个月时间才能编制完成。这严重影响了会计信息的及时性和利用效率。随着信息技术的迅速发展，越来越多的人意识到实时财务报告的重要性，而大数据技术使实时财务报告成为可能。实时财务报告是信息技术与大数据技术较好交叉融合的产物，是信息化条件下会计技术和方法发展的必然产物，尤其对业务数据和风险控制"实时性"要求较高的特定行业，如银行、证券、保险等行业，在这些行业中实现实时财务报告迫在眉睫。

在大数据时代，企业要实现实时财务报告，首先要在企业内部局域网中实现企业的会计信息系统和管理信息系统的数据集成，这可以通过建立企业的中心数据库来实现；其次是将企业内部局域网与因特网相连，实时财务报告系统中所用到的数据则来源于因特网和企业内部局域网的中心数据库。实时财务报告由会计人员对数据库信息进行网页化处理后供用户浏览，同时用户也可根据需求自己定制所需信息，通过 ASP（Active Server Page）等动态页面生成技术即时生成所需的财务信息页面，为财务报告使用者提供实时的财务信息。

从会计的反映过去向预测未来发展

在大数据时代，会计人员需要更多地探寻如何利用大数据资源帮助企业预测或防范风险，并确保绩效和实现价值的持续增长。大数据技术能够让会计人员进行彻底革新，并有机会在企业中发挥更具战略性和前瞻性的作用。会计人员运用各种技术不断搜集、存储和传递的海量数据会拓展会计工作内容，他们通过数据分析和研究向企业领导提出预测性的重要趋势，并为股东和利益相关方创造新的财富。

会计人员要实现从反映过去向预测未来发展，需要做好 3 个方面的工作：首先，要制定数据评估的方法和服务，在符合法规且有效管理数据资产方面，发挥其对合规与内控方面的作用；其次，利用大数据提供更具针对性的决策支持，可以确定何时与内部和外部利益相关方分享数据最有效，或何时将数据"兑现"为新产品；最后，利用大数据及其相关工具并不只是为了实时识别风险和提高会计服务能力，更是为了评估生产经营活动中所面临的短期和长期风险并进行规避。

从财务管理理念向综合管理理念发展

大数据的出现将颠覆现行财务管理的理念和模式，财务管理将不再局限于传统的财务领域，而是向销售、研发、人力资源等多个领域延伸和渗透，对于跟企业业务有关的一切数据的搜集、处理和分析将成为财务管理的主要定位和主导任务。大数据时代的财务管理拓展了传统财务管理的领域和范围，一些原本不属于传统财务管理范畴的业务会进入大数据时代的财务管理视野，可以将其称为"综合财务管理"。

综合财务管理因为大数据技术的支撑，能在企业决策时通过数据挖掘掌握大量的有用信息，这些信息有助于企业减少常规错误，有利于企业减少系统性风险，可以使企业对未来发展的预测更加准确。另外，大数据使得财务人员在进行相关数据分析时，及早觉察到异常情况，这样企业就可以提前采取措施，减少可能的损失或免除潜在的风险。综合财务管理极大地扩展了财务管理的领域和深度，从企业所处的行业背景分析、企业的竞争能力估计、企业无形资产评估、产品价值分析和自身财务状况出发，做到不仅“知己”，而且“知彼”。从这个意义上说，大数据时代，综合财务管理将成为企业的核心资源与核心竞争力。

资料来源：会计网，2015-05-17.

三、财务报表分析的内容

财务报表分析的内容包括以下几个部分。

① 财务报告分析，主要从会计角度对财务报告进行分析，包括资产负债表分析、利润表分析、现金流量表分析和所有者权益变动表分析 4 项内容。

② 财务效率分析，主要从比率分析与因素分析角度研究企业财务效率及变动情况，包括偿债能力分析、营运能力分析、盈利能力分析和发展能力分析 4 项内容。

③ 财务报表综合分析，主要利用系列财务分析指标，以全局的观点对企业的整体财务状况做出综合分析与评价。其主要分析方法有杜邦财务分析体系、帕利普财务分析体系、沃尔评分法等。

在线自测

任务检测 1-1

一、单项选择题

1．财务分析开始于（　　）。

A．投资者　　B．银行家

C．财务分析师　　D．企业经理

2．企业投资者进行财务报表分析的根本目的是关心企业的（　　）。

A．盈利能力　　B．营运能力

C．偿债能力　　D．增长能力

3．从企业债权人的角度看，财务报表分析的最直接的目的是看企业的（　　）。

A．盈利能力　　B．营运能力

C．偿债能力　　D．增长能力

4．社会贡献率指标是（　　）利益主体最关心的指标。

A．所有者　　B．经营者

C．政府管理者　　D．债权人

二、多项选择题

1．财务报表分析的主体包括（　　）。

A．企业的经营者　　B．企业的所有者或潜在投资者

C．企业的债权人　　D．政府管理部门

2．财务报表分析的作用在于（　　）。

A．评价企业过去　　B．反映企业现状

C．预测企业未来　　D．进行专题分析

微课

任务二　财务报表分析的信息搜集

理论讲解

财务报表分析信息按信息来源可分为内部信息和外部信息两类。

企业的内部信息主要包括会计信息、统计与业务信息、计划及预算信息等，企业的外部信息包括国家经济政策与法规信息、综合部门的信息、政府监管部门的信息、中介机构的信息等。财务报表分析使用的最主要的信息资料是企业财务报告。企业的审计报告可以作为企业财务报表分析的参考资料。

小知识

财务报告与财务报表的区别

财务报告是指企业对外提供的反映企业某一特定日期财务状况和某一会计期间经营成果、现金流量的文件。企业的财务报告包括财务报表和其他应当在财务报告中披露的相关信息和资料。其中，财务报表是财务报告的核心内容，是对企业财务状况、经营成果和现金流量的结构性描述，是会计要素确认和计量的结果。一套完整的财务报表至少应当包括“四表一注”，即资产负债表、利润表、现金流量表、所有者权益（或股东权益）变动表及附注。其各组成部分具有同等的重要程度。

一、资产负债表

资产负债表是反映企业在某一特定日期的财务状况的会计报表。企业编制资产负债表的目的是通过如实反映企业的资产、负债和所有者权益金额及其构成情况，帮助使用者评价企业资产的质量及短期偿债能力、长期偿债能力、利润分配能力等。

根据财务报表列报准则的规定，资产负债表采用账户式结构，即左侧列报资产，一般按资产的流动性大小排列；右侧列报负债和所有者权益，一般按要求清偿时间的先后顺序排列。账户式资产负债表中的资产各项目的合计等于负债和所有者权益各项目的合计，资产负债表左方和右方平衡。因此，通过账户式资产负债表，可以反映资产、负债和所有者权益之间的内在关系，即“资产＝负债＋所有者权益”，表中各项目分“年初余额”和“期末余额”两栏分别填列。

二、利润表

利润表是指反映企业在一定会计期间的经营成果的会计报表，反映了企业经营业绩的主要来源和构成。通过利润表，可以反映企业在一定会计期间收入、费用、利润（或亏损）的数额和构成情况，有助于使用者全面了解企业的经营成果，分析企业的盈利能力和盈利增长趋势，从而为其做出经济决策提供依据。

财务报表列报准则规定，企业应当采用多步式利润表，将不同性质的收入和费用类别进行对比，从而可以得出一些中间性的利润数据，以便于使用者理解企业经营成果的不同来源。企业需要提供比较利润表，以便使用者通过比较不同时期利润的实现情况，判断企业经营成果的未来发展趋势。因此，利润表的各项目分为“本期金额”和“上期金额”两栏分别填列。

三、现金流量表

现金流量表是反映企业在一定会计期间的现金和现金等价物流入和流出的会计报表。企业编制现金流量表的目的是通过如实反映企业各项活动的现金流入和现金流出，帮助使用者评价企业生产经营过程，特别是经营活动中形成的现金流量和资金周转情况。

现金流量表以现金及现金等价物为基础编制，划分为经营活动、投资活动和筹资活动；按照收付实现制原则编制，将权责发生制下的盈利信息调整为收付实现制下的现金流量信息。通常情况下，现金流量应当分别按照现金流入和现金流出总额列报，计算出现金净增加额，从而全面揭示企业现金流量的方向、规模和结构。

全面执行企业会计准则体系的企业所编制的财务报表，还应当包括所有者权益（或股东权益）变动表。

四、所有者权益变动表

所有者权益变动表是反映构成所有者权益的各组成部分当期增减变动情况的会计报表。该报表应当全面反映一定时期内所有者权益的变动情况，不仅包括所有者权益总量的增减变动，还包括所有者权益增减变动的结构性信息，特别是要反映直接计入所有者权益的利得和损失，让使用者准确理解所有者权益增减变动的根源。

所有者权益变动表至少应当单独列示反映下列信息的项目：①综合收益总额；②会计政策变更和前期差错更正的累积影响金额；③所有者投入资本和向所有者分配利润；④按照规定提取的盈余公积；⑤所有者权益各组成部分的期初和期末余额及其调节情况。

根据规定，企业需要提供比较所有者权益变动表，因此所有者权益变动表的各项目分“本年金额”和“上年金额”两栏分别填列。

五、附注

附注是财务报表不可或缺的组成部分，是对在资产负债表、利润表、现金流量表和所有者权益变动表等报表中列示项目的文字描述或明细资料，以及对未能在这些报表中列示项目的说明等。企业编制附注的目的是通过对报表本身做补充说明，更加全面、系统地反映企业财务状况、经营成果和现金流量的全貌，从而有助于向使用者提供更为有用的决策信息，帮助其做出更加科学、合理的决策。

附注应当按照如下顺序披露有关内容。

（一）企业的基本情况

① 企业注册地、组织形式和总部地址。

② 企业的业务性质和主要经营活动，如企业所处的行业、所提供的主要产品或服务、客户的性质、销售策略、监管环境的性质等。

③ 母公司及集团最终母公司的名称。

④ 财务报告的批准报出者和财务报告批准报出日。

⑤ 营业期限有限的企业，还应当披露有关其营业期限的信息。

（二）财务报表的编制基础

财务报表的编制基础是指财务报表是在持续经营基础上还是非持续经营基础上编制的。企业一般在持续经营基础上编制财务报表，清算、破产属于非持续经营基础。

（三）遵循企业会计准则的声明

企业应当声明编制的财务报表符合企业会计准则的要求，真实、完整地反映了企业的财务状况、经营成果和现金流量等有关信息，以此明确企业编制财务报表所依据的制度。

（四）重要会计政策和会计估计

1. 重要会计政策的说明

由于企业经济业务的复杂性和多样化，因此某些经济业务有多种会计处理方法可供选择。企业选择不同的会计处理方法，可能极大地影响企业的财务状况和经营成果。为了有助于使用者理解，有必要对这些会计政策加以披露。

2. 重要会计估计的说明

财务报表列报准则强调了对会计估计不确定因素的披露要求，企业应当披露会计估计中所采用的关键假设和不确定因素的确定依据，这些关键假设和不确定因素在下一会计期间内很可能导致对资产、负债账面价值进行重大调整。

（五）会计政策和会计估计变更及差错更正的说明

企业应当按照《企业会计准则第 28 号——会计政策、会计估计变更和差错更正》的规定，披露会计政策和会计估计变更及差错更正的情况。

（六）报表重要项目的说明

企业应当以文字和数字描述相结合，尽可能以列表形式披露报表重要项目的构成或当期增减变动情况，并且报表重要项目的明细金额合计应当与报表项目金额相衔接。在披露上，一般应当按照资产负债表、利润表、现金流量表、所有者权益变动表的顺序及其项目列示的顺序进行。

（七）其他需要说明的重要事项

这些重要事项主要包括：或有和承诺事项、资产负债表日后非调整事项、关联方关系及其交易等需要说明的事项；在资产负债表日后、财务报告批准报出日前提议或宣布发放的股利总额和每股股利金额（或向投资者分配的利润总额）；有助于财务报表使用者评价企业管理资本的目标、政策及程序的信息等。

六、审计报告

审计报告是注册会计师根据独立审计准则的要求，在实施了必要的审计程序后出具的用于对被审计单位年度会计报表发表审计意见的书面文件。审计报告一般包括标题，收件人，引言段，管理层对财务报表的责任段，注册会计师的责任段，审计意见段，注册会计师的签名和盖章，会计师事务所的名称、地址及盖章，报告日期。

注册会计师根据审计结果和被审计单位对有关问题的处理情况，形成不同的审计意见。出具的审计报告分为标准审计报告和非标准审计报告两大基本类型。

（一）标准审计报告

标准审计报告是指注册会计师出具的不附加说明段、强调事项段或任何修饰性用语的无保留意见的审计报告。当出具标准审计报告时，注册会计师应当以“我们认为”作为意见段的开头，并使用“在所有重大方面”“公允反映”等术语。无保留意见的审计报告意味着，注册会计师通过实施审计工作，认为被审计单位财务报表的编制符合合法性和公允性的要求，合理保证财务报表不存在重大错报。

（二）非标准审计报告

非标准审计报告是指标准审计报告以外的其他审计报告，包括带强调事项段的无保留意见的审计报告和非无保留意见的审计报告。

1. 带强调事项段的无保留意见的审计报告

审计报告的强调事项段是指注册会计师在审计意见段之后增加的对重大事项予以强调的段落。增加强调事项段的情形有：对持续经营能力产生重大疑虑、存在重大不确定事项，以及其他审计准则规定增加强调事项段的情形。

增加强调事项段是为了提醒使用者关注某些事项，并不影响注册会计师的审计意见。为了使使用者明确这一点，注册会计师应当在强调事项段中指明，该段内容仅用于提醒使用者关注，并不影响已发表的审计意见。

2. 非无保留意见的审计报告

非无保留意见的审计报告包括保留意见的审计报告、否定意见的审计报告和无法表示意见的审计报告。

（1）保留意见的审计报告

如果认为财务报表整体是公允的，但还存在下列情形之一，注册会计师应当出具保留意见的审计报告。第一，会计政策的选用、会计估计的做出或财务报表的披露不符合适用的会计准则和相关会计制度的规定，虽影响重大，但不至于出具否定意见的审计报告；第二，因审计范围受到限制，不能获取充分、适当的审计证据，虽影响重大，但不至于出具无法表示意见的审计报告。

应当指出的是，只有当注册会计师认为财务报表就其整体而言是公允的，但还存在对财务报表产生重大影响的情形时，才能出具保留意见的审计报告。

（2）否定意见的审计报告

如果认为财务报表没有按照适用的会计准则和相关会计制度的规定编制，未能在所有重大方面公允反映被审计单位的财务状况、经营成果和现金流量，则注册会计师应当出具否定意见的审计报告。

应当指出的是，只有当注册会计师认为财务报表存在重大错报会误导使用者，以至于财务报表的编制不符合适用的会计准则和相关会计制度的规定，未能从整体上公允反映被审计单位的财务状况、经营成果和现金流量时，注册会计师才出具否定意见的审计报告。

（3）无法表示意见的审计报告

如果审计范围受到限制可能产生的影响非常重大和广泛，不能获取充分、适当的审计证据，以至于无法对财务报表发表审计意见，注册会计师就应当出具无法表示意见的审计报告。

无法表示意见不同于否定意见，它通常仅仅适用于注册会计师不能获取充分、适当的审计证据，以至于无法确定财务报表的合法性与公允性的情形。如果注册会计师发表否定意见，则必须获得充分、适当的审计证据。无论是出具无法表示意见的审计报告，还是出具否定意见的审计报告，都只有在非常严重的情形下采用。

小知识

财务分析数据的获取

上海证券市场或深圳证券市场上市公司的股票、证券、债券交易情况，或者上证指数、深交指数发展变化的情况，上市公司的最新财务报告数据，可以通过以下网站来获取。

全景网：http://www.p5w.net。

证券之星：http://www.stockstar.com.cn。

搜狐财经：http://business.sohu.com。

新浪财经：http://finance.sina.com.cn。

证券时报网：http://www.stcn.com。

和讯网：http://www.hexun.com。

中国资本证券网：http://www.ccstock.cn。

七、财务报表分析的局限性

财务报表是以会计核算资料为基础编制的，它以一定的会计假设为基础，采用权责发生制，执行统一的会计准则和制度进行计量。财务报表数据本身具有局限性，具体表现为以下几点。

① 财务报表主要反映历史信息，不能准确代表企业资产的现在价值和能力，而财务分析需要通过评价过去，衡量现在，更要预测未来的发展趋势。根据历史信息评价企业未来的各种能力，具有局限性。

② 财务报表主要反映货币计量的经济信息，不能反映企业全部的实际状况和能力。例如，财务报表不能反映企业的信誉、市场地位、技术优势、人力资源等。

③ 财务报表数据可以被粉饰。例如，企业为表现良好的偿债能力和营运能力，可以在报表日前放宽信用条件、扩大销售、增加销售收入，抛售短期有价证券，提前办理大额增资并偿还部分流动负债，期末压缩或延缓进货等。

④ 选择不同的会计政策影响财务指标的可比性。不同企业不同会计方法的选择，必然影响到不同企业会计资料的可比性，使财务分析结论脱离实际。

上述财务报表分析的局限性，并不能否定财务报表分析的积极作用，了解这些局限性，分析报表时注意它们的影响，可以提高财务报表分析的质量。

此外，使用者在阅读和分析企业财务报表时，一定不要忽略财务报表附表和附注。仔细阅读有关附表和附注，能正确理解财务报表上所反映的信息，不至于产生错误的判断和结论。同时，在阅读财务报表时，还应注意注册会计师“审计报告”的意见。注册会计师从第三者公正的立场，从专业人士的角度，对企业财务报表数据是否真实、可靠、可验证等方面的评价，对于使用者是很有用的。

任务检测 1-2

选择题

1．财务报告包括（　　）。

A．会计报表　　B．报表附注

C．财务情况说明书　　D．招股说明书

2．资产负债表的附表是（　　）。

A．应交增值税明细表　　B．分部报表

C．利润分配表　　D．报表附注

在线自测

配套实训

实训　财务报表分析信息搜集

利用因特网，浏览上市公司财务报告，了解财务报告的基本内容，并进行财务报表分析信息资料搜集。请关注公司以下年度报告内容。

1．重要提示、目录和释义

2．公司简介和主要财务指标

3．公司业务概要

4．管理层讨论与分析

5．重要事项

6．股份变动及股东情况

7．优先股相关情况

8．董事、监事、高级管理人员和员工情况

9．公司治理

10．财务报告

11．备查文件目录

特别关注财务报告信息，尝试下载各年度的主要财务报表数据，为后续分析做准备。

提示：可以以上市公司尖锋集团为例（股票代码 600668），登录新浪财经网页，查询该股数据信息。

任务三　财务报表分析的程序和方法

微课

理论讲解

一、财务报表分析的程序

为保证财务报表分析的顺利开展，具体的分析工作必须依据一定的程序分步骤实施。一般可分为以下步骤。

（一）准备阶段

准备阶段的主要任务是明确分析的目的，制订分析计划，搜集分析信息。

财务报表分析首先要确定分析目的，在明确分析目的的基础上，应制订分析计划，内容包括：分析人员的分工和职责、分析工作的步骤和时间、分析的内容及拟采用的分析方法等。分析方案确定后，要搜集所需要的资料。通常，财务报表是任何分析都需要的，除此之外，还可能需要非财务报表资料。信息搜集整理的及时性、完整性、准确性对分析的正确性有着直接的影响。

（二）实施阶段

这一阶段的主要内容是进行财务报告的会计分析、财务比率指标分析，并在此基础上开展财务报表综合分析。

会计分析是财务分析的基础。会计分析一般可按 4 个步骤进行：第一，阅读财务报告；第二，比较会计报表；第三，解释会计报表；第四，修正会计报表信息。通过会计分析，对发现的由于会计原则、会计政策等引起的会计信息差异，应通过一定的方式加以说明、调整，以消除会计信息的失真问题。

财务比率指标分析是财务分析的一项重要方法。应根据分析的目的和要求选择恰当的分析指标，对企业的财务状况做出评价。在以上分析的基础上，将定量分析、定性分析和实际调查情况相结合，对企业财务状况和经营成果做出全面分析和评价。

（三）形成结论阶段

财务报表分析的最终目的是为财务决策提供依据。编写财务报表分析报告、做出分析结论是财务报表分析的最后步骤，主要是将财务报表分析的结论、分析中发现的基本问题、针对问题提出的改进措施以书面的形式表达出来，为使用者提供服务。例如，该企业是否具有投资价值，是否为该企业提供贷款，以及企业收益率下降的原因是什么等。

二、财务报表分析的方法

小知识

巴菲特财务报表分析八法

巴菲特说：“只有愿意花时间学习如何分析财务报表，才能够独立地选择投资目标。”相反，如果不能从财务报表中看出上市公司是真是假是好是坏，巴菲特认为，就别在投资圈里混了。巴菲特运用以下 8 种方法分析公司财务报表。

方法一，垂直分析：确定财务报表结构中占比最大的重要项目

垂直分析，又称纵向分析，实质上是结构分析。第 1 步，首先计算确定财务报表中各项目占总额的比重或百分比；第 2 步，通过各项目的占比，分析其在企业经营中的重要性，一般项目占比越大，其重要程度越高，对公司总体的影响程度越大；第 3 步，将分析期各项目的比重与前期同项目比重进行对比，研究各项目的比重变动情况，对变动较大的重要项目做进一步分析。经过垂直分析法处理后的会计报表通常称为同度量报表、总体结构报表、共同比报表。以利润表为例，巴菲特非常关注销售毛利率、销售费用率、销售税前利润率、销售净利率，这实质上就是对利润表进行垂直分析。

方法二，水平分析：分析财务报表中年度变化最大的重要项目

水平分析，又称横向对比，是将财务报表各项目报告期的数据与上一期的数据进行对比，分析企业财务数据变动情况。水平分析进行的对比，一般不是只对比一两个项目，而是把财务报表报告期的所有项目与上一期进行全面的、综合的对比分析，揭示各方面存在的问题，为进一步全面、深入分析企业财务状况打下基础，因此水平分析法是会计分析的基本方法。这种本期与上期的对比分析，既要包括增减变动的绝对值，又要包括增减变动的相对值，才可以防止得出片面的结论。每年巴菲特致股东的信的第一句就是伯克希尔公司每股净资产比上一年度增长的百分比。

方法三，趋势分析：分析财务报表中长期变化最大的重要项目

趋势分析是一种长期分析，计算一个或多个项目随后连续多个报告期数据与基期比较的定基指数，或者与上一期比较的环比指数，形成一个指数时间序列，以此分析这个报表项目历史长期变动趋势，并作为预测未来长期发展趋势的依据之一。趋势分析法既可用于对会计报表的整体分析，即研究一定时期报表各项目的变动趋势，也可以只是对某些主要财务指标的发展趋势进行分析。巴菲特特别重视公司净资产、盈利、销售收入的长期趋势分析。他每年致股东的信的第一页就是一张表，列示从1965年以来伯克希尔公司每年每股净资产增长率、标准普尔500指标年增长率，以及二者的差异。

方法四，比率分析：最常用，也是最重要的财务报表分析方法

比率分析就是将两个财务报表数据相除得出的相对比率，分析两个项目之间的关联关系。比率分析法是最基本、最常用，也是最重要的财务报表分析方法。财务比率一般分为4类：盈利能力比率、营运能力比率、偿债能力比率、发展（增长）能力比率。从巴菲特过去40多年致股东的信来看，巴菲特对这4类比率中比较关注的是净资产收益率、总资产周转率、资产负债率、销售收入和利润增长率。财务比率分析的最大作用是，使不同规模的企业的财务数据所传递的财务信息可以按照统一的标准进行横向对照比较。财务比率的常用标准有3种：历史标准、经验标准、行业标准。巴菲特经常会与历史水平进行比较。

方法五，因素分析：分析最重要的驱动因素

因素分析法，又称连环分析法，用来计算几个相互联系的驱动因素对综合财务指标的影响程度的大小。例如，销售收入取决于销量和单价两个因素——企业提价，往往会导致销量下降。我们可以用因素分析法来测算价格上升和销量下降对收入的影响程度。巴菲特2007年这样分析：1972年他收购喜诗糖果时，年销量为1 600万磅。2007年增长到3 200万磅，35年只增长了1倍，年增长率仅为2%，但销售收入却从1972年的0.3亿增长到2007年的3.83亿美元，35年增长了13倍。销量增长1倍，收入增长13倍，最主要的驱动因素是持续涨价。

方法六，综合分析：对多项重要指标结合进行综合分析

企业本身是一个综合性的整体，企业的各项财务活动、各张财务报表、各个财务项目、各个财务分析指标是相互联系的，如果单独分析一项或一类财务指标，就会像盲人摸象一样陷入片面理解的误区。因此，我们要把相互依存、相互作用的多个重要财务指标结合在一起，从企业经营系统的整体角度来进行综合分析，从而对整个企业做出系统的、全面的评价。目前，使用比较广泛的有杜邦财务分析体系、沃尔评分法、帕利普财务分析体系。最重要、最常用的是杜邦财务分析体系：净资产收益率＝销售净利率×资产周转率×权益乘数。这3个比率分别代表公司的销售盈利能力、营运能力、偿债能力。此外，还可以根据其驱动因素进一步细分。

方法七，对比分析：同最主要的竞争对手进行对比分析

同那些进行广泛分散投资的机构不同，巴菲特高度集中投资于少数超级明星公司，前十大重仓股所占组合超过80%。这些超级明星公司各项重要财务指标都远远超过行业平均水平。在长期稳定发展的行业中，那些伟大的超级明星公司也往往都有一个与其实力相当、难分高下的对手。例如，软饮料行业中的可口可乐与百事可乐、快餐行业中的麦当劳与肯德基、飞机制造行业中的波音与空客。两个超级明星企业旗鼓相当，几乎垄断了行业的大部分市场，这就形成了典型的双寡头垄断格局。因此，把超级明星公司与其竞争对手进行对比分析是最合适的方法。

方法八，前景分析：预测未来长期业绩是财务报表分析的最终目标

巴菲特进行财务报表分析的目的不是分析所有公司，而是寻找极少数超级明星公司。“我们始终在寻找那些业务清晰易懂、业绩持续优异，由能力非凡并且为股东着想的管理层来经营的大公司。这种目标公司并不能充分保证我们的投资盈利：我们不仅要在合理的价格上买入，而且我们买入的公司的未来业绩还要与我们的预测相符。这种投资方法——寻找超级明星，给我们提供了走向真正成功的唯一机会。”对企业未来发展前景进行财务预测是财务报表分析的最终目标。巴菲特说得非常明确：“我关注的是公司未来20年，甚至30年的盈利能力。”

资料来源：百度文库，2016-1-27.

常见的财务报表分析的基本方法包括比较分析法、比率分析法、因素分析法和趋势分析法。

（一）比较分析法

比较分析法是财务报表分析中最常用的方法。比较分析法是通过指标对比，从数量上确定差异，并进一步分析原因的分析方法。比较就需要参照物，财务分析最常见的参照物有3类：一，上年数或上期数，反映业绩改进水平；二，预算数或预测数，反映工作完成进度；三，行业平均数或标杆公司数，反映应改进的标准。为了保证分析的合理性，做比较的两组数据须统一口径，最好都剔除例外数据。

对反映某方面情况的报表进行全面、综合对比分析，常用的比较分析法主要包括水平分析法和垂直分析法。

1. 水平分析法

水平分析法是指将反映企业报告期财务状况的信息（也就是财务报表信息资料）与反映企业前期或历史某一时期财务状况的信息进行对比，研究企业各项经营业绩或财务状况的发展变动情况的一种分析方法。水平分析法的要点是：将财务报表信息资料中不同时期的同项数据进行对比。对比的方式有以下几种。

一是增减变动额的计算。其公式为：

$$\text{增减变动额}=\text{分析期某项指标实际数}-\text{基期同项指标实际数}$$

二是增减变动率的计算。其公式为：

$$\text{增减变动率}=\frac{\text{增减变动额}}{\text{基期实际数量}}\times 100\%$$

水平分析法在不同企业应用中要注意可比性。即使在同一企业应用，对于差异的评价也应考虑对比基础。同时，应将两种对比方式结合使用，不仅要使用变动绝对值，还应结合变动率进行分析。

2. 垂直分析法

垂直分析法是通过计算报表中各项目占总体的比重或结构，反映报表中的项目与总体的关系情况及其变动情况。垂直分析法的一般步骤如下。

第一，确定报表中各项目占总额的比重或百分比。其计算公式为：

$$某项目的比重=\frac{该项目金额}{各项目总金额}\times 100\%$$

第二，通过各项目的比重，分析各项目在企业经营中的重要性。一般，项目比重越大，说明其重要程度越高，对总体的影响越大。

第三，将分析期各项目的比重与前期同项目比重对比，研究各项目的比重变动情况。

实务演练

案例资料：A公司2019年和2020年比较利润如表1.1所示。

表1.1　A公司比较利润

万元

项　目	2019年	2020年
一、营业收入	65 000	78 700
减：营业成本	45 800	56 100
税金及附加	3 680	4 460
销售费用	1 000	1 200
管理费用	3 000	3 280
财务费用	800	1 100
资产减值损失	0	0
加：公允价值变动净收益	0	0
投资净收益	12 000	10 800
二、营业利润	22 720	23 360
加：营业外收入	1 820	2 200
减：营业外支出	2 560	1 820
三、利润总额	21 980	23 740
减：所得税	5 120	5 935
四、净利润	16 860	17 805

根据表1.1，运用比较分析法编制利润水平分析表、垂直分析表，如表1.2、表1.3所示。

表1.2　A公司利润水平分析

万元

项　目	2020年	2019年	增减额	增减/%
一、营业收入	78 700	65 000	13 700	21.08
减：营业成本	56 100	45 800	10 300	22.49
税金及附加	4 460	3 680	780	21.20
销售费用	1 200	1 000	200	20.00
管理费用	3 280	3 000	280	9.33
财务费用	1 100	800	300	37.50
资产减值损失	0	0	0	0.00
加：公允价值变动净收益	0	0	0	0.00
投资净收益	10 800	12 000	−1 200	−10.00

（续表）

项　目	2020 年	2019 年	增减额	增减/%
二、营业利润	23 360	22 720	640	2.82
加：营业外收入	2 200	1 820	380	20.88
减：营业外支出	1 820	2 560	−740	−28.91
三、利润总额	23 740	21 980	1 760	8.01
减：所得税	5 935	5 120	815	15.92
四、净利润	17 805	16 860	945	5.60

表 1.3　A 公司利润垂直分析　　万元

项　目	2020 年	2019 年	2020 年/%	2019 年/%
一、营业收入	78 700	65 000	100.00	100.00
减：营业成本	56 100	45 800	71.28	70.46
税金及附加	4 460	3 680	5.67	5.66
销售费用	1 200	1 000	1.52	1.54
管理费用	3 280	3 000	4.17	4.62
财务费用	1 100	800	1.40	1.23
资产减值损失	0	0	0.00	0.00
加：公允价值变动净收益	0	0	0.00	0.00
投资净收益	10 800	12 000	13.72	18.46
二、营业利润	23 360	22 720	29.68	34.95
加：营业外收入	2 200	1 820	2.80	2.80
减：营业外支出	1 820	2 560	2.31	3.94
三、利润总额	23 740	21 980	30.17	33.82
减：所得税	5 935	5 120	7.54	7.88
四、净利润	17 805	16 860	22.62	25.94

要求：请说明上述分析表中数据的计算方法，复核数据计算的正确性，并结合数据对 A 公司利润情况做简要分析。

（二）比率分析法

比率分析法是通过计算性质不同但又相关的指标的比率，并同标准相比较，揭示企业财务状况的一种方法。由于它以相对数表示，可以揭示能力和水平，因而成为财务评价的重要依据。

比率指标主要有以下 3 类。

1. 构成比率

构成比率又称结构比率，是某项经济指标的各个组成部分与总体的比率，反映了部分与总体的关系。其计算公式为：

$$构成比率=\frac{某个组成部分数值}{总体数值}$$

利用构成比率，可以考察总体中某个部分的形成和安排是否合理，以便协调各项财务活动。

2. 效率比率

效率比率是某项经济活动中投入与产出的比率，反映了投入与产出的关系。利用效率比率，可以进行得失比较，考察经营成果，评价经济效益。例如，将利润项目与销售成本、销售收入、资本等项目加以对比，可以计算出成本利润率、销售利润率、资本利润率等利润率指标，以便从不同角度观察、比较企业盈利能力的高低及其增减变化情况。

3. 相关比率

相关比率是根据经济活动客观存在的相互依存、相互联系的关系，以某个项目同与其有关但又不同的项目加以对比所得的比率，反映了有关经济活动的相互关系。利用相关比率指标，可以考察有联系的相关业务安排得是否合理，以保障企业运营活动的顺利进行。例如，将流动资产与流动负债相比，计算出流动比率，据此判断企业的短期偿债能力。

比率分析法的优点是计算简便，计算结果容易判断，而且可以使某些指标在不同规模的企业之间进行比较，甚至也能在一定程度上超越行业间的差异进行比较。但应注意以下几点。

① 对比项目的相关性。计算比率的分子和分母必须具有相关性。在构成比率指标中，部分指标必须是总体指标大系统中的一个小系统；在效率比率指标中，投入与产出必须有因果关系；在相关比率指标中，两个对比指标也要有内在联系，才能评价有关经济活动之间是否协调均衡，安排是否合理。

② 对比口径的一致性。计算比率的分子和分母必须在计算时间、范围等方面保持口径一致。

③ 衡量标准的科学性。需要选用一定的标准与之对比，以便对企业的财务状况做出评价。通常而言，科学合理的对比标准有 4 类：第一，预定目标，如预算指标、设计指标、定额指标和理论指标等；第二，历史标准，如上期实际、上年同期实际、历史先进水平等；第三，行业标准，如主管部门或行业协会颁布的技术标准和国内外同类企业的先进水平、国内外同类企业的平均水平等；第四，公认标准。

（三）因素分析法

因素分析法是依据分析指标与其影响因素之间的关系，按照一定的程序和方法，确定各因素对分析指标差异影响程度的一种分析方法。根据其分析特点，可分为连环替代法和差额计算法两种。

1. 连环替代法

连环替代法是指确定影响因素，并按照一定顺序逐个进行因素替换，计算出各个因素对分析指标变动影响程度的一种计算方法。

（1）连环替代法的计算程序

第一，确定分析指标与其影响因素之间的关系。确定分析指标与其影响因素之间的关系，通常是用指标分解法，即将经济指标在计算公式的基础上进行分解或扩展，从而得出各影响因素与分析指标之间的关系式。

第二，确定各个因素与分析指标的关系。根据分析指标的报告期数值与基期数值列出两个关系式或指标体系，确定分析对象。

第三，连环顺序替代，计算替代结果。所谓连环顺序替代就是以基期指标体系为计算基础，用实际指标体系中的每一因素的实际数顺序地替代其相应的基期数，每次替代一个因素，替代后的因素被保留下来。计算替代结果，就是在每次替代后，按关系式计算其结果，有几个因素就替代几个，并相应确定计算结果。

第四，比较各因素的替代结果，确定各因素对分析指标的影响程度。比较替代结果是连环进行的，即将每次替代所计算的结果与这一因素被替代前的结果进行对比，二者的差额就是替代因素对分析对象的影响程度。

例　A公司某产品年销售情况如表1.4所示。

表1.4　A公司某产品年销售情况

项　目	2020年	2019年	差　异
销售收入/万元	3 900	3 500	+400
销售数量/台	300	250	+50
销售单价/万元	13	14	−1

要求：分析各因素变动对销售收入的影响程度。

销售收入的因素分解式如下：

销售收入＝销售数量×销售单价

根据连环替代法的程序和对上述销售收入的因素分解式，可以得出以下结果。

实际指标体系（2020年销售收入）：300×13＝3 900（万元）

基期指标体系（2019年销售收入）：250×14＝3 500（万元）

分析对象：3 900−3 500＝+400（万元）

在此基础上，按照第三步的做法进行连环顺序替代，并计算每次替代后的结果。

基期指标体系（2019年销售收入）：250×14＝3 500（万元）　①

替代第一因素：以2020年销售数量替代。

销售收入＝300×14＝4 200（万元）　②

替代第二因素：以2020年销售单价替代。

销售收入＝300×13＝3 900（万元）　③

根据第四步，确定销售数量和销售单价两个因素的变动对销售收入的影响程度。

销售数量变动对销售收入的影响数＝②−①＝4 200−3 500＝700（万元）

销售单价变动对销售收入的影响数＝③−②＝3 900−4 200＝−300（万元）

汇总各因素对销售收入的影响数＝销售数量影响数+销售单价影响数

＝700+（−300）＝400（万元）

根据上述计算分析如下。

2020年销售收入额比2019年销售收入额增加400万元，主要是销售数量2020年比上一年多50台，从而使销售收入额增加700万元；由于销售单价2020年比上一年降低1万元，所以使销售收入减少300万元。因此，增加市场销售数量为今后的努力方向。

（2）使用连环替代法应注意的问题

① 因素分解的关联性。确定构成分析的经济指标的因素，必须是客观上存在因果关系，能够反映形成该项指标差异的内在构成原因，否则就失去了分析的价值。例如，将影响材料费用的因素分解为下面两个等式，从数学上来说都是成立的。

材料费用＝产品产量×单位产品材料费用

材料费用＝工人人数×每人消耗材料费用

但是从经济意义上说，只有前一个因素分解式是正确的，后一个因素分解式在经济上没有任何意义。

② 因素替代的顺序。替代因素时，必须按照各因素的依存关系排列成一定的顺序并依次替代，不可随意颠倒，否则就会得出不同的计算结果。传统的方法是先数量指标，后质量指标；先实物量指标，后价值量指标；先主要因素，后次要因素；先绝对指标，后相对指标；先分子，后分母。一般而言，确定正确排列因素替代程序的原则是：按分析对象的性质，从各因素的相互依存关系出发，将对分析指标影响较大的并能明确责任的因素放在前面，这样的分析结果有助于分清责任。

③ 顺序替代的连环性。在计算每一个因素变动影响时，都是在前一次计算的基础上进行，并采用连环比较的方法确定因素变动影响结果。因为只有保持计算程序上的连环性，才能使各个因素影响之和等于分析指标变动的差异，以全面说明分析指标变动的原因。

④ 计算结果的假定性。连环替代法计算的各因素变动影响数，会因替代顺序的不同而有差别，因而计算结果不免带有假定性，也就是说它不可能使每个因素计算的结果都达到绝对准确。它只是在某种假定前提下的影响结果，离开了这种假定条件，也就不会是这种影响结果。因此，在进行财务报表分析时，财务人员应力求这种假定合乎逻辑，这样计算结果的假定性才不至于影响分析的有效性。

2. 差额计算法

差额计算法是因素分析法在实际应用中的一种简化形式。它可直接利用各影响因素的实际数与基期数的差额，在其他因素不变的假定条件下，计算该因素对分析指标的影响程度。仍以上例来说明。

第 1 步：计算各因素的差额。

销售数量差额＝2020 年销售数量－2019 年销售数量＝300－250＝50（台）

销售单价差额＝2020 年销售单价－2019 年销售单价＝13－14＝－1（万元）

第 2 步：测算各因素变动对销售收入额差异数的影响额。

销售数量变动的影响额＝销售数量差额×上年销售单价＝50×14＝700（万元）

销售单价变动的影响额＝本年销售数量×销售单价差额＝300×（－1）＝－300（万元）

第 3 步：汇总各个因素的影响数。

销售收入额差异数＝销售数量变动影响额＋销售单价变动影响额＝700＋（－300）＝400（万元）

实务演练

案例资料： B公司生产甲产品，其材料消耗的有关资料如表 1.5 所示。

表 1.5　甲产品材料消耗的有关资料

项　目	上月数	本月数
产品产量/件	100	120
单件产品材料消耗量/千克	30	25
材料单价/（元/千克）	20	22
材料费用总额/元	60 000	66 000

要求： 分别运用连环替代法和差额计算法计算各因素对材料费用总额的影响方向和影响程度，并进行分析评价。

（四）趋势分析法

趋势分析法是根据企业连续几年或几个时期的分析资料，运用指数或完成率的计算，确定分析期各有关项目的变动情况和趋势的一种财务报表分析方法。它的一般步骤如下。

第一，计算趋势比率或指数。通常情况下，指数的计算有两种方法：一是定基指数，二是环比指数。定基指数是各个时期的指数都以某一固定时期为基期来计算；环比指数是各个时期的指数以前一期为基期来计算。

第二，根据指数计算结果，评价与判断企业各项变动趋势及其合理性。

第三，预测未来的发展趋势。根据企业以前各期的变动情况，研究其变动趋势或规律，从而预测出企业未来发展变动情况。

实务演练

案例资料：B公司2016—2020年的收益状况资料如表1.6所示。

表1.6　B公司收益状况资料

万元

项　目	2016年	2017年	2018年	2019年	2020年
营业收入	1 000	1 121	1 224	1 310	1 374
营业成本	784	859	872	913	930
营业税费	15	18	22	25	31
营业利润	201	244	330	372	413

以表1.6为基础，编制B公司的收益状况定基分析表，如表1.7所示。

表1.7　B公司收益状况定基分析

%

项　目	2016年	2017年	2018年	2019年	2020年
营业收入	100	112	122	131	137
营业成本	100	110	111	116	119
营业税费	100	120	147	167	207
营业利润	100	121	164	185	205

从表1.7中可以看出，2016—2020年，B公司营业收入增长了37%，营业利润的增幅更大，高达105%。究其原因，虽然营业成本、营业税费呈逐年上升趋势，但各年的营业成本增幅均低于营业收入的增幅；营业税费的增幅虽然较大，但其绝对值较小，对营业利润的影响甚微。因此，营业收入在抵销营业成本、营业税费增长的影响后，仍推动了营业利润的高速增长。

再以表1.6为基础，编制B公司收益状况的环比分析表，如表1.8所示。

表1.8　B公司收益状况环比分析

%

项　目	2016年	2017年	2018年	2019年	2020年
营业收入	100	112	109	107	105
营业成本	100	110	102	105	102
营业税费	100	120	122	114	124
营业利润	100	121	135	113	111

从表1.8可以看出，B公司2016—2020年的环比指标均大于100%，但各年的环比指标不尽相同。其中，营业收入的增幅在逐年下降；营业成本虽呈逐年下降趋势，但各年降幅较小，下降的速度平缓；营业税费的增幅在逐年上升。因此，导致该公司的营业利润虽然逐年增加，但增长速度正逐渐放慢。

要求：请说明上述分析表中的数据计算方法并复核其正确性，结合数据对B公司利润情况做简要分析。

任务检测 1-3

选择题

1．对于连环替代法中各因素的替代顺序，传统的排列方法是（ ）。

A．不能明确责任的在前，可以明确责任的在后

B．价值数量因素在前，实物数量因素在后

C．数量指标在前，质量指标在后

D．质量指标在前，数量指标在后

2．下列指标中，属于效率比率的是（ ）。

A．流动比率 B．资本利润率

C．资产负债率 D．流动资产占全部资产的比重

在线自测

项目习题

一、单项选择题

1. 在进行财务报表分析工作时，分析工作的开始点和关键点是（ ）。

A. 明确分析目的 B. 搜集分析资料

C. 进行具体分析 D. 编写分析报告

2. 在进行财务报表分析工作时，（ ）是财务报表分析的核心阶段。

A. 明确分析目的 B. 搜集分析资料

C. 进行具体分析 D. 编写分析报告

在线自测

3. 在财务报表分析的基本方法中，（ ）是最基础的方法。

A. 趋势分析法 B. 因素分析法 C. 比较分析法 D. 比率分析法

4. 通过（ ）可以对企业的财务状况、经营业绩等方面进行全面了解。

A. 外部分析 B. 内部分析 C. 综合分析 D. 流动性分析

5. 注册会计师对所审计的财务报告提出的意见类型中，属于有利意见的是（ ）。

A. 无保留意见 B. 有保留意见 C. 否定意见 D. 无法表示意见

6. 应用水平分析法进行分析评价时，关键应注意分析资料的（ ）。

A. 全面性 B. 系统性 C. 可靠性 D. 可比性

7. 利用共同比资产负债表评价企业的财务状况属于（ ）。

A. 水平分析 B. 垂直分析 C. 趋势分析 D. 比率分析

8. 根据企业连续若干会计期间（至少 3 期）的分析资料，运用指数或动态比率的计算，比较与研究不同会计期间相关项目的变动情况和发展趋势的财务报表分析方法是（ ）。

A. 水平分析法 B. 垂直分析法 C. 趋势分析法 D. 比率分析法

9. 为了评价、判断企业所处的地位与水平，在分析时通常采用的标准是（ ）。

A. 经验标准 B. 历史标准 C. 行业标准 D. 预算标准

10. 下列属于综合财务报表分析方法的是（ ）。

A. 比率分析法 B. 比较分析法 C. 杜邦分析法 D. 趋势分析法

二、多项选择题

1. 以上市公司为例，财务报告体系一般包括（ ）。

A. 财务报表 B. 审计报告 C. 财务状况说明书

D. 财务比率　　E. 报表附注

2. 审计意见可划分的类型有（　　）。

A. 标准审计报告　　B. 带强调事项段的无保留意见

C. 保留意见　　D. 否定意见

E. 无法表示意见

3. 下列属于报表附注的内容有（　　）。

A. 重大投资融资活动

B. 会计报表中重要的明细资料

C. 企业的主要会计政策、会计估计及其变更

D. 关联方关系及其交易

E. 或有事项和资产负债表日后事宜

4. 财务报表分析的目的是（　　）。

A. 评价企业过去　　B. 衡量企业现状　　C. 预测企业未来

D. 进行全面分析　　E. 进行专题分析

5. 财务报表分析的内容主要包括（　　）。

A. 财务报告分析　　B. 财务效率分析　　C. 财务综合分析　　D. 可行性分析

6. 在比率分析中，常用的财务比率有（　　）。

A. 相关比率　　B. 效率比率　　C. 构成比率　　D. 动态比率

7. 在比较分析中，常用的指标评价标准有（　　）。

A. 公认标准　　B. 历史标准　　C. 目标标准　　D. 行业标准

8. 财务报表分析的主体是（　　）。

A. 职工和工会　　B. 投资人　　C. 债权人

D. 经理人员　　E. 审计师

9. 作为财务报表分析主体的政府机构，包括（　　）。

A. 社会保障部门　　B. 国有企业的管理部门

C. 会计监管机构　　D. 证券管理机构

E. 税务部门

10. 财务报表分析实施阶段的主要内容是（　　）。

A. 制订财务报表分析计划　　B. 搜集财务报表分析信息

C. 进行财务报告的会计分析　　D. 财务比率指标分析

E. 综合分析

三、判断题

1. 财务报表分析的第一个步骤是搜集与整理分析信息。（　　）

2. 在采用因素分析法时，既可以按照各因素的依存关系排列成一定的顺序并依次替代，也可以任意颠倒顺序，其结果是相同的。（　　）

3. 财务指标分析就是指财务比率分析。（　　）

4. 行业企业间要避免正面价格竞争，关键在于其产品或服务的差异程度，差异程度越大，竞争程度越低。（　　）

5. 水平分析法在不同企业中应用，一定要注意其可比性问题，即使在同一企业中应用，对于差异的评价也应考虑其对比基础。（　　）

6. 债权人通常不仅关心企业偿债能力比率，而且关心企业盈利能力比率。（　　）

7. 比率分析法能综合反映比率与计算它的会计报表之间的联系。（　　）

8. 差额计算法只是连环替代法的一种简化形式，二者实质上是相同的。　（　　）

9. 运用差额计算法进行因素分析不需要考虑因素的替代顺序问题。　（　　）

10. 财务分析报告就是对财务报告进行的分析。　（　　）

四、思考题

1. 简述财务报表分析的主体及内容。

2. 简述财务报表的内涵。

3. 财务报表分析的方法有哪些？

五、计算分析题

1. 某公司连续 5 年的销售收入与净利润如表 1.9 所示。

表 1.9　某公司连续 5 年销售收入与净利润　万元

项　目	2016 年	2017 年	2018 年	2019 年	2020 年
销售收入	4 500	5 000	5 000	5 833	7 200
净利润	450	500	400	700	900

要求：

（1）计算各年销售收入和净利润的定基指数，编制该公司的销售收入和净利润趋势表。

（2）进行该公司经营情况及趋势分析。

2. 假定 A 产品的直接材料费用等有关资料如表 1.10 所示。

要求：采用因素分析法计算各因素对产品直接材料费用的影响程度。

表 1.10　A 产品直接材料费用等资料

项　目	产品产量/件	单件产品消耗量/千克	材料价格/（元/千克）	材料费用总额/元
计划费用	100	20	15	30 000
实际费用	120	18	20	43 200
差异				＋13 200

3. 某企业 2019 年和 2020 年有关总资产报酬率的资料如表 1.11 所示。

表 1.11　某企业 2019 年和 2020 年有关总资产报酬率的资料　%

指　标	2020 年	2019 年
总资产产值率	80.00	82.00
产品销售率	98.00	94.00
销售利润率	30.00	22.00
总资产报酬率	23.52	16.96

提示：

总资产报酬率＝总资产产值率×产品销售率×销售利润率

要求：分析各因素变动对总资产报酬率的影响程度。

项目二

主要财务报表分析

知识目标

1. 熟悉资产负债表、利润表、现金流量表、所有者权益变动表的结构。
2. 理解四大报表的内涵与作用。
3. 明确财务报表分析的目的。
4. 掌握财务报表的分析、评价方法。

能力目标

1. 能够开展资产负债表的结构分析、项目分析、质量分析。
2. 能够评价企业的财务状况。
3. 能够开展利润表的趋势分析、结构分析、质量分析。
4. 能够对企业的经营成果、利润分配情况做出客观的分析和评价。
5. 能够开展现金流量表的趋势分析、结构分析、比率分析。
6. 能够对企业的现金流量变动情况做出分析和评价。

风险警示板公司的信息披露

微课

任务一　资产负债表的阅读与分析

理论讲解

一、资产负债表的格式

资产负债表是反映企业在某一特定日期的财务状况的会计报表。资产负债表的格式一般有两种：报告式资产负债表和账户式资产负债表。报告式资产负债表是上下结构的，上半部列示资产，下半部列示负债和所有者权益。它的具体排列形式又有两种：一是按“资产＝负债＋所有者权益”的原则排列；二是按“资产－负债＝所有者权益”的原则排列。账户式资产负债表是左右结构，左边列示资产，右边列示负债和所有者权益。

在我国，资产负债表采用账户式结构，左方列示资产各项目，反映全部资产的分布及存在形态；右方列示负债和所有者权益各项目，反映全部负债和所有者权益的内容及构成情况。资产负债表的基本格式如表 2.1 所示。

表 2.1　资产负债表的基本格式

资　产	期末余额	年初余额	负债和所有者权益	期末余额	年初余额
流动资产			流动负债		
非流动资产			非流动负债		
			所有者权益		
资产合计			负债和所有者权益合计		

资产负债表根据资产、负债、所有者权益（或股东权益，下同）之间的钩稽关系，按照一定的分类标准和顺序，把企业一定日期的资产、负债和所有者权益各项目予以适当排列。它反映的是企业资产、负债、所有者权益的总体规模和结构。其中，资产按流动性大小进行列示，分为流动资产和非流动资产；负债和所有者权益项目，一般按要求清偿时间的先后顺序排列，需要在一年以内或长于一年的一个正常营业周期内偿还的流动负债排在前面，一年以上才需要偿还的非流动负债排在中间，在企业清算之前不需要偿还的所有者权益项目排在后面。

资产负债表由表头、主表和补充资料三部分组成。

1. 表头

表头是报表的标志，包括报表名称、编制单位、编制日期、报表编号和金额单位。资产负债表是静态报表，编制日期应填写报告期末的最后一天日期。

2. 主表

主表是资产负债表的主体，以“资产＝负债＋所有者权益”这一会计等式为基础，包括资产负债表中各项目的名称、期初数、期末数等内容，分别按资产类、负债类和所有者权益类 3 类列示。

3. 补充资料

在资产负债表的下端，可以根据行业特点和报表充分揭示的需要，列示补充资料。补充资料是报表附注的重要内容，主要反映使用者需要了解，但在财务报表基本部分无法反映或无法单独反映的资料。

小知识

资产负债表项目的填列方法

资产负债表中的各项目均须填列“年初余额”和“期末余额”两栏。其中，“年初余额”栏内各数字，应根据上年年末资产负债表“期末余额”栏内各项数字填列。如果本年度资产负债表规定的各个项目的名称和内容与上年度不一致，应对上年年末资产负债表各项目的名称和数字按本年度的规定进行调整，然后填入。“期末余额”栏主要有以下几种填列方法。

第一，根据总账科目余额填列。例如，“其他权益工具投资”“短期借款”“资本公积”等项目；有些项目须根据几个总账科目的期末余额计算填列，如“货币资金”项目，需要根据“库存现金”“银行存款”“其他货币资金”3个总账科目的期末余额的合计数填列。

第二，根据明细账科目余额计算填列。例如，“应付账款”项目，需要根据“应付账款”和“预付账款”两个科目所属的相关明细科目的期末贷方余额计算填列；“应收账款”项目，需要根据“应收账款”和“预收账款”两个科目所属的相关明细科目的期末借方余额计算填列。

第三，根据总账科目和明细账科目余额分析计算填列。例如，“长期借款”项目，需要根据“长期借款”总账科目的期末余额扣除“长期借款”科目所属的明细科目中将在一年内到期且企业不能自主地将清偿义务展期的长期借款后的金额计算填列。

第四，根据总账科目余额减去其备抵科目余额后的净额填列。例如，“应收票据”“应收账款”“长期股权投资”等项目，应当分别根据“应收票据”“应收账款”“长期股权投资”等科目的期末余额减去“坏账准备”“长期股权投资减值准备”等备抵科目期末余额后的净额填列。

第五，综合运用上述填列方法分析填列。例如，“存货”项目，需要根据“原材料”“委托加工物资”“周转材料”“材料采购”或“在途物资”“库存商品”“发出商品”“材料成本差异”等总账科目期末余额的分析汇总数，再减去“存货跌价准备”科目期末余额后的净额填列。

二、资产负债表分析的目的和内容

（一）资产负债表分析的目的

① 揭示资产负债表及其相关项目的内涵。

② 了解企业财务状况的变动情况及变动原因。

③ 揭示企业资产、负债总额及其结构。

④ 解释、评价和预测企业的财务弹性。

⑤ 评价企业的偿债能力。

（二）资产负债表分析的内容

进行资产负债表分析时，通常的阅读步骤是由粗到细，先了解总量情况，再了解大类项目，然后逐层分解，最后到具体项目。资产负债表分析主要包括以下内容。

1. 资产负债表增减变动情况分析

资产负债表增减变动情况分析主要是运用水平分析法，通过对企业各项资产、负债和所有者权益的对比分析，揭示企业筹资与投资过程的差异，从而分析与揭示企业生产经营活动、经营管理水平、会计政策及会计变更对筹资和投资的影响。

2. 资产负债表结构分析

资产负债表结构分析主要是运用垂直分析法，通过对资产负债表中各项目与总资产或总权益进行对比，分析企业的资产构成、负债构成和所有者权益构成，揭示企业资产结构和资本结构的合理程度，探索企业资产结构优化、资本结构优化及资产结构与资本结构适应程度优化的分析。

3. 资产负债表项目分析

资产负债表项目分析是在资产负债表全面分析的基础上，对资产负债表中资产、负债和所有者的主要项目进行深入分析。

（三）报表分析实例

HS股份有限公司（以下简称公司或HS公司）经浙江省人民政府企业上市工作领导小组浙上市〔2000〕48号文批准，于2000年12月13日在浙江省工商行政管理局登记注册。公司现有注册资本62 375.04万元，股份总数62 375.04万股，每股面值1元。公司属于计算机应用服务行业。公司经营范围是：计算机软件的技术开发、咨询、服务、成果转让；

计算机系统集成；自动化控制工程设计、承包、安装；计算机及配件的销售；电子设备、通信设备、计算机硬件及外部设备的生产、销售。其主要产品或提供的劳务包括证券、金融、交通等行业计算机软件产品与系统集成的开发和销售，计算机及配件的销售等。

HS 公司 2020 年年末资产负债表如表 2.2 所示。

表 2.2　资产负债表

编制单位：HS 公司　　2020 年 12 月 31 日　　万元

资　产	期末余额	年初余额	负债和所有者权益	期末余额	年初余额
流动资产：			流动负债：		
货币资金	52 876	41 145	短期借款	0	3 375
交易性金融资产	2 516	18 790	交易性金融负债		
衍生金融资产			衍生金融负债		
应收票据			应付票据	0	615
应收账款	16 795	8 472	应付账款	4 380	4 218
应收款项融资			预收款项	10 020	13 931
预付款项	287	247	合同负债		
其他应收款	1 068	1 158	应付职工薪酬	6 401	4 931
存货	15 537	19 197	应交税费	5 113	4 088
合同资产			其他应付款	5 451	6 019
持有待售资产			持有待售负债		
一年内到期的非流动资产			一年内到期的非流动负债	4 525	0
其他流动资产			其他流动负债	402	150
流动资产合计	89 079	89 009	流动负债合计	36 292	37 327
非流动资产：			非流动负债：		
债权投资			长期借款	7 150	13 825
其他债权投资			应付债券		
长期应收款			其中：优先股		
长期股权投资	48 114	39 001	永续债		
其他权益工具投资	18 911	13 393	租赁负债		
其他非流动金融资产			长期应付款		
投资性房地产	3 671	3 729	预计负债	305	243
固定资产	8 889	8 760	递延收益		
在建工程	7	0	递延所得税负债	543	168
生产性生物资产			其他非流动负债		
油气资产			非流动负债合计	7 998	14 236
使用权资产			负债合计	44 290	51 563
无形资产	4 892	5 367	所有者权益（或股东权益）：		
开发支出			实收资本（或股本）	62 375	62 375
商誉			其他权益工具		
长期待摊费用	392	136	其中：优先股		
递延所得税资产	723	473	永续债		
其他非流动资产			资本公积	4 898	4 322
非流动资产合计	85 599	70 859	减：库存股		
			其他综合收益		
			专项储备		
			盈余公积	20 505	18 604
			未分配利润	42 610	23 004
			所有者权益合计	130 388	108 305
资产总计	174 678	159 868	负债和所有者权益总计	174 678	159 868

三、资产负债表增减变动情况分析

资产负债表的增减变动情况分析是运用水平分析法将分析期的资产负债表各项目数值与基期（上年或计划、预算）数进行比较，计算某项目的变动额和变动率。除此之外，还应计算该项目变动对总资产或负债和所有者权益总额的影响程度，以便确定影响总资产或负债和所有者权益总额的重点项目，为进一步分析指明方向。

某项目变动对总资产或负债和所有者权益总额（简称总权益）的影响程度可按下式计算：

$$\text{某项目变动对总资产的影响}=\frac{\text{某项目的变动额}}{\text{基期总资产或总权益}}\times 100\%$$

（一）编制资产负债表水平分析表

根据表 2.2，编制 HS 公司资产负债表水平分析表，如表 2.3 所示。

表 2.3　HS 公司资产负债表水平分析

万元

项　目	期末余额	年初余额	变动额	变动率/%	对总资产或总权益的影响/%
资　产					
流动资产：					
货币资金	52 876	41 145	11 731	28.51	7.34
交易性金融资产	2 516	18 790	−16 274	−86.61	−10.18
衍生金融资产					
应收票据					
应收账款	16 795	8 472	8 323	98.24	5.21
应收款项融资					
预付款项	287	247	40	16.19	0.03
其他应收款	1 068	1 158	−90	−7.77	−0.06
存货	15 537	19 197	−3 660	−19.07	−2.29
合同资产					
持有待售资产					
一年内到期的非流动资产					
其他流动资产					
流动资产合计	89 079	89 009	70	0.08	0.04
非流动资产：					
债权投资					
其他债权投资					
长期应收款					
长期股权投资	48 114	39 001	9 113	23.37	5.70
其他权益工具投资	18 911	13 393	5 518	41.20	3.45
其他非流动金融资产					
投资性房地产	3 671	3 729	−58	−1.56	−0.04
固定资产	8 889	8 760	129	1.47	0.08
在建工程	7	0	7		
生产性生物资产					
油气资产					
使用权资产					
无形资产	4 892	5 367	−475	−8.85	−0.30
开发支出					
商誉					
长期待摊费用	392	136	256	188.24	0.16
递延所得税资产	723	473	250	52.85	0.16

（续表）

项　目	期末余额	年初余额	变动额	变动率/%	对总资产或总权益的影响/%
其他非流动资产					
非流动资产合计	85 599	70 859	14 740	20.80	9.22
资产总计	174 678	159 868	14 810	9.26	9.26
负债和所有者权益					
流动负债：					
短期借款	0	3 375	−3 375	−100.00	−2.11
交易性金融负债					
衍生金融负债					
应付票据	0	615	−615	−100.00	−0.38
应付账款	4 380	4 218	162	3.84	0.10
预收款项	10 020	13 931	−3 911	−28.07	−2.45
合同负债					
应付职工薪酬	6 401	4 931	1 470	29.81	0.92
应交税费	5 113	4 088	1 025	25.07	0.64
其他应付款	5 451	6 019	−568	−9.44	−0.36
持有待售负债					
一年内到期的非流动负债	4 525	0	4 525		2.83
其他流动负债	402	150	252	168.00	0.16
流动负债合计	36 292	37 327	−1 035	−2.77	−0.65
非流动负债：					
长期借款	7 150	13 825	−6 675	−48.28	−4.18
应付债券					
其中：优先股					
永续债					
租赁负债					
长期应付款					
预计负债	305	243	62	25.51	0.04
递延收益					
递延所得税负债	543	168	375	223.21	0.23
其他非流动负债					
非流动负债合计	7 998	14 236	−6 238	−43.82	−3.90
负债合计	44 290	51 563	−7 273	−14.11	−4.55
所有者权益（或股东权益）：					
实收资本（或股本）	62 375	62 375	0	0	0
其他权益工具					
其中：优先股					
永续债					
资本公积	4 898	4 322	576	13.33	0.36
减：库存股					
其他综合收益					
专项储备					
盈余公积	20 505	18 604	1 901	10.22	1.19
未分配利润	42 610	23 004	19 606	85.23	12.26
所有者权益合计	130 388	108 305	22 083	20.39	13.81
负债和所有者权益总计	174 678	159 868	14 810	9.26	9.26

（二）资产负债表变动情况分析

1. 从投资或资产角度进行分析评价

第一，分析总资产规模的变动状况及各类、各项资产的变动状况，揭示资产变动的主要方面，从总体上了解企业经过一定时期经营后资产的变动情况。

第二，发现变动幅度较大或对总资产影响较大的重点类别和重点项目。分析时首先要注意发现变动幅度较大的资产类别或资产项目，特别是发生异常变动的项目；其次，要把对总资产变动影响较大的资产项目作为分析的重点。各项目变动对总资产的影响，不仅取决于该项目本身的变动程度，还取决于该项目在总资产中所占的比重。当某项目本身变动幅度较大时，如果该项目在总资产中所占比重较小，则该项目变动对总资产的变动就不会有太大影响；反之，即使某个项目本身变动幅度较小，如果其所占比重较大，则其对总资产变动的影响程度也很大。

第三，考察资产规模变动与所有者权益总额变动的适应程度，进而评价企业财务结构的稳定性和安全性。在资产负债表中，资产总额等于负债和所有者权益总额之和。如果资产总额的增长幅度大于所有者权益总额的增长幅度，则表明企业债务负担加重。这可能是由于企业筹资政策变动引起的，会引起企业偿债保证程度下降，偿债压力增加。一般来说，为了保证企业财务结构的稳定性和安全性，资产规模变动应与所有者权益总额变动相适应。

根据表 2.3，对 HS 公司总资产变动情况分析如下。

HS 公司 2020 年年末资产总规模为 174 648 万元，较 2019 年年末总资产增加了 14 810 万元，增长幅度为 9.26%，表明该公司 2020 年资产规模有一定的增长。进一步分析如下。

① 企业流动资产规模稳定，基本与上年持平，但其内部构成存在增减变化。其中，货币资金增加了 11 731 万元，增幅高达 28.51%，表明企业资产流动性增强，增加了即期支付能力；另外，应收账款增加了 8 323 万元，增幅达到 98.24%，对此应进一步考察企业经营业务开展情况，结合该公司销售规模变动、信用政策和收账政策等进行评价。其他流动资产中，交易性金融资产、存货均有不同程度的下降。

② 非流动资产增长较快。本年年末增加额为 14 740 万元，增幅达 20.80%。其主要原因是长期股权投资增长迅速，增长额为 9 113 万元，增幅为 23.37%。它是非流动资产中对总资产变动影响较大的项目之一，说明该公司对外扩张意图明显。同时，固定资产也有所增加，增加额为 129 万元，增幅为 1.47%，表明该公司的生产能力有一定提高。但无形资产的减少应引起关注，需要分析企业对无形资产的重视程度及无形资产减少的主要原因。

2. 从筹资或权益角度进行分析评价

第一，分析权益总额的变动状况及各类、各项筹资的变动状况，揭示权益总额变动的主要方面，从总体上了解企业经营一定时期后权益总额的变动情况。

第二，发现变动幅度较大或对权益影响较大的重点类别和重点项目，为进一步分析指明方向。

根据表 2.3，对 HS 公司权益总额变动情况分析如下。

HS 公司权益总额较上年年末增加了 14 810 万元，增长幅度为 9.26%，进一步分析可发现如下两点。

① 本年年末负债下降了 7 273 万元，降幅为 14.11%。其中，流动负债下降了 1 035 万元，

降幅为 2.77%，主要表现为短期借款、预收款项的下降，有利于减轻企业的偿债压力；非流动负债下降了 6 238 万元，降幅高达 43.82%，主要表现为长期借款的减少，降幅达到 48.28%。企业的偿债负担进一步减轻。

② 本年年末所有者权益增加了 22 083 万元，增幅达 20.39%，使权益总额增加了 13.81%。这主要是由未分配利润、盈余公积及资本公积的较大幅度增长引起的。

总体来看，企业资产与所有者权益的适应程度较好，资产扩张的同时，企业资金实力较强，偿债风险逐步降低，企业积累增加，财务状况稳定。

四、资产负债表结构分析

资产负债表结构分析主要是运用垂直分析法，通过计算资产负债表中各项目占总资产或权益总额的比重，分析评价企业资产结构和权益结构变动的合理程度，具体分析企业资产结构、资本结构的变动情况及合理性，分析企业资产结构与资本结构的适应程度等。

根据表 2.2，编制 HS 公司资产负债表垂直分析表，如表 2.4 所示。

表 2.4　HS 公司资产负债表垂直分析　　万元

项　目	期末余额	年初余额	期末/%	期初/%	变动情况/%
资　产					
流动资产：					
货币资金	52 876	41 145	30.27	25.74	4.53
交易性金融资产	2 516	18 790	1.44	11.75	−10.31
衍生金融资产					
应收票据					
应收账款	16 795	8 472	9.61	5.30	4.32
应收款项融资					
预付款项	287	247	0.16	0.15	0.01
其他应收款	1 068	1 158	0.61	0.72	−0.11
存货	15 537	19 197	8.89	12.01	−3.11
合同资产					
持有待售资产					
一年内到期的非流动资产					
其他流动资产					
流动资产合计	89 079	89 009	51.00	55.68	−4.68
非流动资产：					
债权投资					
其他债权投资					
长期应收款					
长期股权投资	48 114	39 001	27.54	24.40	3.15
其他权益工具投资	18 911	13 393	10.83	8.38	2.45
其他非流动金融资产					
投资性房地产	3 671	3 729	2.10	2.33	−0.23
固定资产	8 889	8 760	5.09	5.48	−0.39
在建工程	7	0			
生产性生物资产					
油气资产					

（续表）

项　目	期末余额	年初余额	期末/%	期初/%	变动情况/%
使用权资产					
无形资产	4 892	5 367	2.80	3.36	-0.56
开发支出					
商誉					
长期待摊费用	392	136	0.22	0.09	0.14
递延所得税资产	723	473	0.41	0.30	0.12
其他非流动资产					
非流动资产合计	85 599	70 859	49.00	44.32	4.68
资产总计	174 678	159 868	100.00	100.00	0.00
负债和所有者权益					
流动负债：					
短期借款	0	3 375	0.00	2.11	-2.11
交易性金融负债					
衍生金融负债					
应付票据	0	615	0.00	0.38	-0.38
应付账款	4 380	4 218	2.51	2.64	-0.13
预收款项	10 020	13 931	5.74	8.71	-2.98
合同负债					
应付职工薪酬	6 401	4 931	3.66	3.08	0.58
应交税费	5 113	4 088	2.93	2.56	0.37
其他应付款	5 451	6 019	3.12	3.76	-0.64
持有待售负债					
一年内到期的非流动负债	4 525	0	2.59	0.00	2.59
其他流动负债	402	150	0.23	0.09	0.14
流动负债合计	36 292	37 327	20.78	23.35	-2.57
非流动负债：					
长期借款	7 150	13 825	4.09	8.65	-4.55
应付债券					
其中：优先股					
永续债					
租赁负债					
长期应付款					
预计负债	305	243	0.17	0.15	0.02
递延收益					
递延所得税负债	543	168	0.31	0.11	0.21
其他非流动负债					
非流动负债合计	7 998	14 236	4.58	8.90	-4.33
负债合计	44 290	51 563	25.36	32.25	-6.90
所有者权益（或股东权益）：					
实收资本（或股本）	62 375	62 375	35.71	39.02	-3.31
其他权益工具					
其中：优先股					
永续债					

（续表）

项　目	期末余额	年初余额	期末/%	期初/%	变动情况/%
资本公积	4 898	4 322	2.80	2.70	0.10
减：库存股					
其他综合收益					
专项储备					
盈余公积	20 505	18 604	11.74	11.64	0.10
未分配利润	42 610	23 004	24.39	14.39	10.00
所有者权益合计	130 388	108 305	74.64	67.75	6.90
负债和所有者权益总计	174 678	159 868	100.00	100.00	0.00

（一）资产结构的分析评价

① 从静态角度观察企业资产的配置情况，关注流动资产、非流动资产占总资产的比重。一般而言，流动资产变现能力强，资产风险较小。因此，当流动资产比重较大时，企业资产的流动性强而风险小；非流动资产比重较大时，企业资产弹性较差，不利于企业灵活调动资金，风险较大。

② 从动态角度分析资产结构的变动情况，对资产的稳定性做出评价。

在企业实际经营中，资产的基本构成会受到企业所处行业、企业的经营规模、经营策略、盈利模式等众多因素的影响，这需要分析者结合具体情况来分析。

从表 2.4 可以看出，从静态角度分析，HS 公司 2020 年年末流动资产的比重为 51%，非流动资产的比重为 49%。根据公司的资产结构数据，该公司的资产流动性较强，资产风险不大。但同时要注意，过多的流动资产会降低企业的盈利能力。从动态角度分析，HS 公司 2020 年年末流动资产的比重为 51.00%，较年初的 55.68% 下降了 4.68%，变动幅度不大。虽然流动资产的比重呈下降趋势，但由于仍保持了超过 50% 的比例，显示出该企业资产较强的流动性。

（二）资本结构的分析评价

观察资本的构成及资本结构的变动情况，结合企业盈利能力和经营风险，评价资本结构的合理性。

从表 2.4 可以看出，HS 公司 2020 年年末负债比重为 25.36%，所有者权益比重为 74.64%，资产负债率较低，财务风险较低。比较年初，负债比重下降了 6.9%，所有者权益比重上升了 6.9%，表明该公司资本结构较为稳健，财务实力有所增加。

（三）资产结构与资本结构适应程度的分析评价

小知识

资产结构、资本结构与资本成本

资产结构是指各种资产占企业总资产的比重，包括长、短期资产构成和比例，以及长、短期资产内部的构成比例。例如，流动资产和固定资产、有形资产和无形资产、短期资产和长期资产、临时波动的资产和永久固定的资产等的构成比例。

资本结构是指企业各种资金的来源构成及其比例关系。资本结构有广义和狭义之分：

广义的资本结构是指企业全部资金的来源构成及其比例关系，不仅包括权益资本（指企业依法筹集，如通过吸收直接投资、发行普通股票获得并长期拥有、可自主支配的资本）、长期债务资金，还包括短期债务资金；狭义的资本结构仅指权益资本及长期债务资金的来源构成及其比例关系，不包括短期债务资金。

资本成本是指企业筹集和使用资本而付出的代价，通常包括筹资费用和用资费用。筹资费用，指企业在筹集资本过程中为取得资金而发生的各项费用，如银行借款的手续费，发行股票、债券等证券的印刷费、评估费、公证费、宣传费及承销费等。用资费用，指在使用所筹资本的过程中向出资者支付的有关报酬，如银行借款和债券的利息、股票的股利等。

资本成本是选择筹资方式、进行资本结构决策和选择追加筹资方案的依据，是评价投资方案、进行投资决策的重要标准，也是评价企业经营业绩的重要依据。

最佳资本结构是指企业在一定时期内，筹措的资本的加权平均资本成本最低，使企业的价值达到最大化的资本结构。常用的确定最佳资本结构的方法是比较资本成本法，即比较不同的资本结构的加权平均资本成本，其中加权平均资本成本最低的即为最佳资本结构。

资产结构与资本结构的适应性是指企业资本结构与企业当前及未来经营和发展活动相适应的情况。虽然不同企业资产结构与资本结构的适应形式多种多样，但归纳起来，可以分为保守结构、稳健结构、平衡结构和风险结构 4 种类型。

1. 保守结构分析

保守结构的资产负债表如表 2.5 所示。

表 2.5 资产负债表（保守结构）

<table>
<tr><td rowspan="2">流动资产</td><td>临时性占用流动资产</td><td>非流动负债</td></tr>
<tr><td>永久性占用流动资产</td><td rowspan="2">所有者权益</td></tr>
<tr><td colspan="2">非流动资产</td></tr>
</table>

保守结构指企业全部资产的资金来源都是长期资本，即所有者权益和非流动负债。

优点：风险较低。

缺点：资本成本较高；筹资结构弹性较弱。

适用范围：很少被企业采用。

2. 稳健结构分析

稳健结构的资产负债表如表 2.6 所示。

表 2.6 资产负债表（稳健结构）

<table>
<tr><td rowspan="2">流动资产</td><td>临时性占用流动资产</td><td>流动负债</td></tr>
<tr><td>永久性占用流动资产</td><td>非流动负债</td></tr>
<tr><td colspan="2">非流动资产</td><td>所有者权益</td></tr>
</table>

稳健结构表现为企业非流动资产依靠长期资本解决，流动资产需要依靠长期资本和短期资本共同解决。

优点：风险较小，负债资本相对较低，并具有一定的弹性。

适用范围：大部分企业。

3. 平衡结构分析

平衡结构的资产负债表如表 2.7 所示。

表 2.7　资产负债表（平衡结构）

流动资产	流动负债
非流动资产	非流动负债 所有者权益

平衡结构表现为企业的非流动资产用长期资本满足，流动资产用流动负债满足。

优点：当二者适应时，企业风险较小，且资本成本较低。

缺点：当二者不适应时，可能使企业陷入财务危机。

适用范围：经营状况良好、流动资产与流动负债内部结构相互适应的企业。

4. 风险结构分析

风险结构的资产负债表如表 2.8 所示。

表 2.8　资产负债表（风险结构）

<table>
<tr><td>流动资产</td><td rowspan="2">流动负债</td></tr>
<tr><td rowspan="2">非流动资产</td></tr>
<tr><td>非流动负债
所有者权益</td></tr>
</table>

风险结构表现为企业的流动负债不仅用于满足流动资产的资金需要，而且用于满足部分非流动资产的资金需要。

优点：资本成本最低。

缺点：财务风险较大。

适用范围：企业资产流动性很好且经营现金流量较充足，处在发展壮大时期的企业短期内采用。

根据 HS 公司的资产负债表资料，该公司 2020 年年末的流动资产比重为 51%，流动负债比重为 20.78%，非流动负债比重为 4.58%，负债比重为 25.36%。企业流动资产需要短期资金和长期资金共同解决，属稳健结构。该公司年初的流动资产比重为 55.68%，流动负债比重为 23.35%。虽然年末的资产结构和资本结构有所改变，但资产结构与资本结构适应程度的性质并未改变，只是趋于保守。

实务演练

案例资料：M 公司资产负债表如表 2.9 所示。

表 2.9　M 公司资产负债表

2020 年 12 月 31 日　　万元

项　目	2019 年 12 月 31 日	2020 年 12 月 31 日
货币资金	85 732	93 290
交易性金融资产	7 600	8 200
应收票据	6 590	5 900
应收账款	16 800	16 500
预付款项	17 000	13 400
存货	122 381	130 550
其他流动资产	25 202	32 179
流动资产合计	281 305	300 019
长期投资	3 437	5 000

（续表）

项　目	2019 年 12 月 31 日	2020 年 12 月 31 日
固定资产净额	541 900	533 950
无形资产及其他	67 220	68 600
非流动资产合计	612 557	607 550
资产总额	893 862	907 569
短期借款	86 000	70 000
应付账款	46 500	36 400
应付职工薪酬	15 400	12 600
应交税费	8 462	4 600
流动负债合计	156 362	123 600
长期借款	100 000	150 000
实收资本	500 000	500 000
资本公积	26 481	28 963
盈余公积	15 874	16 894
未分配利润	95 145	88 112
负债及所有者权益合计	893 862	907 569

要求：

（1）编制 M 公司 2020 年资产负债表水平分析表（见表 2.10）。

表 2.10　M 公司 2020 年资产负债表水平分析　　万元

项　目	年末数	年初数	增减额	增减/%	对总资产的影响/%
货币资金	93 290	85 732			
交易性金融资产	8 200	7 600			
应收票据	5 900	6 590			
应收账款	16 500	16 800			
预付款项	13 400	17 000			
存货	130 550	122 381			
其他流动资产	32 179	25 202			
流动资产合计	300 019	281 305			
长期投资	5 000	3 437			
固定资产净额	533 950	541 900			
无形资产及其他	68 600	67 220			
非流动资产合计	607 550	612 557			
资产总额	907 569	893 862			
短期借款	70 000	86 000			
应付账款	36 400	46 500			
应付职工薪酬	12 600	15 400			
应交税费	4 600	8 462			
流动负债合计	123 600	156 362			
长期借款	150 000	100 000			
实收资本	500 000	500 000			
资本公积	28 963	26 481			
盈余公积	16 894	15 874			
未分配利润	88 112	95 145			
负债及所有者权益合计	907 569	893 862			

（2）编制 M 公司 2020 年资产负债表垂直分析表（见表 2.11）。

表 2.11　M 公司 2020 年资产负债表垂直分析　　万元

项　目	年末数	年初数	期末/%	期初/%	变动情况/%
货币资金	93 290	85 732			
交易性金融资产	8 200	7 600			
应收票据	5 900	6 590			
应收账款	16 500	16 800			
预付款项	13 400	17 000			
存货	130 550	122 381			
其他流动资产	32 179	25 202			
流动资产合计	300 019	281 305			
长期投资	5 000	3 437			
固定资产净额	533 950	541 900			
无形资产及其他	68 600	67 220			
非流动资产合计	607 550	612 557			
资产总额	907 569	893 862			
短期借款	70 000	86 000			
应付账款	36 400	46 500			
应付职工薪酬	12 600	15 400			
应交税费	4 600	8 462			
流动负债合计	123 600	156 362			
长期借款	150 000	100 000			
实收资本	500 000	500 000			
资本公积	28 963	26 481			
盈余公积	16 894	15 874			
未分配利润	88 112	95 145			
负债及所有者权益合计	907 569	893 862			

（3）分析评价企业资产结构与资本结构的适应程度。

提示： M 公司 2020 年年末资产总额增加了 13 707 万元，增长幅度达 1.53%。其中，流动资产增加 18 714 万元，增长幅度为 6.65%；非流动资产减少了 5 007 万元，变动幅度为−0.82%。

M 公司的资金来源，2020 年年末与年初相比发生了较大的变化，主要是长期借款增加，短期借款减少，说明公司财务风险降低。

总的来说，M 公司的非流动资产占资产总额的 66% 左右，而提供长期资金的长期借款和所有者权益资金占资金来源总额的 80% 左右，公司的资金结构与资产结构搭配合理，稍嫌保守。

五、资产负债表项目分析

微课

（一）资产项目

对资产项目进行分析主要是针对货币资金、交易性金融资产、应收票据、应收账款、其他应收款、存货、固定资产、无形资产等项目做深入分析。

1. 货币资金

货币资金反映企业库存现金、银行结算户存款、外埠存款、银行汇票存款、银行本票存款、信用卡存款、信用保证金存款等的合计数。这些货币资金构成企业的“血液”，也是现金流量表中所谓的“现金”的主体。货币资金并不是多多益善，相反，货币资金占压过多，则意味着企业资金运作效率与水平较低。实务中，人们常常把那些因为不善于理财和找不到很好的投资机会而拿着很多钱不知道该怎么花的企业称为“现金牛”。货币资金本身意味着机会成本，企业应当根据自身需求，确定一个最佳货币资金持有量，以合理调度货币资金余缺，避免货币资金过多或过少给企业造成的不良后果。货币资金项目分析的重点是货币资金规模的合理性。决定企业货币资金规模的因素主要包括以下几个方面。

① 企业的资产规模、业务规模。企业资产总额越大，相应的货币资金规模越大；业务越频繁，货币资产也会越多。

② 企业筹集资金的能力。企业信誉好，从银行借款或发行股票、债券都会比较顺利，企业就可以适当减少持有的货币资金数量。

③ 企业对货币资金的运用能力。企业运用货币资金的能力越强，资金在企业内部周转越快，企业就没有必要保留过多的货币资金。

④ 企业财务战略。当企业具有较为明确的发展战略时，为战略方针的落实进行财务准备，这样，存量货币资金的规模会因为分析时点的不同而处于企业不同的财务战略阶段。这时，货币资金结构的差异反映的是融资行为的结果，而非经营活动的经济结果。

⑤ 企业的行业特点。对于不同行业的公司，合理的货币资金规模会有所差异。

在分析货币资金变动情况时，应判断发生变动的原因。归纳起来，企业货币资金规模变动的原因主要有：第一，销售规模变动，企业销售商品或提供劳务是取得货币资金的主要途径，当销售规模发生变动时，货币资金存量规模必然会发生相应的变动；第二，信用政策变动，如果企业执行宽松的信用政策，增加赊销比例，减少现销比例，货币资金的存量规模会减少，如果企业执行紧缩的信用政策，收账政策严格，收账力度大，货币资金的存量规模就会增大；第三，为大笔现金支出做准备，如企业准备派发高额现金股利，积累大量的货币资金以备所需，会使货币资金存量规模变大；第四，资金调度，当企业货币资金规模过小时，企业能通过资金调度筹措资金，反之，会通过证券投资的方法提高资金使用效率，降低其规模；第五，所筹资金尚未使用，企业通过发行新股等取得大量现金，尚未运用或未找到合适的投资机会时，会形成较大的货币资金余额。

根据表2.3和表2.4，可以对HS公司的货币资金项目做出分析：从存量规模及变动情况看，该公司年末货币资金比年初增加了11 731万元，增幅28.51%，变动幅度较大；但结合营业收入增长20.87%进行综合判断，其货币资金存量规模和增长幅度较为适宜；从比重及变动情况看，该公司年末货币资金比重为30.27%，年初比重为25.74%，比重上升了4.53%，结合公司附注说明来看，主要是公司期末赎回理财产品收回的货币资金增加所致，因此，货币资金比重较为合理。

实务演练

案例资料：万科的货币资金

账面上有718.7亿元的货币资金，在万科（000002.SZ）2016年半年报中，这个数字吓到了不少投资者，一年之间货币资金增加近 7 成，除了销售额大幅增加以外，大量合作项目受阻或许也使得万科手里的钱“花不出去”。

2016 年半年报显示：“公司坚持稳健经营原则，财务、资金状况良好。截至报告期末，公司持有货币资金 718.7 亿元，远高于短期借款和一年内到期长期借款的总和 292.9 亿元。”“报告期末，公司净负债率（有息负债减去货币资金，除以净资产）为 14.18%，继续保持在行业较低水平。”

2015 年半年报显示：“公司始终坚持稳健经营的风格，财务、资金状况保持在良好水平。截至报告期末，公司持有货币资金人民币 427.3 亿元。剔除并不构成实际偿债压力的预收账款后，公司其他负债占总资产的比例为 38.3%，与中期时接近；净负债率（有息负债减去货币资金，除以净资产）为 23.4%，持续保持在行业较低水平。”

经营活动产生的现金流量金额，就从 2015 年上半年的−68 亿元，暴涨到 2016 年上半年的近 258 亿元，主要是因为销售收到的现金从 757 亿元增加到 1 273 亿元；2016 年上半年，万科营业收入为 748 亿元，比 2015 年同期的 502.7 亿元增加 48.8%。

由此可见，短短的一年时间，万科的货币资金暴增近 7 成，净负债率大幅下降近 10 个百分点，经营现金流暴增；如此重大的数据变动，万科并没有在刚刚公布的半年报中做出更详细的解释。不过或许万科现金暴增，跟股权事件的确有关系，这导致了万科的钱“花不出去”。

2016 年半年报显示：“新的土地项目获取受阻。鉴于土地招拍挂溢价率持续上涨，公司近年来约 7 成项目通过合作方式获取。6 月底以来，部分合作方担心公司品牌、管理、融资优势不能持续，提出改变合作条件，甚至解约，潜在项目拓展面临更大的不确定性，部分金额较大的招拍挂项目也难以邀请同行合作。6 月底至 8 月初，公司已有 31 个合作项目因股权问题而被要求变更条款、暂缓推进或考虑终止合作。”

31 个合作项目受阻，这也可以比较合理地解释为何万科账上的钱“花不出去”。万科高级副总裁谭华杰曾反复强调通过增发方式获得深圳地铁项目对万科未来发展很关键，只是目前看来似乎并不顺利。

8 月 22 日的中期业绩发布会上，董事会秘书朱旭表示，关于引进深圳地铁的重组预案，目前还没有达成共识，但是万科会尊重各方意见，达到信披标准会披露；执行副总裁孙嘉称，员工对公司前景感到迷茫和困惑。今年上半年，万科总部离职率达到去年全年的水平。而离职率暴增的同时，公司在招聘方面也有难处，因为担忧万科的发展，不少招聘对象放弃加盟。

“2016 年上半年，是万科 32 年发展史中极为特殊的半年。始于 2015 年 7 月的股权事件延续至今，尚未妥善解决。发行股份购买资产预案尚未达成共识，部分股东一度提议罢免全体董事、非职工代表监事，国际、国内评级机构表示公司现有信用评级及展望将面临调整压力。6 月底以来，公司合作伙伴、客户、员工、其他中小股东对公司前景的疑惑和担忧进一步加剧，公司的正常运营也因此受到影响。”万科 2016年半年报中“管理层讨论与分析”做出如此的陈述。

资料来源：第一财经日报，2016-08-22.

要求：

（1）阅读上述资料，结合万科的情况，分析企业货币资金存量水平高低的利弊。

（2）利用互联网，搜集下列上市公司上年度对外公布的年报中货币资金等数据，并将表 2.12 填列完整。

表2.12　上市公司货币资金占比情况分析　　万元

公司名称	所属行业	资产总计	货币资金	占总资产比重/%
美的电器（000527）	电器机械及器材制造业			
万科A（000002）	房地产开发与经营业			
浦发银行（600000）	银行业			
南玻A（000012）	非金属矿物制品业			
格力电器（000651）	电器机械及器材制造业			
中捷股份（002021）	专用设备制造业			
上海机场（600009）	交通运输辅助业			
一汽轿车（000800）	交通运输设备制造业			
中兴商业（000715）	零售业			
苏宁电器（002024）	零售业			

（3）观察表2.12中上市公司货币资金比重的最高、最低值，结合企业所处的行业特点进行货币资金存量的差异分析。

提示：货币资金占总资产的比重在不同公司之间差异较大，专用设备制造业的中捷股份货币资金占总资产的比重特别高，从公司的年报中可知，货币资金规模增加是销售规模增加、资金回笼增加及短期借款增加所致；银行业的浦发银行货币资金占总资产的比重是最小的，查看其他几家上市的银行业公司基本也是这种情况。因为银行业的资产总额特别大，从表中的情况来看，一般制造业的货币资金占比相对高些。

2. 交易性金融资产

该项目反映资产负债表日企业分类为以公允价值计量且其变动计入当期损益的金融资产，以及企业持有的指定为以公允价值计量且其变动计入当期损益的金融资产的期末账面价值。对于非金融机构而言，交易性金融资产只能是微不足道的“副业”，而且最好是“辅业”，即辅助现金资产，用于调剂货币资金余缺，在保持流动性的前提下，获取一定的收益，避免资金闲置而给企业带来机会损失。因此，对持有交易性金融资产的企业来说，应当注意防范风险，以增加投资的变现能力。此外，交易性金融资产是企业利用暂时闲置的资金进行的短期投资，主要目的是获利，因此，企业还应结合投资的效益情况进行分析。

根据HS公司年报数据及报表附注信息，2020年年末交易性金融资产为2 516万元，比上年年末的18 790万元下降了86.61%，主要是公司期末赎回理财产品所致，交易性金融资产变动较为合理。

3. 应收票据

应收票据项目反映资产负债表日以摊余成本计量的、企业因销售商品、提供服务等收到的商业汇票，包括银行承兑汇票和商业承兑汇票。商业汇票是一种载有一定付款日期、付款地点、付款金额和付款人的无条件支付的流通证券，也是一种可以由持票人自由转让给他人的债权凭证。应收票据与一般的应收款项相比，流动性和安全性更强，更容易在市场上流通转让，供货方比较容易接受。鉴于此，在过去，应收票据一般不考虑坏账风险而是按照其原值反映，但它毕竟也是一种商业信用，依然存在风险，所以根据新准则的规定，应收票据也要根据实际情况计提坏账准备，并按照扣除坏账准备后的净额列示。

4. 应收账款

应收账款是指企业因销售商品、产品和提供劳务等而应向购买单位收取的各种款项，如应收的价款、增值税税款及代垫的运杂费等。在正常情况下，这种账款在一年内应该能够收回，所以一般归属于流动资产。但在现实经济生活中，企业可能因为信用危机导致应收账款长期被占压而迟迟收不回来。为了体现应收账款的真实价值，应收账款应估计其坏账损失，按照商业信用金额扣除所计提的坏账准备的净额列示。应收账款分析应与销售额分析、现金流分析联系起来。应收账款的起点是销售，终点是现金。正常的情况是销售增加引起应收账款增加，现金的存量和经营现金流量也会随之增加。如果一个企业应收账款日益增加，而销售和现金日益减少，那么企业的营销政策可能已出现问题，甚至变得比较可疑，有隐匿收入操纵利润的嫌疑。

根据 HS 公司 2020 年年报，年末应收账款的账面价值为 16 795 万元，坏账准备为 3 049 万元，应收账款账面余额为 19 844 万元；2019 年年末应收账款的账面价值为 8 472 万元，坏账准备为 2 541 万元，应收账款账面余额为 11 013 万元；2020 年年末应收账款占流动资产的比重为 18.85%（16 795 万元/89 079 万元）；2019 年年末应收账款占流动资产的比重为 9.52%（8 472 万元/89 009 万元）。上述数据表明，该公司应收账款占流动资产比重较大，报告年度公司没有采取积极的收账措施，对公司的资金周转有一定的影响。根据附注了解到，公司应收账款账面价值 2020 年年末增加了 8 323 万元，比上年年末增加了 98.26%，主要是公司本期销售增长使得相应的应收款增长。但结合营业收入增长 20.87% 进行综合判断，应收账款的增长大大超过当年营业收入的增长幅度，说明企业的营销政策存在问题，企业可能存在隐匿收入操纵利润的问题。

5. 其他应收款

其他应收款是指除应收票据、应收账款、预付账款、应收利息、应收股利等之外的其他应收或暂付款项。例如，企业与下属部门、职工之间的内部往来项目，以及应收的赔款等。可以从以下几方面展开分析。

① 其他应收款的规模及变动情况。

② 其他应收款包括的内容。

③ 关联方其他应收款余额及账龄情况。

④ 是否存在违规拆借资金等问题。

本项目按照实际可能收到的相关价值金额反映，也要扣除相应的坏账准备，在报表中用净额反映。由于其他应收款与企业主要业务无关，表中余额应明显小于应收账款的余额，且各期变动幅度不应过大。另外，该项目因种类繁多、规律性不强，极易成为造假者转移销售收入、偷逃税款的“集散地”或“垃圾桶”。在分析时，其他应收款金额如果过大，多属不正常现象，需要警惕企业变相的资金拆借行为，这时应深入了解相应资金的安全性。

根据 HS 公司资产负债表水平分析表和垂直分析表的数据分析，该公司 2020 年年末其他应收款为 1 068 万元，上年年末为 1 158 万元，2020 年年末其他应收款规模变化不大，比较合理。

6. 存货

小知识

存货管理的适时制

适时制（JIT），又称适时生产方式，是 20 世纪 70 年代初首先由日本的丰田汽车制造公司提出来的，目的是克服大量流水线生产的局限性，以便能够实行多品种、小批量生产，满足顾客对产品种类、型号和颜色的多种多样的需求，并保证及时交货。20世纪70年代后期，JIT在日本企业迅速推广。20世纪80年代初以来，西方许多国家的企业及亚洲国家的企业也越来越多地采用这种先进的生产运作管理方式。因此，JIT的创立和普遍推行，对丰富和发展现代生产运作管理理论与方法做出了重要贡献。

JIT是以只在需要的时候、按照所需要的数量、为顾客生产提供所需要的完美质量的产品为基本原则，依靠计算机管理手段，建立起来的包括从企业经营理念、管理原则到生产组织、计划与控制及作业管理、人力资源管理等在内的一整套较完整的管理理论和管理方法体系。这一管理方式所追求的目标，总的来说是通过不断完善生产经营体系而降低成本，满足顾客需求，提高企业经济效益。

具体目标：消除一切无效劳动和浪费；库存最少，追求零库存；质量完美，追求零缺陷；多品种、小批量，直至生产批量为一个产品；百分百地准时供货服务。

存货是指企业在生产经营过程中为销售或耗用而储存的各种有形资产，包括各种原材料、包装物、低值易耗品、委托加工材料、产成品、库存商品及委托代销商品等。在资产负债表上，存货按照成本与可变现净值孰低计价。成本指的是取得存货的历史成本；可变现净值是指在日常活动中，存货估计售价减去至完工（主要是指原材料存货）时估计将要发生的成本、估计的销售费用及相关税费后的金额。存货的这种计价方式主要是为了避免存货价值虚增，体现了稳健性原则。存货金额的大小应采用辩证的观点来看。通常而言，在JIT及“零存货”等新的管理理念下，存货意味着较大的成本负担，而且造成“积压滞销”之嫌，但也不排除企业在特殊情况下，为了“囤积居奇”或战略性目的而把持着大量存货。

根据HS公司提供的2020年年报，2020年存货的年末数为15 537万元，年初数为19 197万元，存货减少了3 660万元；2020年年末存货占流动资产的比重为17.44%，年初存货占流动资产的比重为21.57%。该公司存货比重下降幅度较大，可能是因为生产规模缩小或者生产周期缩短。如果不属于上述原因，那么这种变化可能对公司下期生产经营产生不利影响，对此应引起公司经营者的注意。这时应通过报表附注中的信息洞察存货构成的变化，针对变化较大的存货项目，进一步分析变动的主要原因，并进行合理性分析。

7. 固定资产

固定资产是指企业为生产商品、提供劳务、出租或经营管理而持有的，使用寿命超过一个会计年度的有形资产。固定资产是企业经营规模大小的标志，是企业较重要的生产力要素之一，是企业经济效益和竞争力的源泉。

进行分析时，应注意以下几个方面。

① 应当关注固定资产规模与变动情况。固定资产作为企业赖以生存的物质基础，是企业产生效益的源泉，关系到企业的运营与发展。但是在企业的经营中，一旦企业达到一定规模，固定资产就不是一个频繁大幅度变动的项目。如果固定资产项目有大额变动，就需要充分关注。企业投资新项目、翻新厂房、扩大生产线等才有可能导致固定资产大幅增加，而且投资新项目和扩大生产线引起的直接效应是企业的产能增加，所以发现固定资产增加后，应相应地核对它的“互动效果”如何。例如，企业销售收入是否增加，生产效率是否

提高等。

② 应当关注固定资产的结构。企业持有的固定资产并非完全为生产所需，还有相当数量的非生产用固定资产，以及生产中不需用的固定资产，据此可以评价企业固定资产的利用率及生产用固定资产的比率。如果这两个比率较低，应当降低对固定资产总体质量的评价。

③ 应当关注固定资产的折旧政策。在资产负债表上，固定资产按照固定资产原值减去累计折旧和固定资产减值准备后的净额列示。累计折旧计提存在不同方法，企业通常基于税收方面的考虑而选用不同的折旧方法。由此导致的固定资产账面价值的变化，财务报告使用者需要结合附注信息予以分析，在必要时可以还原固定资产的原始价值，以便考核企业的经营实力，正确评估固定资产的整体运行情况，对其使用效率和综合竞争力水平予以全面而公允的评价。

HS 公司 2020 年年末固定资产原值为 14 741 万元，累计折旧为 5 852 万元，固定资产净值为 8 889 万元，固定资产减值准备金额仅为 3 283.83 元，固定资产的账面价值仍为 8 889 万元。固定资产占总资产的比重为 5.09%，比上年年末的 5.48% 有所下降，该年年末固定资产与流动资产的比例仅为 9.98%。从固定资产的数据分析，该公司固定资产比重下降，固流比例较低，虽然有助于提高资产的流动性和变现能力，具有行业特点，但该变化趋势对企业提升营运能力不利，甚至会减弱企业的盈利能力。

实务演练

案例资料：如何从财务报表看重资产行业的固定资产

我们有时候容易有误解，觉得房地产企业是重资产行业，但事实上并不是，房地产企业的房子是他们的存货或库存商品而不是固定资产，而且房地产企业通常是找建筑公司盖房子，自己不买机器设备也不盖房子，所以固定资产占比反倒是很低的，它的资金往往是沉淀在存货里，属于流动资产而不是固定资产。只有用于租赁或营运的房子才是固定资产，如万达的商业广场和酒店。所以酒店跟房地产其实不一样，尤其是自己买了整栋楼的酒店，是典型的重资产行业，当然他们的赚钱模式也不一样。

那么对于重资产行业的固定资产，体现在财务报表，需要重点关注哪些数据和指标呢？

一是经营杠杆。财务对成本有很常用的分类方式：固定成本和变动成本，虽然对企业来说有些成本很难明确地划分，也存在有些成本在某些场景下可归为变动成本，而在另一场景下属于固定成本的情形，但企业还是会用变动成本和固定成本来区分。而与之密切相关的，有一个很有用的、常被用来衡量企业的经营风险的财务指标，这就是企业的经营杠杆系数。企业的固定成本占比越大，企业的经营杠杆系数越高，也就意味着企业需要更多的生产量和销量来摊薄单位产品的固定成本，才可能获得盈利，这同样意味着企业有更高的经营风险。所以重资产行业往往追求的是规模效应，必须借助扩大市场、提高市场占有率、增大产量才可能有竞争和发展的机会。而企业的固定成本中，最重要的构成常常是折旧，重资产行业因为固定资产占比大，自然而言固定成本也就高，所以，对重资产行业而言，经营杠杆以及与此相关的边际贡献、盈亏平衡都是值得关注的财务数据。

二是折旧政策。固定资产占比大会直接导致每月资产折旧额对当月利润表产生巨大影响，如电力行业折旧总额甚至占到营收的一半，而固定资产的折旧政策又会极大地影响当月的折旧额，这其中包括对使用年限的约定、设置的残值率、选择的折旧方法，以及减值政策等，都或多或少会影响到月折旧额。如果企业出于业务的需要，在这方面下功夫，从而影响利润表表现，那最终财务报表所呈现的数字可能就有一定的欺骗性了。因此，如果要对比同行业的两家公司，在看数字的同时，也可以关注其披露的折旧政策。同时，也可以借助常用的指标数据，如可以通过当月折旧总额和固定资产总额，计算平均折旧率及平均折旧年限，都可以用来作为报表数据分析的辅助。

三是租赁业务。企业出于资金流考虑或改善资产结构的需求，可能不会选择全部通过购入的方式来拥有固定资产的使用权，而可能会选择租赁的方式。租赁业务又可以分为两类：经营性租赁和融资租赁。通常用租赁时间、租金总额等数据来确定是属于经营性租赁还是融资租赁，但是两者的界定并不是泾渭分明的，其间也有估计的因素。而两种方式体现在账务处理和报表上会很不一样：经营性租赁不体现为资产，租金计入当期损益；融资租赁则视同公司固定资产，反映在资产负债表中，且报表附注中也会单独列示。这样的结果就是，报表的资产负债率、固定资产占比、利润表结构等都会有不一样的表现。也因此，同属重资产行业的不同公司的报表数据对比分析时，即便固定资产占比和每月折旧额较低，也并不能立刻就认为固定成本占比低，而是得多种条件结合考虑。

四是现金流状况。有时，也会用当月现金流入与利润对比来分析利润的变现质量，但是，对重资产行业而言，因为折旧费用占比太高，较大地影响了利润结构，而折旧费用又是典型的权责发生制下的记账方式，不直接影响现金流，所以，更准确的方式是结合收入去看现金流入，分析收入的变现能力。

在瞬息万变的市场环境中，固定资产属于那种在一个企业的经营周期无法完全变现的资产，也就意味着需要承担企业未来的运营风险，这也是企业的固定资产投资会更谨慎的缘故。

资料来源：中国会计视野，2017-08-18.

要求：对你所追踪的上市公司做资产类型判断，结合固定资产相关数据及报表附注披露的信息，分析公司面临的风险。

8. 无形资产

无形资产尽管没有实物形态，但在知识经济时代，对企业生产经营活动的影响也是十分巨大的。企业控制的无形资产越多，其可持续发展能力和竞争能力就越强。资产负债表上列示的无形资产是指无形资产原值减去无形资产摊销后的摊余价值。因此，只根据资产负债表提供的资料，难以分析无形资产的增减变化。无形资产的减少，除出售、对外投资等原因外，更主要的是因为其价值摊销造成的，分析时应注意企业是否有利用无形资产摊销而调整本期利润的行为。

根据HS公司的资产负债表数据，2020年年末该公司无形资产比上年年末减少了475万元，减少幅度为8.85%，无形资产占总资产的比重只有2.80%，开发支出为0，这说明该公司控制的无形资产较少，没有发挥其在企业经营中的作用，企业应进一步重视无形资产的投资，提升发展能力。

小知识

经营杠杆、财务杠杆与总杠杆

企业财务管理中存在类似于物理学中的杠杆效应，表现为：由于特定固定支出或费用的存在，导致当某一财务变量以较小幅度变动时，另一相关变量会以较大幅度变动。杠杆效应包括经营杠杆、财务杠杆和总杠杆 3 种效应形式。杠杆效应既可以产生杠杆利益，也可以带来杠杆风险。

1. 经营杠杆

由于固定成本的存在，当企业产销量在生产能力范围内时，产销量增加不会改变固定成本总额，但会降低单位固定成本，从而提高单位利润，使息税前利润的增长率大于产销量的增长率，这种作用称为经营杠杆。它是指由于固定成本的存在，而使得企业的息税前利润变动率大于业务量变动率的现象。经营杠杆反映了资产报酬的波动性，用以评价企业的经营风险。

固定成本的存在使企业在产生经营杠杆作用的同时，也带来了相应的经营风险。经营杠杆的作用并不都是积极的，只要企业销售量不能持续增长，经营杠杆所产生的作用就将是负面的。降低经营风险的措施有：降低固定成本比重，增加销售额，降低产品单位变动成本等。

2. 财务杠杆

无论企业营业利润是多少，债务利息和优先股的股利都是固定不变的。当息税前利润增大时，每一元盈余所负担的固定财务费用就会相对减少，这能给普通股股东带来更多的盈余。这种债务对投资者收益的影响，称为财务杠杆。

财务杠杆利益的实质是由于企业投资收益率大于负债利率，由负债所取得的一部分利润转换给了权益资本，从而使权益资本收益率上升。而若是企业投资收益率等于或小于负债利率，那么负债所产生的利润只能或不足以弥补负债所需的利息，甚至利用权益资本所取得的利润都不足以弥补利息，而不得不以减少权益资本来偿债，这便是财务杠杆损失的本质所在。

财务杠杆利益和财务风险是企业资本结构决策的一个重要因素，资本结构决策需要在杠杆利益及与其相关的风险之间进行合理的权衡。任何只顾获取财务杠杆利益，无视财务风险而不恰当地使用财务杠杆的做法都是企业财务决策的重大失误，最终将损害投资人的利益。

3. 总杠杆

总杠杆是指由于固定经营成本和固定资本成本的存在，导致普通股每股收益变动率大于产销业务量的变动率的现象。它是生产经营的不确定性或举债而给企业经营成果带来影响，进而使每股收益产生波动而造成的风险。一般而言，在其他因素不变的情况下，总杠杆系数越大，总风险越大；总杠杆系数越小，总风险越小。

（二）负债和所有者权益项目

对负债和所有者权益项目进行分析主要是针对短期借款、应付账款、长期借款、股本、未分配利润等项目做深入分析。

1. 短期借款

企业在资金不足的情况下，可以从金融机构举借一定数量的短期借款。其对企业的影响表现在：一是要在一年内（含一年）偿还，企业的偿债压力较大；二是短期借款的利率较长期借款的利率低，企业的利息负担较轻。对企业而言，一定数量的短期借款是企业经营所必需的，但如果数量太大，超过企业的偿债能力，会增加财务风险。企业可以根据流动负债的总量、目前的现金流量情况和对未来一年内的现金流量预期来分析短期借款负债水平的合理性。

表2.3显示，HS公司本年年末短期借款为0，表明公司本年度所有的短期借款均已归还，不存在借款的偿债压力；但另一方面，说明企业本年度资金较为充裕，没有充分利用低成本资金。

2. 应付账款及应付票据

应付账款及应付票据因商品交易产生，属于企业的短期资金来源。其变动原因主要有以下几个方面。

① 销售规模的变动。当销售规模扩大时，增加存货需求，使应付账款及应付票据等债务规模扩大；反之，会使其降低。

② 充分利用无成本资金。应付账款及应付票据是因商业信用产生的一种无资金成本或资金成本极低的资金来源，企业应在维护信用的条件下充分利用该方式。

③ 供货方商业信用政策的变动。如果供货方放宽信用政策和收账政策，企业的应付账款和应付票据规模就会大些；反之，会小些。

④ 企业资金的充裕程度。企业资金相对充裕，债务规模就小些；在企业资金相对比较紧张时，就会影响到应付账款和应付票据的清欠。

在市场经济条件下，企业之间进行相互商业信用往来是正常的。利用应付账款和应付票据进行资金融通，基本上可以说是无代价的融资方式，但企业应合理使用，以避免造成信誉损失。

表2.3显示，HS公司2020年年末应付票据为0，企业无未到承兑期的应付票据；应付账款比上年年末增加了162万元，增长率仅为3.84%，应付账款变动较小，偿付压力较小。

3. 应交税费

应交税费反映企业应交未交的各种税金及附加，包括流转税、所得税和各种附加费。应交税费的变动与企业营业收入、利润的变动相关，分析时应注意查明企业有无拖欠税款的现象。

2020年年末HS公司应交税费增加了1 025万元，增长率为25.07%，应注意查明是否存在拖欠税款的现象。

4. 其他应付款

“其他应付款”项目，应根据“应付利息”“应付股利”和“其他应付款”科目的期末余额合计数填列。其中的“应付利息”仅反映相关金融工具已到期应支付但于资产负债表日尚未支付的利息，“应付股利”反映企业应向投资者支付而未付的现金股利。

其他应付款分析的重点有以下几个方面。

① 其他应付款的规模与变动是否正常。

② 是否存在企业长期占用关联方企业资金的现象。分析应结合报表附注提供的资料进行。

2020年年末HS公司其他应付款余额为5 430万元，比上年年末减少了570万元，企业处理了部分往来款项，余额减少，较为合理。支付股利需要有现金准备，HS公司应付股利金额为0，对公司的支付能力无影响。

5. 长期借款

长期借款作为企业筹集资金的重要渠道之一，每个期间内发生业务的次数不多，但一旦发生变化，就会立刻改变企业的资本结构和财务风险水平。引起长期借款变动的因素主要有以下几个方面。

① 银行信贷政策及资金市场的资金供应状况。如果金融业调整了长期借款的利率，降低到企业愿意完全接受的水平，一直用短期借款“拆东墙补西墙”的企业，可能会考虑改变这种状况，转成借一笔长期借款。

② 为了满足企业对资金的长期需要。如果有新的、盈利水平较好的项目，一段时间内又没有更好的资金来源，则通过担保、抵押等方式借入长期借款是很多企业常常选择的方式。

③ 保持企业权益结构的稳定性。当企业的收益率远远高于资本市场收益率时，企业的股东非常愿意“借鸡生蛋”，因为债权人需要的仅仅是固定的利息，高出利息的企业收益将全部由股东享有，借钱越多赚得越多，股东分得的超出资本金利息部分的收益就越多。

④ 调整企业负债结构和财务风险。如果企业负债太多，企业的财务风险太大，管理者可能会考虑提前归还部分长期借款，从而出现“长期借款”项目余额的变化。

根据表 2.3、表 2.4 提供的资料，HS 公司 2020 年年末长期借款减少了 6 675 万元，降低幅度为 48.28%。从报表附注中得知，减少的主要原因是公司及控股子公司本期归还长期借款和重分类至一年内到期的非流动负债。长期借款的下降，导致企业资本结构中，负债比重下降为 25.36%，企业资本结构趋于保守。

6. 实收资本（或股本）

实收资本（或股本），是所有者权益项目的主要构成部分，也是企业资金来源的根本。如果企业对外报表显示本期股本有变动，则其原因主要有以下几个方面。

① 公司增发新股或配股。从本质上说，这是由投资者追加投资引起的股本变化，如果企业减资则会相反。

② 资本公积或盈余公积转增股本。这虽然也会引起股本发生变化，但所有者权益总额并未改变。

③ 以送股方式进行利润分配。这会引起股本增加，同时未分配利润减少，但所有者权益总额并未改变。

7. 未分配利润

未分配利润作为所有者权益的重要项目，来源于利润表历年的积累，每期都在变化。引起“未分配利润”项目发生变化的原因主要有以下几个方面。

① 企业生产经营活动的业绩。它包括本年度的经营活动和以前年度的经营活动，因为未分配利润是历年生产经营业绩积累的结果。

② 企业利润分配政策的执行。如果企业确认本期分配利润，未分配利润就会减少，相应的股东权益也减少；如果企业暂时不分配利润，未分配利润就会积累下来。

因此，单独分析资产负债表中的“未分配利润”项目数年的变化状态，也能了解企业的盈利状况和利润分配政策倾向。在本例中，HS 公司所有者权益总额年末比年初增加了 14 810 万元，增长率为 9.26%。由于本年度未发行新股，增长的 9.26% 均来自经营方面的贡献，表明经营取得了一定的成绩。

实务演练

案例资料：报表分析心得

有同学根据学习的知识，总结了分析资产负债表的心得。

浏览一下资产负债表的主要内容，就会对企业的资产、负债和所有者权益的总额及其内部各项目的构成和增减变化有一个初步的认识。由于企业总资产在一定程度上反映了企业的经营规模，而它的增减变化与企业负债和所有者权益的变化有极大的关系。因此，当企业所有者权益的增长高于资产总额的增长时，说明企业的资金实力有了相对提高；反之，则说明企业规模扩大的主要原因是来自负债的大规模上升，进而说明企业的资金实力在相对降低，偿还债务的安全性也在下降。

对资产负债表的一些重要项目，尤其是期初与期末数据变化很大，或者出现大额红字的项目进行进一步分析，如流动资产、流动负债、固定资产、有代价或有息的负债（短期银行借款、长期银行借款、应付票据等）、应收账款、货币资金及所有者权益中的具体项目等。例如，企业应收账款过多，占总资产的比重过高，说明该企业资金被占用的情况较为严重；而其增长速度过快，说明该企业可能因产品的市场竞争能力较弱或受经济环境的影响，企业结算工作的质量有所降低。此外，还应对报表附注说明中的应收账款账龄进行分析，应收账款的账龄越长，其收回的可能性就越小。又如，企业年初及年末的负债较多，说明企业每股的利息负担较重。但如果企业在这种情况下仍然有较好的盈利水平，说明企业产品的盈利能力较佳、经营能力较强，管理者经营的风险意识较强，魄力较大。再如，在企业所有者权益中，如果法定的资本公积大大超过企业的股本总额，这预示着企业将有良好的股利分配政策。但与此同时，如果企业没有充足的货币资金做保证，预计该企业将会选择送配股增资的分配方案而非采用发放现金股利的分配方案。另外，在对一些项目进行分析评价时，还要结合行业的特点进行。就房地产企业而言，如果该企业拥有较多的存货，就意味着企业有可能存在较多的、正在开发的商品房基地和项目，一旦这些项目完工，将会给企业带来很高的经济效益。

要求：阅读案例资料，分享在分析资产负债表时的经验或心得。

任务检测 2-1

在线自测

一、选择题

1．企业资本结构发生变动的原因是（　　）。

A．发行新股　　B．资本公积转股

C．盈余公积转股　　D．以未分配利润送股

2．对资产负债表进行综合分析，一般采用的方法首先是（　　）。

A．计算财务比率　　B．理解项目内涵

C．编制比较报表　　D．进行综合分析

二、判断题

1．资产负债表中某项目的变动幅度越大，对资产或权益的影响就越大。（　）

2．如果本期总资产比上期有较大幅度的增加，表明企业本期经营卓有成效。（　）

3．资产负债表结构分析通常采用水平分析法。（　）

配套实训

实训 2-1　资产负债表水平分析

实训目标

通过实训，使学生熟悉资产负债表的结构和内容，从总体上了解企业资产、权益的变动情况，揭示资产、负债和所有者权益变动的差异，分析其差异产生的原因，从总体上了解企业经过一定时期经营后资产、权益总额的变动情况。

实训资料

1．鸿达百货有限公司简介

鸿达百货有限公司主营业务涉及百货、家电、针棉织品等的批发与调拨。其销售收入是公司收入的主要来源，其中，营业收入占总收入的 96%，投资收益占 4%。

2．公司 2020 年度资产负债表（见表 2.13）

表 2.13　资产负债表

编制单位：鸿达百货有限公司　　2020 年 12 月 31 日　　万元

资　产	年末数	年初数	负债及所有者权益	年末数	年初数
货币资金	2 216 072	1 689 984	短期借款	100 000	100 000
应收票据	570 000	512 000	应付票据	517 000	350 000
应收账款	429 660	398 000	应付账款	129 800	286 400
存货	520 000	480 000	预收款项	40 000	
流动资产	3 735 732	3 079 984	应交税费	211 000	220 068
长期股权投资	1 480 000	1 300 000	其他应付款	24 000	20 000
固定资产	2 100 000	2 100 000	应付股利	794 400	413 584
在建工程	342 000		长期借款	1 190 000	880 000
			实收资本	2 000 000	2 000 000
			资本公积	900 000	900 000
			盈余公积	577 428	453 828
			未分配利润	1 174 104	856 104
资产总计	7 657 732	6 479 984	权益总计	7 657 732	6 479 984

实训要求

（1）编制资产负债表水平分析表，如表 2.14 所示。

表 2.14　资产负债表水平分析　　万元

项　目	年末数	年初数	变动情况		对总资产或总权益的影响/%
			变动额	变动率/%	
货币资金	2 216 072	1 689 984			
应收票据	570 000	512 000			
应收账款	429 660	398 000			
存货	520 000	480 000			
流动资产	3 735 732	3 079 984			
长期股权投资	1 480 000	1 300 000			
固定资产	2 100 000	2 100 000			
在建工程	342 000				
资产总计	7 657 732	6 479 984			
短期借款	100 000	100 000			

（续表）

项　目	年末数	年初数	变动情况		对总资产或总权益的影响/%
			变动额	变动率/%	
应付票据	517 000	350 000			
应付账款	129 800	286 400			
预收款项	40 000				
应交税费	211 000	220 068			
其他应付款	24 000	20 000			
应付股利	794 400	413 584			
长期借款	1 190 000	880 000			
实收资本	2 000 000	2 000 000			
资本公积	900 000	900 000			
盈余公积	577 428	453 828			
未分配利润	1 174 104	856 104			
负债和所有者权益合计	7 657 732	6 479 984			

提示：资产负债表水平分析除了要计算某项目的变动额和变动率之外，还应计算出该项目变动对总资产或负债和所有者权益总额的影响程度，以便确定影响总资产或总权益的重点项目，为进一步分析指明方向。某项目变动对总资产或总权益的影响程度可按下式计算。

$$\text{某项目变动对总资产的影响}=\frac{\text{某项目的变动额}}{\text{基期总资产或总权益}}\times 100\%$$

（2）根据表2.14，进行企业资产负债表变动情况的分析评价。

实训2-2　资产负债表垂直分析

实训目标

通过实训，使学生进一步熟悉资产负债表的结构和内容，能通过计算资产负债表中各项目占总资产或总权益的比重，分析评价企业资产结构的变动情况及变动的合理性，分析评价企业资本结构的变动情况及变动的合理性。

实训资料

某企业资产负债表简表如表2.15所示。

表2.15　资产负债表

2020年12月31日　　万元

资　产	年末数	年初数	负债及所有者权益	年末数	年初数
流动资产：			流动负债：		
货币资金	50 000	40 000	短期借款	55 000	37 600
交易性金融资产	20 000	28 000	应付账款	15 500	13 600
应收账款	25 000	15 500	应交税费	9 530	7 400
存货	85 000	97 000	其他流动负债	3 300	4 487
其他流动资产	48 510	37 910	流动负债合计	83 330	63 087
流动资产合计	228 510	218 410	非流动负债：		
非流动资产：			长期借款	42 000	38 400
长期股权投资	51 000	42 200	应付债券	181 000	181 000
固定资产净值	658 500	631 000	非流动负债合计	223 000	219 400

（续表）

资　产	年末数	年初数	负债及所有者权益	年末数	年初数
无形资产	94 000	91 000	负债合计	306 330	282 487
非流动资产合计	803 500	764 200	所有者权益：		
			实收资本	500 000	500 000
			资本公积	102 640	107 000
			盈余公积	85 320	82 423
			未分配利润	37 720	10 700
			所有者权益合计	725 680	700 123
资产合计	1 032 010	982 610	负债及所有者权益合计	1 032 010	982 610

实训要求

（1）根据表2.15，编制资产负债表垂直分析表，如表2.16所示。

表 2.16　资产负债表垂直分析

项　目	年末数/万元	年初数/万元	年末/%	年初/%	变动情况/%
流动资产：					
货币资金	50 000	40 000			
交易性金融资产	20 000	28 000			
应收账款	25 000	15 500			
存货	85 000	97 000			
其他流动资产	48 510	37 910			
流动资产合计	228 510	218 410			
非流动资产：					
长期股权投资	51 000	42 200			
固定资产净值	658 500	631 000			
无形资产	94 000	91 000			
非流动资产合计	803 500	764 200			
资产合计	1 032 010	982 610			
流动负债：					
短期借款	55 000	37 600			
应付账款	15 500	13 600			
应交税费	9 530	7 400			
其他流动负债	3 300	4 487			
流动负债合计	83 330	63 087			
非流动负债：					
长期借款	42 000	38 400			
应付债券	181 000	181 000			
非流动负债合计	223 000	219 400			
负债合计	306 330	282 487			
所有者权益：					
实收资本	500 000	500 000			
资本公积	102 640	107 000			
盈余公积	85 320	82 423			
未分配利润	37 720	10 700			
所有者权益合计	725 680	700 123			
负债及所有者权益合计	1 032 010	982 610			

（2）根据表2.16，进行企业资产负债表结构变动情况的分析评价。

实训2-3　资产结构与资本结构适应程度分析

实训目标

尽管总资产与总资本在总额上一定相等，但不同投资方式产生的资产结构与不同筹资方式产生的资本结构却不完全相同。通过实训，使学生学会利用资产负债表进行企业资产结构与资本结构适应类型的判断，并进行企业风险分析。

实训资料

某企业2019年、2020年比较资产负债表垂直分析表如表2.17所示。

实训要求

（1）根据表2.17，编制资产负债表结构分析表，如表2.18所示。

（2）判断该企业资产结构与资本结构的适应程度，并做简要评价。

表2.17　比较资产负债表（垂直分析）

%

项　目	2020年年末	2019年年末	增减	项　目	2020年年末	2019年年末	增减
货币资金	10.28	9.59	0.69	短期借款	7.71	9.62	−1.91
交易性金融资产	0.90	0.85	0.05	应付账款	4.01	5.20	−1.19
应收票据	0.65	0.74	−0.09	应付职工薪酬	1.39	1.72	−0.33
应收账款	1.82	1.88	−0.06	应交税费	0.51	0.95	−0.44
预付款项	1.48	1.90	−0.42	流动负债合计	13.62	17.49	−3.87
存货	14.38	13.69	0.69	长期借款	16.53	11.19	5.34
其他流动资产	3.55	2.82	0.73	实收资本	55.09	55.94	−0.85
流动资产合计	33.06	31.47	1.59	资本公积	3.19	2.96	0.23
长期投资	0.55	0.38	0.17	盈余公积	1.86	1.78	0.08
固定资产净额	58.83	60.62	−1.79	未分配利润	9.71	10.64	−0.93
无形资产及其他	7.56	7.53	0.03				
非流动资产合计	66.94	68.53	−1.59				
资产合计	100.00	100.00	0	负债及所有者权益合计	100.00	100.00	0

表2.18　资产负债表结构分析

%

资　产	2020年年末	2019年年末	负债及所有者权益	2020年年末	2019年年末
流动资产			流动负债		
非流动资产			非流动负债		
			所有者权益		
合　计	100	100	合　计	100	100

提示：企业的资产结构与资本结构的适应形式，归纳起来可以分为保守结构、稳健结构、平衡结构和风险结构4种类型。其中，保守结构的主要标志是企业全部资产的资金需要用长期资本来满足；稳健结构的主要标志是企业流动资产的一部分资金需要用流动负债来满足，另一部分资金需要用非流动负债来满足；平衡结构的主要标志是流动资产的资金需要全部用流动负债来满足；风险结构的主要标志是以短期资金来满足部分长期资产的资金需要。

实训2-4　应收账款分析

实训目标

通过实训，使学生明确应收账款在企业资产中的重要作用，能够进行应收账款合理性的分析，为加强企业应收账款的管理提出建议。

实训资料

1. 赊销困境

企业界有种说法：不赊销是等死，赊销是找死。赊销是件让人很无奈、很心酸的事，已成为国内众多企业心中永远的“痛”。尤其20世纪90年代以来，在国内绝大多数市场竞争激烈的行业，如医药保健、纺织、机械等，以赊销方式完成的交易额已占60%~90%。其中，赊销大多发生在中小企业及其不知名品牌上。这些企业及其品牌由于在规模、产品、技术、网络等方面与大型企业相比不具备优势，对经销商难以形成吸引力，在市场中处于不利的、不平等的地位，因此生存压力越来越大。为了获得立足之地、攀结更多客商、将来“迎头赶上”，在“先市场后利润”的经营思想指导下，许多中小企业委曲求全、忍气吞声，不同程度地进行赊销活动。

然而遗憾的是，由于市场经济秩序的不完善及传统企业管理方式的落后，企业间的交易行为呈现出一种严重信用失控的混乱局面。在这种情况下，赊销犹如一具无形的枷锁，如果久拖不决，会把企业拉进泥淖而不能自拔，最后窒息而死。原因何在？许多企业不敢直面坏账、好大喜功、急功近利，对死账、呆账轻描淡写，对应收账款遮遮掩掩、讳莫如深，最后债权无法收回，资金沉淀，生产“没米下锅”，企业就如一个放血过多的人，无以聊生。

以坏账率为例，美国企业的坏账率是0.25%~0.5%，我国企业的坏账率是5%~10%，相差10～20倍，差距大得惊人。另外，美国企业的账款拖欠期平均是37天，我国平均是90多天。根据国家统计局的统计，我国企业平均无效成本是销售收入的14%，而美国只有2%～3%。无效成本就是企业经营中的坏账、拖欠款损失和管理费用3项的总和。14%是什么概念？举一个例子，我国一个销售收入1亿元的企业，要支出1 400万元的费用，而美国企业只要200万～300万元。我们比美国企业高出1 000多万元费用！面对远远高于目前平均利润率的无效成本，我们的企业拿什么盈利？！

有一句商业格言说得好，客户既是企业最大的财富来源，也是最大的风险来源。因此，只有那些有偿付能力的客户才是重要的客户。在经营活动中，应该对客户进行有效的管理，真正使客户变成财富的来源，而不是灾难的来源。

2. 案例：应收账款的能量超乎你的想象

收入增长，利润增长，很好。接下来要看，应收账款是否增长。应收账款很可能让业绩“翻车”，它的能量超乎你的想象。

科创板首份监管函

2019年11月19日，是值得记住的日子，科创板首份监管函诞生：因坏账准备计提不充分、研发费用核算不规范、三会运作不规范，某科技和时任董事长、财务总监和董秘，被宁波证监局和上交所予以监管关注。

某科技，主营锂电池正极材料及其前驱体的研发、生产和销售，客户主要为新能源汽车动力电池制造商。作为科创板首批25家上市公司之一，某科技是在7月22日敲钟的。上市不到4个月，监管函就来了。

问题1：坏账准备计提不充分

某科技的第一大客户兼最大欠款客户——某动力，早在2019年6月末和9月末已出现了应收账款逾期，客户偿债能力出现明显异常。然而公司对其仍按照账龄方式计提坏账准备，未结合风险进行单独计提坏账准备。存在坏账准备计提不充分，导致半年报、三季报的信息披露不真实、不准确。

问题2：研发费用核算不规范

公司将其他费用计入研发费用，导致2019半年报多计研发费用187.38万元。（宁波证监局现场检查时发现的问题，半年报显示2019年1—6月研发费用7 841.83万元。）

问题3：三会运作不规范

公司董事会会议、监事会会议未记录董事、监事的发言要点和意见，仅签字。（不够严谨和规范）

其中，问题1——坏账准备计提不充分，是一个紧急、重要且严重的问题。

业绩真实还是虚假？

某动力作为一家新能源电池生产商，是某科技的客户之一。而某动力自己的客户，则是新能源汽车生产商。某动力从2016年起，在某科技采购三元正极材料，对某科技的销售收入和占比贡献如下：

2016年，销售金额1 032.78万元，未披露占比和排名；

2017年，销售金额20 615.31万元，占某科技收入比10.97%，排名第三；

2018年，销售金额36 715.46万元，占某科技收入比12.07%，排名第二；

2019年，销售金额3 093.65万元。

某科技给予某动力的账期是90天，根据招股说明书的信息，2016年和2017年，对某动力的赊销在期后都及时进行了回款。2018年和2019年的赊销出了问题。

自2019年起，某动力的回款便出现了问题，包括欠款和商业承兑汇票，均出现了逾期。截至11月7日，应收某动力余额高达20 766.71万元。

结合某科技对此笔应收账款账期的划分、每年实现销售的金额来判断，这20 766.71万元的应收账款，其中：

2019年1—10月　　赊销形成3 093.65万元。

2018年　　　　　赊销形成17 673.06万元。

也就是说，某科技的销售，2019年全为赊销，2018年也接近一半是赊销。也可以判断，某科技的应收账款出现风险是早已发生的事情，并非在最近才出现——借助赊销占比，可以衡量公司收入的真实性和可靠性。赊销，形成了以前的收入、贡献了以前的利润，然而出现了坏账。

所以，曾经的业绩真实吗？

坏账准备究竟怎么提？

先赊销，后收款，本是一个销售业务问题。但是，对于不能及时回款的应收账款，就牵扯出会计问题——坏账准备的计提。

先说行规，由于欠款的回收存在不确定性，为了保持会计的谨慎性原则，公司都会计提坏账准备。如何来判断是否坏账呢？通用的方法是对欠款进行账龄的划分，也就是默认欠款时间短，回款可能性大，风险小，因此计提坏账准备少；欠款时间长，回款可能性小，风险大，因此计提坏账准备多。

但是！通用的方法并非全部通用。遇到特殊情况——债务人消失了、严重资不抵债等（如应收某网），就不是账龄可以解决的问题了。哪怕昨天赊销给了某网，今天也应该大概率计提全额坏账准备。此时的坏账准备与账龄无关。

某科技此次就是在这里“翻了车”。

根据公告显示，应收某动力的 20 766.71 万元，其中有 20 640.43 万元都已经逾期了，并且是在 2019 年上半年便已经发现了某动力的回款出现了问题。由于某动力暂时不能偿付欠款，某动力将原值为 20 380.23 万元的设备和房产附属工程抵押给了某科技，并在 11 月 5 日办理了抵押手续（后来发现，此部分设备和工程早已被其他第三方申请了财产保全，抵押无效）。对此，某科技对某动力的应收账款按照账龄划分方式，计提了 10%的坏账准备 2 038.02 万元——这显然不合理。

某动力已经出现了比较严重的问题，偿债能力受到很大的质疑。此时，再简单地按照账龄划分去计提坏账准备，明显是不合理的，公司应当单独对其应收账款进行评估，来计提坏账准备。所以，某科技被监管了。

十天之后

对某动力应收账款风险警示公告之后，因计提坏账准备不足等原因，某科技收到了监管函。十天之后，某科技重新进行了调整——补充计提坏账准备金额 5 678.35 万元，计提比例从 10%增加至 35%。

而在这十天里，发生了好几件事情。

第一，约定还款第一期便未能履行。

在 11 月 7 日对某动力应收账款出现风险的公告里，公司提到，11 月 2 日已经与某动力签订了回款协议，某动力将分期偿还欠款，约定第一期将在 11 月 15 日偿还 3 500 万元。然而，11 月 15 日，某科技仅收到了 800 万元，还是银行承兑汇票。剩下的 2 700 万元不知所踪。

第二，竟然还在赊销？

11 月 7 日，某科技应收某动力欠款加票据合计金额为 20 766.71 万元，而在 11 月 16 日的公告里，截至 15 日应收账款合计金额为 21 324.19 万元。8 天，应收账款余额增加了 557.48 万元。难道，某科技还在对某动力赊销？

第三，抵押无效。

11 月 7 日，某科技公告，某动力为上述欠款提供了抵押，且办理了抵押登记。然而，11 月 16 日又公告，这部分资产已经在之前被第三方申请了财产保全，此时的抵押无效。又一道收款的保障凉凉了。

看来，想要收回这 2 亿多元，难上加难。

如果这 2 亿多元全部收不回来，某科技累计的所有业绩，将全部“翻车”。

真相比想象中的严重

因坏账准备计提不足，牵扯出业绩存在虚假，再到收款出现困难，某科技的应收账款扯出一堆问题。不过，真相比想象中的还要严重。据央视财经的数据，不包括某科技在内，某动力的欠款已经达到了 5.51 亿元。究其原因，是位于下游的 A 汽车和 B 汽车，欠了某动力的电池货款，某动力没有钱，于是某动力又欠了包括某科技在内的电池原材料厂商的货款。

而A汽车和B汽车，作为新能源汽车生产商，正在经历行业的寒冬，新能源汽车卖不掉。

于是，连环扣连环，一环欠一环，某动力无力还款，某科技也难以收款。

更可怕的真相是，某科技的应收账款已高达20.32亿元（截至9月30日），除了其中应收某动力的2亿多元，还有18亿元来自其他的新能源电池生产商。

行业寒冬，连环欠款，若是其他客户也出现类似情况，后果……远比首份监管函来得严重。

资料来源：中国会计视野，2019-11-28.

实训程序和要求

阅读上述资料，讨论以下问题。

（1）既然坏账、拖欠款是赊销引起的，赊销风险这么大，那么企业销售就不应进行赊销。这种观点对吗？为什么？

（2）搜集2019年度容百科技“应收账款”项目的相关信息，谈谈该案例对你的启示。

实训2-5　存货分析

实训目标

存货是企业的一项重要资产，因而会计报表中的存货就成为企业信息造假的主要对象。通过实训，使学生掌握存货分析的主要内容，能够进行企业存货信息甄别，评价企业存货的规模和质量状况。

实训资料

某药业：下一个差错是存货?

某药业最近一段时间成了热点新闻。曾经的市场把某药业当成了“白马股”。白马股的标准之一是：连续多年的净资产收益率高于15%以上。某药业的净资产收益率除了2013年高于15%以外，其他年份都低于15%，甚至多数年份低于10%。简单地看一下某药业的数据，发现差错后面，也许还是差错。下面，引用某药业《关于前期会计差错更正的公告》（以下简称更正公告），分析如下：

2018年12月28日本公司收到中国证券监督管理委员会（以下简称中国证监会）“调查通知书”，被立案调查，公司对此进行自查以及必要的核查，2018年之前，某药业营业收入、营业成本、费用及数项收付方面存在账实不符的情况。通过企业自查后，对2017年财务报表进行重述，结果如下：

（1）由于公司采购付款、工程款支付及确认业务款项时的会计处理存在错误，造成公司应收账款少计641 073 222.34元，存货少计19 546 349 940.99元，在建工程少计631 600 108.35元；由于公司核算账户资金时存在错误，造成货币资金多计29 944 309 821.45元。

（2）公司在确认营业收入和营业成本时存在错误，造成公司营业收入多计8 898 352 337.51元，营业成本多计7 662 129 445.53元；公司在核算销售费用和财务费用存在错误，造成公司销售费用少计497 164 407.18元，财务费用少计228 239 962.83元。

（3）由于公司采购付款、工程款支付及确认业务款项时的会计处理存在错误，造成公司合并现金流量表“销售商品、提供劳务收到的现金”项目多计 10 299 860 158.51元，“收到其他与经营活动有关的现金”项目少计 137 667 804.27元，“购买商品、接受劳务支付的现金”项目多计 7 301 340 657.76元，“支付其他与经营活动有关的现金”项目少计 3 821 995 147.82元，“购建固定资产、无形资产和其他长期资产支付的现金”项目少计 352 392 491.73元，“收到其他与筹资活动有关的现金”项目多计 360 457 000.00元。

上述某药业的公告中，会计差错金额之大，前无古人，恐怕短时间之内也后无来者了。这到底是会计差错，还是会计舞弊?本身就是一个值得讨论的问题，我们且把这个问题放在一边，就按照公司董事长和会计师事务所的说法，这是一个重大会计差错。可是，这个重大会计差错也经不起任何推敲。差错的后面，也许就是谎言。而存货可能是其中最大的谎言。我们后文分析中的所有数据均来自某药业的公告信息。

存货中，原材料、在产品、库存商品、周转材料和消耗性生物资产应该对应的是某药业的医药和保健食品业务，开发成本和开发产品对应的是物业租售业务。在企业经营过程中，存货出售后结转到利润表中的营业成本。我们在年度报告中找到了某药业主营业务分产品和分行业的信息。但其公告中，没有披露存货更加具体的构成信息——中药饮片、自制药品、保健食品等的存货情况，因此，只能计算医药和保健食品存货的总体周转情况。医药、保健食品在 2018 年度对应的营业成本为 130.27 亿元，2017 年的营业成本为 104.15亿元，2018年 12月 31日存货为 307.91亿元，2017年 12月 31日为 293.55亿元。按此速度，某药业的存货需要多长时间才能卖完？我们可以计算某药业的存货周转天数如下：

2018年存货周转天数=365天×307.91亿元÷130.27亿元=862.72天=2.36年

2017年存货周转天数=365天×293.55亿元÷104.15亿元=1 028.76天=2.82年

从上述分析可以看出，某药业在 2018年卖了 130.27亿元的医药和保健食品存货，即使假设 2018年当年采购当年卖出的存货为 0元，2017年 12月 31日的存货为 293.55亿元，那么也至少有 163亿元以上 2017年以前的存货在 2018年 12月 31日还没有卖出去。在 2019年 3月 31日的季报中，营业成本总额为 34.26亿元，即使把物业租售的营业成本也算成医药和保健食品的营业成本，那么，2017年以前的医药和保健食品存货至少还有 129亿元没有卖出去。现实中，存货不可能是在 2017年 12月 31日一天之内产生的，假设是在一年之内比较均衡地产生的话，那么 2017年的存货平均下来时间大概就在 2017年 6月 30日左右。请问:某药业的医药存货和保健食品存货的保质期是多少天？哪家医院、哪些消费者会在以后购买某药业 2年前的医药产品和保健食品?

如果某药业承认上述数据是真实的，那么，某药业很有可能是黑心商家；如果某药业否认自己是黑心商家，那么，上述数据就是假的。在此，要慎重地提醒一下所有某药业的客户，你购买的是 2年以前的陈年中药!

其实，对于监管部门和会计师事务所来说，要确定某药业存货的真实性和准确性，实在是一个简单得不能再简单的、毫无技术含量的活：把所有仓库同时打开，一箱一箱、一袋一袋、一盒一盒，老老实实、毫不含糊地盘点、对账，追根溯源，请中药行业专家确定中药的等级和价格，与医疗器械供应厂家核对供货数量和价格。

除了存货外，某药业的投资性房地产、其他应收款，也是疑点重重。林肯有一句名言：你可以在所有的时间欺骗一部分人，也可以在一部分时间欺骗所有人，但是你不可能在所有时间里欺骗所有人。我们拭目以待，在时间的河流中，静等某药业故事的落幕。

资料来源：中国会计视野，2019-05-04.

实训程序与要求

阅读上述资料，讨论以下问题。

（1）对存货项目的分析，应关注哪些方面？

（2）谈谈管理层存货舞弊的可能动机及对存货舞弊的洞察方法。

实训2-6　资产负债表综合分析

实训目标

通过实训，使学生在资产负债表全面分析的基础上，能对资产负债表中的资产、负债和所有者权益的主要项目进行深入分析，对企业资产和权益的变动情况及企业的财务状况做出恰当的评价。

实训资料

1. 公司简介

T公司是根据《中华人民共和国公司法》于1997年7月17日在中华人民共和国注册成立的有限责任公司。经广东省人民政府及广东省经济贸易委员会批准，该公司在原T公司的基础上，整体变更为股份有限公司，注册资本人民币1 591 935 200元。该公司于2004年1月7日向社会公开发行590 000 000股及向T通讯设备股份有限公司全体流通股股东换股发行404 395 944股人民币普通股股票（A股），并于2004年1月30日在深圳证券交易所挂牌上市。向社会公开发行部分每股面值1元，每股发行价为人民币4.26元，共募集资金人民币2 513 400 000元。此次发行结束后，该公司注册资本增加至人民币2 586 331 144元，并于2004年7月16日经广东省工商行政管理局核准换取注册号为企股粤总字第00××××号的企业法人营业执照。截至2007年6月30日，该公司累计发行股本为2 586 331 144股。

2. 经营范围

公司的经营范围包括：研究、开发、生产、销售电子产品及通信设备，新型光电、液晶显示器件，五金、交电，VCD、DVD影碟机，家庭影院系统，电子计算机及配件，电池，数字卫星电视接收机，建筑材料、普通机械，电子计算机技术服务，货运仓储，影视器材维修，废旧物资回收，在合法取得的土地上进行房地产开发，经营进出口贸易（国家禁止进出口的商品和技术除外）。

3. 公司资产负债表有关分析资料（见表2.19）

表2.19　资产负债表水平分析

万元

项　目	2020年	2019年	变动情况		对总资产或总权益的影响/%
			变动额	变动率/%	
流动资产：					
货币资金	2 594 640.00	964 199.00	1 630 441.00	169.10%	53.93%
交易性金融资产	41 016.60	3 075.37	37 941.23	1 233.71%	1.25%
应收票据	256 726.00	95 400.30	161 325.70	169.10%	5.34%
应收账款	554 162.00	574 103.00	−19 941.00	−3.47%	−0.66%
预付款项	66 993.10	62 889.20	4 103.90	6.53%	0.14%

（续表）

项　目	2020 年	2019 年	变动情况		对总资产或总权益的影响/%
			变动额	变动率/%	
应收利息	14 353.30	1 876.90	12 476.40	664.73%	0.41%
其他应收款	155 848.00	95 035.70	60 812.30	63.99%	2.01%
存货	768 876.00	663 608.00	105 268.00	15.86%	3.48%
流动资产合计	4 452 610.00	2 460 190.00	1 992 420.00	80.99%	65.90%
非流动资产：					
债权投资	212.15		212.15		0.01%
长期股权投资	123 662.00	86 726.70	36 935.30	42.59%	1.22%
投资性房地产	73 330.80	24 820.50	48 510.30	195.44%	1.60%
固定资产原值	557 792.00	577 204.00	−19 412.00	−3.36%	−0.64%
累计折旧	254 509.00	259 537.00	−5 028.00	−1.94%	−0.17%
固定资产净值	303 283.00	317 667.00	−14 384.00	−4.53%	−0.48%
固定资产减值准备	15 232.00	10 762.00	4 470.00	41.54%	0.15%
固定资产净额	288 051.00	306 905.00	−18 854.00	−6.14%	−0.62%
在建工程	204 036.00	43 665.20	160 370.80	367.27%	5.30%
无形资产	89 372.40	41 903.30	47 469.10	113.28%	1.57%
开发支出	5 532.60	3 888.33	1 644.27	42.29%	0.05%
商誉	56 204.60	44 012.70	12 191.90	27.70%	0.40%
长期待摊费用	5 058.78	4 074.12	984.66	24.17%	0.03%
递延所得税资产	5 766.30	3 724.46	2 041.84	54.82%	0.07%
其他非流动资产	43 968.00	3 537.55	40 430.45	1 142.89%	1.34%
非流动资产合计	895 194.00	563 258.00	331 936.00	58.93%	10.98%
资产总计	5 347 810.00	3 023 440.00	2 324 370.00	76.88%	76.88%
流动负债：					
短期借款	1 345 780.00	501 367.00	844 413.00	168.42%	27.93%
吸收存款及同业存放	10 882.40	11 685.80	−803.40	−6.88%	−0.03%
拆入资金	48 000.00	15 000.00	33 000.00	220.00%	1.09%
交易性金融负债	17 506.40	679.84	16 826.57	2 475.10%	0.56%
应付票据	169 821.00	133 615.00	36 206.00	27.10%	1.20%
应付账款	665 310.00	680 533.00	−15 223.00	−2.24%	−0.50%
预收款项	123 864.00	75 775.10	48 088.90	63.46%	1.59%
应付职工薪酬	61 314.50	49 556.00	11 758.50	23.73%	0.39%
应交税费	−2 879.35	−3 768.03	888.68	−23.58%	0.03%
应付利息	7 143.56	1 552.17	5 591.39	360.23%	0.18%
应付股利	111.66	111.61	0.04	0.04%	0.00%
其他应付款	361 348.00	380 079.00	−18 731.00	−4.93%	−0.62%
一年内到期的非流动负债	149 200.00	19 268.00	129 932.00	674.34%	4.30%
其他流动负债	94 305.80	76 464.30	17 841.50	23.33%	0.59%
流动负债合计	3 051 710.00	1 941 920.00	1 109 790.00	57.15%	36.71%
非流动负债：					
长期借款	192 929.00	207 442.00	−14 513.00	−7.00%	−0.48%
应付债券	197 550.00		197 550.00		6.53%
长期应付款	1 668.10	1 958.88	−290.78	−14.84%	−0.01%
递延所得税负债	2 294.59	1 040.31	1 254.28	120.57%	0.04%
其他非流动负债	92 411.30	28 242.40	64 168.90	227.21%	2.12%

（续表）

项 目	2020年	2019年	变动情况		对总资产或总权益的影响/%
			变动额	变动率/%	
非流动负债合计	486 853.00	238 683.00	248 170.00	103.97%	8.21%
负债合计	3 538 560.00	2 180 600.00	1 357 960.00	62.27%	44.91%
所有者权益：					
实收资本（或股本）	423 811.00	293 693.00	130 118.00	44.30%	4.30%
资本公积	569 430.00	245 117.00	324 313.00	132.31%	10.73%
盈余公积	56 705.30	56 705.30		0.00%	0.00%
一般风险准备	36.08	36.08		0.00%	0.00%
未分配利润	−24 169.90	−67 423.70	43 253.80	−64.15%	1.43%
外币报表折算差额	1 621.76	1 134.24	487.52	42.98%	0.02%
归属于母公司股东权益合计	1 027 430.00	529 262.00	498 168.00	94.13%	16.48%
少数股东权益	781 809.00	313 581.00	468 228.00	149.32%	15.49%
所有者权益（或股东权益）合计	1 809 240.00	842 843.00	966 397.00	114.66%	31.96%
负债和所有者权益（或股东权益）总计	5 347 810.00	3 023 440.00	2 324 370.00	76.88%	76.88%

实训要求

（1）进行学生分组（7或8人）。

（2）分组讨论，进行T公司资产负债表的分析评价，确定小组发言人。

（3）分组汇报（要求：制作PPT，展示分析评价内容）。

任务二　利润表的阅读与分析

理论讲解

微课

一、利润表的格式

利润表是指反映企业在一定会计期间的经营成果的会计报表，它反映了企业经营业绩的主要来源和构成。利润表的格式有两种：单步式利润表和多步式利润表。单步式利润表是将当期所有的收入列在一起，然后将所有的费用列在一起，两者相减得出当期净损益；多步式利润表是通过对当期的收入、费用、支出项目按性质加以归类，按利润形成的主要环节列示一些中间性利润指标，如营业利润、利润总额、净利润，分步计算当期净损益。

在我国，利润表采用多步式。其编制主要分为如下5个步骤。

① 以营业收入为基础，减去营业成本、税金及附加、销售费用、管理费用、研发费用、财务费用、资产减值损失、信用减值损失，加上其他收益、公允价值变动收益（或减去公允价值变动损失）、投资收益（或减去投资损失）和资产处置收益（或减去资产处置损失），计算出营业利润。

② 以营业利润为基础，加上营业外收入，减去营业外支出，计算出利润总额。

③ 以利润总额为基础，减去所得税费用，计算出净利润（或净亏损）。

④ 以净利润（或净亏损）和其他综合收益为基础，计算出综合收益总额。

⑤ 以净利润（或净亏损）为基础，计算出每股收益。

利润表的基本格式如表 2.20 所示。

表 2.20　利润表

编制单位：　　　　　　　　　　　　　年度　　　　　　　　　　　　　元

项　目	本期金额	上期金额
一、营业收入		
二、营业利润		
三、利润总额		
四、净利润		
五、其他综合收益的税后净额		
六、综合收益总额		
七、每股收益		
（一）基本每股收益		
（二）稀释每股收益		

二、利润表分析的目的和内容

（一）利润表分析的目的

编制利润表的主要目的是将企业经营成果的信息提供给各种报表使用者，供他们作为决策的依据或参考。利润表分析的目的有以下几个方面。

① 了解企业实现收入的规模和成本耗费的水平。

② 反映企业的盈利能力，评价企业的经营业绩。

③ 揭示利润的变化趋势，预测企业盈利能力。

④ 帮助投资者和债权人做出正确的投资与信贷决策。

⑤ 为企业在资本市场融资提供重要依据。

（二）利润表分析的内容

利润表分析应依据利润表及相关信息进行。利润表分析的主要内容有以下几项。

1. 利润水平增减变动分析

利润水平增减变动分析主要是利用利润表的数据，编制水平分析表，从利润的形成角度反映利润额的变动情况，揭示企业在利润形成过程中的管理业绩及存在的问题。

2. 利润结构变动分析

利润结构变动分析主要是在对利润表进行垂直分析的基础上，揭示各项利润及成本费用与收入的关系，以反映企业各环节的利润构成、利润及成本费用水平。

3. 利润表项目分析

利润表项目分析主要是对利润表中的营业利润、利润总额和净利润进行分析，同时对形成各层次利润的重要项目进行分析。

分析利润表首先应从比较各项利润的差异入手，进行增减变动分析和结构比例分析，初步评估本期经营业绩的优劣和变动的趋势，并为进一步的分析提供线索。在各项利润增减变动和构成比例分析的基础上，对存在差异较大的重要利润项目应进行深入分析，主要分析各因素变动对利润的影响，以便采取针对性措施，除弊兴利，改善经营管理，提升企业的经济效益。

（三）报表分析实例

HS 公司利润表如表 2.21 所示。

表 2.21　利润表

编制单位：HS 公司　　　　2020 年度　　　　万元

项　目	本期金额	上期金额
一、营业收入	104 819	86 723
减：营业成本	21 370	21 417
税金及附加	3 973	3 112
销售费用	17 433	14 434
管理费用	42 143	32 603
研发费用		
财务费用	102	−64
加：其他收益		
投资收益	3 474	1 598
其中：对联营企业和合营企业的投资收益		
公允价值变动收益	−769	−820
资产减值损失（损失以“－”号填列）	−832	−409
二、营业利润	21 671	15 590
加：营业外收入	7 062	8 884
减：营业外支出	148	109
其中：非流动资产处置损失	42	11
三、利润总额	28 585	24 365
减：所得税费用	2 384	2 197
四、净利润	26 201	22 168
五、其他综合收益的税后净额		
六、综合收益总额	26 201	22 168
七、每股收益		
（一）基本每股收益	0.41	0.35
（二）稀释每股收益	0.41	0.35

三、利润水平增减变动分析

根据案例资料，对 HS 公司利润水平增减变动情况做如下分析。

（一）编制水平分析表

水平分析表的编制采用增减额和增减变动百分比两种方式。根据表 2.21 的资料，编制利润水平分析表，如表 2.22 所示。

表 2.22　HS 公司利润水平分析　　万元

项　目	本期金额	上期金额	增减额	增减率/%
一、营业收入	104 819	86 723	18 096	20.87
减：营业成本	21 370	21 417	-47	-0.22
税金及附加	3 973	3 112	861	27.67
销售费用	17 433	14 434	2 999	20.78

（续表）

项　目	本期金额	上期金额	增减额	增减率/%
管理费用	42 143	32 603	9 540	29.26
研发费用				
财务费用	102	−64	166	−259.38
加：其他收益				
投资收益	3 474	1 598	1 876	117.40
其中：对联营企业和合营企业的投资收益				
公允价值变动收益	−769	−820	51	−6.22
资产减值损失（损失以“—”号填列）	−832	−409	−423	103.42
二、营业利润	21 671	15 590	6 081	39.01
加：营业外收入	7 062	8 884	−1 822	−20.51
减：营业外支出	148	109	39	35.78
其中：非流动资产处置损失	42	11	31	281.82
三、利润总额	28 585	24 365	4 220	17.32
减：所得税费用	2 384	2 197	187	8.51
四、净利润	26 201	22 168	4 033	18.19
五、其他综合收益的税后净额				
六、综合收益总额	26 201	22 168	4 033	18.19
七、每股收益				
（一）基本每股收益	0.41	0.35	0.06	17.14
（二）稀释每股收益	0.41	0.35	0.06	17.14

（二）利润水平增减变动分析评价

利润水平增减变动分析应将各层次的利润指标作为关键指标进行分析。

1. 净利润分析

净利润是企业在某期间实现的完全归属于股东所有的经营成果。它不仅包括经营性的盈利，还包括投资、资本运作等理财性盈利和非经常性损益。因此，净利润的增减变动是利润表上所有项目增减变动的综合结果。分析净利润的增减变动情况时，应重点分析影响本期净利润增减变动的主要项目，尤其应分清经营性、经常性损益项目的影响和非经营性及非经常性损益项目的影响。

对于任何企业，经营性的营业利润必须是构成净利润的最重要的部分，其金额也应远远高于非经常性损益项目收益。这样，企业的净利润是健康的、稳定的。如果一个企业的本期净利润主要由委托理财收益、出售下属部门或子公司的收益、补贴收入等非经常性损益构成，那么即使收益是真实的，也只是一次性的、偶然的、不稳定的，不能代表企业具有真正的经营能力和正常的经营业绩，更何况这些非经常性损益往往与关联交易有关，甚至可能是虚假会计操纵所形成的。因此，分析净利润的增减变动时也应结合营业收入数据，并特别注意非经常性损益项目对当期净利润的影响。

从表 2.22 可知，HS 公司 2020 年实现净利润 26 201 万元，比上年增长了 4 033 万元，增长幅度为 18.19%。从利润水平分析表来看，HS 公司净利润的增长主要是由经营性的营业利润形成的，具有稳定性，因此净利润的增长是健康的、正常的。

2. 利润总额分析

利润总额是反映企业全部财务成果的指标，它不仅反映了企业的营业利润，还反映了企业的营业外收支情况。虽然营业外收支项目与生产经营没有直接联系，属非经营性损益，但也是公司的资源消耗，因此该项支出应严格控制。

案例中，HS 公司 2020 年利润总额比 2019 年增长了 4 220 万元，增幅达到 17.32%。企业的营业外收支较上年出现了不利变化，营业外收入减少，而营业外支出有较大幅度的增长，抵销了部分营业利润，致使利润总额的增幅大大低于营业利润的增幅。因此，企业应分析营业外收支形成的原因及合理性，查找、改进管理上的问题。

3. 营业利润分析

营业利润是企业营业收入与营业成本、税费、期间费用、资产减值损失、资产变动净收益之间的差额。它既包括企业的主营业务利润和其他业务利润，又包括企业公允价值变动净收益和对外投资的净收益。它反映了企业自身生产经营业务的财务成果，代表了企业的总体经营管理水平和效果，能够恰当地反映企业管理者的经营业绩。生产经营活动正常的企业，其营业利润至少应大于 0 且应占利润总额的绝大部分比重，表明企业能通过本身的经营活动以收抵支，保持活力。

案例中，HS 公司营业利润增加主要是营业收入增加、投资收益增加所致。2020 年度营业收入比上年增加 18 096 万元，增幅为 20.87%。根据该公司年报，其营业收入大幅增长，主要原因是公司本期自行开发研制的软件产品销售收入增加；投资收益增长 1 876 万元，增幅高达 117.40%，主要是本期收到了投资方的现金红利，以及由于被投资单位净利润增加而增加的收益，表明公司在对外投资上效益显著。但由于公司本期职工薪酬和差旅费增加，销售费用、管理费用大幅增加；同时，公司及控股子公司本期利息收入减少和本期贷款利率上升导致借款利息支出增加，致使财务费用也大幅增加，减少了利润。因此增减相抵，营业利润增加了 6 081 万元，增长 39.01%。

四、利润结构变动分析

利润结构变动分析主要是运用垂直分析法，根据利润表中的资料，通过计算各因素或各种财务成果在营业收入中所占的比重，分析说明财务成果的结构及其增减变动的合理程度。

（一）编制垂直分析表

根据表 2.21 的资料，可编制利润垂直分析表，如表 2.23 所示。

表 2.23　HS 公司利润垂直分析

%

项　目	2020 年度	2019 年度	增减情况
一、营业收入	100.00	100.00	0.00
减：营业成本	20.39	24.70	-4.31
税金及附加	3.79	3.59	0.20
销售费用	16.63	16.64	-0.01
管理费用	40.21	37.59	2.62

（续表）

项　目	2020 年度	2019 年度	增减情况
研发费用	0.00	0.00	0.00
财务费用	0.10	−0.07	0.17
加：其他收益	0.00	0.00	0.00
投资收益	3.31	1.84	1.47
其中：对联营企业和合营企业的投资收益			
公允价值变动收益	−0.73	−0.95	0.22
资产减值损失（损失以“－”号填列）	−0.79	−0.47	−0.32
二、营业利润	20.67	17.98	2.69
加：营业外收入	6.74	10.24	−3.50
减：营业外支出	0.14	0.13	0.01
其中：非流动资产处置损失	0.04	0.01	0.03
三、利润总额	27.27	28.10	−0.83
减：所得税费用	2.27	2.53	−0.26
四、净利润	25.00	25.56	−0.56

（二）利润结构变动分析评价

从表 2.23 可以看出 HS 公司本年度各项财务成果的构成情况。2020 年度营业利润占营业收入的比重为 20.67%，比上年度的 17.98% 增长了 2.69%；利润总额的比重为 27.27%，比上年度的 28.10% 下降了 0.83%。可见，从公司利润的构成情况看，公司自身生产经营活动的盈利能力在增强，但非经常性损益导致了利润总额比重的下降。从营业利润的结构增长看，主要是营业成本、销售费用结构下降，投资收益比重上升所致。另外，管理费用、财务费用、资产减值损失结构的提高，给营业利润、利润总额和净利润结构带来了一定的不利影响。

五、利润表项目分析

微课

利润表的要素有收入、费用和利润，因此可以将利润表的各项目划分为 3 类：收入类项目、成本费用类项目和利润类项目。

（一）收入类项目分析

收入类项目是指体现企业经济利益流入，从而导致企业利润增加的项目。它包括营业收入、投资收益、公允价值变动收益和营业外收入等。

1. 营业收入

企业营业收入是指企业在从事销售商品、提供劳务和让渡资产使用权等日常经营过程中取得的收入，分为主营业务收入和其他业务收入两个部分。从利润的质量来看，健康的利润应该主要来源于主营业务，其创造的利润具有持续性、稳定性和可预测性。分析营业收入时，应从营业收入确认和营业收入在利润中的比重两个方面进行分析。

① 营业收入的确认。满足收入确认条件的收入才能予以入账。常见的收入确认的操纵利润行为有：第一，提前确认收入，如提前开具销售发票，滥用完工百分比法，存在重大不确定性时确认收入，在仍需提供未来服务时确认收入等；第二，延后确认收入，如不及

时确认已实现收入；第三，制造收入事项，如年底虚做销售并在第2年退货，利用一个子公司出售给第三方而后由另一个子公司购回以避免合并抵销等。

② 分析营业收入在利润中的比重。如果企业利润的来源主要是营业收入，说明企业的经营成果稳定，利润质量较高；如果企业的利润主要来源于非营业收入，哪怕当年利润再高，企业的经营都是不稳定的。如果一个企业的主营业务收入较低或不断下降，那么其发展潜力和前景值得怀疑。

实务演练

案例资料：为上市虚构7.3亿元收入，山东某股份遭证监会严罚

不仅有计划、有组织地实施收入造假，还专门配备了“造假工作指南”，业绩考核的主要对象不是销售人员，而是财务人员，按月度对财务人员造假完成情况进行考核……日前，证监会的一纸最严处罚决定，揭开了山东某食品股份有限公司（以下简称某股份）自导自演的一场“虚增大戏”。

自导自演“虚增大戏”

公开资料显示，某股份成立于2005年，位于山东省泗水县经济开发区，是一家以养殖、屠宰、深加工、销售为一体的综合性大型牛肉食品加工企业。2015年12月挂牌新三板。

而这出“虚增大戏”的源起正是因为上市。

证监会的处罚信息显示，2015年8月至11月，该公司向全国中小企业股份转让系统提交申请股票公开转让申报文件并公开披露，多份公开披露的文件存在虚假记载。经查，公司在上述文件中通过虚构与收入相关的经济利益流入的方式虚增主营业务收入近7.3亿元，占公开披露金额的53.03%。

其中，虚增2013年主营业务收入2.66亿元、2014年主营业务收入3.01亿元、2015年1至4月主营业务收入约1.6亿元，分别占公开披露金额的53.77%、46.49%、70.29%；对同期利润总额影响数分别为4 247万元、5 038万元、2 631万元，占公开披露净利润总额的71.46%、74.19%、121.19%。

按月进行造假考核

证监会的处罚决定中，还披露了更多造假细节。

证监会称，在明知经济利益不可能流入公司的情况下，某股份通过有计划、有组织地实施收入造假，持续伪造与收入相关的银行收款，造成与收入相关的经济利益持续流入的假象，达到虚增收入的目的。

同时，该公司还建立了长期的、系统的造假账务处理及考核流程。公司形成《泗水上市工作流程交接报告》作为造假工作指南，记录了完整的收入造假会计处理流程，在公司根据对赌协议上的业绩确定需要虚增的业绩后，财务部门须根据虚增目标进行造假。不仅如此，公司还按月度对财务人员造假完成情况进行考核。

在这家公司，还私设了3个财务账套。证监会披露，某股份设置税务账、上市账和内账3个财务账套，分别由南厂和北厂财务人员核算，核算系统和核算人员隔离。

隐瞒多起关联交易

转让说明书申报稿及反馈稿中披露，莒南某食品有限公司（以下简称莒南某）、山东某食品有限公司（以下简称山东某）、北京某食品有限公司（以下简称北京某）是A控制的公

司，系某股份的关联方。

申报会计期内，某股份通过对关联方资金往来不入账的方式，隐瞒与上述关联方的资金往来。其中，2013年关联交易 1.66亿元，2014年关联交易 3.26亿元，2015年 1至4月关联交易 9 944万元。

另外，公司 2015 年度报告披露，莒南某、山东某、北京某三家关联方当年合计占用某股份资金约 1亿元，归还 1 600万元。

而实际情况却是，公司在 2015 年使用工行莒南支行账户、工行泗水支行账户及农行账户，与莒南某、山东某、北京某、绿色某 4家公司及某股份董事长 B全年累计发生关联方资金往来超过 4亿元，较披露发生额高出近 3亿元。

偷偷签订“对赌条款”

某股份的造假还不仅仅局限在收入和关联交易方面。

申报会计期间，该公司虚增销售收入和利润，导致工行莒南支行账户银行存款会计期末余额虚高，虚增 2015年 4月 30日银行存款 5 380.91万元。

转让说明书申报稿及反馈稿中披露，某股份董事长 B 持有某股份 39.76%股权，系某股份实际控制人。经查，在某股份股票公开挂牌转让前，A 长期代 B 履行控股股东及实际控制人职权，并在申报期内实际代 B 履行公司董事长职务及股东权利。依据相关规定，A亦为某股份的实际控制人。

另外，转让说明书申报稿及反馈稿中披露，A、B 与嘉兴某投资合伙企业(有限合伙)、上海某国际投资咨询有限公司、方正某投资有限责任公司、北京方正某资产管理有限公司、邵某海等 5个股东(合计持有某股份 7.24%股权)签署的投资协议中没有业绩对赌条款。此外，转让说明书申报稿及反馈稿中还披露了 A于 2015年 8月 11日出具的“承诺”，内容为自承诺签署之日起，B与上海某投资中心(有限合伙)等 16名股东不签订任何形式的对赌协议。经查，相关协议中均存在对赌条款。

已被“终止挂牌”

证监会认为，某股份在股票公开转让申报材料、定期报告及临时公告中有计划、有组织地编造重大虚假内容，数额巨大，情节严重。

最终的处罚决定是：对某股份给予警告，并处以 60万元罚款；对 B等 4人分别给予警告，并分别处以 10万元罚款；对其他多位相关责任人分别给予警告，并分别处以 3万元罚款。另外，对 A给予警告，并处以 30万元罚款。

其实，这家公司自 2016 年起，就一直麻烦缠身，并不断收到监管部门的处罚决定，其所披露的公告也一直被“面临终止挂牌”“内部混乱”“行政处罚”“辞职报告”等敏感字眼充斥着。

新时报记者了解到，就在 1个月前，这家公司已收到了全国中小企业股份转让系统有限责任公司出具的终止股票挂牌决定，称其未能按照规定时间披露 2017 年度报告，决定自 2019年 5月 17日起终止其股票挂牌，其新三板之路就此终结。

按照现在的法律，A股对财务造假的顶格处罚也就是罚款 60万元并终身禁入。早在去年 7月 11日，某股份就收到证监会出具的“行政处罚及市场禁入事先告知书”，对实控人 B之父 A采取终身证券市场禁入措施，为新三板首例。

资料来源：济南时报，2019-06-18.

要求：搜集资料，了解某股份收入造假始末，总结其会计造假的主要手法及对你的警示。

根据 HS 公司报表附注的信息，编制营业收入构成分析表，如表 2.24 至表 2.27 所示。

表 2.24　HS 公司营业收入构成分析

万元

项　目	2020 年	2019 年	比重/%	
			2020 年	2019 年
主营业务收入	85 290.00	67 567.00	99.67	99.36
其他业务收入	286.00	434.00	0.33	0.64
营业收入合计	85 576.00	68 001.00	100.00	100.00

表 2.25　HS 公司主营业务收入（分行业）构成分析

万元

行业名称	2020 年	2019 年	比重/%	
			2020 年	2019 年
软件业	77 861.00	61 318.00	91.29	90.75
商业	7 429.00	6 249.00	8.71	9.25
合计	85 290.00	67 567.00	100.00	100.00

表 2.26　HS 公司主营业务收入（分产品）构成分析

万元

产品名称	2020 年	2019 年	比重/%	
			2020 年	2019 年
自行开发研制的软件产品销售	46 222.00	35 120.00	54.19	51.98
定制软件销售	9 665.00	7 939.00	11.33	11.75
系统集成	3 039.00	4 732.00	3.56	7.00
外购商品销售	7 429.00	6 249.00	8.71	9.25
软件服务	17 126.00	12 980.00	20.08	19.21
其他	1 809.00	547.00	2.13	0.81
合计	85 290.00	67 567.00	100.00	100.00

表 2.27　HS 公司主营业务收入（分地区）构成分析

万元

地区名称	2020 年	2019 年	比重/%	
			2020 年	2019 年
国内	84 688.00	67 567.00	99.29	100.00
国外	602.00		0.71	
合计	85 290.00	67 567.00	100.00	100.00

由表 2.24、表 2.25、表 2.26、表 2.27 可以看出，近两年来，HS 公司的主营业务非常突出，尤其是软件业实现的收入在主营业务收入中占的比重均为 90% 以上，主要来源为企业自行开发研制的软件产品销售，该类产品实现的收入比重 2020 年高达 54.19%。2020 年销售区域分布发生了变化，除继续扩大国内市场销售份额外，也拓展了国外市场，表明销售前景乐观。

2. 投资收益

投资收益反映企业以各种方式对外投资取得的收益，是企业对外投资的结果。这部分收益增加了企业的利润，但目前还没有成为企业经常化的业务（除投行和投资公司外）。如果这部分利润过大，说明企业利润不稳定和经营风险增大，也不能给予过高的评价。因此，分析投资收益的质量，应分析投资收益有无相应的现金流量支撑，并关注这种忽高忽低的非正常现象。

3. 公允价值变动收益

公允价值变动收益反映企业应当计入当期损益的资产或负债公允价值的变动收益。例如，投资性房地产、债务重组、非货币交换、金融工具等采用公允价值计量模式的资产期末账面价值与公允价值的差额都要计入该项目。该项目反映了资产在持有期间因公允价值变动而产生的损益。

列报公允价值变动收益，可以全面反映企业的收益情况——具体分为经营性收益和非经营性收益；帮助投资者了解企业因公允价值变动而产生的收益多少及其占企业全部收益的比重，从而更好地进行分析和决策。分析该项目时，应注意企业获取的相关资产的公允价值是否合理；是否将不适用公允价值计量的资产或负债划分为此类；企业在出售相关资产或偿付相关负债后，前期发生的公允价值变动收益是否计入了投资收益。

4. 营业外收入

营业外收入是指与企业生产经营活动没有直接关系的各种收入。营业外收入并不是由企业经营资金耗费所产生的，不需要企业付出代价，实际上是一种纯收入，也不需要与有关费用进行配比。营业外收入主要包括非流动资产处置利得、非货币性资产交换利得、债务重组利得、政府补助、盘盈利得、捐赠利得等。营业外收入在净利润中所占的比重过大，通常意味着上市公司的主营业务表现不佳，其收益质量出现下滑，因此，投资者对上市公司依靠营业外收入“催肥”的业绩不应盲目乐观不应盲目乐观。

同时，应理性分析上市公司营业外收入在净利润中所占比重过大的现象。营业外收入快速增长在一定程度上意味着相关公司已放弃原有主营业务，转向其他行业寻找可行的机会，并且已经有所收获，甚至还可能包含兼并重组的预期。投资者可对相关公司营业外收入的具体来源进行仔细分析。如果营业外收入的来源保持了一定时期内的相对稳定，就意味着上市公司的主营业务可能出现转向。

实务演练

案例资料：主营业务去哪儿了？营业外收入占净利润的比重竟超 3 800%

随着越来越多的新三板挂牌公司公布 2015 年年报，相关挂牌公司在 2015 年的盈利情况也浮出水面。截至 2016 年 7 月 17 日，共有 989 家公司公布了 2015 年年报或财务数据，其中 881 家公司实现了盈利，仅 108 家公司在 2015 年亏损。看似一片繁荣的景象，背后的真实面目又是怎么样的呢？

首先，我们提出一个财务指标——营业外收入占净利润的比重，帮助我们看清挂牌公司的真实盈利情况。若营业外收入超过净利润，说明公司的主营业务处于亏损状态。

从营业外收入的金额来看，目前已公布 2015 年年报的 989 家公司中，营业外收入超过千万元的有 53 家，超过 5 000 万元的有 4 家，其中 2 家营业外收入超过了亿元，某文化更是以 2.5 亿元的营业外收入“冠绝”新三板。

据了解，某文化是一家以文化内容产品及服务和文化科技主题公园为主营业务的大型文化企业，公司业务包括文化科技主题公园、文化内容产品及服务两部分。近年来风靡全国的系列动画片《熊出没》便出自某文化之手，而且在短短 8 年时间内，一口气开建了 26 个主题公园。

2013 年、2014 年和 2015 年公司营业收入分别为 21.8 亿元、23.5 亿元和 28 亿元，净利润分别为 7.2 亿元、7.1 亿元和 6.5 亿元，整体财务数据较为可观。值得注意的是，某文化几乎一半的净利润都来自营业外收入（主要是政府补贴），2015 年这一比重下降到了 37.6%。据不完全统计，3 年来公司已累计获得各类补助超过 20 亿元，约有一半的补助计入了当期损益。

据新三板中心统计，在 881 家盈利公司中，营业外收入占净利润的比重超 100% 的公司有 54 家，22 家公司的营业外收入占净利润的比重超过 200%，更有 9 家公司在 10 倍以上，最为夸张的是，某化成的营业外收入占净利润的比重竟然超过 3 800%。

据了解，某化成的主营业务为半导体封装材料的研发、生产、销售。2015 年营业收入为 1 138 万元，实现净利润仅为 7 500 元，3 年以来营业收入没有任何增长，几乎不能实现盈利。说得难听一点，公司就是全指着政府补助过日子。2013 年、2014 年和 2015 年公司净利润分别为 26 万元、−26 万元和 0.75 万元，营业外收入（主要是政府补助）分别为 23 万元、80 万元和 29 万元。

资料来源：新三板中心，2016-07-18.

要求：选择你感兴趣的一家上市公司，浏览该公司 2019 年年报，了解该公司的收入及其构成，分析各种收入规模的合理性及其对企业的持续发展能力的影响。

提示：政府对于上市公司的补贴行为本应该是一种奖励机制，但目前在 A 股市场上出现的政府补贴现象，似乎已让其成为上市公司脱贫致富的代名词。政府补贴是上市公司和地方政府为了维持税收收入和企业发展的平衡所做出的妥协。靠政府补贴可以解决上市公司短期财务数据难看的问题，但无法解决企业长期绩效持续增长的问题，这种缺少顶层设计的政府补贴行为是一种战略上的短视行为，上市公司如果一味地靠政府补贴来粉饰业绩，在资本层面等于是对投资者的一种战术欺骗，对资本市场的健康发展也极为不利，值得投资者警惕。

在企业发展的特殊时期，对优秀企业进行财政补贴，可以理解为雪中送炭，但不对上市公司遭遇的问题和困难进行客观分析的补贴不但无效，反而会助长企业的不良习气，甚至导致其走向衰败。上市公司不应该对其形成一种依赖，或是上瘾。想在资本市场中站稳脚跟，最终还要在主营业务上下功夫。

（二）成本费用类项目分析

成本费用类项目主要包括营业成本、税金及附加、销售费用、管理费用、财务费用、资产减值损失、营业外支出等。

微课

1. 营业成本

营业成本是指企业为销售商品、提供劳务等日常活动所发生的经济利益的流出。它反映企业经营主要业务和其他业务发生的实际成本总额。

在对营业成本进行分析时，应关注企业存货发出的方法及其变动情况，检查企业营业收入与营业成本之间的匹配关系，以及企业是否存在操纵营业成本的行为。企业除利用隐匿、转移、分解收入等手段偷逃流转税和所得税外，还经常利用违反规定的成本开支范围列支或乱摊、转移成本，或者通过操纵各项要素费用的分配、窜改成本数据等手法偷逃企业所得税。因此，营业成本是检查企业所得税报表涉税分析的一个重点。

根据HS公司报表附注的信息，编制营业成本有关比重分析表，如表2.28至表2.30所示。

表2.28　HS公司营业成本比重分析　　万元

项　目	2020年	2019年	比重/%	
			2020年	2019年
营业收入	85 576	68 001	100.00	100.00
营业成本	12 651	11 349	14.78	16.69

表2.29　HS公司主营业务成本（分行业）比重分析　　万元

行业名称	营业收入		营业成本		营业成本占同期收入的比重/%	
	2020年	2019年	2020年	2019年	2020年	2019年
软件业	77 861	61 318	5 466	5 487	7.02	8.95
商业	7 429	6 249	7 153	5 794	96.28	92.72
合计	85 290	67 567	12 619	11 281	14.80	16.70

表2.30　HS公司主营业务成本（分产品）比重分析　　万元

产品名称	营业收入		营业成本		营业成本占同期收入的比重/%	
	2020年	2019年	2020年	2019年	2020年	2019年
自行开发研制的软件产品销售	46 222	35 120	923	186	2.00	0.53
定制软件销售	9 665	7 939	934	456	9.66	5.74
系统集成	3 039	4 732	2 619	4 308	86.18	91.04
外购商品销售	7 429	6 249	7 153	5 794	96.28	92.72
软件服务	17 126	12 980	747	215	4.36	1.66
其他	1 809	547	243	322	13.43	58.87
合计	85 290	67 567	12 619	11 281	14.80	16.70

由表2.28、表2.29、表2.30可以看出，近两年来，HS公司的营业成本控制得较好，2020年营业成本占收入的比重仅为14.78%。其中，主营业务成本占主营业务收入的比重为14.80%，较上年有所降低，尤其是软件业的成本在其收入中的比重仅占7.02%，说明企业2020年在软件业务上控制成本得力，为企业创造了巨大的获利空间。但除软件业外，另一主营业务商业活动中，企业开展的外购商品的销售成本有上升态势，需要在今后加强成本管理，增强企业的盈利能力。

2. 税金及附加

“税金与附加”项目反映企业经营业务应负担的消费税、城市维护建设税、资源税、土地增值税和教育费附加等。一般来说，企业的税金及附加与营业收入应具有配比关系。因为其金额相对较小，所以不是分析的重点。

3. 销售费用

从销售费用的基本构成及功能来看，有的与企业的业务活动规模有关，如运输费、装卸费、整理费、包装费、保险费、销售佣金、差旅费、展览费、委托代销手续费、检验费等；有的与企业从事销售活动人员的待遇有关，如营销人员的工资和福利费；也有的与企业的未来发展、开拓市场、扩大企业品牌知名度等有关，如广告费。从企业管理层对上述各项费用的有效控制来看，虽然管理层可以对诸如广告费、营销人员的工资和福利费等采取控制或降低其规模等措施，但是这种控制或降低，或者对企业的长期发展不利，或者影响有关人员的积极性。因此，应将企业销售费用的增减变动和销售量的变动结合起来，分析这种变动的合理性、有效性。一般认为，当企业业务发展时，企业的销售费用不应当降低。如果片面追求在一定时期的费用降低，就有可能对企业的长期发展不利。

实务演练

案例资料：某电器的销售费用之谜

某电器在 2018年 4月 26日披露了 2017年年报，其中营业收入同比增长 36.24%，净利润同比增长 44.87%。亮丽的业绩背后，某电器的这份年报也不乏令人困惑之处，其中最突出的一点是销售费用在 2014年大幅下降之后连续 3年未出现明显增长，这与连续大幅增长的营业收入出现矛盾。

某电器是否有调节利润的嫌疑？2017年的利润是否被注水？进一步分析如下：

对比某电器 2017年和2014年的财务报表数据不难发现，2017年营业收入仅比 2014年增长 105.36亿元，但利润却增长了 82.47亿元之巨。投资者难免疑惑，为什么某电器的营业收入没有大幅增长，利润却有了如此大的变化。

经过分析研究，我们发现某电器在 2014年的销售费用为 289亿元，而 2017年仅为 166亿元，该项差距达到 123亿元，扣除各项税费后留存的净利润正好是 82亿元左右。也就是说，某电器在空调销量大增的 2017年实现的利润并不来自营业收入的增长，相反却来自销售费用的减少，这的确匪夷所思。

但只要你认真思考不难发现，某电器的运营模式决定了销量的增长不仅体现在营业收入的增长，更体现在销售费用的减少，这是某电器独有的经营模式所决定的。其他家电企业都是营业收入增长带动利润增长，而某电器却通过销售费用的减少带动利润的增长。因此，销售费用是某电器经营模式最重要的一环。

众所周知，某电器的销售返利通常用空调兑现，即给经销商相应的空调而非现金兑现销售返利。当经销商使用销售返利购买空调时，某电器将其视同销售。但某电器不会再次确认营业收入，而是确认相关成本，调减销售费用。因此，某电器在某一年兑现较多的销售返利的同时，成本相应增加而销售费用将相应减少。

我们通过将某电器 2017年销售费用（某电器的销售费用主要是销售返利和跌价返利）加上成本后与 2016年对比可以发现：2017年营业收入同比增长 37%（不是营业总收入），销售费用+成本增长 34.8%。由于包含了小部分杂项无法剔除，所以这个数据或许是不严谨的。但是，我们可以从中看出，2017年由于高端系列的空调销售火爆加上某空调的自然涨价，营业收入的增长理应高于成本的增长，即企业的毛利率应略有增长。

最后，我们将分析结果与企业的发展战略进行对比。2017年度火爆的空调销售现状刺激了渠道经销商大量提货。某电器在上半年用空调兑现了大量的销售返利，而 2017年下半年某电器库存吃紧，所以销售费用在四季度大幅度增长。此时，某电器转而使用现金的方式继续兑现销售返利，从而导致了全年销售费用微增而支付的销售返利现金却同比翻倍。由于 2017年度销售返利的大量兑现和存货大量增加（原材料涨价导致的囤货）挤占了某电器的现金流，所以某电器的现金流在 2017年相对于往年偏紧。管理层试图在 2018年继续扩充产能以防止未来再次出现断货的局面也容易被理解。最终我们看到了 2017 年年报披露过后某电器不分红加扩产的局面。

资料来源：财富号，http://caifuhao.eastmoney.com，2018-05-07.

要求：了解格力电器的运营模式，结合主要财务报表，思考销售返利业务在财务报表项目中的表现。

提示：以下 3 个分别属于某电器利润表、资产负债表和现金流量表中与销售费用相关的项目：销售费用（包含了销售返利＋跌价返利，销售返利的兑现通过增加成本、减少销售费用实现）；其他流动负债－销售返利（该项主要囤积了往年累积的跌价返利和尚未兑现的销售返利，被认为是某电器的利润蓄水池。这部分累积的负债可以理解为资金进入了上市公司实体而利润却通过逐年计提的销售费用被摊薄，并未体现在财务报表中）；销售费用支付的现金（该项目 2017 年度的大幅度增加主要是因为某电器在 2017 年下半年爆款空调卖断货，大量的销售返利用现金方式进行了兑现。主要体现为销售费用在四季度的大幅度增加）。

4. 管理费用

与销售费用一样，虽然管理层可以对管理费用中如业务招待费、技术开发费、董事会会费、职工教育经费、涉外费、租赁费、咨询费、审计费、诉讼费、修理费、管理人员工资和福利费等采取控制或降低其规模等措施，但是这种控制或降低，或者对公司的长期发展不利，或者影响有关人员的积极性。此外，折旧费、摊销费等是企业以前各个会计期间已经支出的费用，不存在控制其支出规模的问题。对这类费用的处理更多地受企业会计政策的影响。因此，一般认为，当企业业务发展时，企业的管理费用应当保持一定的稳定性，不能一味地追求降低。

根据 HS 公司报表附注的信息，近年管理费用始终保持在 40%左右。其中，占比最大的部分为职工薪酬，平均占管理费用的 60% 以上。管理费用中还包含了研发人员薪酬、期权费用、研发费等，可以看出公司重视对研发人力资源的投入，这为公司今后发展打下了良好的基础。需要指出的是，公司研发支出投入很大，且将其全部费用化，这也是造成管理费用如此之高的重要原因。软件公司的研发支出一般来说是一次性的，今后 HS 公司在收入持续增长的情况下，管理费用可能会急剧减少，从而利润会出现爆发式增长。

5. 财务费用

财务费用是指点企业为筹集生产经营所需资金等而发生的费用，包括利息支出（减利息收入）、汇兑损失（减汇兑收益）及相关的手续费等。其中，经营期间发生的利息支出构成了企业财务费用的主体。总之，财务费用是因企业筹资活动而发生的，所以在进行财务费用分析时，应当将财务费用的增减变动和企业的筹资活动联系起来，分析财务费用增减变动的合理性和有效性，发现其中存在的问题，查明原因，采取对策，以期控制和降低费用，提高企业利润水平。

实务演练

案例资料：从某科财务费用增加看企业融资

某科发布了2019年半年报，营业收入和利润大增的同时，财务费用也同比增长了38%，大约是32.28亿元。在半年报业绩发布会上，某科给出的解释是：

财务费用上升有两个原因，一是上半年的时候把部分短期债务转换为长期债务，融资成本稍微上升；二是上半年跟去年同期比较，平均的债务总量稍微高一点。这两个是比较大的因素。另外，今年上半年起用租赁会计政策，把使用权的资产贴现，贴现以后转换成财务费用。

事实上，房地产行业对外部融资的依赖性非常高，在今年资金面收紧的情况下，某科调整负债结构的做法反倒显得很谨慎。融资是一个企业资金筹集的行为与过程，绝大多数公司都有融资需求，尤其是像淘宝、京东、拼多多这类互联网电商平台，更是经历了多年的亏损才实现盈利，盈利前公司经营所需的现金都是通过融资解决的。

融资方式

在互联网金融的推动下，企业融资方式也越来越丰富，常见的融资方式有：

银行贷款。这大概是我们最熟悉的方式，基于信用或担保向银行借钱。这两年银行的业务也越来越丰富，从以前的保理业务，到现在的供应链融资，尤其是将票据融资与供应链金融结合起来。这也是很多企业愿意选择的方式。

能不能从银行借到钱，关键是看企业的信用评级。有人说银行是最“嫌贫爱富”的，因为银行也要衡量坏账风险，所以往往是越难、越着急要钱的公司，反而越不容易从银行借到钱。这之间的矛盾，也是监管机构迫切想要解决的，包括定向降准，对银行贷款结构有指示性要求等。

融资租赁。航空公司、远洋运输公司等固定资产购置成本非常高的企业常常会采用这种融资方式，主要目的是减少短期资金压力。融资租赁公司比起银行要“仁慈”一些，办理起来很快，但是融资租赁有局限性，只能是购买大宗资产，而不能是其他用途。

债权融资。通过债券市场发行企业债券融资。通常都是大手笔，一旦通过发行审批，就可以一次性得到大额资金，相对而言融资成本较低。而且，企业债形式多样化，如可转债可以与股权融资结合，实现债转股。

债权融资的门槛比较高，要发债的公司需要经过层层的审批，还需要有评级机构的专业评级，甚至有人说，相比股市，债市的监管要严很多。地产公司热衷于到海外市场发债，虽然利率更高，但要容易。

股权融资。这是最变幻莫测的方式，赶上好时节，企业估值能迅速水涨船高。例如，美团和小米在上市之前都经历过多轮融资，估值一次次创新高，支撑高估值的是公司背后的商业模式和赚钱逻辑。所以，能不能完成股权融资，得看这是不是好生意，以及是不是有投资人认可这个生意。阿里在成功之前，也有过差点拿不到钱的情况；京东前期刘强东拿到投资人的钱也很不容易。成功上市后，也可以再进行股权融资，如增发、定向增发等。

如何选择融资方式

企业融资方式有很多，但企业在面临资金紧缺时，真正能选择的融资渠道和融资方式是有限的，企业决策是在所有可行的方案中，找到最优的方式。

实务中，在选择融资方式时，通常会从两个维度权衡：

A．财务杠杆，债权融资和股权融资的比例；

B．债务结构，短期债务与长期债务的匹配。

资本能起到放大收益的效果，但同时也需要承担更多的财务风险，所以资产结构的选择反映的是公司管理层的风险偏好。

债权还是股权？

狭义的资金成本就是为获得资金需要支付的利息，以及相关的手续费用，如银行贷款利息，以及与之相关的资产评估费用。

乍一看，似乎是债权融资成本更高，而股权融资只要不给股东分红，就没成本。但是，债权人要求的是稳定的利息回报，而股权投资人要求的是长期的高收益，股权投资人期待的收益率就是公司隐形的融资成本。而且，股权融资过程中，如果创始人团队股权稀释过度，也会给未来的公司控制权带来隐患。

在资本的诱惑面前，往往容易忽视资本逐利的本性，从而忽略随之而来的风险，这常常是股权融资最后成为企业不可言说的痛的原因。例如，平安入主汽车之后，与创始人之间发生了管理权之争，最后以创始人团队撤离告终，再如，俏江南引入鼎辉资本后，因为对赌协议，最后张兰也彻底失去了俏江南。

因此，在进行股权融资时，对公司股权结构的把握，以及财务杠杆的选择，是比较值得注意的。美国上市公司热衷于回购自己公司的股份，有出于维护股价的考虑，也有调节资产结构方面的考虑，通过回购股票，增加负债减少权益，间接地可以提高投资回报率。

短期还是长期？

短期融资灵活，资金成本低，能迅速缓解企业资金难题，但会增大企业偿付压力；长期融资，资金成本高，但是在一个相对长的周期内偿还，会降低企业短期资金风险。

债权融资中的短期债务与长期债务的比例，通常会结合资产负债表中运营资金的需求进行平衡。激进型的财务管理者可能会选择更高比例的短期债务，而保守型的财务管理者可能会选择更高比例的长期债务。

某科选择在 2019 年进行债务结构的调整，应该也是考虑到房地产资金的锁紧，为预防短期可能发生的财务风险而提前做的准备。而另一家房地产公司某力地产，目前可能就要被动很多，还在频频地借新还旧中艰难前行。

除以上所提及的方式之外，企业还有另一种比较特殊的融资方式——内部融资。例如，通过延长应付账款账期，或者进行留存收益转股权。这是相对成本最低的，也是完全依赖企业自身的能力来发展企业。

资料来源： http://shuo.news.esnai.com，2019-09-02.

要求： 请分析不同融资方式的优劣利弊，了解万科、平安等企业所采用的融资方式并给予评价。

6. 资产减值损失

资产减值损失是指企业根据企业会计准则计提的各项资产减值准备所形成的损失。分析该项目时，应关注附表、附注中的企业资产减值准备明细表，明确其构成，评价每项资产减值准备的计提是否充分，是否存在企业计提不足或过度计提的状况。同时，观察减值准备的异常变化，判断企业是否应用资产减值来调节利润。

7. 营业外支出

营业外支出是指反映企业发生的与其生产经营无直接关系的各项支出，如固定资产盘亏、处置固定资产净损失、出售无形资产损失、债务重组损失、罚款支出、捐赠支出和非常损失等。对于这些损失，企业应将其控制在最低限度。

（三）利润类项目分析

在利润表上，存在不同层次的利润，即营业利润、利润总额和净利润。

1. 营业利润

营业利润是指企业经营活动中营业收入与营业成本、费用的差额与资产减值损失、公允价值变动收益、投资收益的总和。它既包括经营活动的经营成果，也包含经营过程中资产的价值变动损益，代表了企业的总体经营管理水平和效果。营业利润的变动，应着重分析企业主要业务的开展情况、多种经营的发展情况和期间费用的规模，确定分析的重点。

2. 利润总额

利润总额是指反映企业全部财务成果的指标。它是收入减去费用后的净额、直接计入当期利润的利得和损失三部分的总和。因此，应明确对利润总额影响最大的是营业利润。在分析利润总额时，应注意区分经营性与非经营性项目的影响。如果企业的利润总额主要来自非经营性项目，那么管理层就有调整业务结构的必要。

3. 净利润

净利润是指企业所有者最终取得的财务成果，或者可供企业所有者分配或使用的财务成果。一般情况下，企业的所得税相对稳定、利润总额较大的企业，其净利润也较高。对该指标的分析，应结合多期数据来对比，研究发展趋势及增长速度，同时与同行业平均水平、先进水平进行比较，考察企业在同行业中所处的地位。在分析时应注意的一个主要问题是：当一个企业利润总额和净利润主要是由非营业利润获得时，则该企业利润实现的真实性和持续性应引起分析人员的重视。

实务演练

案例资料：如何通过利润表透视公司的经营状况

利润表是由营业收入、营业成本、期间费用（包括销售费用、管理费用和财务费用）、投资收益等组成的，拿到一张利润表时该怎么去看呢？

首先看总收入的情况，然后再看利润，再与以往年度做一个对比。通常来说具有这家公司 5年的财务数据，看到收入增长情况，可以发现该公司的发展前景和发展势头。如果公司保持了较高速增长，如每年 30%、50%的增长，增长势头很好，则比较有前景；如果公司收入呈现波动性，如一年增长了 50%，到第二年收入突然没增长或下降，或者增长幅度很小，就要分析偶然因素的影响——如公司在某一年实施了大的并购，由于并购造成了收入高速增长，而后受到行业限制，降低了增长速度。

观察公司营业利润和净利润，发现盈利情况。如果单看收入，有可能发现公司收入增长很好，但其实利润不太好。有两种情况：一是因为毛利不太好。有的公司是高毛利的公司，有的公司是低毛利的公司，通常来说毛利率越高，说明公司产品的竞争力越强。例如同是做医疗方面的公司，有的毛利率可以达到 70%或 80%，有的毛利率只有 30%。毛利高的公司走的是差异化的竞争策略，而低毛利的公司走的是低成本的竞争策略，所以毛利情况可以反映公司的竞争策略，而这个竞争策略在利润表里面，通过解读它的毛利可以很清楚地看出。二是公司的利润高，并不能说明这家的公司的盈利情况很好。要进一步分析，利润是公司正常的日常经营所带来，还是由于偶然因素所引起的。例如，净利润很高，仔细分析就会发现公司营业利润并不好，大部分利润可能靠营业外收入——政府补贴而来，那么这家公司的主营业务情况并不乐观。

在进行利润比较分析的时候，要与同行业的公司、不同行业的公司，以及预算做比较。认真观察对比两家公司，会发现营业收入同在50亿元的公司，成本结构也许完全不同。一家公司，毛利率达到70%，期间费用率也达到50%，那就说明这是一个毛利高、期间费用也高的公司，所以一年下来净利润是5亿元；而另外一家公司年收入同样也是50亿元，它的毛利率只有30%，但是期间费用率也只有40%，最后发现两个公司净利润也差不多。通常所说的高科技公司就是高毛利的公司，通常期间费用率会比较高；而低毛利的公司通常走的是总成本最低的路线，就非常注重期间费用的控制。所以首先要读懂公司的毛利率，发现它走的是一个高毛利率的路线，还是一个低毛利率的路线。

控制销售费用、管理费用、研发费用，就是通过费用率来控制。例如，年初预算管理费用率是15%，即管理费用占整个营业收入的比率是15%，年中或年末发现管理费用率达到20%，说明管理费用控制有问题，要进一步分析问题的原因；同时要把三大费用率[销售费用、管理费用、财务费用（包括研发费用）率]和同类公司做比较，发现问题，分析问题，提出费用率控制的合理建议。

人们常说“人无横财不富，马无夜草不肥”。公司的营业利润亏损，很多时候借助于营业外收入增厚公司的利润，通常就是政府补贴。另外一块“横财”是财务费用的利息收入，有的公司上市之后账面资金非常充裕，结合资产负债表的货币资金发现公司一年可能有几亿元的资金是定期存款，存款利息收入就体现在财务费用里。2016年人民币贬值时，有大量外币的公司，汇率收益是几千万元、几亿元，所以这块也会出现“横财”。还有一块是投资收益。有些上市公司业绩不好时，做关联公司的股权收购，在投资收益里面确认一大笔“横财”；还有一些公司一年有几十亿元在银行做理财，理财收入也会放在投资收益里面。

因此，一家公司的净利润就从3个方面来把握：一是把握公司的毛利，二是把握公司的三大费用率（销售费用率、管理费用率、财务费用率），三是把握公司的营业外收支。

资料来源：中国会计视野，2017-08-14.

要求：总结利润表分析的要点，进行你所追踪的上市公司2019年度的利润表分析。

任务检测 2-2

在线自测

一、选择题

1．反映企业全部财务成果的指标是（　　）。

A．主营业务利润　　B．营业利润

C．利润总额　　D．净利润

2．如果企业本年营业收入的增长快于营业成本的增长，那么企业本年营业利润（　　）。

A．一定大于0　　B．一定大于上年营业利润

C．一定大于上年利润总额　　D．不一定大于上年营业利润

二、判断题

1．营业利润是企业营业收入与营业成本费用及税金之间的差额。它既包括产品销售利润，又包括其他业务利润，并在二者之和基础上减去管理费用与财务费用。（　　）

2．企业成本总额的增加不一定意味着利润的下降和企业管理水平的下降。（　　）

配套实训

实训 2-7　利润增减变动分析

实训目标

通过对利润表的水平分析，从利润形成角度反映利润额的变动情况，揭示企业在利润形成过程中的管理业绩及存在的问题。

实训资料

1．企业概况

Y 公司成立于 1988 年，是中国管理软件、ERP 软件、集团管理软件、人力资源管理软件、客户关系管理软件、小型企业管理软件、财政及行政事业单位管理软件、汽车行业管理软件、烟草行业管理软件、内部审计软件及服务提供商。目前，中国及亚太地区超过 100 万家企业与机构通过使用公司软件，实现精细管理、敏捷经营。2001 年 5 月 18 日，Y 公司成功在上海证券交易所发行上市。

2．2020 年企业利润表（见表 2.31）

表 2.31　利润表

编制单位：Y 公司　　2020 年度　　元

项　目	2020 年	2019 年
一、营业收入	2 480 196 110	1 800 588 030
减：营业成本	298 608 589	225 099 128
税金及附加	77 020 960	45 033 822
销售费用	1 073 862 141	850 707 984
管理费用	702 530 566	545 932 528
财务费用	39 233 630	243 000
资产减值损失	419 358	737 940
加：投资收益	46 380 068	9 253 574
其中：对联营企业和合营企业的投资收益	6 168 930	6 594 257
二、营业利润	315 701 374	131 584 351
加：营业外收入	217 906 006	197 583 990
减：营业外支出	916 400	852 209
其中：非流动资产处置损失	499 016	181 485
三、利润总额	532 690 980	328 316 132
减：所得税费用	45 985 075	14 193 352
四、净利润	486 705 905	314 122 780
五、每股收益		
基本每股收益	0.60	0.38
稀释每股收益	0.60	0.38

实训要求

（1）编制企业利润表水平分析表，如表 2.32 所示。

表 2.32　利润表水平分析　　元

项　目	2020 年	2019 年	增减额	增减率/%
一、营业收入	2 480 196 110	1 800 588 030		
减：营业成本	298 608 589	225 099 128		
税金及附加	77 020 960	45 033 822		
销售费用	1 073 862 141	850 707 984		
管理费用	702 530 566	545 932 528		

（续表）

项　目	2020 年	2019 年	增减额	增减率/%
财务费用	39 233 630	243 000		
资产减值损失	419 358	737 940		
加：投资收益	46 380 068	9 253 574		
其中：对联营企业和合营企业的投资收益	6 168 930	6 594 257		
二、营业利润	315 701 374	131 584 351		
加：营业外收入	217 906 006	197 583 990		
减：营业外支出	916 400	852 209		
其中：非流动资产处置损失	499 016	181 485		
三、利润总额	532 690 980	328 316 132		
减：所得税费用	45 985 075	14 193 352		
四、净利润	486 705 905	314 122 780		
五、每股收益				
基本每股收益	0.60	0.38		
稀释每股收益	0.60	0.38		

（2）根据利润表水平分析表的有关数据，进行企业利润额增减变动分析。

实训 2-8　利润结构变动分析

实训目标

通过对利润表的垂直分析，揭示企业各项利润、成本、费用与收入的关系，以反映企业各环节的利润构成、利润及成本费用水平。

实训资料

见实训 2-7 中的资料。

实训要求

（1）编制企业利润表垂直分析表，如表 2.33 所示。

表 2.33　利润表垂直分析

%

项　目	2020 年	2019 年	差　额
一、营业收入			
减：营业成本			
税金及附加			
销售费用			
管理费用			
财务费用			
资产减值损失			
加：投资收益			
其中：对联营企业和合营企业的投资收益			
二、营业利润			
加：营业外收入			
减：营业外支出			
其中：非流动资产处置损失			
三、利润总额			
减：所得税费用			
四、净利润			

（2）根据利润表垂直分析表的有关数据，进行企业利润结构变动分析。

实训2-9　收入、成本费用项目分析

实训目标

通过对利润表中各项目的进一步分析，揭示企业收入、成本、费用的合理性，为企业增加收入，控制成本、费用，提高利润提出建议。

实训资料

1．企业概况

SY集团始创于1989年。2007年，SY集团实现销售收入135亿元，成为中华人民共和国成立以来湖南省首家销售过百亿元的民营企业。2008年和2009年，尽管受金融危机影响，SY集团仍然延续了以往的增长。2010年，SY集团销售超过500亿元。2011年7月，SY重工以215.84亿美元的市值，首次入围FT全球500强，成为唯一上榜的中国机械企业。目前集团拥有员工6万余名。

SY集团主业是以“工程”为主题的机械装备制造业，目前已全面进入工程机械制造领域。其主导产品为混凝土机械、筑路机械、挖掘机械、桩工机械、起重机械、非开挖施工设备、港口机械、风电设备等全系列产品。其中，混凝土机械、桩工机械、履带起重机械为国内第一品牌；混凝土泵车全面取代进口，国内市场占有率达57%，为国内首位，且连续多年产销量居全球第一。

SY集团是全球最大的混凝土机械制造商，也是中国最大、全球第六的工程机械制造商。近年来，SY集团连续获评为中国企业500强、工程机械行业综合效益和竞争力最强企业、福布斯“中国顶尖企业”、中国最具成长力自主品牌、中国最具竞争力品牌、中国工程机械行业标志性品牌、亚洲品牌500强。

SY集团的核心企业SY重工于2003年7月3日上市，是中国股权分置改革首家成功并实现全流通的企业。

在国内，SY集团建有上海、北京、沈阳、昆山、长沙等五大产业基地。在全球，SY集团建有30个海外子公司，业务覆盖150个国家，产品出口到110多个国家和地区。目前，SY集团已在印度、美国、德国、巴西相继投资建设工程机械研发制造基地。

2．SY重工2020年上半年度合并利润表（见表2.34）

表2.34　合并利润表

元

项　目	2020年1—6月	2019年1—6月
一、营业收入	30 363 251 552.52	16 946 000 474.85
减：营业成本	18 786 840 794.18	10 574 648 457.24
税金及附加	165 842 175.85	64 300 489.17
销售费用	2 320 874 100.82	1 433 875 398.09
管理费用	1 392 504 520.92	789 075 633.47
财务费用	159 132 899.96	235 693 351.55
资产减值损失	246 702 785.51	233 803 926.08
加：公允价值变动收益	−36 731 703.01	−11 721 601.55
投资收益	77 493 096.40	−9 872 295.64
其中：对联营企业和合营企业的投资收益	20 482 052.29	2 937 206.18
二、营业利润	7 332 115 668.67	3 593 009 322.06

（续表）

项　目	2020 年 1—6 月	2019 年 1—6 月
加：营业外收入	65 679 413.93	57 105 916.61
减：营业外支出	44 776 329.26	31 622 735.36
其中：非流动资产处置损失	15 096 909.56	4 168 490.94
三、利润总额	7 353 018 753.34	3 618 492 503.31
减：所得税费用	1 005 214 914.74	463 203 871.51
四、净利润	6 347 803 838.60	3 155 288 631.80
其中：被合并方在合并前实现的净利润		383 532 147.63
归属于母公司所有者的净利润	5 939 290 774.97	2 875 242 003.16
少数股东损益	408 513 063.63	280 046 628.64
五、每股收益		
基本每股收益	0.78	0.38
稀释每股收益	0.78	0.38
六、其他综合收益	－30 043 673.64	8 896 355.44
七、综合收益总额	6 317 760 164.96	3 164 184 987.24
归属于母公司股东的综合收益总额	5 909 367 420.70	2 882 093 795.93
归属于少数股东的综合收益总额	408 392 744.26	282 091 191.31

3．营业收入及营业成本数据（见表 2.35）

表 2.35　营业收入及营业成本数据　　元

项　目	2020 年 1—6 月	2019 年 1—6 月
主营业务收入	29 657 233 646.66	16 584 943 491.75
其他业务收入	706 017 905.86	361 056 983.10
营业收入合计	30 363 251 552.52	16 946 000 474.85
主营业务成本	18 170 081 707.01	10 270 662 626.74
其他业务成本	616 759 087.17	303 985 830.50
营业成本合计	18 786 840 794.18	10 574 648 457.24
主营业务收入占收入比/%	97.675	97.869

4．主营业务各产品收入所占比例数据（见表 2.36）

表 2.36　主营业务各产品收入所占比例数据　　%

项　目	2020 年 1—6 月		2019 年 1—6 月	
	主营业务收入	主营业务毛利	主营业务收入	主营业务毛利
混凝土机械类	53.422	60.212	52.900	59.114
路面机械类	3.817	3.725	3.683	3.160
履带起重机机械类	2.860	2.897	5.186	3.842
汽车起重机机械类	7.467	5.422	7.426	5.117
挖掘机械类	23.758	19.227	20.494	17.328
桩工机械类	4.837	5.920	6.077	7.585
配件	3.053	2.457	3.202	3.421
其他	0.786	0.140	1.031	0.432
合　计	100.000	100.000	100.000	100.000

5．主营业务按产品分项列示数据（见表2.37）

表 2.37 主营业务按产品分项列示数据

元

项 目	2020年1—6月		2019年1—6月		增减率/%	
	主营业务收入	主营业务毛利	主营业务收入	主营业务毛利	主营业务收入	主营业务毛利
混凝土机械类	15 843 434 819.46	6 916 605 793.35	8 773 430 691.00	3 732 594 293.99	80.58	85.30
路面机械类	1 131 958 138.01	427 921 107.29	610 792 305.65	199 540 000.82	85.33	114.45
履带起重机机械类	848 270 300.24	332 735 634.13	860 090 217.24	242 626 171.59	−1.37	37.14
汽车起重机机械类	2 214 483 860.83	622 883 591.68	1 231 596 376.08	323 124 102.12	79.81	92.77
挖掘机械类	7 046 069 990.57	2 208 630 257.50	3 398 988 480.57	1 094 116 472.22	107.30	101.86
桩工机械类	1 434 424 683.61	680 052 989.40	1 007 918 740.75	478 961 032.48	42.32	41.99
配件	905 493 907.85	282 261 832.03	531 055 398.73	216 034 942.30	70.51	30.66
其他	233 097 946.09	16 060 734.27	171 071 281.73	27 283 849.49	36.26	−41.14
合 计	29 657 233 646.66	11 487 151 939.65	16 584 943 491.75	6 314 280 865.01	78.82	81.92

6．营业外收入与营业外支出数据（见表2.38、表2.39）

表 2.38 营业外收入数据

元

项 目	2020年1—6月	2019年1—6月	增减率/%
非流动资产处置利得	9 042 860.37	11 823 587.02	−23.518
政府补助	38 374 191.74	28 311 820.57	35.541
其他	18 262 361.82	16 970 509.02	7.612
合 计	65 679 413.93	57 105 916.61	15.013

表 2.39 营业外支出数据

元

项 目	2020年1—6月	2019年1—6月	增减率/%
固定资产处置损失	15 096 909.56	4 168 490.94	262.167
捐赠支出	3 412 621.19	2 521 411.68	35.346
赔偿支出	2 866 201.23	5 155 937.12	−44.410
未到期按揭贷款回购准备金	17 553 443.51	17 729 544.65	−0.993
其他	5 847 153.77	2 047 350.97	185.596
合 计	44 776 329.26	31 622 735.36	41.595

实训要求

（1）根据表2.34，编制该公司利润表水平分析表（计算增减变动百分比），如表2.40所示。

表 2.40 利润表水平分析

元

项 目	2020年1—6月	2019年1—6月	增减率/%
一、营业收入	30 363 251 552.52	16 946 000 474.85	
减：营业成本	18 786 840 794.18	10 574 648 457.24	
税金及附加	165 842 175.85	64 300 489.17	

（续表）

项　目	2020 年 1—6 月	2019 年 1—6 月	增减率/%
销售费用	2 320 874 100.82	1 433 875 398.09	
管理费用	1 392 504 520.92	789 075 633.47	
财务费用	159 132 899.96	235 693 351.55	
资产减值损失	246 702 785.51	233 803 926.08	
加：公允价值变动收益	−36 731 703.01	−11 721 601.55	
投资收益	77 493 096.40	−9 872 295.64	
其中：对联营企业和合营企业的投资收益	20 482 052.29	2 937 206.18	
二、营业利润	7 332 115 668.67	3 593 009 322.06	
加：营业外收入	65 679 413.93	57 105 916.61	
减：营业外支出	44 776 329.26	31 622 735.36	
其中：非流动资产处置损失	15 096 909.56	4 168 490.94	
三、利润总额	7 353 018 753.34	3 618 492 503.31	
减：所得税费用	1 005 214 914.74	463 203 871.51	
四、净利润	6 347 803 838.60	3 155 288 631.80	
其中：被合并方在合并前实现的净利润		383 532 147.63	
归属于母公司所有者的净利润	5 939 290 774.97	2 875 242 003.16	
少数股东损益	408 513 063.63	280 046 628.64	
五、每股收益			
基本每股收益	0.78	0.38	
稀释每股收益	0.78	0.38	
六、其他综合收益	−30 043 673.64	8 896 355.44	
七、综合收益总额	6 317 760 164.96	3 164 184 987.24	
归属于母公司股东的综合收益总额	5 909 367 420.70	2 882 093 795.93	
归属于少数股东的综合收益总额	408 392 744.26	282 091 191.31	

（2）根据表 2.34，编制该公司利润表垂直分析表，如表 2.41 所示。

表 2.41　利润表垂直分析

项　目	结构/%	
	2020 年 1—6 月	2019 年 1—6 月
一、营业收入		
减：营业成本		
税金及附加		
销售费用		
管理费用		
财务费用		
资产减值损失		
加：公允价值变动收益		
投资收益		
其中：对联营企业和合营企业的投资收益		

（续表）

项　目	结构/%	
	2020年1—6月	2019年1—6月
二、营业利润		
加：营业外收入		
减：营业外支出		
其中：非流动资产处置损失		
三、利润总额		
减：所得税费用		
四、净利润		

（3）根据表2.35，进行企业营业收入及营业成本分析评价。

（4）根据表2.36、表2.37，进行企业主营业务分析评价。

（5）根据表2.38、表2.39，进行企业营业外收支分析评价。

（6）根据表2.40、表2.41，结合企业资料，进行企业利润总体状况分析。

实训2-10　利润质量分析

实训目标

加深对利润表中各种利润数据的理解，洞察企业实现利润的途径、利润的稳定性和企业的发展潜力，正确进行企业经营业绩的评价。

实训资料

1．利润质量

利润的质量是指企业利润的形成过程及利润结果的合规性、效益性及公允性。高质量的企业利润，应当表现为资产运转状况良好，企业所开展的业务具有较好的市场发展前景，企业有良好的购买能力、偿债能力、缴纳税金及支付股利的能力。高质量的企业利润能够为企业未来的发展奠定良好的资产基础；反之，低质量的企业利润，则表现为资产运转不畅，企业支付能力、偿债能力减弱，甚至影响企业的生存能力。

（1）利润质量的影响因素

1）利润来源的稳定可靠性

利润由3个主要部分组成：营业利润、投资收益和营业外收支净额。在利润的总体构成内容中，营业利润，特别是主营业务利润及其所占比重大小是决定企业利润是否稳定可靠的主要因素。在其他条件不变的情况下，营业利润所占比重越大，利润质量越高。从营业利润是否有足够的现金保障来看，经营现金流量净额＝税后营业利润＋折旧等非付现成本－营运资本需求增量，因此非付现成本增多会缩小营业利润与经营现金流量净额的差距，有助于提高利润质量；营运资本需求量增加会扩大营业利润与经营现金流量净额的差距，从而降低利润质量。

2）信用政策及存货管理水平

从静态角度来看，采用宽松的信用政策和稳健的存货投资策略，会产生较高水平的应收账款和存货占用资金，这意味着较高的机会成本和潜在的坏账等，会造成账面利润虚增。同时，由于销售收入有较大部分没有形成现金流入，从而进一步加大了账面利润与经营现金流量净额的差距，降低了利润质量。相反，严格的信用政策和激进的存货投资策略，并不会降低利润质量。

从动态角度来看，只有本期的应收账款和存货占用资金大于或小于前一期，才会对利润质量产生影响。这会在以下两种情况下发生：

- 信用政策和存货投资策略执行不力；
- 信用政策和存货投资策略发生变化。

因此，为了提高利润质量，企业应根据自身实际情况和竞争需要，制定适当的信用政策和存货投资策略，并根据环境变化做适当调整。这要求企业有较高的管理水平，政策一旦制定就应严格执行。

3）关联方交易

第一，关联方交易对利润数量有影响。

- 节约交易费用，增加利润。交易费用是指为获得准确的市场信息所付出的费用，以及谈判和经常性契约的费用。基于关联方之间的控制与被控制或共同被控制，交易费用相对降低，从而直接增加交易双方的利润。
- 通过转移定价，调整利润。转移定价的高低，不会改变利润总额，但会改变利润在交易双方之间的分配。通过较高的销售价格或较低的购入价格，可以增加低税负企业的利润，将盈利企业的利润转移到亏损企业。
- 通过资产重组，调整利润。这种情况广泛存在于上市公司与其母公司的关联方交易中，如母公司折价将优质资产注入上市公司，使得上市公司剥离其不良资产。

第二，关联方交易对利润质量有影响。

- 交易类型及利润来源的稳定性。最常见的关联方交易是购买或销售商品，提供或接受劳务，其他资产（如固定资产、股权等）的转让或买卖。前二者属于经营性交易，所产生的利润具有长期性、稳定性的特点，如果以市场价格成交，对利润质量的影响不会很大；后者属于非经营性交易，具有一次性或偶发性的特点，由此形成的利润在利润质量分析时应重点关注。
- 交易的金额及比重。关联方交易不能反映出企业真实的经营能力。经营性关联方交易的金额及其相应比例的分析，可以帮助我们大体上判断企业利润在多大程度上依赖于关联方交易。企业利润如果依赖于关联方交易，其利润质量必然会降低。
- 交易是否伴有现金流。通过现金流分析，不仅可以判断真实交易的利润质量，还可以发现其中的虚假交易。只有伴随现金流入的利润才具有较高质量。
- 定价政策。以节约费用为目的的关联方交易一般是以市场价格进行的，而以调整利润为目的的关联方交易是通过转移定价进行的。关联方交易价格越是接近市场价格，其利润质量越高；反之，利润质量越低。值得强调的是，转移价格的存在，会增加一方的利润数量，减少另一方的利润数量。增加利润数量的一方其利润质量是降低的，但减少利润数量的一方其利润质量并没有提高，因为这种行为惠及的只是关联方的大股东，而受损害的是中小投资者。

（2）利润质量的评价方法

针对我国企业利润调节的现状，在发现识别信号后，主要可采用以下4种方法分析企业的利润质量。

1）不良资产剔除法

所谓不良资产，是指待摊费用、待处理流动资产净损失、待处理固定资产净损失、开办费、递延资产等虚拟资产和高龄应收账款、存货跌价和积压损失、投资损失、固定资产损失等可能产生潜亏的资产项目。如果不良资产总额接近或超过净资产，或者不良资产的增加额（增加幅度）超过净利润的增加额（增加幅度），说明企业当期利润有水分。

2）关联交易剔除法

关联交易剔除法是指将来自关联企业的营业收入和利润予以剔除，分析企业的盈利能力多大程度上依赖于关联企业。如果主要依赖于关联企业，就应当特别关注关联交易的定价政策，分析企业是否以不等价交换的方式与关联方进行交易以调节利润。

3）异常利润剔除法

异常利润剔除法是指将其他业务利润、投资收益、补贴收入、营业外收入从企业的利润总额中扣除，以分析企业利润来源的稳定性。这里尤其应注意投资收益、营业外收入等一次性的偶然收入。

4）现金流量分析法

现金流量分析法是指将经营活动产生的现金流量净额、投资活动产生的现金流量净额、现金及现金等价物净增加额分别与主营业务利润、投资收益和净利润进行比较分析，以判断企业的利润质量。一般而言，没有现金流量净额的利润，其质量是不可靠的。

（3）降低利润质量评价的成本

利润质量评价是一项潜在高成本的分析性活动。把精力集中于经验表明最有可能发现导致利润质量下降的公司情形，可以降低这项成本。这些情形包括以下几个方面：

① 公司已经取得了巨大的市场份额，并且增长速度比行业更快。市场份额越大，比行业增长得更快就越困难。

② 经常签订企业合并协议。为了提高当期利润和避免商誉损失从而达到操纵增长率的目的，公司使用了权益联营法合并会计。

③ 管理层具有使用利润调节（利润操纵）达到利润预期的历史。

④ 公司更换了会计师事务所或解雇了审计人员。一般而言，审计人员不会轻易地放弃客户，很有可能是管理层准备降低利润质量，而审计人员不予配合。

⑤ 公司增长迅速。在迅速增长期间，很难做到正确对待公司的内部控制，因而也就比较难发现和阻止具有欺诈性的业务。

⑥ 为了达到每股利润目标，以牺牲企业其他方面的明显利益为代价，如暂停管理层的增长战略，而不管使用的方法是否会对企业的未来带来损害。

⑦ 公司业绩太好，以至于难以相信。销售收入、利润和现金余额都上升了，这可能都是创造性的存货搬移和持有引起的。这样一种典型的协议通常可以归结为：公司向销售商提供慷慨的融资服务，销售商向客户提供表外融资。如果在最终购买者那里业务出现下滑，整项计划将会失灵，公司今天的辉煌将会变成明天的没落。

2．A、B、C、D、E五家公司的利润构成情况一览表（见表2.42）

表2.42　利润构成情况

项　目	A公司	B公司	C公司	D公司	E公司
主营业务利润	－	＋	＋	－	－
其他业务利润	＋	＋	－	－	－
投资收益	＋	－	－	－	＋
营业外收支净额	＋	－	－	＋	＋
利润总额	＋	＋	＋	＋	＋

说明：实现利润用“＋”表示，发生亏损用“－”表示。

实训要求

（1）阅读资料“利润的质量”，分享一项能洞察企业利润质量的经验。

（2）判断表2.42中各公司的利润质量，进行各公司利润质量高低的排序并说明理由。

实训2-11　利润表综合分析

实训目标

利用企业的利润表等相关资料，了解企业实现收入的规模和成本耗费水平，揭示企业利润的变化趋势，洞察企业利润实现中存在的问题，为企业提高盈利能力提出改进措施。

实训资料

某公司2020、2019年度利润表水平分析表如表2.43所示。

表2.43　利润表水平分析　　元

项　目	2020年	2019年	增减额	增减率/%
一、营业收入	1 391 619	1 251 065	140 554	11.23
减：营业成本	1 153 535	1 052 033	101 502	9.65
税金及附加	15 450	7 334	8 116	110.66
销售费用	3 143	2 148	995	46.32
管理费用	135 867	117 624	18 243	15.51
财务费用	−25 485	114 732	−140 217	−122.21
资产减值损失				
加：投资收益				
其中：对联营企业和合营企业的投资收益				
二、营业利润	109 109	−42 806	151 915	−354.89
加：营业外收入	26 895	75 008	−48 113	−64.14
减：营业外支出	4 553	2 184	2 369	108.47
其中：非流动资产处置损失				
三、利润总额	131 451	30 018	101 433	337.91
减：所得税费用	25 477	4 608	20 869	452.89
四、净利润	105 974	25 410	80 564	317.06
五、每股收益				
基本每股收益				
稀释每股收益				

实训要求

根据资料，进行企业利润表综合分析。

实训2-12　利润分配表分析

实训目标

通过分析利润分配表，了解企业利润分配政策，分析企业利润分配规模及变动的合理性；熟悉上市公司的股利分配政策，判断企业所处的生产发展阶段与股利分配政策的适应性；预测企业未来的发展前景，以便对企业的价值进行评估。

实训资料

1. 利润分配规模及变动分析

某公司2020年度与2019年度的利润分配表如表2.44所示。

表 2.44 利润分配表

万元

项　目	2020 年	2019 年	增减额	增减率/%
一、净利润	8 431	7 743	688	8.89
加：年初未分配利润	12 290	6 998	5 292	75.62
其他转入				
二、可供分配的利润	20 721	14 741	5 980	40.57
减：提取法定盈余公积	1 004	879	125	14.23
提取法定公益金	431	356	75	21.07
提取职工福利及奖励基金	61	112	−51	−45.54
提供储备基金				
提供企业发展基金				
利润归还投资				
补充流动资本				
三、可供投资者分配的利润	19 225	13 394	5 831	43.53
减：应付优先股股利				
提取任意盈余公积				
应付普通股股利				
转作资本（或股本）的普通股股利				
四、未分配利润	19 225	13 394	5 831	43.53

2. 近九成上市公司股息率跑输一年定存，36只“铁公鸡”上市至今“一毛不拔”

上市公司2015年年报披露已经收官，2 843家上市公司2015年实现营业总收入合计为29.42万亿元，实现归属于上市公司股东的净利润合计为2.47万亿元，与2014年相比均出现下滑。而作为回报股东的一个重要指标，去年，共有2 014家上市公司宣布拟进行现金分红，加入分红队伍的上市公司数量在不断增加。但是，从分红力度来看，有不少公司在分红方面似蜻蜓点水，“铁公鸡”依然存在。

86%公司股息率跑输一年定存利率

据Choices数据统计显示，2 843家上市公司中，有2 014家上市公司发布了分红预案，占比达到70%。从上市公司拟分红数量及分红金额来看，比2014年均有所增加。从分红金额来看，2015年，上市公司拟分红的金额约为1.06万亿元，而2014年同期的分红金额合计为7 938.5亿元(1 940家公司分红)，而2013年A股分红金额为7 577亿元。

从分红数据可以看出，A股上市公司近年来的分红有了很大的改善。而拟分红金额超过百亿元的上市公司有11家，分别为工商银行、建设银行、农业银行、中国银行、交通银行、招商银行、上汽集团、浦发银行、中国人寿、兴业银行、中信银行。按照分红基准股本与每股分红计算，上述11家公司2015年拟分红金额分别为831.49亿元、685亿元、541.75亿元、515.17亿元、200.5亿元、174亿元、149.9亿元、120.8亿元、181.7亿元、116.2亿元、103.7亿元。另外，分红金额超过10亿元（100亿元以下）的上市公司有153家，分红总额超过1亿元的上市公司有757家。

而从每股分红金额来看，贵州茅台每股分红6.17元成为A股发布分红预案的公司中最大方的一家，而中科创达以每股分红3.5元排在第2位，浩丰科技、天齐锂业、蓝思科技、金胜精密等公司的每股分红金额均在3元以上。

相比慷慨分红的公司，有的上市公司虽然也宣布分红，但是每股分红的金额甚至不足1分钱。根据统计显示，去年A股宣布拟分红的上市公司中，有785家公司的每股分红不足1角钱，而启明信息去年每股分红为1分钱，拟分红金额约40.85万元。而分红总额不足百万元的上市公司还有金刚玻璃和罗顿发展，两家公司拟分红金额分别为43.2万元和74.63万元。

从上述数据可以看出，A股上市公司回报和分享的概念在不断深入。工商银行以总分红831.49亿元，成为A股分红总额最多的公司，而贵州茅台拟以每股6.17元的分红成为A股每股分红最慷慨的公司。不过，从作为投资者审查上市公司重要指标的股息率来看，A股上市公司的分红力度并不大。

依照股息率来看，多数上市公司的股息率在1%以下，但由于去年央行几次降息降准，导致上市公司股息率跑赢一年期基准利率的数量同比增幅明显。按照4月29日的收盘价计算，股息率超过1.5%（目前一年期定期存款基准利率）的公司有285家，占拟分红公司比重为14%。其中，格力电器的股息率为7.8%，成为A股上市公司2015年的“分红王”。另外，建设银行、工商银行、农业银行、中国银行、光大银行等银行股的股息率均超过5%。

虽然86%的上市公司的股息率跑输一年定期存款利率，但是，相比“一毛不拔”的上市公司而言，还是让股东们感到些许安慰。

36家“铁公鸡”上市以来不分红

数据显示，2015年，A股上市公司中有331家公司出现净利润亏损，但是，不分红的公司有800多家。事实上，分析人士认为，上市公司募集了投资者的资金，给予投资者回报乃是天经地义的事情。近年来，“重融资、轻回报”的现象在监管机构不断加大对上市公司分红的监管力度下得到了很好的改善，但是，在上市公司队伍中，依然不缺“铁公鸡”，而它们中有的公司并不差钱。

据Choice数据统计显示，截至目前，A股上市公司中连续5年不分红的上市公司有330家，有的上市公司自上市至今，有着与中国资本市场相同的“年龄”，却保持着“一毛不拔”的作风，成为A股市场中名副其实的“铁公鸡”。

金杯汽车、金圆股份、通策医疗、如意集团等上市公司在资本市场上有着20多年的发展史，但是，这些公司在股东回报方面却一分钱也未拿出来分红。其中金杯汽车上市24年未分红，但是，在9年时间内，金杯汽车从政府获得补贴金额达到2.8亿元。另外，通策医疗上市20年不分红，虽然在公司的发展史上，可分配利润为负成为该公司不分红的主要原因之一，但是，去年通策医疗在可分配利润为正的情况下依然选择了不分红。对于不分红的理由，公司表示，通策医疗是投资管理一体的企业，经营业绩与医疗服务机构设置进展有很大的关联。为公司长远发展和不断提高其盈利能力，公司须不断投入大量资金加强医疗机构的建设。

同样，上市20年的如意集团在去年可分配利润为正的前提下，选择不分红的理由是“如果公司在召开2015年度股东大会、实施利润分配后再实施重大资产重组，将无法及时完成购买资产和募集配套资金，影响到公司当期利润和长远发展。从股东利益和公司发展等因素综合考虑，公司2015年度不进行利润分配，也不进行资本公积转增股本”。

业内人士认为，分红本应是上市公司回报投资者的一种正常行为，但是，仍有一些公司在分红方面意识淡薄，这既与A股市场“轻回报”的传统理念有关，也与上市公司可持续发展的能力欠缺有关系。国内资本市场上，今朝绩优、明朝ST的上市公司比比皆是，盈利保持5年以上的绩优股没有几家，而盈利超过10年的更是少之又少，资本市场缺少这样伟大的公司，因此投资者收益的主体主要来自股价的价差，而非分红所得。

值得注意的是，有的上市公司虽然上市以来保持一分钱不分红的纪录，但是，在融资方面，它们却表现得非常积极。根据统计显示，中茵股份、平潭发展、中核钛白等公司，自上市至今保持了零分红，但是在募集资金方面，它们都有着多次募集资金的记录。

1996年8月28日上市公司中茵股份，上市20年3次增发募集资金达40亿元；同为1996年上市公司平潭发展，3次募集资金28.69亿元；而2007年8月3日登陆资本市场的中核钛白，9年5次募集资金23.52亿元。

事实上，上市公司不分红是痼疾，但其中原因各不相同。有的是因为大股东不顾及中小投资者利益而滥用实际控制地位，有钱不分红，有的则是业绩不佳、无钱分红。“随着资本市场的不断成熟，监管机构、投资者、上市公司对分红的重视程度越来越高，上市公司分红率会逐步提高，但是要有一个过程，短期内很难实现。”业内人士如此表示。

资料来源：证券日报，2016-05-03.

实训要求

（1）根据资料1，进行企业利润分配规模及变动情况分析。

（2）阅读资料2，回答下列问题。

① 企业进行现金股利分红需要具备什么条件？

② 我国上市公司股利政策缺乏连续性和稳定性，部分公司长期不分红或很少分红的原因是什么？

③ 为什么部分公司不分红却热衷于融资？

任务三　现金流量表的阅读与分析

微课

理论讲解

一、现金流量表分析概述

（一）现金流量表的定义

现金流量表是反映企业在一定会计期间现金和现金等价物流入和流出的报表。

现金流量是指一定会计期间内企业现金和现金等价物的流入和流出。现金和现金等价物流入与流出之间的差额为现金流量净额。企业从银行提取现金、用现金购买短期到期的国债等现金和现金等价物之间的转换不属于现金流量。

现金是指企业库存现金及可以随时用于支付的存款，包括库存现金、银行存款和其他货币资金等。不能随时用于支付的存款不属于现金。

现金等价物是指企业持有的期限短、流动性强、易于转换为已知金额现金、价值变动风险很小的投资。期限短，一般是指从购买日起3个月内到期。现金等价物通常包括3个月内到期的债券投资等。权益性投资变现的金额通常不确定，因而不属于现金等价物。企业应当根据具体情况确定现金等价物的范围，一经确定，不得随意变更。

现金流量表以现金和现金等价物为基础编制，将权责发生制下的盈利信息调整为收付实现制下的现金流量信息。现金流量表有助于会计报表使用者了解和评价企业获取现金和现金等价物的能力，从而有助于评价企业支付能力、偿债能力和周转能力，有助于预测企业未来的现金流量，有助于分析企业收益质量及影响现金流量的因素。

（二）现金流量的分类

企业产生的现金流量分为以下 3 类。

1. 经营活动产生的现金流量

经营活动是指企业投资活动和筹资活动以外的所有交易和事项。经营活动主要包括销售商品或提供劳务、购买商品或接受劳务、支付职工薪酬、支付各项税费或收到税费返还等流入和流出现金与现金等价物的活动或事项。

2. 投资活动产生的现金流量

投资活动是指企业长期资产的购建和不包括在现金等价物范围内的投资及其处置活动。这里所指的“投资”，既包括对外投资，又包括长期资产的购建与处置。投资活动主要包括取得和收回投资、购建和处置固定资产、无形资产和其他长期资产、取得和处置子公司及其他营业单位等流入和流出现金与现金等价物的活动或事项。

3. 筹资活动产生的现金流量

筹资活动是指导致企业资本及债务规模和构成发生变化的活动。筹资活动主要包括发行股票或接受投入资本、发行和偿还公司债券、取得和偿还银行借款、分配现金股利或利润等流入和流出现金与现金等价物的活动或事项。偿付应付账款、应付票据等商业应付款属于经营活动，不属于筹资活动。

（三）现金流量表的结构

现金流量表采用报告式结构，分类反映经营活动产生的现金流量、投资活动产生的现金流量和筹资活动产生的现金流量，最后汇总反映企业某一期间现金及现金等价物净增加额。我国一般企业现金流量表的格式如表 2.45 所示。

表 2.45　现金流量表

编制单位：　　　　　　　　　　　　　　　年度　　　　　　　　　　　　　　　元

项　目	本期金额	上期金额
一、经营活动产生的现金流量		
销售商品、提供劳务收到的现金		
收到的税费返还		
收到其他与经营活动有关的现金		
经营活动现金流入小计		
购买商品、接受劳务支付的现金		
支付给职工及为职工支付的现金		
支付的各项税费		
支付其他与经营活动有关的现金		
经营活动现金流出小计		
经营活动产生的现金流量净额		
二、投资活动产生的现金流量		
收回投资收到的现金		
取得投资收益收到的现金		
处置固定资产、无形资产和其他长期资产收回的现金净额		

（续表）

项　目	本期金额	上期金额
处置子公司及其他营业单位收到的现金净额		
收到其他与投资活动有关的现金		
投资活动现金流入小计		
购建固定资产、无形资产和其他长期资产支付的现金		
投资支付的现金		
取得子公司及其他营业单位支付的现金净额		
支付其他与投资活动有关的现金		
投资活动现金流出小计		
投资活动产生的现金流量净额		
三、筹资活动产生的现金流量		
吸收投资收到的现金		
取得借款收到的现金		
收到其他与筹资活动有关的现金		
筹资活动现金流入小计		
偿还债务支付的现金		
分配股利、利润或偿付利息支付的现金		
支付其他与筹资活动有关的现金		
筹资活动现金流出小计		
筹资活动产生的现金流量净额		
四、汇率变动对现金及现金等价物的影响		
五、现金及现金等价物净增加额		
加：期初现金及现金等价物余额		
六、期末现金及现金等价物余额		

企业应当采用直接法列示经营活动现金流量。在具体编制时，可以采用工作底稿法或T形账户法，也可以根据有关科目记录分析填列。

小知识

现金流量表补充资料

除现金流量表反映的信息外，企业还应在附注中披露将净利润调节为经营活动现金流量、不涉及现金收支的重大投资和筹资活动、现金及现金等价物净变动情况等信息。

将净利润调节为经营活动现金流量

现金流量表采用直接法反映经营活动产生的现金流量，同时，企业还应采用间接法将净利润调节为经营活动现金流量，以对现金流量表中采用直接法反映的经营活动现金流量进行核对和补充说明。采用间接法列报经营活动产生的现金流量时，需要对四大类项目进行调整：①实际没有支付现金的费用；②实际没有收到现金的收益；③不属于经营活动的损益；④经营性应收应付项目的增减变动。

不涉及现金收支的重大投资和筹资活动

企业应当在附注中披露：①债务转为资本，反映企业本期转为资本的债务金额；②1年内到期的可转换公司债券，反映企业1年内到期的可转换公司债券的本息；③融资租入固定资产，反映企业本期融资租入的固定资产。

现金及现金等价物净变动情况

先列示期末现金及现金等价物余额，再列示期初现金及现金等价物余额，然后相减，计算得出现金及现金等价物净增加额。此项目应与现金流量表主表中的“现金及现金等价物净增加额”项目的金额相等。

（四）现金流量表分析的内容

现金流量表反映了企业在一定时期内现金流入、流出和净流量数额。通过对现金流量表的分析，可以动态了解企业的现金变动情况和变动原因，判断企业获取现金的能力；可以评价企业盈利的质量，有助于了解企业的支付能力、偿债能力与营运能力；可以进一步预测企业在未来期间的现金流量。

现金流量表分析的内容有以下几项。

① 现金流量增减变动分析。

② 现金流量结构分析。

③ 现金流量项目分析。

④ 现金流量比率分析。

（五）报表分析实例

HS 公司现金流量表如表 2.46 所示，现金及现金等价物的构成如表 2.47 所示。

表 2.46　现金流量表

编制单位：HS 公司　　　　2020 年度　　　　万元

项　目	本期金额	上期金额
一、经营活动产生的现金流量		
销售商品、提供劳务收到的现金	101 952	97 963
收到的税费返还	5 277	4 944
收到其他与经营活动有关的现金	4 260	16 338
经营活动现金流入小计	111 489	119 245
购买商品、接受劳务支付的现金	19 191	34 808
支付给职工及为职工支付的现金	32 415	24 241
支付的各项税费	13 757	10 502
支付其他与经营活动有关的现金	26 517	32 355
经营活动现金流出小计	91 880	101 906
经营活动产生的现金流量净额	19 609	17 339
二、投资活动产生的现金流量		
收回投资收到的现金	168 146	17 957
取得投资收益收到的现金	227	603
处置固定资产、无形资产和其他长期资产收回的现金净额	46	3 536
处置子公司及其他营业单位收到的现金净额		
收到其他与投资活动有关的现金		
投资活动现金流入小计	168 419	22 096
购建固定资产、无形资产和其他长期资产支付的现金	2 532	1 188
投资支付的现金	162 520	50 756
支付其他与投资活动有关的现金	3 200	2 636
投资活动现金流出小计	168 252	58 778
投资活动产生的现金流量净额	167	−36 682
三、筹资活动产生的现金流量		
吸收投资收到的现金	2 650	0

（续表）

项　目	本期金额	上期金额
取得借款收到的现金	0	25 065
发行债券收到的现金		
收到其他与筹资活动有关的现金	1 853	0
筹资活动现金流入小计	4 503	25 065
偿还债务支付的现金	5 525	10 700
分配股利、利润或偿付利息支付的现金	5 191	3 046
其中：子公司支付给少数股东的股利、利润	1 170	0
支付其他与筹资活动有关的现金	42	1 853
筹资活动现金流出小计	10 758	15 599
筹资活动产生的现金流量净额	−6 255	9 466
四、汇率变动对现金及现金等价物的影响	−47	31
五、现金及现金等价物净增加额	13 474	−9 846
加：期初现金及现金等价物余额	39 261	49 108
六、期末现金及现金等价物余额	52 736	39 261

表 2.47　现金及现金等价物的构成　　元

项　目	期末数	期初数
一、现金	527 355 069.09	392 612 167.49
其中：库存现金	408 785.31	349 811.98
可随时用于支付的银行存款	509 472 306.98	374 721 886.17
可随时用于支付的其他货币资金	17 473 976.80	17 540 469.34
可用于支付的存放中央银行款项		
存放同业款项		
拆放同业款项		
二、现金等价物		
其中：3 个月内到期的债券投资		
三、期末现金及现金等价物余额	527 355 069.09	392 612 167.49

现金流量表补充资料的说明如下。

不属于现金及现金等价物的货币资金情况的说明如下。

2020 年度现金流量表中期末现金及现金等价物余额为 527 355 069.09 元，资产负债表中货币资金期末数为 528 763 271.09 元，差额系现金流量表现金及现金等价物余额扣除了不符合现金及现金等价物标准的 3 个月以上到期的保函保证金 1 408 202.00 元。

2019 年度现金流量表中期末现金及现金等价物余额为 392 612 167.49 元，资产负债表中货币资金期末数为 411 451 033.65 元，差额系现金流量表现金及现金等价物余额扣除了不符合现金及现金等价物标准的 3 个月以上到期的保函保证金 308 143.53 元及贷款保证金 18 530 722.63 元。

二、现金流量增减变动分析

现金流量的增减变动分析主要是通过编制现金流量的水平分析表，计算本期各现金流入、流出项目与上期各现金流入、流出项目的差额，了解企业的现金收入、现金支出及其余额的增减变动情况，分析差异形成的原因，了解企业财务状况的变动趋势，为决策提供依据。

（一）编制现金流量水平分析表

以 HS 公司为例，编制现金流量水平分析表如表 2.48 所示。

表 2.48　HS 公司现金流量水平分析　　万元

项　目	本期金额	上期金额	增减额	增减率/%
一、经营活动产生的现金流量				
销售商品、提供劳务收到的现金	101 952	97 963	3 989	4.07
收到的税费返还	5 277	4 944	333	6.74
收到其他与经营活动有关的现金	4 260	16 338	−12 078	−73.93
经营活动现金流入小计	111 489	119 245	−7 756	−6.50
购买商品、接受劳务支付的现金	19 191	34 808	−15 617	−44.87
支付给职工及为职工支付的现金	32 415	24 241	8 174	33.72
支付的各项税费	13 757	10 502	3 255	30.99
支付其他与经营活动有关的现金	26 517	32 355	−5 838	−18.04
经营活动现金流出小计	91 880	101 906	−10 026	−9.84
经营活动产生的现金流量净额	19 609	17 339	2 270	13.09
二、投资活动产生的现金流量				
收回投资收到的现金	168 146	17 957	150 189	836.38
取得投资收益收到的现金	227	603	−376	−62.35
处置固定资产、无形资产和其他长期资产收回的现金净额	46	3 536	−3 490	−98.70
收到其他与投资活动有关的现金				
投资活动现金流入小计	168 419	22 096	146 323	662.21
购建固定资产、无形资产和其他长期资产支付的现金	2 532	1 188	1 344	113.13
投资支付的现金	162 520	50 756	111 764	220.20
支付其他与投资活动有关的现金	3 200	2 636	564	21.40
投资活动现金流出小计	168 252	58 778	109 474	186.25
投资活动产生的现金流量净额	167	−36 682	36 849	−100.46
三、筹资活动产生的现金流量				
吸收投资收到的现金	2 650	0	2 650	
取得借款收到的现金	0	25 065	−25 065	−100.00
发行债券收到的现金				
收到其他与筹资活动有关的现金	1 853	0	1 853	
筹资活动现金流入小计	4 503	25 065	−20 562	−82.03
偿还债务支付的现金	5 525	10 700	−5 175	−48.36
分配股利、利润或偿付利息支付的现金	5 191	3 046	2 145	70.42
支付其他与筹资活动有关的现金	42	1 853	−1 811	−97.73
筹资活动现金流出小计	10 758	15 599	−4 841	−31.03
筹资活动产生的现金流量净额	−6 255	9 466	−15 721	−166.08
四、汇率变动对现金及现金等价物的影响	−47	31	−78	−251.61
五、现金及现金等价物净增加额	13 474	−9 846	23 320	−236.85
加：期初现金及现金等价物余额	39 261	49 108	−9 847	−20.05
六、期末现金及现金等价物余额	52 736	39 261	13 475	34.32

（二）现金流量增减变动情况分析

从表 2.48 可以看出，HS 公司 2020 年现金流量净额比 2019 年增加 23 320 万元。经营活动、投资活动和筹资活动产生的现金流量净额较上年的变动额分别是 2 270 万元、36 849 万元和 −15 721 万元。

经营活动产生的现金流量净额比上年增长了 2 270 万元，增长率为 13.09%。经营活动现金流入量与流出量分别比上年减少了 7 756 万元和 10 026 万元，降低幅度分别为 6.5% 和 9.84%。主要表现为：购买商品、接受劳务支付的现金减少了 15 617 万元，降幅 44.87%；支付的其他与经营活动有关的现金减少了 5 838 万元，降幅 18.04%；虽然收到的其他与经营活动有关的现金减少了 12 078 万元，降幅高达 73.93%，但销售商品、提供劳务收到的现金略有增长。由于经营活动现金流出的降低大大超过现金流入的降低，最终经营活动产生的现金流量净额仍有较幅度的增加。

投资活动产生的现金流量净额比上年增长了 36 849 万元，主要是由于收回投资所收到的现金大幅度增加所致，本年度投资所支付的现金也较上年有较大幅度的上升。

筹资活动产生的现金流量净额比上年减少了 15 721 万元，主要是因为本年度没有取得借款收到的现金。

实务演练

案例资料：某铂业的现金流量

某铂业，注册地云南昆明，公司主营贵金属研究、开发和生产经营，所处行业为贵金属工业材料制造行业，属国家重点支持的新材料领域。最终控制方是云南省国有资产监督管理委员会。

2018年3月22日，某铂业发布2017年度报告。报告显示，2017年某铂业业绩大增，全年累计实现收入1 544 164万元，同比增长43.33%，实现净利润13 081万元，同比增长44.94%。2017年公司在贵金属新材料市场的份额进一步提高，集中体现在汽车行业、半导体行业及化学化工行业，产品销量大幅增长。总资产、净资产稳步提升，公司业绩整体呈现出和谐美满的大好景象。

然而，翻过资产负债表和利润表，现金流量表可能会让人大吃一惊。

经营活动现金流量净额为 −9.43亿元，与净利润1.31亿元之间的差距太大！

进一步分析发现，2017年全年公司存货增加10亿元！增幅93.98%。2017年年末存货超过了20亿元，包括原材料、在产品、库存商品均大幅增加，存货增幅已经超过了经营业绩的增幅。大量库存积压导致现金流出（购买商品、接受劳务所支付的现金），成为经营活动现金流量净额为负的最主要原因。此外，应收票据、应收账款的增幅也远远超过了应付票据、应付账款的增幅，意味着拖欠供应商款项的节奏跟不上被客户拖欠货款的步伐。经营活动现金流严重告急。

再看筹资活动。短期借款同比增加近8亿元，均是保证借款和信用借款。长期借款同比增加6亿元，也是信用借款。也就是说新增借款近14亿元。同比2016年的借款增幅，增速迅猛！

再看投资活动。2017年公司实际对外投资并不大（从投资活动现金流量净额可知），2017年年末的非流动资产也基本与2016年持平，意味着从外面融资到位的大额款项，并没有去做什么投资，基本上都用到了经营周转上。长期借款增加6亿元，也用到了短期项目。

再看 2018年一季报。上述状况并没有什么变化，经营现金流继续为负——存货继续增加（货物积压现金）、应收账款相比 2017 年年末暴增 50%（销售回款减弱）；筹资活动进一步加大——新增借款超 3 亿元（继续借借借）。现金流紧张的局面愈演愈烈……

综上所述，漂亮的利润表背后，是入不敷出的经营活动现金流，是不断举债补充资金的囧状，是持续通过外部借款来弥补经营资金不足的困境。若是抛开国企上市公司的光环，哪里还能寻觅到触手可及的借款？公司需要及时调整经营方针，改变公司在库存、应收账款方面的管理模式，努力实现资金平衡。否则，资金枯竭真的不会太远……

某铂业 2017 年业绩大幅提升的背后，是超过 20 亿元的库存积压，是近 14 亿元的新增借款（其中 8 亿元在未来一年时间内就需要到期偿还），是隐藏着的现金流紧张局面。若只是看到亮丽的资产、利润等核心指标，而不在意现金流的得与失，背后的风险可能无从知晓。

资料来源：中国会计视野，2019-02-24.

要求：

阅读上述案例，谈谈进行企业财务分析时现金流量表的重要作用。

三、现金流量结构分析

现金流量结构是指各种现金流入量、各种现金流出量及现金流量净额在企业总的现金流入量、总的现金流出量和全部现金流量净额中的比例关系。在进行现金流量结构分析时，可把现金流量结构分为现金流入结构、现金流出结构和现金流量净额结构，分析的方法采用垂直分析法。

（一）现金流入结构分析

现金流入结构分析反映企业全部现金流入中，经营活动、投资活动和筹资活动分别所占的比重。现金流入结构分析可以明确企业的现金究竟来自何方，增加现金流入应在哪些方面采取措施。

以 HS 公司现金流量表资料为基础，编制现金流入结构分析表，如表 2.49 所示。

表 2.49　HS 公司现金流入结构分析　　万元

项　目	本期金额	结构百分比/%
一、经营活动现金流入小计	111 489	39.20
销售商品、提供劳务收到的现金	101 952	35.85
收到的税费返还	5 277	1.86
收到其他与经营活动有关的现金	4 260	1.50
二、投资活动现金流入小计	168 419	59.22
收回投资收到的现金	168 146	59.12
取得投资收益收到的现金	227	0.08
处置固定资产、无形资产和其他长期资产收回的现金净额	46	0.02
收到其他与投资活动有关的现金	0	0
三、筹资活动现金流入小计	4 503	1.58
吸收投资收到的现金	2 650	0.93
取得借款收到的现金	0	0
发行债券收到的现金	0	0
收到其他与筹资活动有关的现金	1 853	0.65
现金流入合计	284 411	100.00

从表 2.49 可以看出，HS 公司 2020 年现金流入总量约为 284 411 万元。其中，经营活动现金流入量、投资活动现金流入量和筹资活动现金流入量所占比重分别为 39.20%、59.22% 和 1.58%。企业的现金流入量主要由投资活动和经营活动产生。2019 年度，企业收回投资收到的现金，销售商品、提供劳务收到的现金分别占各类现金流入量的绝大部分比重。筹资活动现金流入量比重极低，说明企业经营活动、投资活动创造的现金流量已经形成了较充足的现金资源可供支配。

（二）现金流出结构分析

现金流出结构分析反映企业各项现金流出中，经营活动、投资活动和筹资活动分别所占的比重，以及在这 3 种活动中，不同渠道流出的现金在该类别现金流出量和总现金流出量中所占的比重。现金流出结构可以表明企业的现金究竟流向何方，从哪些方面可以节约开支等。

以 HS 公司现金流量表资料为基础，编制现金流出结构分析表，如表 2.50 所示。

表 2.50　HS 公司现金流出结构分析　　万元

项　目	本期金额	结构百分比/%
一、经营活动现金流出小计	91 880	33.92
购买商品、接受劳务支付的现金	19 191	7.08
支付给职工及为职工支付的现金	32 415	11.97
支付的各项税费	13 757	5.08
支付其他与经营活动有关的现金	26 517	9.79
二、投资活动现金流出小计	168 252	62.11
购建固定资产、无形资产和其他长期资产支付的现金	2 532	0.93
投资支付的现金	162 520	59.99
支付其他与投资活动有关的现金	3 200	1.18
三、筹资活动现金流出小计	10 758	3.97
偿还债务支付的现金	5 525	2.04
分配股利、利润或偿付利息支付的现金	5 191	1.92
支付其他与筹资活动有关的现金	42	0.02
现金流出合计	270 890	100.00

HS 公司 2020 年现金流出总量为 270 890 万元。其中，经营活动现金流出量、投资活动现金流出量和筹资活动现金流出量所占比重分别为 33.92%、62.11% 和 3.97%。在现金流出总量中，经营活动、投资活动现金流出量所占的比重大。其中，在投资活动中，投资支付的现金占比近 60%，说明企业投资扩张意图明显。

由于 HS 公司为软件产业企业，区别于一般的制造企业，现金流入、流出结构有不同的特点。在一般的制造企业，经营活动流入的现金和经营活动流出的现金往往占较大的比重，特别是一个单一经营、专心于某一特定经营业务、投资谨慎、筹资政策保守、不愿意举债经营的企业，经营活动的流入、流出结构比重尤其高。

（三）现金流量净额结构分析

现金流量净额结构反映企业经营活动、投资活动及筹资活动的现金流量净额占企业全部现金流量的比重。通过分析，可以明确反映本期的现金流量净额主要为哪类活动产生，说明现金流量净额的形成是否合理。

以 HS 公司现金流量表资料为基础，编制现金流量净额结构分析表，如表 2.51 所示。

表 2.51　HS 公司现金流量净额结构分析　　万元

项　目	本期金额	结构百分比/%
经营活动产生的现金流量净额	19 609	145.53
投资活动产生的现金流量净额	167	1.24
筹资活动产生的现金流量净额	−6 255	−46.42
汇率变动对现金及现金等价物的影响	−47	−0.35
现金及现金等价物净增加额	13 474	100.00

从表 2.51 可以看出，HS 公司现金流量净额主要来自经营活动，投资活动产生的现金流量净额比重较小，筹资活动产生的现金流量净额为 −46.42%。这些基本上表明 HS 公司处于壮大时期，经营活动是企业最重要的现金来源，企业的投资活动在优化调整中，而资金较为充裕，筹资活动现金流量净额显示为净流出，企业偿还了部分债务，降低了财务风险。

一般而言，对于一个健康的、正在成长的公司来说，经营活动的现金流量应该是正数，投资活动的现金流量应该为负数，筹资活动的现金流量应该是正负相间的。HS 公司的现金流量基本上体现了这种成长型公司的状况。

针对现金流量项目的不同表现，可以归纳分析如表 2.52 所示。

表 2.52　现金流量项目组合分析

经营活动	投资活动	筹资活动	分析评价
+	+	+	企业经营与投资业绩良好，筹资能力强，是一种较为理想的状态。此时，应警惕资金的浪费，把握良好的投资机会
+	+	−	企业进入成熟期。企业在市场上销售稳定，进入投资回收期，经营及投资进入良性循环，财务状况安全，保持企业良好的信誉，偿还外部资金
+	−	+	企业进入高速发展时期。销售呈现良好状态，经营活动中大量资金回笼，服务于扩张，企业在大量追加投资，仅靠经营活动现金流量净额远不能满足追加投资的需要，需要筹集必要的外部资金作为补充
+	−	−	经营状况良好，可以在偿还前欠债务的同时继续投资，但应密切关注经营状况的变化，防止因经营状况恶化而导致财务状况恶化
−	+	+	企业靠举债维持经营活动所需资金，财务状况可能恶化；投资活动现金流入是一个亮点，但要分析是来源于投资收益还是投资收回，如果是后者，企业面临的形势将更加严峻
−	+	−	企业衰退时期的症状：市场萎缩，经营活动现金流入小于流出，同时企业为了应付债务不得不大规模收回投资以弥补现金的不足。如果投资活动现金流量来源于投资收益，则企业的状况尚可；如果是来源于投资收回，则企业将会出现更深层次的危机
−	−	+	有两种情况：第一，企业处于初创阶段，需要投入大量资金，其资金来源只有举债、融资等筹资活动；第二，企业处于衰退阶段，靠举债维持日常生产经营活动，如果不能渡过难关，则前途不容乐观
−	−	−	这种情况往往发生在盲目扩张后的企业，由于市场预测失误等原因，造成企业经营活动现金流出大于现金流入，投资效益低下造成亏损，使投入扩张的大量资金难以收回，财务状况异常危险，到期债务不能偿还

说明：“＋”表示现金流入量大于现金流出量，“－”表示现金流出量大于现金流入量。

实务演练

案例资料： HD 公司 2020 年和 2019 年的现金流量净增加额资料如表 2.53 所示。

表 2.53　HD 公司现金流量净增加额资料　　万元

项　目	2020 年	2019 年
经营活动产生的现金流量净额	120 000	90 000
投资活动产生的现金流量净额	−900 000	−400 000
筹资活动产生的现金流量净额	1 000 000	250 000
汇率变动对现金的影响额	0	0
现金及现金等价物净增加额	220 000	−60 000

要求：

（1）编制 HD 公司现金流量净增加额结构分析表，如表 2.54 所示。

表 2.54　HD 公司现金流量净增加额结构分析　　%

项　目	2020 年结构百分比	2019 年结构百分比
经营活动产生的现金流量净额		
投资活动产生的现金流量净额		
筹资活动产生的现金流量净额		
汇率变动对现金的影响额		
现金及现金等价物净增加额		

（2）根据结构分析表中的有关数据，分析 HD 公司 2020 年存在的问题。

四、现金流量项目分析

（一）经营活动产生的现金流量主要项目分析

1. 销售商品、提供劳务收到的现金

该项目反映企业本年销售商品、提供劳务收到的现金，以及前期销售商品、提供劳务本期收到的现金（包括应向购买者收取的增值税销项税额）和本期预收的款项减去本年销售本期退回商品和前期销售本期退回商品支付的现金。企业销售材料和代购代销业务收到的现金，也在本项目中反映。

本项目是企业现金流入的主要来源，与利润表中的营业收入总额相对比，可以判断企业销售收现率的情况。较高的收现率表明企业产品定位正确、适销对路，并已形成卖方市场。也可以将本项目金额与经营活动流入的现金总额比较，考察企业产品销售流入现金占经营活动流入现金的比重。比重大，说明企业主营业务突出，营销状况良好。

2. 收到的税费返还

该项目反映企业收到返还的增值税、所得税、消费税、关税和教育费附加等各种税费。出口为主的企业可能会有较大金额的税费返还，但一般企业金额不大，对经营活动现金流入量影响不大。

本项目体现了企业在税收方面享受政策优惠所获得的已缴税金的回流金额，分析时应关注在未来可持续的时间企业享受的税收优惠，以及哪些税收项目享受优惠。

3. 收到其他与经营活动有关的现金

该项目主要包括企业收到的罚款、经营租赁收到的租金等其他与经营活动有关的现金

流入。金额较大的应当单独列示。此项目具有不稳定性，数额不应过多。如果该项目金额较大，应观察剔除本项目后企业经营活动现金流量净额的情况。

4. 购买商品、接受劳务支付的现金

该项目反映企业本期购买商品、接受劳务实际支付的现金（包括增值税进项税额），以及本期支付前期购买商品、接受劳务的未付款项和本期预付款项减去本期发生的购货退回收到的现金。企业购买材料和代购代销业务支付的现金，也在本项目中反映。

该项目是企业现金的主要流出，数额较大。将其与营业成本相比较，可以判断企业购买商品付现率的情况，了解企业资金的紧张程度或企业的商业信用情况，从而可以更清楚地认识企业目前所面临的形势是否严峻。

5. 支付给职工及为职工支付的现金

该项目反映企业实际支付给职工的工资、奖金、各种津贴和补贴等职工薪酬（包括代扣代缴的职工个人所得税）。它包括在职人员的各项工资、奖金、津贴、补贴、养老金和社会保险等，不包括离退休人员的各种费用（在“支付其他与经营活动有关的现金”项目中反映）和支付给在建工程人员的工资及其他事项（在投资活动产生的现金流量中反映）。

该项目也是企业现金流出的主要方向，金额波动不大。另外，该项目可以在一定程度上反映企业生产经营规模的变化。

6. 支付的各项税费

该项目反映企业本年发生并支付，以前各年发生本年支付及预缴的各项税费，包括所得税、增值税、消费税、印花税、房产税、土地增值税、车船税、教育费附加等。

该项目会随着企业的销售规模的变化而变动，通过分析可以了解企业真实税负状况。

7. 支付其他与经营活动有关的现金

该项目反映企业经营租赁支付的租金，支付的差旅费、业务招待费、保险费、罚款等其他与经营活动有关的现金流出。金额较大的应当单独列示。

（二）投资活动产生的现金流量主要项目分析

1. 收回投资收到的现金

该项目反映企业出售、转让或到期收回除现金等价物以外的交易性金融资产、持有至到期投资、长期股权投资而收到的现金，不包括债权工具的利息收入和处置子公司及其他营业单位收到的现金净额。

该项目金额较大，需要谨慎分析。投资扩张是企业未来创造利润的增长点，缩小投资可能意味着企业存在规避投资风险、投资战略改变或资金紧张等问题。

2. 取得投资收益收到的现金

该项目反映企业除现金等价物以外的对其他企业的长期股权投资分回的现金股利和利息等。通过对该项目的分析，可以了解投资回报率的高低。

3. 处置固定资产、无形资产和其他长期资产收回的现金净额

该项目反映企业出售、报废固定资产、无形资产和其他长期资产所取得的现金（包括因资产毁损而收到的保险赔偿收入）减去为处置这些资产而支付的有关费用后的净额。

正常情况下，该项目金额不大。如果数额很大，则表明企业产业、产品结构将有所调

整，或者企业以出售设备变现来维持运营。

4. 处置子公司及其他营业单位收到的现金净额

该项目反映企业处置子公司及其他营业单位所取得的现金减去子公司或其他营业单位持有的现金及现金等价物，以及相关处置费用后的净额。

该项目表明企业在缩小经营范围，一般数额较大，但在企业中发生得并不频繁。

5. 收到其他与投资活动有关的现金

该项目反映企业除上述各项之外，收到的其他与投资活动有关的现金流入，如工程前期款、工程往来款等。

6. 购建固定资产、无形资产和其他长期资产支付的现金

该项目反映企业购买、建造固定资产，取得无形资产和其他长期资产所支付的现金（含不允许抵扣的增值税税款等），以及用现金支付的应由在建工程和无形资产负担的职工薪酬。它不包括为购建固定资产而发生的借款利息资本化部分，以及融资租入固定资产支付的租赁费。这些项目应在筹资活动产生的现金流量中反映。

该项目反映企业扩大再生产能力的强弱，揭示企业未来经营方式和经营战略的发展变化。

7. 投资支付的现金

该项目反映企业取得除现金等价物以外的对其他企业的长期股权投资所支付的现金，以及支付的佣金、手续费等附加费用，但取得子公司及其他营业单位支付的现金净额除外。

本项目分析时应关注企业在本部分的支出金额是否来自闲置资金，是否存在挪用主营业务资金进行投资的行为。

（三）筹资活动产生的现金流量主要项目分析

1. 吸收投资收到的现金

该项目反映企业以发行股票、债券等方式筹集资金实际收到的款项减去直接支付的佣金、手续费、宣传费、咨询费、印刷费等发行费用后的净额。本项目有助于分析企业通过资本市场筹资能力的强弱。

2. 取得借款收到的现金

该项目反映企业举借各种短期、长期借款而收到的现金。本项目数额的大小反映企业通过银行筹集资金能力的强弱，在一定程度上代表了企业商业信用的高低。

3. 偿还债务支付的现金

该项目反映企业为偿还债务本金而支付的现金。值得注意的是，企业支付的借款利息和债券利息应在“分配股利、利润或偿付利息所支付的现金”项目中反映。本项目有助于分析企业资金周转是否已经进入良性循环状态。结合“取得借款收到的现金”项目，观察企业是否存在借新债还旧债、使用短期资金用于长期投资的行为，是否存在日常经营所需资金靠借款维持的情况，以及企业有无陷入财务危机的风险。

4. 分配股利、利润或偿付利息支付的现金

该项目反映企业实际支付的现金股利、支付给其他投资单位的利润或用现金支付的借款利息、债券利息。利润的分配情况反映了企业现金的充裕程度。

实务演练

案例资料：解读现金流量表背后的秘密

1975年10月，美国较大的商业企业之一W.T.Grant公司宣告破产。令人不解的是，Grant公司在破产的前一年，营业净利润 1 000万美元，经营活动提供的营运资金 2 000多万美元，银行扩大贷款总额达6亿美元。Grant公司的破产，引起了投资者广泛的关注，为什么净利润和营运资金都为正数的公司会在一年后宣告破产？

这一事件，让美国监管部门、金融机构和投资人意识到：资产负债表、利润表，已经不能满足投资需要，需要知道企业的现金流动状况，来提前识别企业的风险。这一改变，间接推动了相关组织对上市公司信息披露要求的改变。之后，现金流量表成为上市公司必须披露的财务报表之一，享有与资产负债表和利润表同等的地位。利润表反映的是公司的收益情况，而现金流量表呈现的是公司的风险。在公司发展的不同阶段，对收益和风险的偏好程度，间接反映了对利润表和现金流量表的重视程度。

如何读懂公司的现金流量表，识别公司经营中的风险呢？

例如某上市公司，2018年度的经营活动净额为负数，投资活动净额为正数，意味着公司主营业务出现危机，如果危机是因为行业周期进入衰退阶段，未来还有复苏的可能，那就需要关注公司的投资和融资能否带来足够的现金流，帮助公司渡过行业周期的低谷。如果是公司主营业务已经进入衰败阶段，那就需要看公司的投资是否有可持续性，能否带来新的业绩增长点。某公司更像是前者，目前整个环保行业不景气，大量公司亏损，出现资金危机，但是，这也是环保行业重新洗牌的关键时机，如果能够挺过去就有机会获得更大的市场份额。所以，该公司的未来有很大的不确定性风险。再如顺丰控股，2018年度经营活动净额为正数，投资活动净额为负数，公司主营业务比较稳健，准备进入新的市场领域，投资活动需要依赖融资和自有资金。因此，顺丰控股最需要关注投资风险，因为对新市场的投入将吞噬现有业务现金流。

Grant公司为什么明明有很高的盈利，最后却破产了呢?从现金流量表看，1970年，也就是破产的前 5年开始，现金流量净额就已经是负数了。公司高管为了业绩需要，快速扩大规模，同时通过各种促销手段，让业绩增长，利润增长，但公司的现金却依赖银行借款，而不是经营活动带来的现金流入。可以说，现金流量表是一面照妖镜，可以看出利润的质量。

财务报表是企业过去的呈现，公司的未来会怎样，还取决于公司的资源投向哪里。在现金流量表里，就是投资活动的流出。购买新的设备改造生产线，还是在并购新的业务扩大供应链竞争优势，或者是不务正业在做与主营业务无关的投资，或者是在扩大研发投入以求创新？钱花在哪里，企业的未来就在哪里。京东曾花大力气建物流体系，现在成为京东非常关键的核心竞争力。顺丰控股也在花大成本做整体物流布局，同时，也想拓展到有更大潜力的 2B 市场，导致它融资增长迅速，筹资活动现金流入巨大。如果不做，在竞争激烈的 2C 市场，就会面临菜鸟系“四通一达”的全面围剿，只会更加举步维艰。

跟顺丰控股有不同投资策略的是报喜鸟，和曾经的两面针一样，报喜鸟采取“实业+投资”的模式，成立报喜鸟创投公司，投资了多家与主业完全无关的公司，多数还处于亏损状态。2018年年报数据，虽然主营业务有不错的增长，但市场仍还是不太看好，报喜鸟的股价，也从最高点下跌了不止80%。

资金，攸关企业生死存亡。小米雷军就曾告诫科技公司创业者：一定要高度重视资金流问题，能如实反映公司现金流状况的现金流量表自然也值得投资人高度重视。

资料来源：中国会计视野，2019-06-22.

要求：上网浏览顺丰控股2019年度财务报告，利用现金流量表分析公司现金流量流入、流出情况，并进行简要评价。

五、现金流量比率分析

现金流量比率分析是指将经营活动的现金流量与资产负债表、利润表的有关指标进行比较，进而分析、评价企业适应经济环境变化和利用投资机会的能力。

进行现金流量比率分析，可以进一步揭示现金流量信息，有助于评价企业的获现能力、偿债能力和支付能力，并且从现金流量的角度对企业的财务状况和经营业绩做出评价，来弥补权责发生制比率分析法的局限。

现金流量的比率分析主要包括现金流动性分析、获现能力分析和收益质量分析。

（一）现金流动性分析

现金流动性分析主要考察企业经营活动产生的现金流量与债务之间的关系，主要指标如下。

1. 现金流动负债比率

$$现金流动负债比率=\frac{经营活动现金流量净额}{年末流动负债}\times 100\%$$

该指标从现金流入和流出的动态角度对企业的实际偿债能力进行考察，直观地反映出企业偿还流动负债的实际能力，用于评价企业短期偿债能力时比流动比率和速动比率更谨慎。该指标越大，表明企业经营活动产生的现金流量净额越多，越能保障企业按期偿还到期债务。但该指标也不是越大越好，指标过大则表明企业流动资金利用不充分，盈利能力不强。

2. 现金流量债务比率

$$现金流量债务比率=\frac{经营活动现金流量净额}{债务总额}\times 100\%$$

该指标反映企业在某一会计期间经营活动产生的现金流量净额对其全部负债的满足程度。在一般情况下，债务总额使用年末和年初的加权平均数。为了简便，也可以使用期末数。该比率表明企业用经营现金流量偿付全部债务的能力，比率越高，承担债务总额的能力越强。

3. 现金流量利息保障倍数

$$现金流量利息保障倍数=\frac{经营活动现金流量净额}{利息费用}$$

该比率表明1元的利息费用有多少倍的经营活动现金流量做保障，它比以收益为基础的利息保障倍数更可靠。

（二）获现能力分析

$$资产现金回收率=\frac{经营活动现金流量净额}{平均资产总额}\times 100\%$$

该指标反映企业利用资产获取现金的能力，可以衡量企业资产获现能力的强弱。该指标数值越大，说明企业的投资现金回报越高，获现能力越强。

（三）收益质量分析

1. 营业收入收现率

$$营业收入收现率=\frac{销售商品、提供劳务收到的现金}{营业收入}\times 100\%$$

该指标越接近 1，说明企业销售形势越好，或者企业信用政策越合理，收款工作越得力，收益质量越高；反之，则说明企业销售形势不佳，或者企业信用政策不合理，收款不得力，收益质量差。可以结合资产负债表中的“应收账款”项目和利润表中“利润总额”项目的变化趋势来分析。

2. 盈余现金保障倍数

$$盈余现金保障倍数=\frac{经营活动现金流量净额}{净利润}$$

该指标能反映会计利润与真实利润的匹配程度，以防止企业人为操纵利润而导致会计信息使用者决策失误，因为虚计的账面利润不能带来相应的现金流入。一般来说，赚钱企业的盈余现金保障倍数等于或大于 1。该指标越大，表明企业经营活动产生的净利润对现金的贡献越大，利润的质量也就越高。

实务演练

案例资料：货币资金与现金流量

WH 公司是一家民营电子通信企业，主要产品为电子及通信设备、移动电话、仪器仪表、文化办公设备、电子计算机软硬件及外部设备等。该公司于 2017 年 2 月在上海证券交易所发行普通股，筹资 50 158 万元后，于同年 6 月上市交易。在上市前后的 6 年里（2014—2019 年），其资产负债表中的货币资金、利润表中的净利润与现金流量表中的现金流量对比如表 2.55 所示。

表 2.55　WH 公司货币资金、净利润和现金流量对比　　万元

项　目	2014 年	2015 年	2016 年	2017 年	2018 年	2019 年
货币资金年末数	4 185	8 397	14 210	48 365	39 502	31 129
净利润	3 705	6 065	8 353	8 250	4 477	564
经营活动产生的现金流量净额	3 492	5 491	9 513	967	−416	−1 593
投资活动产生的现金流量净额	−421	−364	−5 570	−3 686	−4 504	−6 731
筹资活动产生的现金流量净额	196	−914	1 869	3 6875	−3 940	−48
现金及现金等价物净增加额	3 267	4 213	5 812	34 156	−8 860	−8 372

请回答以下问题。

（1）货币资金就是现金流量吗？两者有何区别？为什么该公司货币资金为正且较多时，现金流量会出现负数？

（2）该公司 6 年来货币资金的走势与现金流量的走势不一致，说明了什么？

（3）根据上述资料，对该公司的现金流量与收益质量进行分析评价。

任务检测 2-3

在线自测

选择题

1．反映企业净收益质量的是（　　）。

A．投资活动现金流量　　B．现金和现金等价物

C．经营活动现金流量　　D．筹资活动现金流量

2．甲公司2019年现金流量净额为100万元。其中，经营现金流量净额为160万元，筹资现金流量净额为－25万元，投资现金流量净额为－35万元。年初流动负债为1 000万元，年末流动负债为800万元，年初货币资金为200万元，年末货币资金为240万元，则2019年现金流动负债比率为（　　）。

A．20%　　B．12.5%　　C．16%　　D．30%

3．支付在建工程人员的工资属于（　　）产生的现金流量。

A．筹资活动　B．经营活动　　C．汇率变动　　D．投资活动

配套实训

实训2-13　现金流量表项目分析

实训目标

通过分析现金流量表，了解现金流量表的设计原理，熟悉现金流动表的结构和编制，能洞察企业现金流量表各项目的内涵、数据的合理性，正确评价企业现金流动状况，为企业改善现金流动状况提出合理化建议。

实训资料

1．中小企业如何进行现金流管理

中小企业的发展极大地推动了城乡经济的发展，缓解了就业压力，成为扩大就业的主渠道，是国民经济的重要组成部分。然而，除了人才、技术、政府扶持力度等因素外，现金流管理不当是中小企业早年夭折的重要原因。其实，对于中小企业来说，提高流动资金周转速度、加强经营活动现金流量管理最为关键。

（1）加强经营性现金流管理

确定最佳现金持有量控制标准。现金是企业资产中流动性最强的部分，但现金又是一种非营利性资产，持有量过多，会给企业造成较大的机会损失，降低企业整体资产的盈利能力。现金流的管理目的，就是在现金的流动性与收益性之间做出合理的选择，力求做到既保证企业正常生产经营活动的需要，又不使企业现金被闲置，以获取最大的长期利润。基于我国企业的实际情况，最佳现金余额应恰好能满足企业现金支出需要。因此，最佳现金余额应为“经营性大额支出＋非经营性大额支出＋日常零星支出”的最大可能值。

加快资金周转，增加经营性现金净流入。从财务角度看，经营性现金流量管理的重点是流动资产管理。流动资金循环的流程是：现金购买库存，库存产生销售，销售带来应收账款，应收账款回收为现金。在这个过程中，最重要的是循环的速度。如果速度太慢，就无法通过减少资产来获得现金偿还债务，只能通过外部融资，而外部融资的成本很高。

现金周转速度可用现金周转周期来衡量。现金周转周期为应收账款回收天数减去应付账款周转天数加上库存周转天数。

现金周转周期越短表示现金周转越快。从理论上看，现金周转周期的值是0最好，流动资金就可以赚钱了，这样就不需要用自己的钱了。实际上，有些公司不仅做到了0，甚

至做到了负数。美国戴尔公司财务报表公布的现金周转周期就为负数，其成功很大程度上归功于该公司“按单生产”“摒弃库存”的管理模式。公司提出“以信息代替库存”的压缩库存目标，实行“按单生产”，使公司的库存时间为0。而应付账款的时间又远远长于应收款的时间，用户货款与供应商货款中间的时间差约为15天，也就是说在未来的15天内，顾客已经帮戴尔公司把货款付了。戴尔公司的现金周转快到可以从中获利的程度，不仅不用外部融资，还可以进行短期投资。

可见，中小企业在加速流动资金周转速度方面，应重点做好以下两点：

第一，合理安排存货的库存量。存货量过大，占用的现金太多，会给企业带来营运资金压力。企业可以运用以下策略：首先，以销定产，避免存货积压；其次，运用适时制对存货进行管理。适时制认为，企业可以将存货控制到最低水平，甚至是零存货。它的基本原理强调，只有在使用之前才要求供应商送货。

第二，加强应收账款的催收。企业可以从以下方面来加强应收账款管理，缩短回收期。首先，加强对客户的信用调查和评估，以决定是否对其提供商业信用。这对减少坏账损失及保证款项在合理的期限内收回具有决定性的作用。其次，做好应收账款的记录工作，掌握客户付款的及时程度。再次，将销售收现额作为销售人员业绩考核的终极指标。

（2）正确利用现金流量表进行财务分析

中小企业普遍重视资产负债表和利润表的编制和分析，而忽视现金流量表的编制和分析。事实上，现金流量表比资产负债表、利润表更加客观、直观。一般来说，企业经营活动的现金流量越大，企业的财务基础越稳固，适应能力和变现能力越强，抗风险能力也越强。利润与现金流相比，投资者更关心现金流。这是因为现金流的基础是收付实现制，不会因会计标准的不同而有所区别。现金流量表很少涉及确认问题，报告现金流不涉及估计和分配等人为因素。

对于中小企业，特别是新成立的企业来说，现金流就是一切。如果现金周转得好，企业就能存活，利润就是水到渠成的事。相反，如果一味关注利润，过多的库存和应收账款会耗尽现金，利润最终只能留在报表里。中小企业进行财务分析时，要在关注利润表的同时，结合现金流量表，正确进行利润与经营现金流量净额的比较、分析。

运用现金流量表还可以分析企业偿债能力。有较强偿债能力的企业才能筹集到更多资金，为投资者带来更多利润，并可避免因流动资金不足而发生财务危机。中小企业的债务很大程度上需要由经营活动产生的现金流量净额来偿还。借新债还旧债既有风险又难以操作，投资活动又不能保障现金流量净额的持续增加。这就要求中小企业能够准确评价公司偿还本期到期债务的能力，即现金到期债务比率分析。

现金到期债务比率为经营活动现金流量净额除以本期到期债务额的商。在公式中使用“经营活动现金流量净额”可以排除借款偿还债务，专门衡量通过经营创造资金独立偿还债务的能力。“本期到期债务”则指本期到期的长期债务和本期应付票据。这两种债务不能保障有继起的长期债务和应付票据接续，需要依靠经营现金流量净额偿还。该比率越高，说明企业偿债能力越好，企业持续经营和再举债能力也就越强。

2．操纵现金流量表的主要手法

大多数人认为，与资产负债表、利润表（利润是主观判断）相比，现金流量表能更加全面地反映企业产生现金流量的能力，并揭示现金流向的本质。但是，与会计利润一样，现金流量也可能被操纵、美化，甚至造假。

（1）虚构经营业务

这是指操纵者对企业现金流量进行“空手道”式的凭空捏造。这种操作并不能简单地归类到我们通常理解的财务包装，而应当列为财务诈骗。为了粉饰经营活动现金流量，有的企业采取虚构经营活动、“做大公司蛋糕”的方式造成公司经营规模不断发展、业务不断增长的假象。其典型的做法是同时虚增经营活动现金流入与经营活动现金流出或同时虚增经营活动现金流入与投资活动现金流出。这样，一方面提高了经营活动现金流量，另一方面又不影响报表的平衡关系。

（2）欺骗性的现金流粉饰

许多企业往往运用会计技巧，有意无意地改变企业现金流量的性质，以达到粉饰现金流量表的目的。

① 把投资收益列为经营活动收入。一些公司的财务往往把闲置的现金投入到有价证券投资中，当公司需要现金的时候，再把这些证券卖掉。对于普通的公司来讲，这种经营活动并不是公司的主营业务，这种业务的收益应该作为投资收益列入到投资活动产生的现金流量中。但在现实中，有些公司的管理层把自己当作了证券公司（只有在证券公司，证券交易收入才是公司核心经营收入的一部分），堂而皇之地将证券投资收入作为公司的主营业务收入，列入经营活动产生的现金流量中。

② 粉饰“收到其他与经营活动有关的现金”项目。该项目反映了除主营业务以外其他与经营活动有关的现金活动，如罚款收入、流动资产损失中由个人赔偿的现金收入等。在正常情况下，该项目金额应该较小，但是正如其他应收款成为某些企业资产负债表上会计处理的“垃圾筒”一样，该项目也极易成为现金流量表上“藏污纳垢”之地。有的公司收回了“别人欠自己的钱”，虽然这笔钱与经营无关，但仍计入该项目。一些企业借用关联单位的现金款项，不在筹资活动“取得借款收到的现金”项目中反映，却列入“收到其他与经营活动有关的现金”项目，从而增加了经营活动产生的现金流量净额。

③ 调整经营活动现金支出。一些企业调整经营活动的现金支出，使经营活动产生的现金流量净额改善，从而欺骗和误导报表使用者，使其对企业产生经营良好、经营活动创造现金能力强的错误印象。

（3）技巧性的“财务包装”

为了使现金流更容易为投资者所接受，一些企业在政策法规允许的范围内采取一些相对“合法”的操纵手段，如调整会计政策、利用关联方交易、应收账款证券化交易等。相对前述违法违规的造假行为，技巧性地操纵现金流量更像是一种较为激进的财务包装。这种包装利用的是会计准则和披露要求允许公司管理层行使的合理酌处权，而在一定“合理”限度内，这种“财技”是合法的。

① 调整应付账款支付期限。通过调整财务政策操纵现金流量，比较常见的方式是延长向供货商支付货款的期限，从而减少会计期间内的经营性现金支付，改善经营活动产生的现金流量净额。

② 应收款项的证券化交易。提前收回应收账款会改善报告期内企业的经营活动现金流量，但是提前收回应收账款并不容易，一些企业往往通过出售应收账款达到提前收账的目的。这种方法会产生几个方面的影响：一是改善了企业的经营活动现金流量；二是只能得到一次性的好处，难以获得持续的现金流量；三是由于风险让渡和时间价值，应收账款的证券化必定带来一定的损失。

3．现金流量表操纵案例分析

现金流量表以现金收付制为编制原则，不受权责发生制会计的应计、递延、摊销和分配程序的影响，所以通常认为经营活动现金流量（以下简称经营现金流）与权责发生制的会计盈余相比，不容易被操纵，是相对可靠的“硬”数字。然而，现金流量表并非远离“偏见”和“噪音”的净土，现金流量表准则的“三分法”为经营现金流的确认提供了“会计选择”的余地，债权债务管理等各种理财策略的运用可以调节经营现金流在不同会计期间的分配。这就为经营现金流的操纵提供了技术性空间。随着现金流量表的价值逐渐受到证券市场投资者的重视，经营现金流及相关指标常被用于某些隐性契约（如新股发行的审核关注内容等），上市公司经理人员自然关心经营现金流的形象，所以为了美化利润“含金量”，或者为满足监管的需要，他们就会萌生操纵动机。

经营现金流操纵的手法可分为 3 种类型：①利用现金流量表准则提供的判断空间与选择余地；②利用理财策略影响现金流的发生时间；③直接造假。在实务中这 3 种类型的手法经常“相辅相成”“相得益彰”。以下结合具体案例做一简要介绍。

（1）利用现金流量表准则提供的判断空间与选择余地

我国现金流量表格式采用国际上较普遍的“三分法”，即将现金收支分为投资、筹资和经营活动。这种“三分法”给现金流量表的分类留下了一定的判断余地和选择空间。公司出于美化经营现金流的需要，将实质上属于投资、筹资活动的现金流入纳入经营现金流，将某些经营活动现金流出移至投资、筹资活动的现金流项目，于是产生了现金流量表的“会计选择”问题——较普遍的问题是票据贴现和应收账款出售。从理财的角度来看，票据贴现和应收账款出售是企业与银行等金融机构之间的融资行为，不应属于经营现金流，至少不应属于“销售商品、提供劳务收到的现金”。

按照现行准则，收购企业资产（既包括固定资产，也包括应收账款、存货等流动资产）所支付的现金应全部计入投资活动支出。当收购资产中的应收账款产生现金回笼、存货实现现金销售时，却“理所当然”地计入了经营活动收到的现金。那么，仅仅依靠收购营运资本（非货币的流动性资产减去非货币的流动性负债）为正的子公司，就可以获得经营现金流的增长。另外，拟收购的子公司或经营单位在收购完成前结清债务，而在收购完成后债权陆续回收，也可以提高收购公司的经营现金流。

（2）利用理财策略影响现金流的发生时间

这种手法的具体方法包括加快货款回收、清理资金占用、延长采购付款期限、通过关联方代垫费用支出等方式。这种手法也可以与现金流量表分类的选择结合使用。这些方式往往只能带来经营活动现金流量净额的一次性提高，甚至会牺牲未来的经营现金流。

（3）直接造假

在实务中常见 3 种做法：①将非经营活动甚至违规行为所得计入主营业务收入，同时计入销售收现，结果导致利润和现金及现金等价物余额都获得提高；②配合收入造假虚构销售收现，同时通过虚构投资支出消化虚增的现金；③为避免主营收入缺乏现金支撑的质疑而粉饰销售收现能力，虚增“销售商品、提供劳务收到的现金”，同时虚增“购买商品、接受劳务支付的现金”将虚增的现金部分抵销。

例如，同时虚增主营业务收入与“销售商品、提供劳务收到的现金”。某电子是以炒股所得创造利润高速增长的神话，并配合二级市场进行股价炒作的典型案例。作为以电力自动化设备制造为主业的工业企业，公司竟然将逾 10 亿元炒股所得纳入主营业务收入，同时计入“销售商品、提供劳务收到的现金”。之后，公司被迫进行重大会计差错更正，将每股收益 0.52 元调减为 0.107 元，每股经营活动产生的现金流量净额由 0.41 元下调至 0.12 元。

又如，同时虚增“销售商品、提供劳务收到的现金”与“投资支付的现金”。轰动一时的某股份操纵财务报表的手法比某广夏技高一筹，虚增主营业务收入的同时兼顾销售收现，虚增的现金通过投资活动现金流出中的“购建固定资产、无形资产和其他长期资产支付的现金”被部分抵销，结果又虚增了长期资产。

再如，同时虚增“销售商品、提供劳务收到的现金”与“购买商品、接受劳务支付的现金”。新疆某公司2010年度销售收入5.77亿元，销售商品收到的现金高达8.34亿元，而同期应收账款、应收票据和预收账款的变动合计只有几百万元，无法补平销售收现与销售收入之间的差距。2010年度主营业务成本4.39亿元，采购货物支付的现金高达7.41亿元，同期应付账款、应付票据及存货的变动数千万元，也无法填平2亿多元的差距。因此，我们有理由怀疑该公司同时虚增了“销售商品、提供劳务收到的现金”与“购买商品、接受劳务支付的现金”。

资料来源：中国会计网，2016-01-29.

实训要求

（1）谈谈你对现金流量表的认识。

（2）你认为从哪些方面可以洞察企业现金流量表存在的问题？

（3）总结现金流量表分析思路并与大家分享。

实训2-14 现金流量表结构分析

实训目标

通过分析现金流量表，了解现金流量表的结构，洞察企业现金流动的渠道和方向，分析企业现金流入、现金流出的合理性；判断企业现金实力，正确评价企业现金流动状况，为企业改善现金流动状况提出合理化建议。

实训资料

HF公司2020年的现金流量表如表2.56所示。

表2.56 现金流量表 万元

项 目	流 入	流 出	流入结构	流出结构	流入流出比
经营活动现金流入量	13 425	—	64%	—	1.4
经营活动现金流出量	—	9 614	—	36%	—
投资活动现金流入量	3 468	—	17%	—	0.77
投资活动现金流出量	—	4 510	—	17%	—
筹资活动现金流入量	4 000	—	19%	—	0.32
筹资活动现金流出量	—	12 625	—	47%	—
合 计	20 893	26 749	100%	100%	—

实训要求

运用现金流量表结构分析的方法，对HF公司的流入结构、流出结构和流入流出比进行分析。

实训2-15 现金流量比率分析

实训目标

通过分析现金流量表，了解现金流量状况，分析企业现金流的合理性；利用有关比率，进行企业收益质量分析、筹资与支付能力分析。

实训资料

1．北方公司2020年现金流量统计如表2.57所示。

表 2.57　北方公司 2020 年现金流量统计

万元

项　目	2020 年度	备　注
经营活动现金流入	22 690	
经营活动现金流出	19 816	
经营活动现金流量净额	2 874	
投资活动现金流入	16	
投资活动现金流出	810	
投资活动现金流量净额	−794	
筹资活动现金流入	568	
筹资活动现金流出	812	全部为借款支出，无分配股利或利润
筹资活动现金流量净额	−244	
现金流入合计	23 275	
现金流出合计	21 437	
现金流量净额	1 838	

（1）现金流量表结构分析

北方公司 2020 年度现金流量表结构分析，包括流入结构、流出结构和流入流出比分析。

① 流入结构分析。在全部现金流入量中，经营活动所得现金占 97.48%，投资活动所得现金占 0.08%，筹资活动所得现金占 2.44%。由此可以看出，北方公司现金流入产生的主要来源为经营活动，其投资活动、筹资活动对企业的现金流入贡献很小。

② 流出结构分析。在全部现金流出量中，经营活动流出现金占 92.43%，投资活动流出现金占 3.78%，筹资活动流出现金占 3.79%。北方公司现金流出主要在经营活动方面，其投资活动、筹资活动占用流出现金很少。

③ 流入流出比分析。从北方公司的现金流量表可以看出以下几个方面。

经营活动中：现金流入量 22 690 万元，现金流出量 19 816 万元。该公司经营活动现金流入流出比为 1.15，表明 1 元的现金流出可换回 1.15 元现金流入。

投资活动中：现金流入量 16 万元，现金流出量 810 万元。该公司投资活动的现金流入流出比为 0.02，表明北方公司正处于发展时期。

筹资活动中：现金流入量 568 万元，现金流出量 812 万元。筹资活动流入流出比为 0.70，表明还款明显大于借款。

将现金流入结构、流出结构和流入流出比分析相结合，可以发现该公司的现金流入与流出主要来自经营活动所得，用于经营活动支出，其部分经营现金流量净额用于补偿投资和筹资支出。

（2）收益质量分析

① 盈利现金比率（经营活动现金流量净额/营业利润）分析。北方公司 2020 年经营现金流量净额为 2 874 万元，营业利润为 820 万元，盈利现金比率为 28.53。该比率说明北方公司的收益质量很高。

② 再投资比率（经营活动现金流量净额/资本性支出）分析。北方公司 2020 年经营现金流量净额为 2 874 万元，资本性支出为 705 万元，再投资比率为 4.07，说明北方公司在未来扩大生产规模、创造未来现金流量或利润的能力很强。

综合 2020 年的两项指标可以看出，北方公司在未来的盈利能力很强，且目前收益质量很高，经营活动现金流量很充足，可根据市场情况扩大生产投资，以取得更大的利润。

（3）筹资与支付能力分析

北方公司2020年度现金流入合计23 275万元，经营活动现金流出19 816万元，偿还债务本息付现为812万元，计算的强制性现金支付比率[现金流入合计/（经营活动现金流出量+偿还债务本息付现）]指标值为1.17，说明北方公司2020年创造的现金流入量足以支付必要的经营和债务本息支出，同时也表明北方公司在筹资能力、企业支付能力方面较强。

2. 做好股票投资的财务分析

享誉全美的头号职业基金经理——彼得·林奇曾告诫投资人："永远不要投资你不了解其财务状况的公司。买股票最大的损失来自那些财务状况不佳的公司。如果不研究任何公司，你在股市成功的机会就如同打牌赌博时，不看自己的牌而打赢的机会一样。"本文拟就如何对股票投资进行财务分析，提出以下观点。

（1）对目标公司进行基本分析

1）对公司概况进行分析

对公司概况进行分析，主要通过这样几点：了解公司经营的稳定性，即要知道该公司是否能够经得起时间的考验；了解公司长期发展远景能否看好，即关注公司生存和未来成长能力——最有生命力、最值得拥有的公司，是在长期有最佳远景且有市场特许权的公司中；公司管理层是否理性，决定投资者能否获得股东盈余；管理层对股东是否坦诚，即要了解管理层是否像他们吹嘘自己的成功一样，坦承自己的失败或不足；了解公司近年来投资决策中是否有脱离老本行的行为，也即关心是否有盲从其他法人机构的行为——那些轻易改变公司本质的盲从举措，很容易增加犯下重大错误的可能性。例如，当二级市场爆炒"网络股"时，一些公司纷纷斥巨资投资——"触网"，结果不但付出了较高的融资成本，甚至个别公司投资本金也难保。再如，当证券市场时兴"委托理财"时，少数公司不顾实际而效仿，结果使其蒙受了不该有的损失。而报酬率高的公司，通常是那些长期以来都坚持提供同样商品和服务的公司。

对目标公司的概况进行分析，目的是研究公司现状和财务情形，进而深入了解公司，因为深入了解公司正是投资成功的首要条件。

2）对公司业务经营情况进行分析

公司业务经营情况主要有3个方面的内容：一是近年来的经营情况；二是营业收入、净利润完成情况；三是上市公司募集资金的使用情况。通过上市公司近年来生产经营情况的总结并将营业收入、净利润指标的完成情况与往年做纵向比较，可以看出公司组织生产、经营管理的情况，了解公司取得的重大成绩和可能存在的潜在问题。对募集资金的使用，主要看是否按照募集资金（招股或配股）时的说明进行投入和使用，并进而了解何时形成生产能力（利润新增长点）。如果改变募集资金用途，则应重点关注年报的具体说明，以查明原因。

3）对主要财务数据与财务指标进行分析

上市公司年度报告公布的主要财务数据与财务指标一般包括：主营业务收入、净利润、总资产、股东权益、每股收益、每股净资产、净资产收益率、股东权益比率。它们是影响上市公司股票价格的重要因素。主营业务收入、净利润同比增长幅度大，表明上市公司主业突出、产品竞争力强、市场销售良好、盈利能力强、公司成长性高；每股收益、每股净资产大，表明股东可以分享的权益多、投资回报率高、投资安全有保障。

4）对股本变化、重要事项进行分析

股本变化主要看总股本增减情况和股本结构变动。首先，总股本的增加有利润分配（送红股）、资本公积金转增、配股和增发新股等形式。一般来说，股本扩大，表明股东对企业生产经营有信心，公司投入进一步增加，抗风险能力增强，资产负债比率会降低。但是，当股本扩大后不能引起生产能力、利润的同步增长时，则每股盈余就会被稀释，净资产收益率将下降，这是个不利因素，需要予以跟踪观察。其次，总股本减少。目前这种情况很少见，即公司实施股份回购。公司回购自己的股份，说明从公司管理层的观点来看，其股票价值应超过市场价格——否则他们就没必要浪费钱去买自己的股票。而且，公司回购自己的股份通常有双重好处：一是回购所需资金的贷款利息可以减税（如同折旧抵税一样）；二是可以减少支付红利的负担和费用。因此，投资者应积极关注这一情形。

此外，投资者应当在重要事项公告中，关注可能引起股权变化、经营变化、债权债务变化等的重大事项。重点了解公司有无新的投资项目，新产品研发及重大合同签订、重大经营决定，如巨额担保；看公司是否有债务重组和诉讼事件，以确定公司经营是良好还是陷入困境。

（2）对目标公司财务报表及重要项目进行分析

1）对资产负债表进行分析

资产负债表是企业编制的第一张会计报表，是反映企业一定时点资产、负债及所有者权益状况的“X光片”。它主要提供这样几个方面的财务信息：企业的资产分布和结构情况，资产负债表的左边从上到下按项目列示的正是企业所拥有的全部资产的具体分布及明细构成；企业所负担的债务，主要看短期借款和长期借款及长期应付款；企业的偿债能力，是企业财务实力的标志；所有者权益，也即企业的净资产，反映所有者对负债的保障程度，该指标值越大，保障程度越高。通过分析企业资产的流动性，一般可知其短期偿债能力；通过该报表中的有关数据来分析权益与资产之间的关系，分析不同权益之间的内在关系，分析权益与收益的关系，则可以看出企业的资本结构是否合理，并判断企业的长期偿债能力如何。

分析资产负债表，还应重点关注这些项目：①期初、期末应收账款余额，应收账款是反映企业产品销售工作好坏和市场竞争力强弱的重要指标，是企业收现能力的具体体现，过多的应收账款将不利于企业资金的周转和有效使用。②存货余额，存货是指企业在生产经营过程中为销售或耗用而储存的各种资产，是反映企业供、产、销工作协调好坏的重要生产经营指标。适量的存货对维持企业正常的生产经营具有重要意义，而过多的存货则会使企业积压资金、增加仓储保管费，从而反映出企业经营问题多，外部环境不宽松。③长期投资，按投资性质不同有股权投资和债券投资之分。投资者应结合企业报表附注详细了解长期投资各明细项目及其收益水平，据此对企业未来投资回报、发展趋势做分析。④各项准备的期末余额，按照企业会计制度的规定，企业应根据期末资产的实际状态计提相关减值准备。企业按规定提取足额的各项准备金后，企业的盈利方是“真金白银”。

2）对损益表进行分析

损益表是反映公司一定时期的经营成果情况的会计报表。通过上市公司公布的年度损益表，可以确定公司的整体获利水平、盈利能力，从而据此预测公司的获利趋势。一般来说，把资金投资在盈余稳定且可预测的项目上，可以降低投资风险。分析时应重点考察这些内容：①主营业务利润，是指公司经营活动中主营业务所产生的利润，反映出公司主营业务的整体获利状况，也就是公司主营商品产品实现价值的整体水平。②毛利率，即主营业务利润除以主营业务收入的百分比。毛利率高，反映公司主营业务的盈利能力强，行业特殊，有竞争优势。同时，高毛利率还反映出经营者控制成本的能力，股东可以从节约的成本中间接获得利润。③主营业务销售增长率，是指主营业务收入较上年的增长率，这是衡量公司成长性的重要指标——一般情况下，处于高速成长期的公司都有两位数，甚至半成以上的增长率。

3）对现金流量表进行分析

现金流量表是公司的三大会计报表之一。现金流量是公司的“血液”。分析现金流量表主要应了解公司现金的来龙去脉和现金收支渠道，借以评价公司的经营情况、生产能力、筹资能力和偿债能力。我国《现金流量准则》规定，公司的现金流量包括3个方面的内容：经营活动产生的现金流量，主要反映公司产品销售实现后取得的货款多少，收现的能力强弱。一般情况下，经营活动产生的现金流量是公司正常经营活动得以持续的保证，也是衡量公司主业是否突出、产销是否两旺的重要标准，因为最理想的投资类型便是能够持续产生比需要维持营运更多现金的公司。投资活动产生的现金流量，是公司投资活动产生（或使用）现金的多少。由此可知，公司当前投资活动是处于投资回报期还是资本投入期，以及资本支出需求的变化。筹资活动产生的现金流量，可以反映公司生产和再生产活动对现金的需求水平及公司实际偿还债务的总体水平等。

4）对公司报表附注进行阅读与分析

报表附注是对公司财务报表的补充说明，是财务报告的重要组成部分。它是对会计报表的编制基础、主要会计政策和方法及报表主要项目等所做的注释。详细阅读并分析报表附注，有利于看清公司生产经营、管理的真实情况，是规避投资风险的重要一环。

投资者在进行股票投资前对上市公司进行财务分析，可以全面、系统地掌握目标公司的经济活动流程、生产经营管理、盈利能力、定价弹性、现金流量和资本分配及发展前景等第一手资料，从而有利于判断公司的实际价值，是成功投资的必要条件。随着资本市场的不断完善、发展和对外资的开放，以及证券监管的到位，过去那种单纯以“题材”“概念”为炒作基础的投资逐利时代将难以再现；相反，通过转变投资观念，以重视财务分析为手段的投资理念和方法必将成为聪明投资人遵循的“金科玉律”。

资料来源：希财网，2015-07-01.

实训要求

（1）根据资料1，请分析评价2020年北方公司的现金流量状况。

提示：分析其盈利能力、偿债能力的强弱，考察其盈利的质量及公司的未来发展能力，同时提出合理化建议。

（2）根据资料2，谈谈进行股票投资前应如何分析上市公司的财务报表，分小组讨论并分享心得。

（3）利用课余时间，关注一家你感兴趣的上市公司，进行该公司投资前的财务分析，并分享分析经验。

任务四　所有者权益变动表的阅读与分析

理论讲解

微课

一、所有者权益变动表概述

（一）所有者权益变动表的含义

所有者权益变动表是反映构成所有者权益的各组成部分当期增减变动情况的报表。

我国在 2007 年以前，公司所有者权益变动情况是以资产负债表附表形式予以体现的。新准则颁布后，要求上市公司于 2007 年正式对外呈报所有者权益变动表。所有者权益变动表成为与资产负债表、利润表和现金流量表并列披露的第 4 张财务报表。

（二）所有者权益变动表的作用

通过所有者权益变动表，既可以为报表使用者提供所有者权益总量增减变动的信息，也能为其提供所有者权益增减变动的结构性信息，特别是能够让报表使用者理解所有者权益增减变动的根源。

（三）所有者权益变动表的编制

所有者权益变动表各项目均须填列“上年金额”和“本年金额”两栏。

所有者权益变动表“上年金额”栏内各项数字，应根据上年度所有者权益变动表“本年金额”内所列数字填列。上年度所有者权益变动表规定的各个项目的名称和内容同本年度不一致的，应对上年度所有者权益变动表各项目的名称和数字按照本年度的规定进行调整，填入所有者权益变动表的“上年金额”栏内。

所有者权益变动表“本年金额”栏内各项数字一般应根据“实收资本（或股本）”“其他权益工具”“资本公积”“库存股”“其他综合收益”“盈余公积”“利润分配”“以前年度损益调整”科目的发生额分析填列。

企业的净利润及其分配情况作为所有者权益变动的组成部分，不需要单独编制利润分配表列示。

（四）所有者权益变动表的结构

所有者权益变动表以矩阵的形式，一方面，列示导致所有者权益变动的交易或事项，即按所有者权益变动的来源对一定时期所有者权益变动情况进行全面反映；另一方面，按照所有者权益各组成部分（包括实收资本、其他权益工具、资本公积、库存股、其他综合收益、盈余公积、未分配利润）列示交易或事项对所有者权益各部分的影响。

我国企业所有者权益变动表的格式如表 2.58 所示。

表 2.58　所有者权益变动表

编制单位：　　　　　　　　　　　　　　　　年度　　　　　　　　　　　　　　　　元

项　目	本年金额								上年金额							
	实收资本（或股本）	其他权益工具	资本公积	减：库存股	其他综合收益	盈余公积	未分配利润	所有者权益合计	实收资本（或股本）	其他权益工具	资本公积	减：库存股	其他综合收益	盈余公积	未分配利润	所有者权益合计
一、上年年末余额																
加：会计政策变更																
前期差错更正																
二、本年年初余额																
三、本年增减变动金额（减少以“-”号填列）																
（一）综合收益总额																
（二）所有者投入和减少资本																
1. 所有者投入的普通股																
2. 其他权益工具持有者投入资本																
3. 股份支付计入所有者权益的金额																
4. 其他																
（三）利润分配																
1. 提取盈余公积																
2. 对所有者（或股东）的分配																
3. 其他																
（四）所有者权益内部结转																
1. 资本公积转增资本（或股本）																
2. 盈余公积转增资本（或股本）																
3. 盈余公积弥补亏损																
4. 设定受益计划变动额结转留存收益																
5. 其他综合收益结转留存收益																
6. 其他																
四、本年年末余额																

二、所有者权益变动表分析的目的和内容

（一）所有者权益变动表分析的目的

所有者权益变动表分析是指通过所有者权益的来源及其变动情况，了解会计期间影响所有者权益增减变动的具体原因，判断构成所有者权益的各个项目的合法性与合理性，为报表使用者提供较为真实的所有者权益总额及其变动信息。

对所有者权益变动表分析的目的有以下几个方面。

① 清晰体现会计期间构成所有者权益各个项目的变动规模与结构，了解其变动趋势，反映企业净资产的实力，提供保值增值的重要信息。

② 从全面收益角度报告更全面、更有用的财务业绩信息，以满足报表使用者投资、信贷及其他经济决策的需要。

③ 反映会计政策变更的合理性及会计差错更正的幅度，具体报告会计政策变更和会计差错更正对所有者权益的影响数额。

④ 反映股权分置、股东分配政策、再筹资方案等财务政策对企业所有者权益的影响。

小知识

其他权益工具

根据《金融负债与权益工具的区分及相关会计处理规定》(财政部财会〔2014〕13号，在所有者权益类科目中增设“4401其他权益工具”科目，核算企业发行的除普通股以外的归类为权益工具的各种金融工具。本科目应按发行金融工具的种类等进行明细核算。财务报表中的列示和披露如下:

1.发行方列示和披露

(1)企业应当在资产负债表“实收资本”项目和“资本公积”项目之间增设“其他权益工具”项目，反映企业发行的除普通股以外分类为权益工具的金融工具的账面价值，并在“其他权益工具”项目下增设“其中: 优先股”和“永续债”两个项目，分别反映企业发行的分类为权益工具的优先股和永续债的账面价值。在“应付债券”项目下增设“其中:优先股”和“永续债”两个项目，分别反映企业发行的分类为金融负债的优先股和永续债的账面价值。如属流动负债的，应当比照上述原则在流动负债类相关项目中列报。

(2)企业应当在所有者权益变动表“实收资本”栏和“资本公积”栏之间增设“其他权益工具”栏，并在该栏中增设“优先股”、“永续债”和“其他”三小栏。将“(三)所有者投入和减少资本”项目中的“所有者投入资本”项目改为“1.所有者投入的普通股”，并在该项目下增设“2.其他权益工具持有者投入资本”项目，以下顺序号依次类推。“(四)利润分配”项目中“对所有者(或股东)的分配”项目包含对其他权益工具持有者的股利分配。

(3)企业应当在报表附注中增加单独附注项目，披露发行在外的所有归类为权益工具或金融负债的优先股、永续债等金融工具的详细情况，包括发行时间、数量、金额、到期日或续期情况、转股条件、转换情况、会计分类及股利或利息支付等信息。

2.投资方列示和披露

持有优先股、永续债等金融工具的投资方，应在“可供出售金融资产”等相关报表附注中，披露优先股、永续债等金融工具的会计分类、账面价值等相关信息。

(二)所有者权益变动表分析的内容

① 所有者权益增减变动分析。

② 所有者权益结构分析。

③ 所有者权益变动表的主要项目分析。

（三）报表分析实例

HS 公司所有者权益变动表如表 2.59 所示。

表 2.59　所有者权益变动表

编制单位：HS 公司　　　　2020 年度　　　　万元

项　目	本年金额								上年金额							
	实收资本（或股本）	其他权益工具	资本公积	减：库存股	其他综合收益	盈余公积	未分配利润	所有者权益合计	实收资本（或股本）	其他权益工具	资本公积	减：库存股	其他综合收益	盈余公积	未分配利润	所有者权益合计
一、上年年末余额	62 375		4 322			18 604	23 004	108 305	44 554		5 737			18 743	23 438	92 472
加：会计政策变更																
前期差错更正																
二、本年年初余额	62 375		4 322			18 604	23 004	108 305	44 554		5 737			18 743	23 438	92 472
三、本年增减变动金额（减少以“-”号填列）																
（一）综合收益总额							26 201	26 201							22 168	22 168
（二）所有者投入和减少资本																
1. 所有者投入的普通股																
2. 其他权益工具持有者投入资本																
3. 股份支付计入所有者权益的金额																
4. 其他			576					576			-1 415					-1 415
（三）利润分配																
1. 提取盈余公积						1 901	-1 901	0						2 252	-2 252	0
2. 对所有者（或股东）的分配							-4 694	-4 694	15 430						-20 350	-4 920
3. 其他																
（四）所有者权益内部结转																
1. 资本公积转增资本（或股本）																
2. 盈余公积转增资本（或股本）									2 391					−2 391		0
3. 盈余公积弥补亏损																
4. 设定受益计划变动额结转留存收益																
5. 其他综合收益结转留存收益																
6. 其他																
四、本年年末余额	62 375		4 898			20 505	42 610	130 388	62 375		4 322			18 604	23 004	108 305

三、所有者权益变动表分析

（一）所有者权益增减变动分析

所有者权益增减变动分析是通过编制水平分析表，将所有者权益各个项目的本期数与上期数进行对比，揭示公司当期所有者权益各个项目的水平及其变动情况，解释公司净资产的变动原因，借以进行相关决策的过程。以 HS 公司所有者权益变动表为基础资料，编制所有者权益变动表水平分析表，如表 2.60 所示。

表 2.60　所有者权益变动表水平分析　　万元

项　目	本年金额	上年金额	变动额	变动率/%
一、上年年末余额	108 305.00	92 472.00	15 833.00	17.12
加：会计政策变更				
前期差错更正				
二、本年年初余额	108 305.00	92 472.00	15 833.00	17.12
三、本年增减变动金额（减少以“-”号填列）				
（一）综合收益总额	26 201.00	22 168.00	4 033.00	18.19
（二）所有者投入和减少资本				
1. 所有者投入的普通股				
2. 其他权益工具持有者投入资本				
3. 股份支付计入所有者权益的金额				
4. 其他	576.00	－1 415.00	1 991.00	－140.71
（三）利润分配				
1. 提取盈余公积				
2. 对所有者（或股东）的分配	－4 694.00	－4 920.00	226.00	－4.59
3. 其他				
（四）所有者权益内部结转				
1. 资本公积转增资本（或股本）				
2. 盈余公积转增资本（或股本）				
3. 盈余公积弥补亏损				
4. 设定受益计划变动额结转留存收益				
5. 其他综合收益结转留存收益				
6. 其他				
四、本年年末余额	130 388.00	108 305.00	22 083.00	20.39

从表 2.60 可以看出，HS 公司 2020 年所有者权益比 2019 年增加了 22 083 万元，增长 20.39%；从影响的主要项目看，除所有者投入和减少资本中的其他项目变动幅度较大，需要进一步进行上年度该项目数据分析之外，由于本年净利润的大幅度增长，净利润同期增加了 4 033 万元，增长 18.19%，表现出企业效益的明显提升。另外，上年年末余额和对股东利润的分配两因素对本年年末所有者权益余额有影响。公司没有发行新股，也没有发生所有者权益内部结转事项。

（二）所有者权益结构分析

所有者权益结构分析主要运用垂直分析法，将所有者权益各个项目的变动占所有者权益变动的比重予以计算，并进行分析评价，揭示公司当期所有者权益各个项目的比重及其变动情况，解释公司净资产构成的变动原因，借以进行相关决策的过程。以 HS 公司所有者权益变动表为基础资料，编制所有者权益变动表垂直分析表，如表 2.61 所示。

表 2.61　所有者权益变动表垂直分析

万元

项　目	本年金额	上年金额	变动额	变动额构成/%
一、上年年末余额	108 305.00	92 472.00	15 833.00	71.70
加：会计政策变更				
前期差错更正				
二、本年年初余额	108 305.00	92 472.00	15 833.00	71.70
三、本年增减变动金额（减少以“-”号填列）				
（一）综合收益总额	26 201.00	22 168.00	4 033.00	18.26
（二）所有者投入和减少资本				
1. 所有者投入的普通股				
2. 其他权益工具持有者投入资本				
3. 股份支付计入所有者权益的金额				
4. 其他	576.00	−1 415.00	1 991.00	9.02
（三）利润分配				
1. 提取盈余公积				
2. 对所有者（或股东）的分配	−4 694.00	−4 920.00	226.00	1.02
3. 其他				
（四）所有者权益内部结转				
1. 资本公积转增资本（或股本）				
2. 盈余公积转增资本（或股本）				
3. 盈余公积弥补亏损				
4. 设定受益计划变动额结转留存收益				
5. 其他综合收益结转留存收益				
6. 其他				
四、本年年末余额	130 388.00	108 305.00	22 083.00	100.00

从表 2.61 可以看出，HS 公司 2020 年所有者权益年末余额比 2019 年增加了 22 083 万元，以其变动为 100% 分析，其中占 71.70% 的是上年年末余额的变动，综合收益总额（主要为净利润）的变动占 18.26%。此外，其他因素占所有者权益变动的 9.02%，对股东分配的变动占所有者权益变动的 1.02%。这说明企业近年来效益提升，积累增加，实力增强。

（三）所有者权益变动表的主要项目分析

所有者权益变动表的主要项目分析是将组成所有者权益的主要项目进行具体剖析对比，分析其变动成因、合理合法性、是否存在人为操纵的迹象等事项的过程。

在所有者权益变动表中，企业应当单独列示反映的信息包括：综合收益总额、会计政策变更和前期差错更正的累积影响金额、所有者投入资本和向所有者分配利润、按照规定提取的盈余公积、所有者权益各组成部分的期初和期末余额及其调节情况。有关利润形成及其分配的分析不再阐述，本部分分析的主要项目有以下几个。

1. 综合收益总额

“综合收益总额”项目反映企业当年的综合收益总额。本项目应根据当年利润表中“其他综合收益的税后净额”和“净利润”项目填列，并对应列在“其他综合收益”和“未分配利润”栏。

以 HS 公司为例，该公司 2020 年实现综合收益 26 201 万元，来源于该年度实现的净利润。

2. 所有者投入和减少资本

“所有者投入和减少资本”项目反映企业当年所有者投入的资本和减少的资本。其中，“所有者投入的普通股”项目反映企业接受投资者投入形成的实收资本（或股本）和资本溢价或股本溢价，应根据“实收资本”“资本公积”等科目的发生额分析填列，并对应列在“实收资本”和“资本公积”栏；“其他权益工具持有者投入资本”项目反映企业发生的除普通股以外分类为权益工具投资的金融工具的持有者投入资本的金额，应根据金融工具类科目的相关明细科目的发生额分析填列，并对应列在“其他权益工具”栏；“股份支付计入所有者权益的金额”项目反映企业处于等待期的权益结算的股份支付当年计入资本公积的金额，应根据“资本公积”科目所属的“其他资本公积”二级科目的发生额分析填列，并对应列在“资本公积”栏。

以 HS 公司为例，该公司 2020 年的“所有者投入和减少资本”项目没有发生所有者投入普通股及其他权益工具持有者投入资本等情况，在其他项目中列示两个年度均有一定的发生额，需要从报表附注中了解该项目金额所对应的业务及发生变化的原因。

3. 利润分配

“利润分配”项目反映企业当年的利润分配金额，并对应列在“未分配利润”和“盈余公积”栏。其中，“提取盈余公积”项目反映企业按照规定提取的盈余公积，包括法定盈余公积和任意盈余公积，应根据“盈余公积”“利润分配”科目的发生额分析填列；“对所有者（或股东）的分配”项目反映企业对所有者（或股东）分配的利润或股利金额，应根据“利润分配”科目的发生额分析填列。

以 HS 公司为例，该公司 2020 年提取盈余公积 1 901 万元，但与“未分配利润”项目一增一减，对所有者权益金额影响为 0，对所有者（或）股东的分配减少了未分配利润 4 694 万元。

4. 所有者权益内部结转

“所有者权益内部结转”项目，反映企业构成所有者权益的组成部分之间当年的增减变动金额。其中，“资本公积转增资本（或股本）”项目，反映企业以资本公积转增资本或股本的金额，应根据“实收资本（或股本）”“资本公积”科目的发生额分析填列；“盈余公积转增资本（或股本）”项目，反映企业以盈余公积转增资本或股本的金额，应根据“实收资本（或股本）”“盈余公积”科目的发生额分析填列；“盈余公积弥补亏损”项目，反映企业以盈余公积弥补亏损的金额，应根据“盈余公积”“利润分配”科目的发生额分析填列；“设定受益计划变动额结转留存收益”项目，反映企业因重新计量设定受益计划净负债或净资产所产生的变动计入其他综合收益而后结转至留存收益的金额，应根据“其他综合收益”科目的相关明细科目的发生额分析填列；“其他综合收益结转留存收益”项目，主要反映企业指定为以公允价值计量且其变动计入其他综合收益的非交易性权益工具投资终止确认时，之前计入其他综合收益的累计利得或损失从其他综合收益中转入留存收益的金额，以及指定为以公允价值计量且其变动计入当期损益的金融负债终止确认时，之前由企业自身信用风险变动引起而计入其他综合收益的累计利得或损失从其他综合收益中转留存收益的金额等，应根据“其他综合收益”科目的相关明细科目的发生额分析填列。

以 HS 公司为例，该公司 2020 年未发生所有者权益内部结转事项。

HS 公司 2020 年所有者权益净增加 22 083 万元，如表 2.62 所示。

表 2.62　所有者权益变动分析

项　目	人民币/万元
综合收益总额	26 201
加：其他	+576
减：对股东分配的利润	−4 694
所有者权益净增加额	22 083
期初所有者权益	108 305
期末所有者权益	130 388

5. 会计政策变更

会计政策变更是指在特定的情况下，企业可以对相同的交易或事项由原来采用的会计政策改用另一会计政策。会计政策变更能够提供更可靠、更相关的会计信息，主要应当采用追溯调整法进行处理，用会计政策变更的累积影响数调整列报前期最早期初留存收益。会计政策变更的累积影响数是指按照变更后的会计政策，对以前各期追溯计算的列报前期最早期初留存收益应有金额与现有金额之间的差额。会计政策变更的累积影响数需要在所有者权益变动表中单独列示。

对会计政策变更的累积影响数的分析，主要目的在于合理区分属于会计政策变更和不属于会计政策变更的业务或事项。一般而言，不属于会计政策变更的业务或事项具体包括：当期发生的交易或事项与以前相比具有本质差别而采用新的会计政策，以及对初次发生的或不重要的交易或事项而采用新的会计政策。

6. 前期差错更正

前期差错更正是指企业应当在重要的前期差错发现后的财务报表中调整前期相关数据。前期差错更正主要采用追溯重述法。该方法是指在发现前期差错时，视同该前期差错从未发生过，从而对财务报表相关项目进行更正的方法。

本期发现与以前期间相关的重大会计差错，如果影响损益，应按其对损益的影响数调整发现当期的期初留存收益，财务报表其他相关项目的期初数也应一并调整；如果不影响损益，应调整财务报表相关项目的期初数。

对前期差错更正累积影响数的分析，主要目的在于及时发现与更正前期差错，合理判断和区分相关业务是属于会计政策变更还是属于会计差错更正。无论是否为重大会计差错，都应在发现前期差错的当期进行前期差错更正，在所有者权益变动表中适时披露，以达到信息的准确性要求。

任务检测 2-4

在线自测

选择题

1．下列各项中，不在所有者权益变动表中单独填列的是（　　）。

A．净利润

B．公允价值变动收益

C．可供出售金融资产公允价值变动净额

D．与计入所有者权益项目相关的所得税影响

2．按股份有限公司会计制度的规定，上市公司本年度发现的以前年度重大的记账差

错，应（　　）。

A．做本年度事项处理

B．修改以前年度的账表

C．不做处理

D．调整本年度会计报表的期初数和上年数

配套实训

实训 2-16　所有者权益变动表综合分析

实训目标

熟悉所有者权益变动表的结构，了解所有者权益的来源及其变动情况，洞察会计期间影响所有者权益增减变动的具体原因，判断构成所有者权益各个项目变动的合法性与合理性，为报表使用者提供较为真实的所有者权益总额及其变动信息。

实训资料

FT汽车公司所有者权益变动表如表 2.63 所示。

表 2.63　FT 汽车公司所有者权益变动表

元

项　目	2020 年	2019 年
一、上年年末余额	8 061 381 567.24	4 074 389 951.10
加：会计政策变更		
前期差错更正		
二、本年年初余额	8 061 381 567.24	4 074 389 951.10
三、本年增减变动金额（减少以“－”号填列）	1 030 738 322.92	3 986 991 616.14
（一）净利润	1 152 389 085.33	1 646 011 686.73
（二）其他综合收益	−71 296 738.41	48 815 148.71
上述（一）和（二）小计	1 081 092 346.92	1 694 826 835.44
（三）所有者投入和减少资本		
1. 股东投入资本	245 000 000.00	2 457 118 310.70
2. 股份支付计入所有者权益的金额		
3. 其他		
（四）利润分配		
1. 提取盈余公积		
2. 对股东的分配	−295 354 024.00	−164 953 530.00
3. 其他		
（五）所有者权益内部结转		
1. 资本公积转增股本		
2. 盈余公积转增股本		
3. 盈余公积弥补亏损		
4. 其他		
四、本年年末余额	9 092 119 890.16	8 061 381 567.24

实训要求

（1）编制 FT汽车公司所有者权益变动表的水平分析表，如表 2.64所示。

（2）利用水平分析表进行 FT汽车公司所有者权益状况评价。

（3）编制 FT汽车公司所有者权益变动表的垂直分析表，如表 2.65 所示。

表 2.64 FT 汽车公司所有者权益变动表水平分析

元

项　目	2020 年	2019 年	变动额	变动率/%
一、上年年末余额	8 061 381 567.24	4 074 389 951.10		
加：会计政策变更				
前期差错更正				
二、本年年初余额	8 061 381 567.24	4 074 389 951.10		
三、本年增减变动金额（减少以“－”号填列）	1 030 738 322.92	3 986 991 616.14		
（一）净利润	1 152 389 085.33	1 646 011 686.73		
（二）其他综合收益	－71 296 738.41	48 815 148.71		
上述（一）和（二）小计	1 081 092 346.92	1 694 826 835.44		
（三）所有者投入和减少资本				
1. 股东投入资本	245 000 000.00	2 457 118 310.70		
2. 股份支付计入所有者权益的金额				
3. 其他				
（四）利润分配				
1. 提取盈余公积				
2. 对股东的分配	－295 354 024.00	－164 953 530.00		
3. 其他				
（五）所有者权益内部结转				
1. 资本公积转增股本				
2. 盈余公积转增股本				
3. 盈余公积弥补亏损				
4. 其他				
四、本年年末余额	9 092 119 890.16	8 061 381 567.24		

表 2.65 FT 汽车公司所有者权益变动表垂直分析

元

项　目	2020 年	2019 年	2020 年构成/%	2019 年构成/%	构成的差异/%
一、上年年末余额	8 061 381 567.24	4 074 389 951.10			
加：会计政策变更					
前期差错更正					
二、本年年初余额	8 061 381 567.24	4 074 389 951.10			
三、本年增减变动金额（减少以“－”号填列）	1 030 738 322.92	3 986 991 616.14			
（一）净利润	1 152 389 085.33	1 646 011 686.73			
（二）其他综合收益	－71 296 738.41	48 815 148.71			
上述（一）和（二）小计	1 081 092 346.92	1 694 826 835.44			
（三）所有者投入和减少资本					
1. 股东投入资本	245 000 000.00	2 457 118 310.70			
2. 股份支付计入所有者权益的金额					
3. 其他					
（四）利润分配					
1. 提取盈余公积					
2. 对股东的分配	－295 354 024.00	－164 953 530.00			
3. 其他					

（续表）

项　目	2020 年	2019 年	2020 年构成/%	2019 年构成/%	构成的差异/%
（五）所有者权益内部结转					
1. 资本公积转增股本					
2. 盈余公积转增股本					
3. 盈余公积弥补亏损					
4. 其他					
四、本年年末余额	9 092 119 890.16	8 061 381 567.24	100	100	0

（4）利用垂直分析表进行 FT 公司所有者权益状况评价。

项目习题

一、单项选择题

在线自测

1. 产生销售折让的原因是（　　）。
   A. 激励购买方多购商品　　B. 促使购买方及时付款
   C. 产品质量有问题　　D. 进行产品宣传
2. 导致企业资本结构发生变动的原因是（　　）。
   A. 发行新股　　B. 资本公积转股
   C. 盈余公积转股　　D. 以未分配利润送股
3. 变现能力最强的资产项目是（　　）。
   A. 应收票据　　B. 应收账款　　C. 货币资金　　D. 交易性金融资产
4. 对资产负债表进行综合分析，一般采用的方法首先是（　　）。
   A. 计算财务比率　　B. 理解项目内涵　　C. 编制比较报表　　D. 进行综合分析
5. 下列属于经营性资产项目的是（　　）。
   A. 货币资金　　B. 应收账款　　C. 应收票据　　D. 其他应收款
6. 企业商品经营盈利状况最终取决于（　　）。
   A. 主营业务利润　　B. 营业利润　　C. 利润总额　　D. 投资收益
7. 如果企业本年销售收入的增长快于销售成本的增长，那么企业本年营业利润（　　）。
   A. 一定大于 0　　B. 一定大于上年营业利润
   C. 一定大于上年利润总额　　D. 不一定大于上年营业利润
8. 下列属于企业收入的是（　　）。
   A. 公允价值变动净收益　　B. 营业收入
   C. 投资收益　　D. 营业外收入
9. 对（　　）项目进行分析时，应注意其计算的准确性和缴纳的及时性。
   A. 营业利润　　B. 税金及附加　　C. 投资收益　　D. 净利润
10. 下列与利润分析无关的资料是（　　）。
    A. 利润分配表　　B. 应交增值税明细表
    C. 分部报告　　D. 营业外收支明细表
11. 企业当期收到的税费返还应列入现金流量表的（　　）现金流入量。
    A. 经营活动　　B. 投资活动　　C. 筹资活动　　D. 汇率变动影响

12. 下列能使经营现金流量减少的项目是（　　）。
A. 无形资产摊销　　B. 出售长期资产利得
C. 存货增加　　D. 应收账款减少

13. 在企业处于高速成长阶段，投资活动现金流量往往是（　　）。
A. 流入量大于流出量　　B. 流出量大于流入量
C. 流入量等于流出量　　D. 不一定

14. 根据《企业会计准则——现金流量表》的规定，支付的现金股利归属于（　　）。
A. 经营活动　　B. 筹资活动　　C. 投资活动　　D. 销售活动

15. 下列财务活动中不属于企业筹资活动的是（　　）。
A. 发行债券　　B. 分配股利　　C. 吸收权益性投资　　D. 购建固定资产

16. 下列属于工业企业投资活动产生的现金流量的是（　　）。
A. 向银行借款收到的现金　　B. 以现金支付的债权利息
C. 发行公司债权收到的现金　　D. 以现金支付的在建工程人员工资

17. 下列不在“销售商品、提供劳务收到的现金”项目中反映的是（　　）。
A. 应收账款的收回　　B. 预收销货款
C. 向购买方收取的增值税销项税额　　D. 本期的购货退回

18. 存货发生减值是因为（　　）。
A. 采用先进先出法　　B. 采用后进先出法
C. 可变现净值低于账面成本　　D. 可变现净值高于账面成本

19. 在通货膨胀条件下，存货采用先进先出法对利润表的影响是（　　）。
A. 利润被低估　　B. 利润被高估
C. 基本反映当前利润水平　　D. 利润既可能被低估也可能被高估

20. 企业用盈余公积分配股利后，法定盈余公积不得低于注册资本的（　　）。
A. 10%　　B. 20%　　C. 25%　　D. 50%

21. 下列不属于现金流量表分析目的的是（　　）。
A. 了解企业资产的变现能力　　B. 了解企业现金变动情况和变动原因
C. 判断企业获现的能力　　D. 评价企业盈利的质量

22. 下列不属于工业企业筹资活动产生的现金流量的是（　　）。
A. 向其他单位投资发生的现金流出　　B. 向投资单位分配利润发生的现金流出
C. 支付费用化的借款费用发生的现金流出　D. 支付资本化的借款费用发生的现金流出

23. 当期所有者权益净变动额等于（　　）。
A. 总权益变动额　　B. 总资产变动额　　C. 总股本变动额　　D. 净资产变动额

24. 下列不影响当期所有者权益变动额的项目是（　　）。
A. 净利润　　B. 所有者投入和减少资本
C. 所有者权益内部结转　　D. 利润分配

25. 在资产与权益对称结构中，（　　）的主要标志是企业流动资产的一部分资金需要使用流动负债来满足，另一部分资金需要则由长期负债来满足。
A. 保守结构　　B. 稳健结构　　C. 平衡结构　　D. 风险结构

26. 在资产与权益对称结构中，（　　）因其风险较大，虽然负债成本最低，但只适用于处在发展壮大时期的企业，而且只能在短期内采用。
A. 保守结构　　B. 风险结构　　C. 平衡结构　　D. 稳健结构

27. 企业普遍采用的资产与权益对称结构是（　　）。
A. 保守结构　　B. 稳健结构　　C. 平衡结构　　D. 风险结构

28. 在资产与权益对称结构中，（　　）虽然风险极低，但会导致较高的资金成本，在实务中很少被企业采用。

A. 保守结构　　B. 风险结构　　C. 平衡结构　　D. 稳健结构

二、多项选择题

1. 进行负债结构分析时必须考虑的因素有（　　）。

A. 负债规模　　B. 负债成本　　C. 债务偿还期限　　D. 财务风险

2. 股东权益结构分析时必须考虑的因素有（　　）。

A. 企业控制权　　B. 企业利润分配政策

C. 财务风险　　D. 权益资金成本

3. 企业货币资金存量及比重是否合适的分析评价应考虑的因素有（　　）。

A. 资产规模与业务量　　B. 企业融资能力

C. 行业特点　　D. 运用货币资金的能力

4. 应收账款变动的可能原因有（　　）。

A. 销售规模变动　　B. 信用政策改变　　C. 收账政策不当　　D. 收账工作执行不力

5. 下列属于影响企业利润因素的有（　　）。

A. 股东权益　　B. 收入　　C. 费用　　D. 利得

6. 对利润总额进行分析，主要侧重于对组成利润总额的（　　）项目进行比较分析。

A. 营业外收入　　B. 营业利润　　C. 营业外支出　　D. 所得税费用

7. 对净利润分析的内容，包括对形成净利润的（　　）等方面的分析。

A. 各项目增减变动　　B. 各项目的结构变动

C. 营业外支出　　D. 变动差异较大的重点项目

8. 对利润表项目进行阅读与分析应主要对（　　）项目进行阅读与分析。

A. 收入类　　B. 费用类　　C. 利润类　　D. 利润结构

9. 财务费用项目分析的内容包括（　　）。

A. 借款总额　　B. 利息支出　　C. 利息收入　　D. 汇兑收益

10. 利润表主表分析应包括的内容有（　　）。

A. 收入分析　　B. 利润额的增减变动分析

C. 利润结构变动分析　　D. 成本费用分析

11. 企业资产与权益对称结构的平衡结构的特点有（　　）。

A. 风险均衡　　B. 存在潜在的风险　　C. 负债成本最低　　D. 企业风险最小

12. 正常经营企业资产与权益对称结构可以分为（　　）。

A. 保守结构　　B. 稳健结构　　C. 平衡结构　　D. 风险结构

13. 现金流量表中现金所包括的具体内容是（　　）。

A. 库存现金　　B. 银行存款　　C. 短期证券　　D. 发行债券

14. 下列属于筹资活动现金流量的项目有（　　）。

A. 短期借款增加　　B. 增加长期投资

C. 取得债券利息收入收到的现金　　D. 偿还长期债券

15. 下列属于经营活动产生的现金流量的有（　　）。

A. 销售商品收到的现金　　B. 分配股利支付的现金

C. 提供劳务收到的现金　　D. 出售设备收到的现金

16. 下列属于筹资活动现金流量的项目有（　　）。

A. 短期借款的增加　　B. 支付给职工的现金

C. 取得债券利息收入　　D. 分配股利所支付的现金

17. 下列属于现金流入项目的有（　　）。

A. 经营成本节约额　　B. 回收垫支的流动资金

C. 营业收入　　D. 固定资产残值变现收入

18. 企业筹资活动产生的现金流量小于 0，可能意味着（　　）。

A. 企业本会计期间大规模偿还债务

B. 企业当期进行了增资扩股

C. 企业在投资和扩张方面没有更多的作为

D. 企业无法取得新的借款

三、判断题

1. 资产负债表中某项目的变动幅度越大，对资产或权益的影响就越大。（　　）
2. 如果本期总资产比上期有较大幅度增加，表明企业本期经营卓有成效。（　　）
3. 只要本期盈余公积增加，就可以断定企业本期经营是有成效的。（　　）
4. 固定资产的比重越高，企业资产的弹性越差。（　　）
5. 负债结构变动一定会引起负债规模发生变动。（　　）
6. 如果企业的资金全部是权益资金，则企业既无财务风险也无经营风险。（　　）
7. 如果本期未分配利润少于上期，说明企业本期经营亏损。（　　）
8. 企业的应收账款增长率超过销售收入增长率是正常现象。（　　）
9. 资产负债表结构分析通常采用水平分析法。（　　）
10. 非生产用固定资产的增长速度一般不应超过生产用固定资产的增长速度。（　　）
11. 资本公积转股会摊薄每股收益。（　　）
12. 公司长期借款增加通常表明其在资本市场上的信誉良好。（　　）
13. 营业利润是企业营业收入与营业成本费用及税金之间的差额。它既包括主营业务利润，又包括其他业务利润，并在两者之和基础上减去管理费用与财务费用。（　　）
14. 息税前利润是指没有扣除利息和所得税的利润，即等于利润总额与利息支出之和。（　　）
15. 如果企业的营业利润主要来源于投资收益，则应肯定企业以前的投资决策的正确性。但要分析企业内部管理存在的问题，以提高企业经营活动内在的创新能力。（　　）
16. 销售成本变动对利润有着直接影响，销售成本降低多少，利润就会增加多少。（　　）
17. 企业成本总额的增加并不一定意味着利润的下降和企业管理水平的下降。（　　）
18. 税率的变动对产品销售利润没有影响。（　　）
19. 运用水平分析法可以更加深入地说明销售费用的变动情况及其合理性。（　　）
20. 价格变动对营业收入的影响额与对利润的影响额不一定总是相同的。（　　）
21. 固定资产折旧的变动不影响当期现金流量的变动。（　　）
22. 经营活动产生的现金流量大于 0 说明企业有盈利。（　　）
23. 企业分配股利必然引起现金流出量的增加。（　　）
24. 利息支出将对筹资活动现金流量和投资活动现金流量产生影响。（　　）
25. 企业支付所得税将引起筹资活动现金流量的增加。（　　）
26. 现金流量表的编制基础是权责发生制。（　　）
27. 财务费用项目引起的现金流量属于筹资活动现金流量。（　　）
28. 即使经营活动的现金流量净额大于 0，企业也可能仍然处于亏损状态。（　　）
29. 企业经营活动产生的现金流量直接反映企业创造现金的能力。（　　）
30. 经营活动现金流量如果小于 0，说明企业经营活动的现金流量自我适应能力较差，企业经营状况

不好，属于不正常现象。（　）

31. 稳健结构的主要标志是流动资产的一部分资金需要由长期资金来解决。（　）

32. 平衡结构的主要标志是流动资产的资金需要全部由短期资金来满足。（　）

33. 按单项比较法确定的期末存货余额一定低于分类比较法下的余额。（　）

34. 所有者权益变动表可以反映债权人所拥有的权益，据此判断资产保值、增值的情况，以及对负债的保障程度。（　）

35. 所有者权益变动表中，所有者权益净变动额等于资产负债表中的期末所有者权益。（　）

36. 如果出现未实现的损益，公司的资产价值就会增减，公积也会随之增减，但未实现的损益不在年度利润表中披露，而是直接计入所有者权益。（　）

37. 在不考虑其他项目时，将净利润调整为本期所有权益变动额，应该在净利润基础上，减去向股东分配的利润。（　）

38. 转增股本是指公司将盈余公积转换为股本。转增股本并没有改变股东的权益规模。（　）

39. 无论是否发生重大会计差错，都应在发现前期差错的当期进行前期差错更正，在所有者权益变动表中适时披露。（　）

40. 多数企业所采用的资产与权益对称结构是稳健结构。（　）

四、计算分析题

1. 某企业资产负债表水平分析表、垂直分析表如表 2.66、表 2.67 所示。请填充表格使其完整，并根据数据进行企业财务状况分析评价。

表 2.66　企业资产负债表水平分析　　万元

项　目	期　初	期　末	变动情况		对总资产或总权益的影响/%
			变动额	变动率/%	
资　产					
流动资产：					
货币资金	4 000	5 000			
交易性金融资产	2 800	2 000			
应收账款	1 550	2 500			
存货	9 700	8 500			
其他流动资产	3 791	4 851			
流动资产合计	21 841	22 851			
非流动资产：					
长期股权投资	4 220	5 100			
固定资产	63 100	65 850			
无形资产	9 100	9 400			
非流动资产合计	76 420	80 350			
合　计	98 261	103 201			
负债及所有者权益					
流动负债：					
短期借款	3 760	5 500			
应付账款	1 360	1 550			
应交款项	740	953			
其他流动负债	448.7	330			
流动负债小计	6 308.7	8 333			

（续表）

项　目	期　初	期　末	变动情况		对总资产或总权益的影响/%
			变动额	变动率/%	
非流动负债：					
长期借款	3 840	4 200			
应付债券	18 100	18 100			
非流动负债小计	21 940	22 300			
负债合计	28 248.7	30 633			
股东权益：					
股本	50 000	50 000			
资本公积	10 700	10 260			
盈余公积	8 242.3	8 532			
未分配利润	1 070	3 772			
股东权益合计	70 012.3	72 568			
合　计	98 261	103 201			

表2.67　企业资产负债表垂直分析　　万元

项　目	期　初	期　末	上年/%	本年/%	变动情况/%
资　产					
流动资产：					
货币资金	4 000	5 000			
交易性金融资产	2 800	2 000			
应收账款	1 550	2 500			
存货	9 700	8 500			
其他流动资产	3 791	4 851			
流动资产合计	21 841	22 851			
非流动资产：					
长期股权投资	4 220	5 100			
固定资产	63 100	65 850			
无形资产	9 100	9 400			
非流动资产合计	76 420	80 350			
合　计	98 261	103 201			
负债及所有者权益					
流动负债：					
短期借款	3 760	5 500			
应付账款	1 360	1 550			
应交款项	740	953			
其他流动负债	448.7	330			
流动负债小计	6 308.7	8 333			
非流动负债：					
长期借款	3 840	4 200			
应付债券	18 100	18 100			

（续表）

项 目	期 初	期 末	期初/%	期末/%	变动情况/%
非流动负债小计	21 940	22 300			
负债合计	28 248.7	30 633			
股东权益：					
股本	50 000	50 000			
资本公积	10 700	10 260			
盈余公积	8 242.3	8 532			
未分配利润	1 070	3 772			
股东权益合计	70 012.3	72 568			
合 计	98 261	103 201			

2. 根据SH公司2019年与2020年报表附注提供的资料，其存货项目构成如下。

2019年年末：原材料12 221.7万元，在产品2 685万元，产成品304.5万元。

2020年年末：原材料12 351.8万元，材料跌价准备235.4万元，在产品1 793.9万元，产成品752.4万元。

要求：

（1）填列表2.68，分析SH公司存货结构与变动情况。

（2）分析存货各项目变动的可能原因。

表2.68 存货结构分析

项 目	金额/万元		结构/%		
	2020年末	2019年末	2020年末	2019年末	差异
原材料					
材料跌价准备					
在产品					
产成品					
合 计					

3. 某企业连续两年的利润表简表如表2.69所示，请编制利润表水平分析表（见表2.70），并对其进行分析。

表2.69 利润表简表 万元

项 目	2020年	2019年
营业收入	1 000	1 100
营业成本	600	700
毛利	400	400
营业费用	100	150
管理费用	150	160
利息费用	10	10
所得税	46.2	26.4
净利润	93.8	53.6

表 2.70　利润表水平分析

万元

项　目	2020 年	2019 年	变动额	变动率/%
营业收入				
营业成本				
毛利				
营业费用				
管理费用				
利息费用				
所得税				
净利润				

4. 甲股份有限公司的 2020 年现金流量表如表 2.71 所示。

表 2.71　现金流量表

万元

项　目	本期金额	上期金额
一、经营活动产生的现金流量		
销售商品、提供劳务收到的现金	490 811	354 726
收到的税费返还		
收到其他与经营活动有关的现金	3	1 029
经营活动现金流入小计	490 814	355 755
购买商品、接受劳务支付的现金	436 825	335 736
支付给职工及为职工支付的现金	9 236	7 836
支付的各项税费	9 547	5 805
支付其他与经营活动有关的现金	23 844	8 048
经营活动现金流出小计	（1）	357 425
经营活动产生的现金流量净额	11 362	（2）
二、投资活动产生的现金流量		
收回投资收到的现金		
取得投资收益收到的现金	2 253	3 919
处置固定资产、无形资产和其他长期资产收回的现金净额	125	59
处置子公司及其他营业单位收到的现金净额		
收到其他与投资活动有关的现金		
投资活动现金流入小计	2 378	3 978
购建固定资产、无形资产和其他长期资产支付的现金	8 774	6 689
投资支付的现金	6 898	21 117
取得子公司及其他营业单位支付的现金净额		
支付其他与投资活动有关的现金		56
投资活动现金流出小计	15 672	27 862
投资活动产生的现金流量净额	（3）	−23 884
三、筹资活动产生的现金流量		
吸收投资收到的现金		

（续表）

项 目	本期金额	上期金额
其中：子公司吸收少数股东投资收到的现金		
取得借款收到的现金	19 500	14 750
收到其他与筹资活动有关的现金		
筹资活动现金流入小计	19 500	14 750
偿还债务支付的现金	12 500	12 575
分配股利、利润或者偿付利息支付的现金	5 225	4 548
其中：子公司支付给少数股东的股利、利润		
支付其他与筹资活动有关的现金		21
筹资活动现金流出小计	17 725	17 144
筹资活动产生的现金流量净额	1 775	−2 394
四、汇率变动对现金及现金等价物的影响		
五、现金及现金等价物净增加额	（4）	−27 948
加：期初现金及现金等价物余额	15 165	43 113
六、期末现金及现金等价物余额	15 008	15 165

要求：

（1）请利用钩稽关系将表中数字补充完整。

（2）结合企业的生命周期理论，对该公司进行相关评价。

5. 宏生公司所有者权益变动表水平分析表和垂直分析表如表 2.72、表 2.73 所示。请解释该公司所有者权益水平分析表和垂直分析表有关数据的计算方法，并根据表中的数据分别进行分析评价。

表 2.72 宏生公司所有者权益变动表水平分析

元

项 目	2020 年	2019 年	变动额	变动率/%
一、上年年末余额	660 899 184.80	626 872 384.30	34 026 800.50	5.43
加：会计政策变更				
前期差错更正				
二、本年年初余额	660 899 184.80	626 872 384.30	34 026 800.50	5.43
三、本期增减变动金额（减少以“－”号填列）	263 823 080.87	34 026 800.50	229 796 280.37	675.34
（一）净利润	209 957 136.55	132 593 289.28	77 363 847.27	58.35
（二）其他综合收益	1 099 927.55	−80 438 774.51	81 538 702.06	−101.38
上述（一）和（二）小计	211 057 064.10	52 154 514.77	158 902 549.33	304.68
（三）所有者投入和减少资本	82 468 416.77	140 000.00	82 328 416.77	58 806.01
1. 所有者投入资本	82 182 702.50	140 000.00	82 042 702.50	58 601.93
2. 股份支付计入所有者权益的金额				
3. 其他	285 714.27		285 714.27	
（四）利润分配	−29 702 400.00	−18 267 714.27	−11 434 685.73	62.60
1. 提取盈余公积				
2. 提取一般风险准备				

（续表）

项　目	2020 年	2019 年	变动额	变动率/%
3. 对所有者（或股东）的分配	−29 702 400.00	−12 994 800.00	−16 707 600.00	128.57
4. 其他		−5 272 914.27	5 272 914.27	−100
（五）所有者权益内部结转				
1. 资本公积转增资本（或股本）				
2. 盈余公积转增资本（或股本）				
3. 盈余公积弥补亏损				
4. 其他				
（六）专项储备				
1. 本期提取				
2. 本期使用				
四、本年年末余额	924 722 265.67	660 899 184.80	263 823 080.87	39.92

表 2.73　宏生公司所有者权益变动表垂直分析

元

项　目	2020 年	2019 年	变动额	变动额构成/%
一、上年年末余额	660 899 184.80	626 872 384.30	34 026 800.50	12.89
加：会计政策变更				
前期差错更正				
二、本年年初余额	660 899 184.80	626 872 384.30	34 026 800.50	12.89
三、本期增减变动金额（减少以“－”号填列）	263 823 080.87	34 026 800.50	229 796 280.37	87.10
（一）净利润	209 957 136.55	132 593 289.28	77 363 847.27	29.32
（二）其他综合收益	1 099 927.55	−80 438 774.51	81 538 702.06	30.91
上述（一）和（二）小计	211 057 064.10	52 154 514.77	158 902 549.33	60.23
（三）所有者投入和减少资本	82 468 416.77	140 000.00	82 328 416.77	31.20
1. 所有者投入资本	82 182 702.50	140 000.00	82 042 702.50	31.10
2. 股份支付计入所有者权益的金额				
3. 其他	285 714.27		285 714.27	0.10
（四）利润分配	−29 702 400.00	−18 267 714.27	−11 434 685.73	−4.33
1. 提取盈余公积				
2. 提取一般风险准备				
3. 对所有者（或股东）的分配	−29 702 400.00	−12 994 800.00	−16 707 600.00	−6.33
4. 其他		−5 272 914.27	5 272 914.27	2.00

（续表）

项　目	2020 年	2019 年	变动额	变动额构成/%
（五）所有者权益内部结转				
1. 资本公积转增资本（或股本）				
2. 盈余公积转增资本（或股本）				
3. 盈余公积弥补亏损				
4. 其他				
（六）专项储备				
1. 本期提取				
2. 本期使用				
四、本年年末余额	924 722 265.67	660 899 184.80	263 823 080.87	100

项目三

企业财务效率分析

知识目标

1. 了解偿债能力、营运能力、盈利能力、发展能力的含义。
2. 理解影响企业偿债能力、营运能力、盈利能力、发展能力的因素。
3. 明确企业财务效率分析的目的和内容。
4. 掌握衡量企业财务效率指标的计算方法。
5. 掌握企业财务效率的分析、评价方法。

能力目标

1. 能够正确计算衡量企业的短期、长期偿债能力的分析指标。
2. 能够评价企业的偿债能力。
3. 能够正确计算衡量企业营运能力的财务指标。
4. 能够评价企业的营运能力。
5. 能够正确计算衡量企业盈利能力的财务指标。
6. 能够评价企业的盈利能力，洞察企业的收益质量。
7. 能够分析和评价企业的发展能力。

大数据将如何影响会计工作

任务一　企业偿债能力分析

理论讲解

一、偿债能力分析的目的和内容

（一）偿债能力分析的目的

偿债能力是指企业偿还各种债务的能力。企业的负债按偿还期的长短，分为流动负债和非流动负债两大类。其中，反映企业偿还流动负债能力的是短期偿债能力，反映企业偿还非流动负债能力的是长期偿债能力。

企业偿债能力是反映企业财务状况的重要内容。偿债能力是企业经营者、投资人、债权人都十分关心的问题，角度不同，分析的目的也有所区别。

① 债权人最关心企业的偿债能力。债权人对企业偿债能力的分析，目的在于做出正确

的借贷决策，保证其资金安全。在进行借贷决策时，债权人首先要对借款企业的财务状况，特别是偿债能力状况进行深入、细致的分析。只有企业具有较强的偿债能力，才能使它们的债务及时收回，并能按期取得利息。

② 投资人最关心企业的盈利能力。投资人不仅关注其投入的资产能否增值，而且关注其投入的资产能否保全。因此，他们同样关注企业的偿债能力。投资者分析企业的偿债能力，有助于做出正确的投资决策。如果一家企业拥有良好的财务环境和较强的偿债能力，则有利于提高企业的盈利能力。

③ 企业经营者对企业偿债能力的分析，目的在于进行正确的经营决策。通过对企业偿债能力的分析，了解企业的财务状况，揭示企业所承担的财务风险程度，预测企业筹资前景，为企业进行各种理财活动提供参考。

④ 企业其他关联方与企业产生各种经济联系。从政府及相关管理部门来说，通过对其偿债能力的分析，可以了解企业经营的安全性，从而制定相应的财政金融政策；对于业务关联企业，通过对长期偿债能力的分析，可以了解企业是否具有长期的支付能力，借以判断企业信用状况和未来业务能力，并做出是否建立长期稳定的业务合作关系的决定。

可见，企业偿债能力的强弱，不仅是企业自身关心的问题，也是各方利益相关者都非常重视的问题。

微课

（二）偿债能力分析的内容

偿债能力分析分为短期偿债能力分析和长期偿债能力分析。

1. 短期偿债能力分析

短期偿债能力是指企业以流动资产偿还流动负债的能力。它反映企业偿付日常到期债务的能力。进行企业短期偿债能力分析，首先要明确影响短期偿债能力的因素，对反映短期偿债能力的指标进行计算与分析，评价企业的短期偿债能力。

2. 长期偿债能力分析

长期偿债能力是指企业对债务的承担能力和对偿还债务的保障能力。对企业长期偿债能力进行分析，应明确影响企业长期偿债能力的因素，对反映企业长期偿债能力的指标进行计算与分析，了解企业长期偿债能力的强弱及其变化情况，说明企业整体财务状况和债务负担及偿债能力的保障程度。

二、短期偿债能力分析

（一）影响短期偿债能力的因素

流动资产的规模与质量、经营现金流量水平、流动负债的规模与结构等是影响短期偿债能力的主要因素。

1. 流动资产的规模与质量

在进行短期偿债能力分析时，财务分析人员通常是将企业的流动资产与流动负债进行比较，计算其比率的大小，并以此作为评价企业短期偿债能力的依据。一般来说，流动资产规模越大，企业短期偿债能力越强。人们把资产看作企业对负债的一种保证，然而却忽视了非现金资产变现价值的不确定性，财务报表上披露的数据并不能代表企业资产变现偿债时的市场价值。因此，流动资产的质量，即流动性显得尤为重要。资产的流动性是指企业资产转换成现金的能力，包括是否能不受损失地转换为现金及转换需要的时间。流动资产是企业进行经营活动的短期资源准备，流动资产的质量也影响着企业今后经营活动中产生现金的能力，它是偿还流动负债的物质保证。因此，流动资产的流动性从根本上决定了企业偿还流动负债的能力。在企业常见的流动资产中，根据变现能力由强到弱的顺序通常为：货币资金—短期投资、应收账款和应收票据—存货—预付款项。其中，应收账款和存货的变现能力往往是影响流动资产变现能力的重要因素。

2. 经营现金流量水平

现金是流动性最强的资产，大多数短期债务都需要通过现金来偿还。因此，现金流入与流出的数量会直接影响企业的短期偿债能力。现金流量包括经营活动、投资活动及筹资活动带来的现金流量。其中，经营活动带来的现金流量是指企业日常的生产经营活动带来的现金流量。由于经营活动带来的现金流量在各期之间波动不是很大，能够相对稳定地满足企业的短期现金支付，所以经营活动现金流量与企业流动性和短期偿债能力的关系最为密切。当企业经营现金流量水平较高时，能获得持续和稳定的现金收入，从根本上保障了债权人的权益；当企业经营现金流入不足以抵补现金流出时，会造成营运资本缺乏，现金短缺，偿债能力必然下降。

3. 流动负债的规模与结构

流动负债的规模与结构也是影响企业短期偿债能力的重要因素，因为短期负债规模越大，短期内企业需要偿还的债务负担就越重；流动负债的结构也直接影响企业的短期偿债能力，如流动负债是以现金偿还是以劳务偿还，表现为偿还方式结构，还有流动负债的期限结构，一般情况下，时间刚性强的债务会对企业造成实际的偿债压力，而时间刚性弱的债务会减轻企业的偿债压力。

在进行企业偿债能力分析时，除从财务报表中取得资料外，还需要分析财务报表资料中没有反映出来的因素，以做出正确的判断。对于企业而言，有增加变现能力的因素，如有可动用的银行贷款指标或授信额度、准备很快变现的长期资产和企业较好的偿债能力的声誉等。也有降低企业短期偿债能力的因素，如与担保有关的或有负债，如果它的数额较大并且可能发生，就应在评价偿债能力时给予关注；已贴现商业承兑汇票形成的或有负债，未决诉讼、仲裁形成的或有负债；经营租赁合同中承诺的付款，很可能是需要偿付的义务；建造合同、长期资产购置合同中的分阶段付款，也是一种承诺，应视同需要偿还的债务，等等。

小知识

偿债能力衡量方法

偿债能力的衡量方法有两种：一种是比较可供偿债资产与债务的存量，如果资产存量超过债务存量较多，则认为偿债能力较强；另一种是比较经营活动现金流量和偿债所需现金，如果产生的现金超过需要的现金较多，则认为偿债能力较强。可偿债资产的存量是指资产负债表中列示的流动资产年末余额；短期债务的存量是指资产负债表中列示的流动负债年末余额。两者比较可以反映短期偿债能力。流动资产与流动负债的存量比较有两种方法：一种是差额比较，两者相减的差额称为营运资本（营运资本即为流动资产超过流动负债的部分）；另一种是比率比较，两者相除的比率称为短期债务的存量比率。

当流动资产大于流动负债时，营运资本为正数，表明长期资本的数额大于长期资产，超出部分被用于流动资产。营运资本的数额越大，财务状况越稳定。简而言之，当全部流动资产没有依靠任何流动负债提供资金来源，而全部由长期资本提供时，企业没有任何短期偿债压力。当流动资产小于流动负债时，营运资本为负数，表明长期资本小于长期资产，有部分长期资产由流动负债提供资金来源。由于流动负债在一年或一个营业周期内需要偿还，而长期资产在一年或一个营业周期内不能变现，偿债所需现金不足，必须设法另外筹资，这意味着财务状况不稳定。

（二）短期偿债能力指标计算与分析

反映企业短期偿债能力的主要指标包括流动比率、速动比率、现金比率和现金流动负债比率等。

1. 流动比率

流动比率是指流动资产与流动负债的比值。它是衡量企业短期偿债能力的核心比率，用来反映企业短期偿债能力的强弱。其计算公式为：

$$流动比率=\frac{流动资产}{流动负债}$$

通常认为，流动比率越高，企业的短期偿债能力越强，债权人利益保障程度越高。但流动比率过高，将导致企业流动资产的闲置，降低企业的盈利能力。造成企业流动比率过高的原因有很多，主要是：企业对资金未能有效利用；企业赊销过多，流动资产中有大量的应收账款；企业销售不力，致使在产品、产成品积压，库存商品过多等。

一般认为，流动比率的合理比值为 2，即流动负债要用流动资产来偿还，而流动资产中，存货占一半左右。这是因为流动资产中变现能力最差的存货金额约占流动资产总额的一半，剩下的流动性较强的流动资产至少要等于流动负债，这样企业的短期偿债能力才会有保证。格雷厄姆在《聪明的投资者》（第 4 版）中提出的防御型投资者选股标准是：对于工业企业而言，流动资产应该至少是流动负债的 2 倍，即流动比率不低于 2。但实际中，由于行业不同，不能教条地要求企业流动比率都要达到 2。营业周期短、应收账款和存货周转速度快的企业，其流动比率的标准可以低一些。正常情况下，部分行业的流动比率参考值为：汽车 1.1、房地产 1.2、制药 1.25、建材 1.25、化工 1.2、家电 1.5、啤酒 1.75、计算机 2、电子 1.45、商业 1.65、机械 1.8、玻璃 1.3、食品大于 2、饭店大于 2。

另外，流动资产能否用于偿债，还要看它们是否能顺利地转换成现金。通过报表附注，可以了解各项流动资产的变现能力，并据此对计算口径进行调整。

根据 HS 公司资产负债表（见表 2.2 ）提供的资料，可以计算出该公司 2020 年年初和年末的流动比率。

$$2020年年初流动比率=\frac{89\ 009}{37\ 327}=2.38$$

$$2020年年末流动比率=\frac{89\ 079}{36\ 292}=2.45$$

HS 公司 2020 年年初和年末的流动比率都超过 2，表明该公司短期偿债能力较强。

小知识

流动比率并非越高越好

流动比率是流动资产与流动负债之比。一般认为，工业生产性企业合理的流动比率最低应该是 2。但这是一个长期以来形成的经验性标准，并不能从理论上证明，也无法在实践中形成统一标准。尤其需要说明的是，流动比率不低于 2，适用于一般性的企业，但并不完全适用于巴菲特最喜欢选择的具有强大持续性竞争优势的超级明星公司。

巴菲特持股的很多具有持续性竞争优势的超级明星公司，流动比率都低于 2，甚至低于 1。例如，IBM 为 1.26、可口可乐为 1.1、沃尔玛为 0.88、卡夫为 0.85、宝洁为 0.83。一般的企业流动比率低于 2，意味着可能面临偿还短期债务的困难。但这些超级明星公司具有强大的销售渠道，销售回款速度很快，能够产生充足的现金流量，保证按期偿还流动负债。而且公司盈利能力非常强，能够快速产生较多的利润，足以保证还债。同时，公司信用评级很高，短期融资能力巨大，公司可以利用短期商业票据或信用贷款等手段迅速融资还债。越是赚钱的公司，流动资产周转速度越快，流动资产占用资金量越小，流动比率反而越低，低于 2，甚至低于 1。当然，这只限于少数非常优秀的公司。

另外，不同行业的流动比率差别较大。因此，计算出来的流动比率，需要与同行业平均流动比率进行比较，并与本企业的历史流动比率进行比较，才能判断公司的流动比率是否过高或过低。在此基础上，进一步分析流动资产和流动负债所包括的项目及经营上的因素，才能确定流动比率过高或过低的原因。一般情况下，营业周期、流动资产中的应收账款和存货的周转速度是影响流动比率的主要因素。

流动比率高，一般表明偿债保证程度较强。但是有些企业虽然流动比率较高，但账上却没有多少真正能够迅速用来偿债的现金和存款，其流动资产中大部分是变现速度较慢的存货、应收账款、待摊费用等。因此，在分析流动比率时，还要进一步分析流动资产的构成项目，计算并比较公司的速动比率和现金比率。

2. 速动比率

速动比率，又称酸性测验比率，是指速动资产对流动负债的比率。它用来衡量企业流动资产中可以立即变现用于偿还流动负债的能力。速动比率的内涵是每 1 元流动负债有多少元速动资产做保障。速动比率的计算公式为：

$$速动比率=\frac{速动资产}{流动负债}$$

所谓速动资产是指现金和易于变现、几乎可以随时用来偿还债务的流动资产。计算方法为流动资产减去变现能力较差且不稳定的存货、预付款项、一年内到期的非流动资产和其他流动资产等之后的余额。也就是说，存货、预付款项、一年内到期的非流动资产和其他流动资产不属于速动资产。

在计算速动比率时要把存货从流动资产中剔除。其主要原因是：①在流动资产中存货的变现速度最慢；②由于某种原因，存货中可能含有已损失报废但还没做处理的不能变现的存货；③部分存货可能已抵押给某债权人；④存货估价还存在着成本与合理市价相差悬殊的问题。综合上述原因，以及排除使人产生种种误解因素的情况下，把存货从流动资产总额中减去而计算出的速动比率反映的短期偿债能力更加可信。

速动比率也有其局限性：第一，速动比率只是揭示了速动资产与流动负债的关系，是一项静态指标；第二，速动资产中包含了流动性较差的应收账款，使速动比率所反映的偿债能力受到怀疑，特别是当速动资产中含有大量不良应收账款时，必然会减弱企业的短期偿债能力。

一般来说，速动比率越高，说明企业的流动性越强，流动负债的安全程度越高。但与流动比率类似，从企业角度看，速动比率也不是越高越好，对速动比率要具体情况具体分析。根据经验，通常认为正常的速动比率为 1，低于 1 的速动比率被认为是短期偿债能力偏低。这仅是一般的看法，因为行业不同，速动比率会有很大的差别，没有统一标准的速动比率。例如，采用大量现金销售的商店，几乎没有应收账款，大大低于 1 的速动比率是很正常的。相反，一些应收账款较多的企业，影响速动比率可信性的重要因素是应收账款的变现能力。账面上的应收账款不一定都能变成现金，实际坏账可能比计提的准备要多；季节性的变化，可能使资产负债表的应收账款数额不能反映平均水平。

部分行业的速动比率参考值为：汽车 0.85、房地产 0.65、制药 0.90、建材 0.90、化工 0.90、啤酒 0.90、计算机 1.25、电子 0.95、商业 0.45、机械 0.90、玻璃 0.45。

根据 HS 公司资产负债表（见表 2.2）提供的资料，可以计算出该公司 2020 年年初和年末的速动比率。

$$2020\text{年年初速动比率}=\frac{89\ 009-19\ 197-247}{37\ 327}=1.86$$

$$2020\text{年年末速动比率}=\frac{89\ 079-15\ 537-287}{36\ 292}=2.02$$

该公司 2020 年速动比率年末高于年初，且均大大高于 1。这与该公司属于计算机应用服务行业有关。该比率表明此公司短期偿债能力极强，但由于可变现资产（除存货）数额较大，说明企业资金的运作能力比较差。

3. 现金比率

现金比率是指现金类资产与流动负债的比值。它剔除了应收账款对偿债能力的影响，最能反映企业直接偿付流动负债的能力。现金类资产包括货币资金和交易性金融资产。现金比率的计算公式为：

$$\text{现金比率}=\frac{\text{货币资金}+\text{交易性金融资产}}{\text{流动负债}}$$

现金比率反映企业的即时付现能力，也就是随时可以还债的能力。企业保持一定的合理的现金比率是很必要的。一般认为，现金比率越高，表明企业可立即用于支付债务的现金类资产越多，对到期的流动负债保障度越高。但这一比率过高，则意味着企业流动资产未能得到合理运用，现金类资产盈利能力低，企业机会成本增加，所以并不鼓励企业保留过多的现金类资产，一般认为这一比率应在 0.20 左右。

根据HS公司资产负债表（见表2.2）提供的资料，可以计算该公司2020年年初和年末的现金比率。

$$2020\text{年年初现金比率}=\frac{41\ 145+18\ 790}{37\ 327}=1.61$$

$$2020\text{年年末现金比率}=\frac{52\ 876+2\ 516}{36\ 292}=1.53$$

计算结果显示，HS公司2020年年初和年末现金比率均居高不下。过高的比率意味着企业过多的资源被盈利能力较低的现金资产占用，从而影响企业盈利能力。虽然期末比率较期初有所下降，但是下降幅度较小，说明公司对现金类资产管理不够，后期应该加强对现金类资产的管理。

小知识

流动比率、速动比率与现金比率的相互关系

第一，以全部流动资产作为偿付流动负债的基础，所计算的指标是流动比率。

第二，速动比率以流动资产扣除变现能力较差的存货和不能变现的待摊费用作为偿付流动负债的基础。它弥补了流动比率的不足。

第三，现金比率以现金类资产（货币资金+交易性金融资产）作为偿付流动负债的基础。但现金持有量过大会对企业资产利用效果产生副作用，这种指标仅在企业面临财务危机时使用，相对于流动比率和速动比率来说，其作用力度较小。

第四，速动比率与流动比率一样，反映的都是单位资产的流动性，以及快速偿还到期负债的能力和水平。一般而言，流动比率为2，速动比率为1。但是在实务分析中，该比率在不同的行业往往差别非常大。

第五，速动比率相对流动比率而言，扣除了一些流动性非常差的资产。另外，考虑存货的毁损、所有权、现值等因素，其变现价值可能与账面价值的差别非常大。因此，将存货也从流动比率中扣除。这样的结果是，速动比率非常严苛地反映了一个单位能够立即还债的能力和水平。

实务演练

案例资料： N公司资产负债表如表3.1所示。

表3.1　N公司资产负债表

2020年12月31日　　　　万元

资　产	年末余额	年初余额	负债及股东权益	年末余额	年初余额
流动资产：			流动负债：		
货币资金	44	25	短期借款	60	45
交易性金融资产	6	12	交易性金融负债	28	10
应收票据	14	11	应付票据	5	4
应收账款	398	199	应付账款	100	109
预付款项	22	4	预收款项	10	4
应收利息	0	0	应付职工薪酬	2	1

（续表）

资　产	年末余额	年初余额	负债及股东权益	年末余额	年初余额
应收股利	0	0	应交税费	5	4
其他应收款	12	22	应付利息	12	16
存货	119	326	应付股利	0	0
一年内到期的非流动资产	77	11	其他应付款	25	22
其他流动资产	8	0	预计负债	2	4
流动资产合计	700	610	一年内到期的非流动负债	0	0
非流动资产：			其他流动负债	53	5
可供出售金融资产	0	45	流动负债合计	300	220
持有至到期投资	0	0	非流动负债：		
长期应收款	0	0	长期借款	450	245
长期股权投资	30	0	应付债券	240	260
固定资产	1.238	955	长期应付款	50	60
在建工程	18	35	专项应付款	0	0
固定资产清理	0	12	预计负债	0	0
无形资产	6	8	递延所得税负债	0	0
开发支出	0	0	其他非流动负债	0	15
商誉	6	8	非流动负债合计	750	580
长期待摊费用	5	15	负债合计	1 040	800
递延所得税资产	0	0	股东权益：		
其他非流动资产	3	0	股本	100	100
非流动资产合计	1 300	1 070	资本公积	10	10
			减：库存股	0	0
			盈余公积	60	40
			未分配利润	790	730
			股东权益合计	960	880
资产总计	2 000	1 680	负债及股东权益总计	2 000	1 680

要求：计算 N 公司 2020 年年初、年末的流动比率、速动比率和现金比率，并进行简要评价（计算结果保留两位小数）。

4. 现金流动负债比率

现金流动负债比率的计算公式为：

$$现金流动负债比率=\frac{经营活动现金流量净额}{年末流动负债}\times 100\%$$

该指标从现金流入和流出的动态角度对企业的实际偿债能力进行考察，直观地反映企业偿还流动负债的实际能力。它评价企业短期偿债能力比流动比率和速动比率更谨慎。

根据 HS 公司资产负债表（见表 2.2）、现金流量表（见表 2.46）提供的资料，可以计算出该公司 2019 年、2020 年的现金流动负债比率。

$$2019年现金流动负债比率=\frac{17\,339}{37\,327}\times 100\%=46.45\%$$

$$2020年现金流动负债比率=\frac{19\,609}{36\,292}\times 100\%=54.03\%$$

该指标越大，表明企业经营活动产生的现金流量净额越多，越能保障企业按期偿还到期债务。计算结果显示，该公司 2019 年、2020 年现金流动负债比率均在 40% 以上，指标值较高，公司短期偿债能力强。但指标过大也表明公司流动资金利用不充分，盈利能力不强。

小知识

短期偿债能力的分析方法

短期偿债能力分析主要采用相关比率的同业比较、历史比较和预算比较分析方法。

第一，同业比较分析。同业比较包括同业先进水平、同业平均水平和竞争对手比较 3 类。它们的原理是一样的，只是比较标准不同。同业比较分析有两个重要的前提：一是确定好同类企业，二是确定好行业标准。短期偿债能力的同业比较程序如下所述。

① 计算反映短期偿债能力的核心指标——流动比率，将实际指标值与行业标准值进行比较，并得出比较结论。

② 分解流动资产，关注流动资产的构成，目的是考察流动比率的质量。

③ 如果存货所占比重较大，可进一步计算速动比率，考察企业速动比率的水平和质量，并与行业标准值比较，并得出结论。

④ 如果速动比率低于同行业水平，说明应收账款周转速度慢，可进一步计算现金比率，并与行业标准值比较，得出结论。

⑤ 通过上述比较，综合评价企业短期偿债能力。

第二，历史比较分析。短期偿债能力的历史比较分析采用的比较标准是过去某一时点的短期偿债能力的实际指标值。比较标准可以是企业历史最好水平，也可以是企业正常经营条件下的实际值。在分析时，经常与上年实际指标进行对比。

采用历史比较分析的优点是：一是比较基础可靠，历史指标是企业曾经达到的水平，通过比较，可以观察企业偿债能力的变动趋势；二是具有较强的可比性，便于找出问题。其缺点是：一是历史指标只能代表过去的实际水平，不能代表合理水平，所以历史比较分析主要通过比较，揭示差异，分析原因，推断趋势；二是经营环境变动后，也会减弱历史比较的可比性。

第三，预算比较分析。预算比较分析是指对企业指标的本期实际值与预算值进行的比较分析。预算比较分析采用的比较标准是反映企业偿债能力的预算标准。预算标准是企业根据自身经营条件和经营状况制定的目标。

实务演练

微课

案例资料：W 公司 2020 年实际指标值及同行业标准值如表 3.2 所示。

表 3.2 W 公司 2020 年指标值对比

指　标	企业实际值	行业标准值
流动比率	1.59	1.67
应收账款周转率	7.80	24.09
存货周转率	6.00	6.91
速动比率	1.06	1.15
现金比率	0.25	0.50

要求：请根据上述资料，按照一定短期偿债能力同业比较分析的程序，对 W 公司进行比率的同业比较分析，并得出分析结论。

提示：W 公司的短期偿债能力低于行业平均水平，主要问题出在“应收账款”项目上，其占用过大，是主要矛盾，应进行深入分析。

三、长期偿债能力分析

（一）影响企业长期偿债能力的因素

长期偿债能力是指企业对债务的承担能力和对偿还债务的保障能力。长期偿债能力是企业债权人、投资者、经营者和与企业有关联的各方等都十分关注的重要问题。

分析一个企业的长期偿债能力，主要是为了确定该企业偿还债务本金和支付债务利息的能力。影响企业长期偿债能力的因素有企业的资本结构和企业的盈利能力两个方面。

1. 企业的资本结构

资本结构是指企业各种资本的构成及其比例关系。在西方资本结构理论中，由于短期债务资本的易变性，而将其作为营业资本管理。西方的资本结构仅指各种长期资本的构成及其比例关系。在我国，从广义上理解资本结构的概念更为恰当，资本结构包括企业各种资本的构成及其比例。其主要原因有两个方面：一是我国目前企业的流动负债比例很大，如果单纯从长期资本的角度分析，难以得出正确的结论；二是从广义的角度理解资本结构这一概念，已在我国理论与实务界达成共识。

目前，企业筹资的渠道和方式尽管多种多样，但企业全部资本归结起来不外乎包含权益资本和债务资本两大部分。

权益资本和债务资本的作用不同。权益资本是企业创立和发展最基本的因素，是企业拥有的净资产，它不需要偿还，可以在企业经营中永久使用。同时，权益资本也是股东承担民事责任的限度，如果借款不能按时归还，法院可以强制债务人出售财产偿债。因此，权益资本就成为借款的基础。权益资本越多，债权人越有保障；权益资本越少，债权人蒙受损失的可能性越大。在资金市场上，能否借入资金及借入多少资金，在很大程度上取决于企业的权益资本实力。

由于单凭自有资金很难满足企业的需要，实际中很少有企业不利用债务资本进行生产经营活动的，负债经营是企业普遍存在的现象。从另一个角度看，债务资本不仅能从数量上弥补企业资金的不足，而且由于企业支付给债务资本的债权人收益（如债券的利息）国家允许在所得税前扣除，故而降低了融资资金成本。同时，由于负债的利息是固定的，不管企业是否获利及获利多少，都要按约定的利率支付利息。这样，如果企业经营得好，就有可能获取财务杠杆利益。这些都会使企业维持一定的债务比例。企业的债务资本在全部资本中所占的比重越大，财务杠杆发挥的作用就越明显。一般情况下，负债筹资资金成本较低，弹性较大，是企业灵活调整资金余缺的重要手段。但是，负债是要偿还本金和利息的，无论企业的经营业绩如何，负债都有可能给企业带来财务风险。可见，资本结构对企业长期偿债能力的影响一方面体现在权益资本是承担长期债务的基础，另一方面体现在债务资本的存在可能带给企业财务风险，进而影响企业的偿债能力。

在实际工作中，企业主要存在如下 3 种融资结构。

第 1 种是保守型融资结构。这种资本结构表现为企业主要采取权益资本融资，且在负债融资结构中又以长期负债融资为主。在这种融资结构下，企业对流动负债的依赖性较低，从而减轻了短期偿债的压力，财务风险较低；同时，权益资本和长期负债融资的成本较高，企业的资金成本较大。可见，这是一种低财务风险、高资金成本的融资结构。

第 2 种是中庸型融资结构。在这种资本结构中，权益资本与债务资本融资的比重主要根据资金的使用用途来确定，即用于长期资产的资金由权益资本融资和长期负债融资提供，而用于流动资产的资金主要由流动负债融资提供，使权益资本融资与债务资本融资的比重保持在较为合理的水平上。这种结构是一种中等财务风险和资金成本的融资结构。

第 3 种是风险型融资结构。这是指在资本结构中主要（甚至全部）采用负债融资，流动负债也被大量长期资产所占用。显然，这是一种高财务风险、低资金成本的融资结构。

企业的资本结构是影响企业长期偿债能力的重要因素。

2. 企业的盈利能力

企业能否有充足的现金流入供偿债使用，在很大程度上取决于企业的盈利能力。企业举债，必然要承担两种责任：一是偿还债务本金的责任；二是支付债务利息的责任。短期债务可以通过流动资产变现来偿付，因为大多数流动资产的取得往往以短期负债为其资金来源。而企业的长期负债大多用于长期资产投资，在企业正常生产经营条件下，长期资产投资形成企业的固定资产能力，一般来讲企业不可能靠出售资产作为偿债的资金来源，只能依靠企业生产经营所得。另外，企业支付给长期债权人的利息支出，也要从所融通资金创造的收益中予以偿付。可见，企业的长期偿债能力是与企业的盈利能力密切相关的。一个长期亏损的企业，正常生产经营活动都不能进行，保全其权益资本肯定是困难的事情，维持正常的长期偿债能力也就更无保障了。一般来说，企业的盈利能力越强，长期偿债能力越强；反之，则长期偿债能力越弱。如果企业长期亏损，则必须通过变卖资产才能清偿债务，最终要影响投资者和债权人的利益。因此，企业的盈利能力是影响长期偿债能力的重要因素。

应该特别指出，现金流量状况决定了偿债能力的保证程度，现金流量对长期偿债能力必然产生重要影响。这在现金流量表比率分析部分已经进行了阐述。

除此之外，影响长期偿债能力的其他因素有长期租赁、债务担保和未决诉讼等。当企业急需某种设备或厂房而又缺乏足够资金时，可以通过租赁的方式解决。财产租赁的形式包括融资租赁和经营租赁。融资租赁形成的负债会反映在资产负债表中，而经营租赁的负债则未反映在资产负债表中。当企业经营租赁额比较大、期限比较长或具有经常性时，经营租赁实际上就构成了一种长期性融资。因此，经营租赁也是一种表外融资。这种长期融资，到期时必须支付租金，会对企业偿债能力产生影响。而企业进行债务担保，由于担保项目的时间长短不一，有的涉及企业的长期负债，有的涉及企业的流动负债，在分析企业长期偿债能力时，应根据有关资料判断担保责任带来的潜在长期负债问题。另外，如果企业涉及诉讼，未决诉讼一旦判决败诉，便会影响企业的偿债能力。因此，在评价企业长期偿债能力时要考虑其潜在影响。

（二）长期偿债能力指标计算与分析

反映企业长期偿债能力的主要指标包括资产负债率、产权比率、有形净值债务率、权益乘数、利息保障倍数等。

1. 资产负债率

资产负债率是负债总额除以资产总额的百分比，也就是负债总额与资产总额的比例关系（也称为债务比率）。资产负债率的计算公式为：

$$资产负债率=\frac{负债总额}{资产总额}\times 100\%$$

资产负债率反映总资产中有多大比例是通过负债取得的，可以衡量企业清算时对债权人利益的保障程度。资产负债率越低，企业偿债越有保障，企业的长期偿债能力越强。资产负债率还代表企业的举债能力：一个企业的资产负债率越低，举债越容易；如果资产负债率高到一定程度，没有人愿意提供贷款了，则表明企业的举债能力已经用尽。

一般认为，资产负债率的适宜水平是40%～60%。对于经营风险比较高的企业，为减少财务风险应选择比较低的资产负债率；对于经营风险低的企业，为增加股东收益应选择比较高的资产负债率。如果企业的资产负债率大于100%，则表明企业已经资不抵债，视为达到破产的警戒线。不同行业的资产负债率有较大差异。例如，2018年A股房地产业、零售业、医药制造业的平均资产负债率分别为64.2%、53.1%、30.6%，行业差异较为明显。

在分析资产负债率时，可以从以下几个方面进行。

① 从债权人的角度看，资产负债率越低越好。对于债权人而言，其关注的是债权的安全和利息能否足额、及时地给付。资产负债率低，债权人提供的资金与企业资本总额相比，所占比例低，企业不能偿债的可能性小，企业的风险主要由股东承担，这对债权人来讲，是十分有利的。当企业的资产负债率超过50%时，债权人在企业清算时，就有可能出现本金得不到清偿的情况，所以希望企业资产负债率越低越好。

② 从股东的角度看，希望保持较高的资产负债率水平。这是因为，股东的目标是提高投资收益水平。该指标越大，说明利用较少的自有资本形成了较多的生产经营用资产，不仅扩大了经营规模，而且还可以利用财务杠杆利益得到更多的投资利润，同时不会稀释股权，所以投资者期望利用债务来扩大经营，以便赚取更多的超出利息的利润。对股东而言，在全部资本利润率高于借款利息率时，负债比例越高越好。

③ 从经营者的角度看，必须将资产负债率控制在适度水平上。他们关心的是在充分利用借入资本给企业带来好处的同时，尽可能降低财务风险。在考虑资金成本负担能力的同时，还要考虑通过适度负债满足企业发展对资金的需求，既不能过于保守，也不能盲目举债，而应该适当负债。

根据HS公司资产负债表（见表2.2）提供的资料，可以计算出该公司2020年年初和年末的资产负债率。

$$2020\text{年年初资产负债率}=\frac{51\,563}{159\,868}\times 100\%=32.25\%$$

$$2020\text{年年末资产负债率}=\frac{44\,290}{174\,678}\times 100\%=25.35\%$$

计算结果表明，HS公司2020年年初和年末的资产负债率均不高，说明公司长期偿债能力较强，有助于增强债权人对公司出借资金的信心。

2. 产权比率

产权比率是指企业负债总额与所有者权益总额之间的比率，也称为负债与股东权益比率、资本负债率。这是企业财务结构稳健与否的重要标志，反映企业所有者对债权人权益的保障程度。其计算公式为：

$$\text{产权比率}=\frac{\text{负债总额}}{\text{所有者权益总额}}\times 100\%$$

式中，“所有者权益”在股份有限公司中是指“股东权益”。

一般情况下，产权比率越低，说明企业长期偿债能力越强，债权人权益的保障程度越高、承担的风险越小，但企业不能充分发挥负债的财务杠杆效应。因此，企业在评价产权比率适度与否时，应从盈利能力与增强偿债能力两个方面综合进行，即在保障债务偿还安全的前提下，尽可能提高产权比率。产权比率高，企业是高风险、高报酬的财务结构；产权比率低，企业是低风险、低报酬的财务结构。

产权比率与资产负债率对评价偿债能力的作用基本相同，两者的主要区别是资产负债表侧重于债务偿付安全性的物质保障程度，产权比率则侧重于揭示财务结构的稳定程度及自有资金对偿付风险的承受能力。

根据HS公司资产负债表（见表2.2）提供的资料，可以计算出该公司2020年年初和年末的产权比率。

$$2020\text{年年初产权比率}=\frac{51\,563}{108\,305}\times 100\%=47.61\%$$

$$2020\text{年年末产权比率}=\frac{44\,290}{130\,388}\times 100\%=33.97\%$$

计算结果表明，HS公司2020年年初和年末的产权比率均低于50%，而且有下降趋势，企业长期偿债能力在增强，对债权人的保障程度在提高。但企业财务结构略显保守，未能充分发挥负债的财务杠杆效应。

3. 有形净值债务率

有形净值债务率是企业负债总额与有形净值的百分比。有形净值是所有者权益减去无形资产净值后的余额，即所有者享有所有权的有形资产净值。有形净值债务率用于揭示企业的长期偿债能力，表明债权人在企业破产时的被保护程度。其计算公式为：

$$\text{有形净值债务率}=\frac{\text{负债总额}}{\text{所有者权益}-\text{无形资产净值}}\times 100\%$$

有形净值债务率主要用于衡量企业的风险程度和对债务的偿还能力。这个指标越大，表明风险越大；反之，则越小。同理，该指标越小，表明企业长期偿债能力越强；反之，则越弱。

对有形净值债务率的分析，可以从以下几个方面进行。

① 有形净值债务率揭示了负债总额与有形资产净值之间的关系，能够计量债权人在企业处于破产清算时能获得多少有形财产保障。从长期偿债能力来讲，该指标越低越好。

② 有形净值债务率指标最大的特点是在可用于偿还债务的净资产中扣除了无形资产。这主要是由于无形资产的计量缺乏可靠的基础，在企业清算时不可能作为偿还债务的资源。

③ 有形净值债务率指标实质上是产权比率指标的延伸，更为谨慎、保守地反映了在企业清算时债权人投入的资本受到股东权益的保障程度。有形净值债务率指标的分析与产权比率分析相同，负债总额与有形资产净值应维持1∶1的比例。

根据HS公司资产负债表（见表2.2）提供的资料，可以计算出该公司2020年年初和年末的有形净值债务率。

$$2020\text{年年初有形净值债务率}=\frac{51\,563}{108\,305-5\,367}\times 100\%=50.09\%$$

$$2020\text{年年末有形净值债务率}=\frac{44\,290}{130\,388-4\,892}\times100\%=35.29\%$$

计算结果表明，HS 公司 2020 年年初和年末的有形净值债务率均保持较低的水平，且有明显降低，表明债权人承担的风险较低，企业长期偿债能力又得到加强，这与产权比率是一致的。

4. 权益乘数

权益乘数是指资产总额相当于所有者权益总额的倍数，表明股东每投入 1 元钱可实际拥有和控制的金额。权益乘数越大，表明所有者投入企业的资本占全部资产的比重越小，企业负债的程度越高；反之，该比率越小，表明所有者投入企业的资本占全部资产的比重越大，企业的负债程度越低，债权人权益受保护的程度越高，企业的偿债能力也就越强。产权比率和权益乘数是资产负债率的另外两种表现形式，是常用的反映财务杠杆水平的指标。权益乘数的计算公式为：

$$\text{权益乘数}=\frac{\text{资产总额}}{\text{所有者权益总额}}=\frac{1}{1-\text{资产负债率}}$$

权益乘数的倒数称为所有者权益比率（股东权益比率），表明企业的资产中有多少是所有者投入资本形成的。所有者权益比率的计算公式为：

$$\text{所有者权益比率}=\frac{\text{所有者权益总额}}{\text{资产总额}}\times100\%$$

权益乘数和所有者权益比率都是对资产负债表的补充说明，可以结合起来运用。按相同口径计算的所有者权益比率与资产负债率之和为 1。该比率越大，资产负债率越小，企业的财务风险也越小，长期偿债能力越强。

根据 HS 公司资产负债表（见表 2.2）提供的资料，可以计算出该公司 2020 年年初和年末的权益乘数和所有者权益比率。

$$2020\text{年年初权益乘数}=\frac{159\,868}{108\,305}=1.48$$

$$2020\text{年年末权益乘数}=\frac{174\,678}{130\,388}=1.34$$

$$2020\text{年年初所有者权益比率}=\frac{108\,305}{159\,868}\times100\%=67.75\%$$

$$2020\text{年年末所有者权益比率}-\frac{130\,388}{174\,678}\times100\%=74.65\%$$

计算结果表明，HS 公司权益乘数有所降低，所有者权益比率有所上升，但变化幅度不大，企业的偿债能力有所增强。

5. 利息保障倍数

利息保障倍数又称已获利息倍数，是指企业息税前利润对应付利息的倍数，用以衡量偿付借款利息的能力。其数额越大，企业的偿债能力越强。其计算公式为：

$$\text{利息保障倍数}=\frac{\text{息税前利润}}{\text{应付利息}}$$

其中，息税前利润＝净利润＋所得税＋利润表中的利息费用。公式中的“应付利息”是指本期发生的全部应付利息，不仅包括财务费用中的利息费用，还包括计入固定资产成本的资本化利息。虽然资本化利息不在利润表中扣除，但仍然是要偿还的。没有足够大的息税前利润，利息的支付就会发生困难。

对于利息保障倍数的分析，应从以下几个方面进行。

① 利息保障倍数指标越高，表明企业的债务偿还越有保障；相反，则表明企业没有足够的资金来源偿还债务利息，企业偿债能力低下。

② 因企业所处的行业不同，利息保障倍数有不同的标准界限，一般公认的利息偿付倍数为 3。如果利息保障倍数小于 1，表明自身产生的经营收益不能支持现有的债务规模。利息倍数等于 1 也很危险，因为息税前利润受经营风险的影响，很不稳定，而利息支付却是固定的。利息保障倍数越大，公司拥有的偿还利息的缓冲资金就越多。

③ 从稳健的角度出发，应选择几年中最低的利息保障倍数指标，作为最基本的标准。

④ 在利用利息保障倍数指标分析企业的偿债能力时，还要注意一些非付现费用问题。从长期来看，企业必须拥有支付其所有费用的资金，而从短期来看，企业的固定资产折旧费、无形资产摊销费等非付现费用，并不需要资金支付，但抵减了当期利润。因此，有些企业即使在已获利息倍数低于 1 时，也能偿还其债务利息。但这种支付能力是暂时的，当企业需要重置资产时，势必发生支付困难。因此，在分析时需要比较企业连续多个会计年度（如 5 年）的利息保障倍数，以说明企业付息能力的稳定性。

根据 HS 公司资产负债表（见表 2.2）和利润表（见表 2.21）提供的资料，我们发现该公司 2019 年财务费用为 －64 万元，企业的利息收入大于利息支出，这时利息保障倍数就无意义了。计算该公司 2020 年的利息保障倍数如下。

$$2020\text{年利息保障倍数}=\frac{26\ 201+2\ 384+102}{102}=281.25$$

上式表明，该公司 2020 年利息保障倍数极高，表现出企业较强的竞争实力和偿债能力。当然，还应结合企业的行业特点来衡量，与行业平均值相比较进行评价。

实务演练

案例资料 1： Z 公司 2020 年度利润表如表 3.3 所示。

表 3.3　利润表

编制单位：Z 公司　　2020 年度　　万元

项　目	本年金额	上年金额
一、营业收入	3 000	2 850
减：营业成本	2 644	2 503
税金及附加	28	28
销售费用	22	20
管理费用	46	40
财务费用	110	96
资产减值损失	0	0
加：公允价值变动收益	0	0
投资收益	6	0

（续表）

项　目	本年金额	上年金额
二、营业利润	156	163
加：营业外收入	45	72
减：营业外支出	1	0
三、利润总额	200	235
减：所得税费用	64	75
四、净利润	136	160

案例资料2：震惊！WK资产负债率竟高达84%！

前不久，有媒体报道房企负债率创新高的新闻，称深圳房企龙头WK总负债突破万亿元。最终得出的结论是连WK都资金吃紧，中国房地产市场危险了。报告中指出，WK截至2018年一季度末的总资产12 242.65亿元，总负债10 289.27亿元，资产负债率高达84.04%。

之后，在5月24日，Wind资讯发表推文，称“任何脱离商业实质的财务分析都是耍流氓”。文中就房企收入确认的新旧准则进行了分析，表明其看似高昂的负债，实则为未竣工交房的预售房款，扣除该部分之后，资产负债率瞬间下降至44.9%。文章结论，“资金相对充裕，财务结构健康”。

是这样吗？细细分析如下：

2018年3月26日，经董事会审批，WK发布其2017年年报。2017年WK实现营业收入2 428.97亿元，同比增加1.01个百分点；归属上市公司净利润280.52亿元，同比增加33.44个百分点。2017年年末总资产11 653.47亿元、总负债9 786.73亿元，资产负债率83.98%，资产负债率同比增加3.44个百分点。

下文，将主要从收入、预收账款两个角度进行分析。

（一）收入准则惹的“祸”

2017年年报中，上市房企所执行的收入准则均为2006年颁布（碧桂园除外），即《企业会计准则第14号——收入》（2006年版）。该准则规定，对于收入的确认须满足5个条件：①企业已将商品所有权上的主要风险和报酬转移给购货方；②企业既没有保留与所有权相联系的管理权，也没有对已售出的商品实施有效控制；③收入的金额能够可靠地计量；④相关的经济利益很可能流入企业；⑤相关的已发生或将发生的成本能够可靠地计量。

对于房地产行业而言，2006版收入准则总结起来就是——交房确认收入。

而实务经验告诉我们，在房子修到指定层高后，开发商即开始预售，然后接着修。从收到购房款，到竣工交房，中间的时间差至少有2年。在交房之前，购房款都需要安静地躺在“预收账款”中，作为一项负债而存在。直至交房，才结转到收入，从而进入利润表。

显然，原收入准则在房企的使用中会造成一些误会，例如，利润表没有代表现在，而代表了过去；利润水平与现金流脱节严重；高昂的负债实则为预售房款，并不作为真实意义的债务……

随着经济业务的不断发展，国内准则与国际准则不断趋同，2017年7月5日财政部对《企业会计准则第14号——收入》进行了修订。修订之后的收入准则，在收入确认条件上有了翻天覆地的变化。其中最核心点，对于房企，在预售之后就可以按照履约进度来确认收入，无须再等到交房之日，即预售了的房产，今天修完两层楼，就确认这两层的收入。

新准则要求自2018年起，境外上市公司执行；自2020年起，境内上市公司执行。同时，允许企业提前执行。实际上，碧桂园(02007)在2017年开始提前执行新准则，收入、利润水平“蹭蹭”就上去了。

基于前文所述，分析2017年年末的WK负债，原会计准则中的预收账款，并未真实反映公司的实际情况，进而影响了整体的负债规模。在此，参考新收入准则，对于已实现预售的部分，按照其履约进度，将部分预收账款确认收入，同步结转成本，以期还原真实的资产和负债。

思路如下：

① 逐项梳理预收账款所对应的每个房地产开发项目。

② 了解每个项目的完工进度(在存货附注中，按照其期末余额与项目总投资的比例，作为完工进度；未披露具体明细的，按照平均完工进度计算)。

③ 逐一计算预收账款项应结转的收入 X(预收账款—完工进度)，并汇总。

④ 以公司2017年披露房地产行业毛利率为标准，估算上述应结转收入对应的成本 Y。

⑤ 预收账款结转至收入，金额 X；存货结转至成本，金额 Y。

⑥ 重新计算资产、负债。

简化计算步骤如下：

① 2017年年末WK预收账款4 077.06亿元。

② 逐一计算每个项目的完工进度；其他类项目则采用加权平均完工进度。

③ 按照具体开发项目对应其完工进度，应从预收账款结转至收入的金额合计 X=2 489.37亿元。

④ 公司2017年平均毛利率25.82%，可计算出收入对应的应结转成本 Y=1 846.61亿元。

⑤ 确认收入2 489.37亿元，结转预收账款2 489.37亿元；确认成本1 846.61亿元，结转存货1 846.61亿元。

⑥ 重新计算资产负债后，进行调整前后数据对比。账面数：总资产11 653.47亿元、总负债9 786.73亿元、所有者权益1 866.74亿元、资产负债率83.98%；调整后：总资产9 806.86亿元、总负债7 297.37亿元、所有者权益2 509.49亿元、资产负债率为74.41%。

通过按照完工进度对预收账款重算之后，公司的整体资产负债规模均下降，资产负债率降至74.41%，跟原账面相比，下降近10个百分点。

此外，WK在2017年年末拥有近2 000亿元的金融类负债(占比并不算太高)，主要以长期借款和债券为主，还款期长，短期偿债能力不受太大的影响；货币资金1 741.21亿元，资金量较为充足，偿债能力有保证，整体的负债规模可控。纵观WK 2017年现金流，整体表现良好。经营活动现金流充裕，持续增长；对外投资进一步扩大；借、还款有序发生，融资现金净流入，整体现金流正向流入。WK整体财务状况表现良好。

总结：WK的资产负债率并没有看起来那么高，但也不太低！读懂准则，才能真正读懂财报。

资料来源：中国会计视野，2018-06-14.

要求：

（1）根据案例资料1，计算该公司近两年的利息保障倍数，并做出简要评价。

（2）阅读案例资料2，在课后尝试挑选一家上市公司进行企业偿债能力的简要评价并交流心得。

任务检测 3-1

选择题

1. 反映企业资本结构的财务比率是（　　）。

A. 资产负债率　　B. 产权比率

C. 流动比率　　D. 有形净值债务比率

2. 能够分析企业长期偿债能力的指标有（　　）。

A. 利息保障倍数　　B. 资产负债率

C. 产权比率　　D. 有形净值债务率

3.（　　）指标越高，说明企业长期偿债能力越强。

A. 产权比率　　B. 资产负债率

C. 利息保障倍数　　D. 权益乘数

4.（　　）指标越低，说明企业长期债务的保障越强。

A. 所有者权益比率　　B. 资产负债率

C. 流动比率　　D. 利息保障倍数

在线自测

配套实训

实训 3-1　短期偿债能力分析

实训目标

明确企业偿债能力分析的重要意义；熟悉企业偿债能力分析的指标，理解各种分析指标的作用及不足，并能够运用各种财务比率对企业财务状况、风险程度及偿债保障程度进行分析和评价。

实训资料

1. 某田股份造假回顾：刘某威与 600 字报告

某田事件是中国证券市场一系列欺诈案之一，被称为“老牌绩优”的某田巨大泡沫的破碎，是继某广夏之后，中国股市上演的又一出丑剧，成为 2002 年中国经济界的一个重大事件。与某广夏相同的是，某田股份用的也是编造业绩神话的伎俩。

某田股份曾经创造了中国股市长盛不衰的绩优神话。这家以养殖、旅游和饮料为主的上市公司，一亮相就颠覆了行业规律和市场法则。1996 年发行上市以后，在财务数字上一直保持着神奇的增长速度：总资产规模从上市前的 2.66 亿元发展到 2000 年年末的 28.38 亿元，增长了 9 倍，历年年报的业绩都在每股 0.60 元以上，最高达到 1.15 元。即使遭遇了 1998 年特大洪灾，每股收益也达到了不可思议的 0.81 元。5 年间股本扩张了 360%，创造了中国农业企业罕见的“神话”。

刘某威是某财经大学财经研究所研究员，她将目光瞄准了某田股份。某田，这个上市 5 年的公司撞到了刘某威的“枪口”上。

2001 年 10 月 8 日，某田发了一个公告，称“公司已接受中国证监会对本公司有关事项进行的调查”。这引起了刘某威的注意。2001 年 10 月 9 日起，刘某威对某田的财务报告进行了分析，得出的结论是：2000 年某田的流动比率已经下降到 0.77，净营运资金已经下降到 −1.27 亿元。这几个简单的数字在刘某威看来，说明的是：某田在一年内难以偿还流动债务，有 1.27 亿元的短期债务无法偿还。这令刘某威震惊，某田已经失去了创造现金流量的能力，完全是在依靠银行的贷款维持生存——它是一个空壳！

10月23日，刘某威毫不犹豫地将《应立即停止对某田股份发放贷款》的600字报告传真给了《金融内参》编辑部，2天之后顺利刊发。

某田神话破灭。来自专业财经媒体的报道称，某田股份涉嫌业绩造假金额高达10亿元，相关各方借此从股市大肆“圈钱”。而生态农业、某田经济开发公司（某田股份原第一大股东）及某田总公司（某田经济开发公司的母公司）所欠银行贷款的总数曾一度高达30亿元。2005年12月30日，83位股民起诉某田股份，一审胜诉，法院判令“某田股份”等被告赔偿540余万元。根据《刑法》第一百六十一条的规定，公司向股东和社会公众提供虚假的或隐瞒重要事实的财务报告，严重损害股东或其他人利益的，对其直接负责的主管人员和其他直接责任人员，处3年以下有期徒刑或拘役，并处以罚金。《刑法》第一百七十七条也明示，伪造、变造金融票证的，处5年以下有期徒刑或拘役；情节严重的，处5年以上10年以下有期徒刑；情节特别严重的，处10年以上有期徒刑或无期徒刑。

2. 某田之谜——刘某威

运用国际通用的分析方法，我分析了从某田股份的招股说明书到2001年中期报告的全部财务报告及其他公开资料。根据对某田股份会计报表的研究推理，我写了一篇600多字的研究推理短文《应立即停止对某田股份发放贷款》发给《金融内参》。

现在，我公开发表某田股份会计报表的研究推理摘要，我将非常感谢大家评论我的研究推理。

在对借款企业发放贷款前和发放贷款后，银行必须分析借款企业的财务报告。如果财务分析结果显示企业的风险度超过银行的风险承受能力，那么银行可以立即停止向企业发放贷款。

（1）某田股份的偿债能力分析

2000年某田股份的流动比率是0.77。这说明某田股份短期可转换成现金的流动资产不足以偿还到期流动负债，偿还短期债务能力弱。

2000年某田股份的速动比率是0.35。这说明扣除存货后，某田股份的流动资产只能偿还35%的到期流动负债。

2000年某田股份的净营运资金是 −1.27亿元。这说明某田股份将不能按时偿还1.27亿元的到期流动负债。

从1997年至2000年，某田股份的固定资产周转率和流动比率逐年下降，到2000年二者均小于1。这说明某田股份的偿还短期债务能力越来越弱。

2000年某田股份的主营产品是农副水产品和饮料。2000年某田股份“货币资金”和“现金及现金等价物净增加额”，以及流动比率、速动比率、净营运资金和现金流动负债比率均处于“A07渔业”上市公司的同业最低水平。其中，流动比率和速动比率分别约是“A07渔业”上市公司的同业平均值的20%和10%。这说明，在“A07渔业”上市公司中，某田股份的现金流量是最短缺的，短期偿债能力也是最弱的。

2000年某田股份的流动比率、速动比率和现金流动负债比率均处于“C0食品、饮料”上市公司的同业最低水平，分别是同业平均值的50%、20%和30%。这说明，在“C0食品、饮料”行业上市公司中，某田股份的现金流量是最短缺的，偿还短期债务能力也是最弱的。

（2）某田股份的农副水产品销售收入分析

2000年某田股份的农副水产品收入占主营业务收入的69%，饮料收入占主营业务收入的 29%，二者合计占主营业务收入的 98%。

2001 年 8 月 29 日某田股份发布公告称：由于公司基地地处洪湖市瞿家湾镇，占公司产品 70%的水产品在养殖基地现场成交，上门提货的客户中个体比重大，所以“钱货两清”成为惯例，应收款占主营业务收入比重较低。

2000 年某田股份的水产品收入处于“A07 渔业”上市公司的同业最高水平，高于同业平均值 3 倍。

2000 年某田股份的应收款回收期处于“A07 渔业”上市公司的同业最低水平，大约是同业平均值的 3.3%。这说明，在“A07 渔业”上市公司中，某田股份给予买主的赊销期是最短的，销售条件是最严格的。

作为海洋渔业生产企业，华龙集团以应收款回收期 7 天（相当于给予客户 7 天赊销期）的销售方式，只销售价值相当于某田股份水产品收入 5%的水产品；中水渔业以应收款回收期 187 天（相当于给予客户 187 天赊销期，比某田股份“钱货两清”销售方式更优惠，对客户更有吸引力）的销售方式，只销售价值相当于某田股份水产品收入 26% 的水产品。

某田股份的农副水产品生产基地位于湖北省洪湖市，公司生产区是一个几十万亩的天然水产种养场。武昌鱼公司位于湖北省鄂州市，距洪湖的直线距离 200 千米左右，其主营业务是淡水鱼类及其他水产品养殖，应收款回收期是 577 天，比某田股份应收款回收期长 95 倍，但是其水产品收入只是某田股份水产品收入的 8%。洞庭水殖位于湖南省常德市，距洪湖的直线距离 200 千米左右，其主营产品是淡水鱼及特种水产品，产销量在湖南省位于前列，其应收款回收期是 178 天，比某田股份应收款回收期长 30 倍，这相当于给予客户 178 天赊销期，但是其水产品收入只是某田股份的 4%。在方圆 200 千米以内，武昌鱼和洞庭水殖与某田股份的淡水产品收入出现了巨大的差距。

武昌鱼和洞庭水殖与某田股份都生产淡水产品，产品的差异性很小，人们不会只喜欢洪湖里的鱼，而不喜欢武昌鱼或洞庭湖里的鱼。某田股份采取“钱货两清”和客户上门提货的销售方式，与过去渔民在湖边卖鱼的传统销售方式是相同的。某田股份的传统销售方式不能支持其水产品收入异常高于同业企业，除非某田股份大幅度降低产品价格，巨大的价格差异才能对客户产生特殊的吸引力。但是，某田股份与武昌鱼和洞庭水殖位于同一地区，自然地理和人文条件相同，生产成本不会存在巨大的差异，如果某田股份大幅度降低产品价格，将面临亏损。

根据以上分析，我研究推理：某田股份不可能以“钱货两清”和客户上门提货的销售方式，一年销售 12.7 亿元水产品。

（3）某田股份的现金流量分析

2000 年某田股份的“销售商品、提供劳务收到的现金”超过了“主营业务收入”，但是其短期偿债能力却处于同业最低水平。这种矛盾来源于“购建固定资产、无形资产和其他长期资产所支付的现金”是“经营活动产生的现金流量净额”的 92%。2000 年某田股份的在建工程增加投资 7.1 亿元。其中，“生态基地”“鱼塘升级改造”和“大湖开发项目”3 个项目占 75%。在建工程增加投资的资金来源是自有资金，这意味着 2000 年某田股份经营活动产生的现金流量净额大部分转换成在建工程本期增加投资。

根据 2001 年 8 月 29 日某田股份发布的公告，2000 年某田股份的农副水产品收入 12.7 亿元应该是现金收入。

我从事商业银行研究，了解我国的商业银行，如果某田股份水产品基地瞿家湾每年有

12.7 亿元销售水产品收到的现金，各家银行会争先恐后地在瞿家湾设立分支机构，会为争取这“12.7 亿元销售水产品收到的现金”业务而展开激烈的竞争。银行会采取各种措施，绝不会让“12.7 亿元销售水产品收到的现金”游离于银行系统之外。银行会专门为方便个体户到瞿家湾购买水产品而设计银行业务和工具，促进个体户与某田股份的水产品交易。与发达国家的银行相比，我国商业银行确实存在差距，但是我国的商业银行还没有迟钝到面对“瞿家湾每年有 12.7 亿元销售水产品收到的现金”而无动于衷的地步。

根据以上分析，我研究推理：2000 年某田股份的农副水产品收入 12.7 亿元的数据是虚假的。

（4）某田股份的资产结构分析

某田股份的流动资产逐年下降，应收款逐年下降，到 2000 年流动资产主要由存货和货币资金构成，到 2000 年在产品占存货的 82%；某田股份的资产逐年上升主要由于固定资产逐年上升，到 2000 年资产主要由固定资产构成。

2000 年某田股份的流动资产占资产百分比处于“A07 渔业”上市公司的同业最低水平，约是同业平均值的 30%，而存货占流动资产百分比处于“A07 渔业”上市公司的同业最高水平，高于同业平均值约 3 倍。

2000 年某田股份的固定资产占资产百分比处于“A07 渔业”上市公司的同业最高水平，高于同业平均值 1 倍多。

2000 年某田股份的在产品占存货百分比处于“A07 渔业”上市公司的同业最高水平，高于同业平均值 1 倍；在产品绝对值处于同业最高水平，高于同业平均值 3 倍。

2000 年某田股份的存货占流动资产百分比处于“C0 食品、饮料”上市公司的同业最高水平，高于同业平均值 1 倍。

2000 年某田股份的在产品占存货百分比处于“C0 食品、饮料”上市公司的同业最高水平，高于同业平均值约 3 倍。

根据以上分析，我研究推理：某田股份的在产品占存货百分比和固定资产占资产百分比异常高于同业平均水平，某田股份的在产品和固定资产的数据是虚假的。

（5）我的研究推理

根据以上分析，我研究推理：某田股份的偿债能力越来越恶化；扣除各项成本和费用后，某田股份没有净收入来源；某田股份不能创造足够的现金流量以便维持正常经营活动和保证按时偿还银行贷款的本金和利息；银行应该立即停止对某田股份发放贷款。

3．ABC 公司 2020 年有关资料（见表 3.4 和表 3.5）

表 3.4　ABC 公司 2020 年报表资料

万元

项　目	金　额	项　目	金　额
货币资金	30 000	短期借款	30 000
交易性金融资产	20 000	应付账款	20 000
应收票据	10 200	长期负债	60 000
应收账款	9 800（年初 8 200）	所有者权益	102 500（年初 77 500）
存货	48 000（年初 48 000）	营业收入	300 000
长期待摊费用	2 000	营业成本	240 000
固定资产	128 600	利润总额	9 000
无形资产	1 400	税后利润	5 400

表 3.5　ABC 公司同行业财务比率平均水平资料

比率名称	同行业水平分析
流动比率	2.0
速动比率	1.0
现金比率	20%

实训要求

（1）根据实训资料 1 和实训资料 2，提炼某田股份会计报表研究推理摘要的主要结构和分析层次、财务指标，总结如何分析企业偿债能力及对你的启示。

（2）根据实训资料 3，计算 ABC 公司 2020 年的流动比率、速动比率、现金比率，并与同行业平均水平比较，对公司财务状况做简要评价。

实训 3-2　长期偿债能力分析

实训目标

熟悉企业长期偿债能力分析的指标，理解各种分析指标的作用及不足，并能够运用各种财务比率对企业财务状况、管理水平及发展能力进行分析和评价。

实训资料

甲公司 2020 年度利润表（简表）和 2020 年 12 月 31 日资产负债表（简表）如表 3.6 和表 3.7 所示。

表 3.6　利润表（简表）

2020 年度　　万元

项　目	本年金额
一、营业收入	8 700
减：营业成本	4 450
税金及附加	300
销售费用	50
管理费用	100
财务费用	300
资产减值损失	0
加：公允价值变动收益（损失以“－”号填列）	0
投资收益（损失以“－”号填列）	0
其中：对联营企业和合营企业的投资收益	0
二、营业利润（亏损以“－”号填列）	3 500
加：营业外收入	0
减：营业外支出	0
三、利润总额（亏损总额以“－”号填列）	3 500
减：所得税费用	900
四、净利润（净亏损以“－”号填写）	2 600

表 3.7　资产负债表（简表）

2020 年 12 月 31 日　　万元

资　产	期末余额	年初余额	负债和所有者权益（或股东权益）	期末余额	年初余额
流动资产：			流动负债：		
货币资金	1 000	3 000	应付票据	1 000	1 000
应收票据	1 400	1 000	应付账款	3 000	2 000
应收账款	1 800	1 300	预收款项	200	300
预付款项	770	0	应付职工薪酬	1 000	2 100
存货	1 000	3 800	应交税费	800	1 000

（续表）

资　产	期末余额	年初余额	负债和所有者权益（或股东权益）	期末余额	年初余额
流动资产合计	5 970	9 100	流动负债合计	6 000	6 400
非流动资产：			非流动负债：		
持有至到期投资	200	200	长期借款	2 000	2 000
长期股权投资	4 700	1 700	应付债券	600	600
固定资产	4 100	3 300	非流动负债合计	2 600	2 600
无形资产	630	700	负债合计	8 600	9 000
			所有者权益（或股东权益）：		
			实收资本（或股本）	4 000	4 000
			资本公积	800	800
			盈余公积	1 000	732
			未分配利润	1 200	468
非流动资产合计	9 630	5 900	所有者权益合计	7 000	6 000
资产总计	15 600	15 000	负债和所有者权益总计	15 600	15 000

实训要求

（1）对甲公司的短期偿债能力进行分析，主要侧重分析流动比率、速动比率、现金比率，并结合流动资产和流动负债项目中的具体项目对甲公司的短期偿债能力进行评价。

（2）对甲公司的长期偿债能力进行分析，主要侧重分析资产负债率、产权比率、权益乘数、利息保障倍数等指标，并对其长期偿债能力进行评价。

（3）在企业财务分析实践中评价短期偿债能力应注意哪些问题？你认为甲公司的短期偿债能力如何？

（4）在企业财务分析实践中评价长期偿债能力时是否应对企业盈利能力进行分析？长期偿债能力与盈利能力之间有何矛盾？如何解决这一矛盾？结合甲公司的盈利情况，你认为其长期偿债能力如何？

提示：分析长期偿债能力，既要评价资产负债表所反映的长期财务状况，又要分析利润表所反映的盈利能力。公司有大量的流动资金可提高偿债能力，但是盈利能力随之降低；流动资金减少，可提高投资比例，增强企业后劲，但会影响企业偿债能力。解决这一矛盾的关键在于企业自身的发展战略。

任务二　企业营运能力分析

理论讲解

微课

一、营运能力分析的目的和内容

（一）营运能力分析的目的

营运能力主要指资产运用、循环的效率高低。一般而言，资金周转速度越快，说明企业的资金管理水平越高，资金利用效率越高，企业可以以较少的投入获得较多的收益。因此，营运能力指标是通过投入与产出（主要指收入）之间的关系反映的。

不同报表使用者衡量与分析资产营运能力的目的各不相同。

① 股东通过资产营运能力分析，有助于判断企业财务安全性及资产的盈利能力，以进行相应的投资决策。

② 债权人通过资产营运能力分析，有助于判明其债权的物质保障程度或安全性，从而进行相应的信用决策。

③ 管理者通过资产营运能力分析，可以发现闲置资产和利用不充分的资产，从而处理闲置资产以节约资金，或者提高资产利用效率以改善经营业绩。

综上所述，营运能力分析就是通过计算反映企业资产经营效率与效益的指标，来评价企业资产经营的效果，发现在资产营运过程中存在的问题，为企业提高经济效益指明方向。

企业营运能力与偿债能力和盈利能力之间有着密切的联系：资产周转的快慢直接影响着企业的流动性，周转越快的资产，流动性越强；资产只有在周转运用中才能带来收益，资产周转越快，同样的时间内就能为企业带来更多的收益。

（二）营运能力分析的内容

1. 影响企业营运能力的因素

影响企业营运能力的因素包括外部因素和内部因素。

① 外部因素主要是指企业的行业特性与经营背景。不同的行业具备不同的经营特征，资产占用的规模呈现较大的差异。例如，制造业的资产占用量较大，资产周转相对较慢；服务业或知识密集型企业，除人力资本外，其他资产占用量就很少，资产周转也就相对较快。企业的经营背景不同，其营运能力也会有差异。例如，企业在存货管理上，是运用传统的存货管理方法还是现代存货管理方法，其资产运用效率差异较大。因此，在分析企业营运能力时，必须考虑到行业之间存在的差异。

② 内部因素主要是企业的资产管理政策与方法。首先，企业资产结构的安排会影响到资产的营运能力；其次，对单个资产项目的管理政策也会影响到各项资产的周转情况。例如，企业应收账款的周转速度与企业制定的信用政策之间联系密切。一般情况下，企业制定了严格的信用政策，收款的速度会加快，应收账款的周转速度也就越快。

2. 营运能力分析的内容

企业营运能力分析可以从 3 个方面进行：流动资产营运能力分析、非流动资产营运能力分析和总资产营运能力分析。

（1）流动资产营运能力分析

流动资产营运能力是指企业在经营管理活动中运用流动资产的能力，反映企业流动资金利用效率的情况。

（2）非流动资产营运能力分析

非流动资产营运能力反映非流动资产的使用效率。对非流动资产使用效率影响最大的是固定资产，因此，非流动资产营运能力分析应着重分析固定资产的使用情况、固定资产的周转速度等内容。

（3）总资产营运能力分析

企业总资产的营运能力集中反映在总资产的周转速度上。总资产周转率可以用来分析企业全部资产的使用效率。如果企业总资产周转率较高，说明企业运用全部资产进行经营的效果好，效率高；如果总资产周转率长期处于较低的状态，企业就应当采取措施以增加营业收入和提高各项资产的利用程度，以加快资产的周转。

实务演练

案例资料：M 3 光鲜背后难掩某斯拉隐忧：人均绩效过低，库存周转越来越慢

2017 年才投产的某斯拉 M 3，单靠发布会就占据了各媒体头条，但绚丽的发布会无法掩盖残酷的现实。作为一家上市以来持续亏损的公众公司，某斯拉公司所面临的处境远不如产品发布会上所展示的那样光鲜亮丽。通过对比某斯拉及其他一些公司近年的财务数据，本文从另一个视角来透视这家炙手可热却在资本市场上面临重重争议的公司。

巨额亏损背后：人均绩效垫底

某斯拉自创立以来持续亏损。2010 年登陆纳斯达克之后，亏损越演越烈。根据财报数据，2015 财年，某斯拉亏损约 8.89 亿美元，较上一年的 2.94 亿美元亏损大幅度增加。2010—2015 年，某斯拉累计亏损超过 20.6 亿美元，以当年汇率折合超过 132 亿元人民币。

汽车行业本身就是一个高投入、长周期的行业，对于一家新创立的汽车公司而言，初期的亏损也许并不值得惊讶。真正的问题在于，某斯拉的人均绩效远低于其他汽车公司，让人很难相信这是一家高效运营的新锐科技公司。

根据公开的数据，截至 2015 年底，某斯拉全球共有员工 13 058 名；依照 2015 年约 40 亿美元的销售收入计算，人均销售收入不足 31 万美元。而同期，在美国上市的福特、通用、本田和丰田汽车 4 家的人均销售收入为 66.4 万美元。某斯拉的人均绩效连美股四大车企平均值的一半都不到。

这种人均绩效的差距，并不能仅仅用规模差异来解释。上述四大车企中任何一家 2015 年销售收入都在某斯拉的 25 倍以上，与某斯拉的确不在一个数量级。但是，法拉利 2015 年的销售收入为 31.19 亿美元，比某斯拉还要低 9 亿多美元。而法拉利仅有 2 998 名员工，人均销售收入 104 万美元，绩效水平是某斯拉的 3 倍多。很难说法拉利相对于某斯拉的高人均绩效来自规模优势。

无论是与体量更大、产品更大众化的巨头相比，还是与体量更小、更高端的跑车公司相比，某斯拉的效率都太低。

更重要的是，最近 3 年，伴随着营业收入的增加，某斯拉的人均绩效不仅没有上升，反而有所下降。面包财经根据公开数据计算出，最近 3 年，某斯拉的人均营业收入分别约为 34.4 万美元、31.5 万美元和 31 万美元；某斯拉的人均绩效逐年下跌。

库存周转速度垫底：一车难求还是库存压顶？

根据某斯拉的官方数据，2015 年销量约为 5.05 万辆，远低于此前市场的预期。不过比销量更值得关注的是，某斯拉的库存周转速度在已发布 2015 年财报的美股汽车类上市公司中垫底，并且最近 3 年以来持续恶化。

库存周转天数是衡量周转速度的一个核心指标，天数越多，代表周转越慢。2015 年某

斯拉的库存周转天数超过 128 天，而同期福特和通用的周转天数仅为 23.5 天和 38.4 天；丰田汽车和本田汽车的周转天数也仅为 34.7 天和 49.4 天。

更严重的是，最近 3 年某斯拉的周转速度持续变慢，2013 年的库存周转天数约为 70 天，2014 年约为 100 天。

如果和大型车企的比较不能完全说明问题的话，那可以与法拉利做对比。作为超级跑车，法拉利是需要高度定制的，而法拉利 2015 年的库存周转天数仅为 71 天。

造成某斯拉库存周转天数远高于大型车厂的原因很多，公司管理层能找出的理由更多；但任何理由都不重要，库存与员工薪酬一样，不会因为理由和 CEO 登上杂志封面而消失。

最新发布的 M 3 起步定价 35 000 美元，远低于某斯拉前几款车的定价。这意味着如果达成同样的销售收入，某斯拉必须卖出更多的车。如果周转不能加快，则意味着更多的库存。号称走向大众化的某斯拉，能解决库存周转问题吗？

资料来源：虎嗅网，2016-04-05.

要求：

（1）影响车企营运能力的因素有哪些？某斯拉库存周转天数高出其他竞争对手的主要原因是什么？

（2）如何提升车企的营运能力？针对其他行业还可以采用哪些提升资产营运能力的方法？

二、营运能力指标分析与评价

营运能力分析就是要分析评价资产的周转速度。资产周转速度通常用周转率和周转天数来表示。所谓周转率，即企业在一定时期内资产的周转额与平均余额的比率，反映企业资产在一定时期的周转次数。周转次数越多，表明周转速度越快，资产营运能力越强。这一指标的反指标是周转天数，它是周转率的倒数与计算期天数的乘积，反映资产周转一次需要的天数。周转期越短，表明周转速度越快，资产营运能力越强。两者的公式分别为：

$$资产周转率（周转次数）=\frac{计算期资产周转额}{计算期资产平均余额}$$

$$资产周转天数=\frac{计算期天数}{资产周转率（周转次数）}$$

周转率（也称周转次数）的单位为“次”；周转天数的计算期以 360 天来计算，单位为“天”。

计算周转率时，将与该指标有关的项目作为分子（如营业收入、营业成本等），相应的指标项目作为分母（如应收账款、存货、流动资产、固定资产、总资产等平均余额）。

营运能力比率是衡量企业资产管理效率的财务比率，其常见的有：应收账款周转率、存货周转率、流动资产周转率、固定资产周转率和总资产周转率等。

（一）应收账款周转率

应收账款周转率是企业一定时期营业收入与应收账款平均余额的比值，是反映应收账款周转速度的一项指标。其计算公式为：

$$应收账款周转率（周转次数）=\frac{营业收入}{应收账款平均余额}$$

应收账款周转天数是指应收账款周转一次（从销售开始收回现金）所需要的时间。其计算公式为：

$$应收账款周转天数=\frac{应收账款平均余额\times 360}{营业收入}=\frac{计算期天数}{应收账款周转率}$$

式中，

$$应收账款平均余额=（期初应收账款+期末应收账款）\div 2$$

应收账款周转率反映了企业应收账款变现速度的快慢及管理效率的高低。应收账款周转率越高表明：①收账迅速，账龄较短；②资产流动性强，短期偿债能力强；③可以减少收账费用和坏账损失，从而相对增加企业流动资产的投资收益。同时，借助应收账款周转天数与企业信用期限的比较，还可以评价购买单位的信用程度，以及企业原定的信用条件是否适当。但是，在评价一个企业应收款项周转率是否合理时，应与同行业的平均水平相比较而定。

在计算和使用应收账款周转率时应注意以下几点：

① 计算应收账款周转率时，公式中的“应收账款”包括会计核算中应收账款和应收票据等全部赊销账款。应收票据如果已向银行办理了贴现手续，则不应包括在应收账款余额内。

② 计算时应使用赊销额而非销售收入。但是，外部分析者无法取得赊销数据，只能直接使用销售收入进行计算，也就是相当于假设现销是收现时间等于 0 的应收账款。

③ 使用年初和年末的应收账款平均数，减少季节性、偶然性和人为因素影响。如果应收账款余额的波动性较大，应尽可能使用更详尽的资料计算，如按每月的应收账款余额来计算其平均占用额。

④ 计算该指标时，一般直接使用财务报表中列示的应收账款数据。但财务报表中列示的数据，是应收账款扣除了坏账准备后的净额。由于销售收入并未相应减少，结果导致计提的坏账准备越多，应收账款周转次数越多，天数占用越少。这显然不是业绩改善的结果，反而说明应收账款管理欠佳。因此，如果坏账准备金额较大，应将报表附注中披露的应收账款坏账准备信息作为调整的依据，而按未计提坏账准备的应收账款进行计算。

小知识

营业周期

营业周期是指从外购承担付款义务，到收回因销售商品或提供劳务而产生的应收账款的这段时间。其计算公式为：营业周期=存货周转天数+应收账款周转天数。营业周期是决定公司流动资产需要量的重要因素。较短的营业周期表明公司对应收账款和存货的有效管理。

一般情况下，营业周期短，说明资金周转速度快；营业周期长，说明资金周转速度慢。这就是营业周期与流动比率的关系。决定流动比率的主要因素是存货周转天数和应收账款周转天数。

根据 HS 公司资产负债表（见表 2.2）和利润表（见表 2.21）提供的资料，同时假定 HS 公司 2018 年年末应收账款余额为 7 048 万元，则该公司 2019 年、2020 年的应收账款周转率的计算如表 3.8 所示。

表 3.8　HS 公司应收账款周转率的计算　　万元

项　目	2018 年	2019 年	2020 年
营业收入		86 723	104 819
应收账款年末余额	7 048	8 472	16 795
平均应收账款		7 760	12 633.50
应收账款周转率/次		11.18	8.30
应收账款周转天数/天		32.21	43.37

以上结果表明，该公司 2019 年度、2020 年度应收账款周转率较高，但 2020 年度有所降低，公司的营运能力在下降，需要引起管理层的关注。

（二）存货周转率

存货周转率是企业一定时期营业成本与存货平均余额的比率，是反映企业流动资产流动性的一个指标，也是衡量企业生产经营各环节存货营运效率的一个综合性指标。其计算公式为：

$$存货周转率（周转次数）=\frac{营业成本}{存货平均余额}$$

存货周转天数是指存货周转一次（存货取得到存货销售）所需要时间。其计算公式为：

$$存货周转天数=\frac{存货平均余额\times 360}{营业成本}=\frac{计算期天数}{存货周转率}$$

式中，

$$存货平均余额=（期初存货+期末存货）\div 2$$

存货周转率不仅能反映出企业采购、储存、生产、销售各环节管理工作的状况，而且对企业的偿债能力及盈利能力也能产生决定性的影响。一般来说，存货周转率越高越好。存货周转率越高，表明其变现的速度越快，周转额越大，资金占用水平越低。存货占用水平低，存货积压的风险就小，企业的变现能力及资金使用效率就高。

在计算和使用存货周转率时应注意以下几个方面：

① 剔除存货计价方法不同所产生的影响，分析企业不同时期或不同企业的存货周转率时，应注意存货计价方法的口径是否一致。

② 存货周转率与企业的经营特点有密切的关系，应注意行业的可比性。例如，2018 年 A 股零售业公司的平均存货周转率为 11.15 次，而房地产公司的平均存货周转率仅为 1.34 次。

③ 存货周转天数并不是越少越好。存货过多会浪费资金，存货过少不能满足流转需要，在特定的生产经营条件下存在最佳的存货水平。因此，存货不是越少越好。

④ 应关注构成存货的原材料、在产品、半成品、产成品等之间的比例关系。

小知识

存货周转率计算的两种口径

计算存货周转率时，除了使用营业成本作为周转额外，还可以使用营业收入作为周转额。在短期偿债能力分析中，为了评估资产的变现能力，需要计量存货转换为现金的金额和时间，就可以采用营业收入作为周转额。在分解总资产周转率时，为系统分析各项资产的周转情况并识别主要的影响因素，应统一使用营业收入计算周转率。如果为了评估存货管理的业绩，应当使用营业成本计算存货周转率，使分子和分母保持口径一致。

根据HS公司资产负债表（见表2.2）和利润表（见表2.21）提供的资料，同时假定HS公司2018年年末存货余额为29 743万元，则该公司2019年、2020年的存货周转率的计算如表3.9所示。

表3.9 HS公司存货周转率的计算

万元

项 目	2018年	2019年	2020年
营业成本		21 417	21 370
存货年末余额	29 743	19 197	15 537
平均存货余额		24 470	17 367
存货周转率/次		0.88	1.23
存货周转天数/天		411.32	292.57

以上结果表明，该公司2019年度和2020年度存货周转率均较低，反映出存货管理效率不高。但2020年度存货周转比2019年度有所加快，存货周转率由0.88次增加为1.23次，周转天数由411.32天降为292.57天，其原因主要表现为存货占用资金水平的下降。

（三）流动资产周转率

流动资产周转率是企业一定时期营业收入与流动资产平均余额之间的比率，是反映流动资产周转速度的一个指标。其计算公式为：

$$流动资产周转率（周转次数）=\frac{营业收入}{流动资产平均余额}$$

$$流动资产周转天数=\frac{流动资产平均余额\times 360}{营业收入}$$

式中，

$$流动资产平均余额=（期初流动资产+期末流动资产）\div 2$$

在一定时期内，流动资产周转次数越多，表明以相同的流动资产完成的周转额越多，流动资产利用效果越好。从流动资产周转天数来看，周转1次所需要的天数越少，表明流动资产在经历生产和销售各阶段时所占用的时间越短。生产经营任何工作环节的改善，都会反映到流动资产周转天数的缩短上来。

流动资产周转情况的分析要依据企业的历史水平或同行业水平来判断，同时还要结合应收账款周转率和存货周转率等进行分析，以进一步揭示影响流动资产周转的因素。

根据HS公司资产负债表（见表2.2）和利润表（见表2.21）提供的资料，同时假定HS公司2018年年末流动资产余额为93 879万元，则该公司2019年、2020年的流动资产周转率的计算如表3.10所示。

表3.10 HS公司流动资产周转率的计算

万元

项 目	2018年	2019年	2020年
营业收入		86 723	104 819
流动资产年末余额	93 879	89 009	89 079
流动资产平均余额		91 444	89 044
流动资产周转率/次		0.95	1.18
流动资产周转天数/天		379.60	305.82

以上结果表明，该公司 2019 年度和 2020 年度流动资产周转率较低，反映出流动资产管理效率较低。但 2020 年度流动资产周转比 2019 年度有所加快，流动资产周转率由 0.95 次增加为 1.18 次，周转天数由 379.60 天降为 305.82 天。其原因除营业收入增加外，还表现为 2020 年度流动资产平均余额减少，流动资产周转次数略有增加，表明公司的营运能力有所提高。

（四）固定资产周转率

固定资产周转率是企业一定时期营业收入与固定资产平均净值的比率，是衡量固定资产利用效率的一项指标。其计算公式为：

$$固定资产周转率（周转次数）=\frac{营业收入}{固定资产平均净值}$$

$$固定资产周转天数=\frac{固定资产平均净值\times 360}{营业收入}$$

式中，

$$固定资产平均净值=（期初固定资产净值+期末固定资产净值）\div 2$$

固定资产周转率高，不仅表明企业充分利用了固定资产，同时也表明企业固定资产投资得当，固定资产结构合理，能够充分发挥其效率；反之，固定资产周转率低，表明固定资产使用效率不高，提供的生产成果不多，企业的营运能力欠佳。

在计算和使用固定资产周转率时应注意以下两点：

① 该公式的分母是平均固定资产净值，而非固定资产原价或固定资产净额。

② 在实际分析时，应剔除某些因素的影响：一方面，固定资产的净值随着折旧计提而逐渐减少，如果固定资产更新，净值会突然增加；另一方面，由于折旧方法不同，固定资产净值缺乏可比性。

根据 HS 公司资产负债表（见表 2.2）和利润表（见表 2.21）提供的资料，同时假定 HS 公司 2018 年年末固定资产净值为 9 736 万元，则该公司 2019 年、2020 年的固定资产周转率的计算如表 3.11 所示。

表 3.11　HS 公司固定资产周转率的计算　　万元

项　目	2018 年	2019 年	2020 年
营业收入		86 723	104 819
固定资产年末净值	9 736	8 760	8 889
平均固定资产净值		9 248	8 824.50
固定资产周转率/次		9.38	11.88
固定资产周转天数/天		38.39	30.31

以上结果表明，公司 2020 年度固定资产周转比 2019 年度有所加快，固定资产周转率由 9.38 次增加为 11.88 次，固定资产周转天数由 38.39 天降为 30.31 天，其主要原因是 2020 年度固定资产平均净值减少，而营业收入却有一定的增长幅度，表明公司的营运能力有所提高。

（五）总资产周转率

总资产周转率是企业一定时期营业收入与平均资产总额的比率，用来衡量企业资产整体的使用效率。其计算公式为：

$$总资产周转率（周转次数）=\frac{营业收入}{平均资产总额}$$

$$总资产周转天数=\frac{平均资产总额\times 360}{营业收入}$$

式中，

$$平均资产总额=（期初总资产+期末总资产）\div 2$$

总资产周转率反映了企业全部资产的使用效率。该周转率高，说明全部资产的经营效率高，取得的收入多；该周转率低，说明全部资产的经营效率低，取得的收入少，最终会影响企业的盈利能力。企业应采取各项措施来提高企业资产的周转速度，如提高销售收入或处理多余的资产。

根据HS公司资产负债表（见表2.2）和利润表（见表2.21）提供的资料，同时假定HS公司2018年年末总资产余额为133 744万元，则该公司2019年、2020年的总资产周转率的计算如表3.12所示。

表3.12　HS公司总资产周转率的计算

万元

项　目	2018年	2019年	2020年
营业收入		86 723	104 819
总资产年末余额	133 744	159 868	174 678
平均资产总额		146 806	167 273
总资产周转率/次		0.59	0.63
总资产周转天数/天		609.41	574.50

以上结果表明，公司2020年度总资产周转比2019年度有所加快，总资产周转率由0.59次增加为0.63次，总资产周转天数由609.41天降为574.50天。这是因为该公司存货平均余额、固定资产平均净值降低，而营业收入却有一定幅度的增长所致，使得总资产的利用效率得到大幅提高。

实务演练

案例资料：M公司2020年主要会计报表如表3.13、表3.14所示。

表3.13　资产负债表

编制单位：M公司　　2020年12月31日　　万元

资　产	期末余额	年初余额	负债和所有者权益（或股东权益）	期末余额	年初余额
流动资产：			流动负债：		
货币资金	900	800	短期借款	2 300	2 000
交易性金融资产	500	1 000	应付账款	1 200	1 000
应收账款	1 300	1 200	预收账款	400	300
预付账款	70	40	其他应付款	100	100
存货	5 200	4 000	流动负债合计	4 000	3 400
其他流动资产	80	60	非流动负债：		
流动资产合计	8 050	7 100	长期借款	2 500	2 000
非流动资产：			非流动负债合计	2 500	2 000
持有至到期投资	400	400	负债合计	6 500	5 400
固定资产	14 000	12 000	股东权益：		

（续表）

资　产	期末余额	年初余额	负债和所有者权益（或股东权益）	期末余额	年初余额
在建工程	550	500	股本	12 000	12 000
非流动资产合计	14 950	12 900	盈余公积	1 600	1 600
			未分配利润	2 900	1 000
			股东权益合计	16 500	14 600
资产总计	23 000	20 000	负债及股东权益总计	23 000	20 000

表 3.14　利润表

编制单位：M 公司　　　　2020 年度　　　　万元

项　目	本年金额	上年金额
一、营业收入	21 200	18 800
减：营业成本	12 400	10 900
税金及附加	1 200	1 080
销售费用	1 900	1 620
管理费用	1 000	800
财务费用	300	200
加：投资收益	300	300
二、营业利润	4 700	4 500
加：营业外收入	150	100
减：营业外支出	650	600
三、利润总额	4 200	4 000
减：所得税费用	1 386	1 320
四、净利润	2 814	2 680

要求：

（1）根据上述资料，计算企业应收账款、存货、流动资产、固定资产和总资产的营运能力指标（假定 2019 年年初资产负债表的有关数据与年末数相同）。

（2）对该企业的营运能力进行简要分析和评价。

任务检测 3-2

在线自测

选择题

1．假设其他条件不变，计算方法的改变会导致应收账款周转期减少的有（　　）。

A．从使用赊销额改为使用销售收入进行计算

B．从使用应收账款平均余额改为使用应收账款平均净额进行计算

C．从使用应收账款全年日平均余额改为使用应收账款旺季的日平均余额进行计算

D．从使用已核销应收账款坏账损失后的平均余额改为核销应收账款坏账损失前的平均余额进行计算

2．两家商业企业本期销售收入、存货平均余额相同，但毛利率不同，则毛利率高的企业存货周转率（以销售成本为基础计算）（　　）。

A．高　　B．低　　C．不变　　D．难以判断

配套实训

实训 3-3　总资产营运能力分析

实训目标

明确企业资产营运能力分析的重要意义，了解影响企业资产营运能力的各项因素，能进行企业营运能力分析指标的计算和评价，并为企业提高资产利用效率提出合理化建议。

实训资料

作为世界久负盛名的汽车制造企业之一，丰田公司创立的独具特色的适时制生产方式被业内人士津津乐道。20 世纪 70 年代，日本爆发的能源危机使汽车制造业陷入窘境。这时，丰田公司极力推行适时制生产方式，这种方式表现出了巨大的优越性，有效地控制了成本，带领丰田公司走出了危机。这种生产方式顺应了时代的发展和市场的变化，它虽然发展于丰田公司，但不仅仅适用于汽车制造业。运用这种方式节约了相关人员费用、仓储保管费用，从而降低了生产成本，提高了企业的盈利水平。

作为一种彻底追求生产过程合理性、高效性和灵活性的生产管理技术，适时制生产方式已被运用于众多企业中。它的基本思想是：只在需要的时候按需要的量生产所需的产品，力图通过彻底消除浪费以达到降低成本、提高企业生产效率的目的。日本的门田安宏教授曾指出："适时制生产是一个完整的技术综合体，而看板管理仅仅是适时制生产的工具之一。把看板管理等同于适时制生产是非常错误的认识。"适时制生产方式的核心是：消除一切无效的劳动和浪费，在市场竞争中永无止境地追求尽善尽美。它十分重视客户的个性化需求，要求进行全面质量管理，重视设备预防性维护与对物流的控制，主张授权员工参与管理和解决实际问题。这种生产方式具有内在自我完善机制，通过不断缩小加工批量和减少在产品储存，使问题不断暴露出来，然后又不断进行完善、提高从而达到成本控制的目的。

适时制生产方式一直是日本丰田公司核心竞争力与高效率的来源。自从能源危机引进这种生产方式以来，丰田公司跻身于世界汽车制造业的前列。公司为充分发挥适时制生产方式的作用特意创造了两个条件：一是使零部件供应商及其装配厂尽可能靠近销售市场，这样直接降低了产品的运输成本，也减少了因库存时间太长而浪费的储存成本；二是产品规格变化小。它们一面提高汽车标准件程度，一面宣传这样做所要付出的额外成本。这样虽然提高了汽车销售价格，但却又不会增加零部件在生产上的复杂性，从而有利于采用适时制的生产流水线。

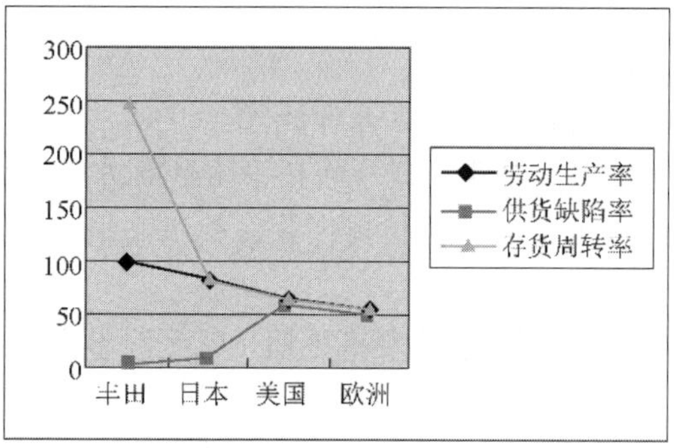

图 3.1　丰田公司和其他地区平均指标比较

丰田公司采用适时制生产方式，从中受益良多。它提高了库存的周转率，尽量避免等待装配的时间上的浪费。据丰田公司统计，该厂某部件全年需要量为 9 000 件，自从库存周转率提高到原来的 3 倍之后，最高库存量减少为 3 000件，并且这 3 000 件又能够快速投入使用，可见适时制生产方式带来的好处十分明显。另一方面，适时制生产方式降低了装配用的零部件库存量，从而减少了库存占用的流动资金和仓库空间，有效避免了货物因贬值带来的额外风险。丰田公司曾这样描述适时制生产方式带给它们的好处：流水线可以为客户单独定制的汽车进行生产，而客户等候的时间少于 1 天（平均汽车的装配时间为 8 分钟）。在 1990 年，丰田公司宣布 20 世纪末将把丰田汽车的平均制造成本下降到 1990 年的 1/3。这项宣布的经济学含义是以人力资本为核心的丰田管理模式，不仅可以大范围地为每位客户制造出具有个人特色的汽车，而且可以进一步降低单位产品的生产成本。从图 3.1 可以看出，丰田公司的劳动生产率、供货缺陷率（由于供应链不良的产品质量导致的财务损失比率）和存货周转率对适时制生产方式的敏感指标都比其他地区要好。这些数据表明，适时制生产方式为丰田公司的成本控制发挥了极大的作用，使得该公司在激烈的国际市场竞争中保持领先地位。

实训要求

（1）谈谈丰田公司实行适时制生产方式对你的启发。

（2）除了适时制生产方式，你还了解哪些存货的管理方法？请分享知识。

（3）适时制生产方式的实行是否有利于企业提升对资产的营运能力？为什么？

实训 3-4 流动资产营运能力分析

实训目标

明确企业流动资产营运能力分析的重要意义，能进行企业流动资产营运能力分析指标的计算和评价，并为企业提高资产营运能力提出合理化建议。

实训资料

大华科技近几年的主要资产及营业收入、成本数据如表 3.15 所示。

表 3.15 主要财务数据资料

万元

项 目	2017 年	2018 年	2019 年	2020 年
应收账款（年末数）	48 982.30	63 411.70	45 574.13	41 920.43
存货（年末数）	118 609.04	119 603.36	94 535.54	114 456.82
流动资产合计（年末数）	226 365.52	230 031.15	211 863.65	246 765.62
固定资产（年末数）	58 891.15	51 243.94	62 332.92	94 119.51
资产总计（年末数）	316 402.28	326 818.71	302 407.63	363 823.26
营业收入	308 434.81	258 407.49	326 632.04	335 420.93
营业成本	281 698.95	231 249.44	301 891.09	309 027.57

实训要求

根据资料，计算大华科技 3 年的资产营运能力分析指标，填入表 3.16，并进行该企业营运能力评价。

表 3.16 资产营运能力指标计算

项 目	2018 年	2019 年	2020 年
应收账款周转率			
存货周转率			
流动资产周转率			
固定资产周转率			
总资产周转率			

实训 3-5 资产营运能力提升分析

实训目标

明确企业资产营运能力分析的重要意义，能进行企业资产周转率、周转期指标的计算和评价，并为企业提高资产营运能力提出建议。

实训资料

1．小天鹅A：营运能力优化改善，增持评级

事件：

2016年上半年公司实现营业收入79.85亿元，同比增长30.86%，实现归属于母公司所有者的净利润为5.81亿元，较上年同期增长34.86%；第二季度单季实现营业收入同比增长33.37%，归属于母公司所有者的净利润同比增长40.02%，增速较第一季度环比提升。

点评：

公司增速持续高于行业，产业在线数据显示2016年上半年洗衣机总销量2 749.73万台，同比增长3.82%，其中内销销量1 899.82万台，同比增长4.34%；出口销量849.91万台，同比增长2.67%。公司增速持续高于行业，这受益于公司产品结构持续优化及运营效率稳步提升，公司的经营质量持续改善。上半年公司整体毛利率27.2%，同比提升0.25个百分点。截至2016年6月底，公司的预收账款余额9.93亿元，较去年同期大幅提升93%，代理商打款备货积极，看好后续产品竞争力。

电商业务上半年实现翻番增长。公司继续大力推动电商业务发展，深化与各大电商平台的合作，推动小天鹅商城上线。上半年公司全网零售额突破18.3亿元，同比增长101.1%，在内销业务中占比达到31.57%，占公司营业收入的比重达到22.91%。公司积极引导代理商向平台运营商转型，以推动渠道进一步扁平化。

营运能力优化改善推动渠道库存共享，整合全渠道库存统筹调配。推行T+3客户订单制新型产销模式，报告期内，公司产销90%以上使用T+3订单制，下线直发比例超过30%，公司的存货周转率及应收账款周转率较去年同期均有明显改善。

渤海证券看好公司持续的有质量的增长，维持“增持”的投资评级。

资料来源：渤海证券，2016-08-10.

2．提高总资产周转率

总资产周转率是综合评价企业全部资产经营质量和利用效率的重要指标，在财务分析指标体系中具有重要地位。它体现了企业经营期间全部资产从投入到产出的流转速度，反映了企业全部资产的管理质量和利用效率。通过对该指标的对比、分析，可以反映企业本年度及以前年度总资产的运营效率和变化，发现企业与同类企业在资产利用上的差距，促进企业挖掘潜力、积极创收、提高产品市场占有率、提高资产利用效率。一般情况下，该数值越高，表明企业总资产周转速度越快，销售能力越强，资产利用效率越高。

（1）提高总资产周转率是企业经营管理的一个重要方面

① 市场要求企业必须提高总资产周转率。任何一个企业都渴望得到市场的承认，而优胜劣汰是一条自然法则——现实的市场就是那么大，潜在的市场要企业自己去开拓。要使资产规模与经营规模相适应，就应在提高资产使用效果上狠下功夫，这样同样的资产规模，收益率大的，自然优先被市场承认。

② 提高总资产周转率是提高经济效益的必然措施。企业生产经营首先必须正确组织资金供应，保证生产经营合理需要。资金运用取决于生产，生产发展必须有一定的资金保证。在一定数量资金条件下，正确合理地运用资金，安排得当，结构合理，就可以利用原有的

资产增加生产、改进技术、降低成本，做到增产不增资金。同样，在现有生产规模条件下，加速总资产周转率就能相对节约资金。这部分因周转率提高而节约的资金并非闲置不用，而是继续参与企业的生产经营。一定时期内，周转率越高，表明周转速度越快，利用效果越好。这里周转 1 次，表明企业资金从货币形态开始，经历了供、产、销 3 个环节，又以货币形态结束完成 1 次循环。提高总资产周转率，就能使企业资金在经历货币—实物—货币的过程中，实现有效快速增值，反之则不能。

③ 提高总资产周转率是企业更新和扩大再生产的重要手段。就固定资产而言，它的占用数量和利用效果反映了企业的技术装备和固定资产利用程度，是决定企业生产规模和工艺过程的重要因素；流动资产的占用和利用效果则反映企业的物资供应、生产技术和产品运销、结算工作等的组织水平。企业在生产一定量产品的条件下，不仅要在量的耗费上，而且要在资产占用上结构合理，这就要求企业努力加强管理，节能降耗，提高劳动生产率，提高总资产周转率。同时，还要使企业技术不断进步，产品不断更新换代，在资产的有效周转中，通过提取折旧，实现固定资产的更新。

④ 提高总资产周转率是企业走出低谷、摆脱债务链的有效措施。一些企业长期徘徊，资金利用率低，一个重要的原因就是资产周转慢，设备老化不能更新，产品积压不能推向市场，造成固定资产、流动资产相对贬值，应收账款长期拖欠，呆账坏账损失增加，债务不能近期收回，从而直接影响了企业的发展。

（2）提高企业总资产周转率的措施

① 强化内部管理是提高企业总资产周转率的首要环节。以销定产、以销促产，全力打开销售渠道，加强市场促销；合理采购，既不允许超过范围购进，也不能顾此失彼。对库存材料实行 ABC 管理法：A 类材料数量占总数 20%以下，而利用价值却占总价值的 80%，应予重点考虑和保证；C 类材料数量占到 80%，而年利用价值为 20% 以下，可以粗略控制；其余为 B 类，做一般控制。这种分类能有效地对重点材料进行管理，既保证供应又不致积压。之所以强化供应管理，是由市场价格决定的——要做好市场预测，盲目采购大量原材料很可能要吃市场价格的亏，造成成本大幅度上升，无法与同类产品进行市场竞争。当然，预测材料涨价时应适量购进，或者采取预付定金的办法签订合同来稳住价格，而不能一成不变，要把握住市场的脉搏。

② 依靠法律，保护企业合法权益。随着法规的不断完善，依靠法律是收回外欠资金的有效途径。一些企业利用不正当手段逃避债务，靠企业仅有的手段难以收回，因而必须依法行事；在营销过程中，应运用经济合同法规达到双方平等协作的目的，因此加强经济合同的管理十分必要。企业与外界发生责、权、利等方面的经济关系，确立这些经济关系的主要形式是签订书面经济合同。企业根据自身需要对外签订经济合同，建立稳定的产供销渠道和合作关系，使企业在资金借贷、原材料供应、商品销售等方面得到保证，这就为企业资金正常运行铺设了轨道。签订合法的经济合同，有利于防止合同纠纷，从而维护企业利益，对提高企业总资产周转率起着积极的作用。

③ 加大科技投入，提高人的素质。企业经营需要有先进营销理念的人去支配，先进的设备需要有一定技术素质的人去管理，科技的力量最终通过管理者和技术人员来实现。

一是要克服短期行为，加大对提高职工素质的投入，通过多种方式和手段，提高职工的业务和技术水平；二是要提高工艺、设备技术含量，采用先进的工艺流程；三是要加强对企业业务人员的管理，从购销业务机制上调动其积极性。只有提高人的素质，才能避免企业资产的浪费和重复使用，更好地发挥资金的最大效益。

④ 及时盘活资产，提高资产收益。如果企业的总资产周转率较低，且长期处于较低的状态，企业应采取措施提高各项资产的利用效率，处置多余、闲置不用的资产，提高销售收入，从而提高总资产周转率。要定期对本单位的资产、负债进行全面清理，尤其要对资产进行深入分析，划分出有效资产、无效资产、闲置资产及租赁资产。对长期闲置不用的资产要尽快拿出如何处置的可行性意见，有开发价值的适时开发；既无开发价值，又不能租赁的要及时处置变现；同时对租赁资产要考虑市场变化因素，适时调整租赁合同、租金收入。再者，要认真分析影响收入、费用的各项主、客观因素，分析负债的合理程度，力争最大限度地达到资产盘活、业务扩展，收入提高、费用降低、收益增加的目标。

实训要求

（1）根据实训资料1，搜集小天鹅公司2019年度报表资料，对公司2019年度资产周转情况进行分析评价。

（2）根据实训资料2，谈谈营运能力分析对企业加强资产管理、提高资产利用效率的重要性。除了文中的观点，你认为还可以采取哪些措施提升企业资产的营运能力？

任务三　企业盈利能力分析

理论讲解

微课

一、盈利能力分析的目的和内容

（一）盈利能力分析的目的

获利是企业的重要经营目标，是企业生存和发展的物质基础。企业的所有者、债权人和经营管理者都非常关心企业的盈利能力。盈利能力分析就是通过一定的分析方法，判断企业获取利润的能力。它包含两个层次的内容：一是企业在一个会计期间内从事生产经营活动的盈利能力的分析；二是企业在一个较长期间内稳定地获得较高利润能力的分析。也就是说，盈利能力涉及盈利水平的高低、盈利的稳定性和持久性。盈利能力分析是企业财务分析的重点，企业经营的成果最终都可以通过盈利能力表现出来。它也是企业利益相关单位了解企业、认识企业及企业内部改进经营管理的重要手段之一。企业进行盈利能力分析的主要目的如下。

① 揭示利润表及其相关项目的内涵。

② 了解企业盈利能力的变动情况及变动原因。

③ 解释、评价和预测企业未来的经济效益。

④ 有关单位了解企业、评价企业及企业内部改进经营管理。

（二）盈利能力分析的内容

盈利能力分析是企业财务分析的核心。通过分析，可以发现企业在经营管理中存在的问题，有利于企业及时改善财务结构，提高企业营运及偿债能力，促进企业持续稳定发展。盈利能力分析主要通过不同的利润率分析来满足各方对财务信息的需求。其主要内容包括以下几点：

① 销售盈利能力分析指标。它包括营业毛利率、营业利润率、营业净利率、成本费用利润率等指标。企业的利润主要来源于销售商品，通过销售盈利能力指标的分析，有助于了解企业市场占有率，增强产品的市场竞争能力。

② 资本与资产经营盈利能力分析指标。它包括净资产收益率、总资产报酬率、总资产净利率等指标。通过对资本与资产经营盈利能力的指标分析，有利于了解企业资本与资产的利用效率，分析其因素变化对利润的影响程度。

③ 上市公司盈利能力分析指标。它包括每股收益、每股股利、股利支付率、市盈率、每股净资产等指标。通过对上市公司的盈利能力指标进行分析，有利于了解上市公司的盈利水平，预测企业的经营成果和财务发展状况。

二、盈利能力指标分析与评价

（一）销售盈利能力分析

企业经营的目标是使利润最大化，只有获利才能使企业更好地生存和发展。因此，销售盈利能力指标是财务报表使用者较为关注的能力指标，也是考核同一行业管理水平的重要依据。反映销售盈利能力的指标主要包括营业毛利率、营业利润率、营业净利率、成本费用利润率等。

1. 营业毛利率

营业毛利率又名销售毛利率、毛利率。营业毛利是指企业销售收入扣除销售成本以后的差额，在一定程度上反映企业销售环节获利的效率。营业毛利率是指营业毛利与营业收入的比例关系。通常，营业毛利率指标越高，说明在销售收入中销售成本所占的比重越小，企业的销售盈利能力就越强，其产品在市场上的竞争能力也越强。营业毛利率是企业销售净利润的基础，没有足够大的营业毛利率便不可能获利。营业毛利率的计算公式为：

$$营业毛利率=\frac{营业毛利}{营业收入}\times 100\%$$

$$营业毛利=营业收入-营业成本$$

根据 HS 公司利润表（见表 2.21）提供的资料，可以计算该公司 2020 年的营业毛利率。

$$\begin{aligned}营业毛利率&=营业毛利\div 营业收入\times 100\%=(104\ 819-21\ 370)\div 104\ 819\times 100\%\\&=79\ 476\div 104\ 819\times 100\%=79.61\%\end{aligned}$$

营业毛利率与企业产品定价政策有关，并且不同行业间的营业毛利率有很大差别。一般来说，营业周期长、固定费用高的行业，如工业企业，会有较高的毛利率，这样会弥补其较高的营业成本；营业周期短、固定费用低的行业，如商品流通企业，其毛利率会低一些。为了公正地评价企业的盈利能力，应将该指标与行业的平均水平或先进水平进行比较，并结合企业的目标毛利率来分析，从而更好地发现问题并寻找原因，提高企业的盈利能力。

实务演练

案例资料：初识毛利率指标

毛利率是一个与收入和成本有关的指标，反映的是营业收入中毛利的占比。毛利率是公司产品市场定价能力最直观的反映。

如果一家公司能长期维持较高的毛利率，那一定是公司有特定的优势，可能是品牌优势，比如LV，包再贵也有人买，比如香奈儿，一双看起来普通得不能再普通的拖鞋，可以卖到好几千元；可能是垄断优势，比如互联网公司中的腾讯、阿里、亚马逊；也可能是资源优势，比如北大荒的土地，大秦铁路的运力；还可能是无法复制和替代的产品，比如片仔癀、云南白药的保密配方。核心优势就是公司的护城河，最后体现为产品的稀缺性，才能让公司在市场中获得额外的溢价，从而拥有高毛利。从公司理财的角度，公司商业的本质，是要持续地为股东创造价值。投资者投资一家公司，自然也是要选有能力持续地赚钱的公司，高毛利率的公司无疑就成了首选。

过去的A股市场孕育了很多牛股为投资人赚来了丰厚的利润，比如格力电器，从上市之初至今，大股东格力集团的收益按照前期披露数据估计，已经超过40亿元。同样，白酒、医药行业的好公司，如五粮液、贵州茅台、云南白药，也有非常可观的投资回报，这都是典型的高毛利率公司。不同行业的毛利率会有很大差异，比如白酒行业，毛利率普遍高于70%，而传统制造业，能维持 20%都已经很难；同一行业的不同公司，毛利率也会有很大差异，比如同是白色家电，格力电器的毛利率能维持在30%以上，而美的却不行。

整体来说，影响公司毛利率水平的因素，大概有这样几点：

第一，行业特性。有些行业天生就和别的行业不一样，比如软件服务行业，有非常明显的边际成本效应，只要规模足够大，用户群体足够多，产品的成本就会被逐渐降低，从而拉高毛利率水平。像腾讯的《王者荣耀》，一旦研发完成，成本就基本已经确定了，之后只有占比很小的运维费用，玩的人越多赚得越多，毛利率越高。而一般制造业，为了生产要有大量的前期设备投入，之后要有原材料投入。小米雷军说他只赚5%，何尝不是无奈之举，要不小米也不会热衷于做生态链。

第二，行业的竞争程度。行业的竞争激烈程度，反映的是这个行业在完整产业链中的定价能力和地位。产业链上下游的定价，是一个动态博弈的过程，处在链条中的哪一层竞争最激烈，往往就越没有话语权，因为你 A公司不做，还有 B公司等着接单。比较典型的是家电行业的白色家电和电视，前者经过充分竞争，已经逐渐形成垄断，产品就相对有了定价权。而电视还一直处在白热化竞争状态，也就没有价格优势。

第三，行业所处的周期。这影响的是行业内的供需关系，如果整个行业需求萎缩，或者产能过剩，就会有去库存的需求，整体毛利率都会下滑。典型的如现在的传媒行业和几年前的钢铁行业，前者是典型的因为经济低迷需求萎缩，后者是明显的产品过剩。相反，如果行业处于发展阶段，市场需求被进一步挖掘，供小于求，那么整体毛利率就会是上升趋势，直到赚钱效应让更多的竞争者进入，达到供需平衡。典型的如刚刚起步时的P2P行业，赚钱效应非常明显。

第四，公司产品本身的议价能力。这取决于公司自身的优势，可以看两家公司：台积电和富士康。台积电是最大的芯片代工企业，富士康则是最大的电子产品代工企业，都是代工，但台积电的毛利率完全可以碾压富士康。为什么？台积电依靠前期的投入，在竞争中脱颖而出，已经形成了寡头垄断，别的企业再想进入很难，而富士康还只能依赖低成本的规模优势取胜，只要它提价，竞争者觉得有利可图，就会大举进入。

其中，行业因素对毛利率起着决定作用，制造业的佼佼者格力电器毛利率在30%以上，但比起医药、白酒、软件业90%的毛利率，还是相差很远。

因此，很多投资人在选择公司时的顺序是：好行业，好公司，好价格。

毛利率是公司竞争力的体现，毛利率的变化可能是整个行业竞争格局的变化，也可能是公司自身的原因。如果毛利率持续下滑，可能意味着公司的盈利很难持续，除非在价格战中最彻底地打败竞争对手；反之，如果毛利率呈上升趋势，则反映出公司逐渐从竞争中脱颖而出，未来可能会有更好的盈利能力。

巴菲特曾经说：评估企业，最重要的是看它的定价能力，如果一家公司提高价格的同时，不担心把市场让给竞争对手，那么它一定发展得很好。毛利率是定价能力最直接的体现，选择稳定的高毛利率的公司，是持续获得不错的投资回报最有效的保障。

当然，在看毛利率时，还要看是不是有数据造假的嫌疑，没有商业逻辑支撑的虚高的毛利率的真实性就要大打折扣。也要看公司当前的价格，如果股价已经充分反映了高毛利率的溢价，那同样需要谨慎。

资料来源：财经视野，2019-07-04.

要求：搜集不同行业企业的毛利率资料，分析影响行业企业盈利能力的因素。

2. 营业利润率

营业利润率是指企业在一定时间内营业利润与营业收入的比率。营业利润率反映了企业每单位营业收入能带来多少营业利润，表明了企业经营业务的销售盈利能力。营业利润率是衡量企业创利能力的一个重要财务指标，该指标越高，表明企业营业创利能力越强，收益的发展前景越可观。营业利润率的计算公式为：

$$营业利润率=\frac{营业利润}{营业收入}\times 100\%$$

根据HS公司利润表（见表2.21）提供的资料，可以计算该公司2020年的营业利润率。

营业利润率＝营业利润÷营业收入×100%＝21 671÷104 819×100%＝20.67%

该比率越高，表明企业的营业活动为社会创造的价值越多，贡献也就越大。同时，该指标也反映了企业经营活动的盈利能力。营业利润率的水平与行业有关，因此，在分析时应参照同行业的平均水平或先进水平进行评价。

3. 营业净利率

营业净利率，又称销售净利率，是指企业净利润与营业收入的比率。它通常用来衡量企业在一定时期销售收入获取利润的能力。营业净利率指标越高，说明企业销售的盈利能力越强。但也并非是营业净利率越高越好，因为除此之外还必须看企业的销售增长情况和净利润的变动情况。营业净利率的计算公式为：

$$营业净利率=\frac{净利润}{营业收入}\times 100\%$$

根据HS公司利润表（见表2.21）提供的资料，可以计算该公司2020年的营业净利率。

营业净利率＝净利润÷营业收入×100%＝26 201÷104 819×100%＝25.00%

由于影响企业净利润的因素有多种，因此不能简单地通过这一比率来说明企业的管理水平。另外，营业净利率指标的高低还需要结合行业的特点进行评价，不同行业的企业间的营业净利率大不相同。在使用该指标进行分析时，要考虑企业在扩大营业收入的同时还要获得更多的净利润，才能使这一指标保持不变，或者提高。

4. 成本费用利润率

按照会计核算中配比性原则的基本要求，当企业确认收入时，需要同时结转属于当期的成本和费用，用来衡量企业的盈利情况。因此，通过分析成本费用与利润的关系，也能了解企业的盈利能力。与成本费用相关的盈利能力指标是成本费用利润率。

成本费用利润率是指企业一定期间的利润总额与成本费用总额的比率。成本费用利润率指标表明每付出 1 元成本费用可获得多少利润，体现了经营耗费所带来的经营成果。该项指标越高，利润就越大，反映企业的经济效益越好。

成本费用利润率的计算公式为：

$$\text{成本费用利润率}=\frac{\text{利润总额}}{\text{成本费用总额}}\times 100\%$$

式中的利润总额和成本费用总额来自企业的利润表。成本费用总额一般指营业成本、税金及附加和 3 项期间费用（销售费用、管理费用、财务费用）。

根据 HS 公司利润表（见表 2.21）提供的资料，可以计算该公司 2020 年的成本费用利润率。

成本费用利润率＝利润总额÷成本费用总额×100%

＝28 585÷（21 370＋3 973＋17 433＋42 143＋102）×100%

＝33.62%

从成本费用利润率的计算公式可以看出，其分母直接是企业本期内所有耗费的汇总，只要降低分母的数值，企业的成本费用利润率就能提高。也就是说，只要企业实施增收节支、增产节能的措施，提高效率，其盈利能力就能提高。这一指标也能直接用于考核企业是否有效地扩大销售和节约费用开支。

（二）资本与资产经营盈利能力分析

小知识

资本经营与资产经营

所谓资本经营型企业，其特点是围绕资本保值增值进行经营管理，把资本收益作为管理的核心，资产经营、商品经营和产品经营都服从于资本经营的目标。资本经营型企业的管理目标是资本保值与增值或追求资本盈利能力最大化。因此，资本经营的内涵是指企业以资本为基础，通过优化配置来提高资本经营效益的经营活动。其活动领域包括资本流动、收购、重组、参股和控股等能实现资本增值的领域，从而使企业以一定的资本投入，取得尽可能多的资本收益。

所谓资产经营型企业，其基本特点是把资产作为企业资源投入，并围绕资产的配置、重组、使用等进行管理。资产经营型企业的管理目标是追求资产的增值和资产盈利能力的最大化。因此，资产经营的基本内涵是合理配置与使用资产，以一定的资产投入，取得尽可能多的收益。

它们的区别是：①经营内容不同，资产经营主要强调资产的配置、重组及有效使用，资本经营主要强调资本流动收购重组、参股和控股等；②经营出发点不同，资产经营从整个企业出发，强调全部资源的运营，而不考虑资源的产权问题，资本经营则在产权清晰基础上从企业所有者出发，强调资本的运营，把资产经营看作资本经营的环节或组成部分。

它们的联系是：①资本与资产的关系决定了二者之间相互依存、相互作用，资本经营要以资产经营为依托，资本经营不能离开资产经营而孤立存在；②资本经营是企业经营的最高层次，资本经营是资产经营的进步。

反映企业资本经营盈利能力的主要指标是净资产收益率；反映企业资产经营盈利能力的主要指标是总资产报酬率。

1. 净资产收益率

净资产收益率又称权益报酬率或权益净利率，是站在所有者的立场来衡量企业的盈利能力，也是最被投资者关注的指标分析内容。投资者投资企业的最终目的是获取利润，通过对净资产收益率的计算，可以判断企业的投资效益，了解企业潜在的投资者的投资倾向，进而预测企业的筹资规模、筹资方式及发展方向。

净资产收益率是指企业一定时期的净利润与平均所有者权益的比率。该指标表明企业所有者权益所获报酬的水平，是反映投资者资本盈利能力的指标。净资产收益率的计算公式为：

$$净资产收益率=\frac{净利润}{平均所有者权益}\times 100\%$$

根据 HS 公司资产负债表（见表 2.2）和利润表（见表 2.21）提供的资料，可以计算该公司 2020 年的净资产收益率。

净资产收益率＝净利润÷平均所有者权益×100%

$$=26\ 201\div[(108\ 305+130\ 387)\div 2]\times 100\%=22.95\%$$

这一比率越高，说明企业运用资本创造利润的效果越好；反之，则说明资本的利用效果较差。

小知识

公司的净资产收益率

熟悉巴菲特投资理论的投资者，对他划分好公司和坏公司的标准应该都有所了解：长期来看，最好的生意应当有年化 30%以上的收益率，一流的生意应当有年化 20%以上的收益率，中等偏上的生意应当有年化 15%以上的收益率，差的生意年化收益率在 10%以下。

公司的收益率就是净资产收益率，它反映了公司综合利用各项资产创造利润的能力。针对净资产收益率进行拆解，净资产收益率＝销售净利率×总资产周转率×财务杠杆（权益乘数）。

其中，财务杠杆与公司的融资能力息息相关，也隐含着公司的财务风险，在公司经营出现拐点的时候，尤为关键。正常的经营周期，影响公司净资产收益率最核心的两项能力是产品的盈利能力（营业毛利率、营业净利率）和资产管理效率（周转率）。单纯通过加大举债力度提高权益乘数进而提高净资产收益率的做法则十分危险。这样虽然具有短期效应，但最终将因盈利能力无法涵盖增加的财务风险而使企业面临财务困境。

2. 总资产报酬率

总资产报酬率主要用来衡量企业利用总资产获得利润的能力。它反映了企业总资产的利用效率。在分析这一指标时，通常要结合同行业平均水平或先进水平，以及企业前期的水平进行对比分析，才能判断企业总资产报酬率的变动对企业的影响，从而了解企业总资产的利用效率，发现企业在经营管理中存在的问题，挖掘潜力、调整经营方针，以达到提高总资产利用效率的目的。

总资产报酬率是指企业在一定时期内息税前利润与平均总资产的比率。总资产报酬率的计算公式为：

$$总资产报酬率=\frac{息税前利润}{平均总资产}\times 100\%$$
$$=\frac{利润总额+利息费用}{平均总资产}\times 100\%$$

根据HS公司资产负债表（见表2.2）和利润表（见表2.21）提供的资料，可以计算该公司2020年的总资产报酬率。

$$总资产报酬率=\frac{利润总额+利息费用}{平均总资产}\times 100\%$$
$$=\frac{28\,585+102}{(174\,678+159\,868)\div 2}\times 100\%=17.15\%$$

以较少的资金占用获得较高的利润回报，是企业管理者最期望出现的结果，即“所费”和“所得”的关系。总资产报酬率的高低验证了企业经营管理水平的高低。

3. 总资产净利率

总资产净利率是指公司净利润与平均总资产的比率。该指标反映的是公司运用全部资产所获得利润的水平，即公司每占用1元的资产平均能获得多少元的利润。该指标越高，表明公司投入产出水平越高，资产运营越有效，成本费用的控制水平越高。

总资产净利率的计算公式为：

$$总资产净利率=\frac{净利润}{平均总资产}\times 100\%$$

根据HS公司资产负债表（见表2.2）和利润表（见表2.21）提供的资料，可以计算该公司2020年的总资产净利率。

$$总资产净利率=\frac{净利润}{平均总资产}\times 100\%=\frac{26\,201}{(174\,678+159\,868)\div 2}\times 100\%=15.66\%$$

该指标值越高，表明企业的资产利用效率越高。利用该指标可以与企业历史资料、与计划、与同行业平均水平或先进水平进行对比，分析形成差异的原因，进一步分析经营中存在的问题，以加速资金周转，提升企业盈利能力。

实务演练

案例资料：三山股份公司是一家以资本运作为主要业务的财务公司，它所投资的实体公司非常少。为了规避金融危机，三山股份公司的赵总越来越意识到，纯粹的资本运作链条的另一端似乎是一个无底的深渊。因此，2021年初，他非常渴望调整公司的战略投资方向，希望一方面发挥资本运作的优势，另一方面也有助于实体经济的运作。

红日股份有限公司是他少数的实体投资企业之一。最近 3 年来，三山股份公司一直拥有红日股份有限公司的 20% 有表决权的资本控制权，红日股份有限公司带来的回报也一直令人满意。赵总正慎重地考虑是否要对红日股份有限公司追加投资，毕竟在资本市场翻云覆雨的境况下，稳定回报的企业并不多见。当然，在赵总的概念当中，一直认为盈利能力比财务状况运营能力更重要。因为他希望通过投资获取更多的利润，而如果发现财务状况不好，他还可以琢磨一些新的资本运作方法，包装后总是能找到比较成功的脱手方式。因此，他委托公司的财务部门张经理认真研究红日股份有限公司的盈利能力，看看今年到底要不要对它追加投资。

张经理把资料搜集起来，如表 3.17、表 3.18 和表 3.19 所示。

表 3.17　利润表

编制单位：红日股份有限公司　　2020 年度　　万元

项　目	行次	上年累计	本年累计
一、营业收入	1	120 000	150 000
减：营业成本	2	105 000	110 000
税金及附加	3	800	1 500
销售费用	4	200	300
管理费用	5	1 200	1 500
财务费用（收益以“－”号填列）	6	400	100
资产减值损失	7	100	200
加：公允价值变动净收益（净损失以“－”号填列）	8	0	0
投资收益（净损失以“－”号填列）	9	200	500
其中：对联营企业与合营企业的投资收益	10	0	0
二、营业利润（亏损以“－”号填列）	11	12 500	36 900
加：营业外收入	12	820	3 010
减：营业外支出	13	1 800	600
其中：非流动资产处置净损失（净收益以“－”号填列）	14	0	0
三、利润总额（亏损总额以“－”号填列）	15	11 520	39 310
减：所得税费用	16	3 801.6	13 038.3
四、净利润（净亏损以“－”号填列）	17	7 718.4	26 271.7

表 3.18　财务费用　　万元

项　目	2019 年	2020 年
利息支出	500	800
减：利息收入	289.3	1 003.9
汇兑损失	310.8	380.9
减：汇兑收益	132	95.6
其他	10.5	18.6
财务费用合计	400	100

表 3.19　有关资产负债及所有者权益的资料　　万元

项　目	2019 年平均	2020 年平均
总资产	281 500	320 500
净资产	106 300	188 500

要求：根据上述资料，协助张经理做好以下工作，以便做出投资决策。

（1）计算反映资产经营盈利能力和资本经营盈利能力的指标。

（2）采用因素分析法分析总资产报酬率变动的原因。

（3）评价企业盈利能力状况。

提示：根据总资产报酬率指标的经济内容，可将其做如下分解。

$$\text{总资产报酬率}=\frac{\text{营业收入}}{\text{平均总资产}}\times\frac{\text{利润总额}+\text{利息费用}}{\text{销售收入}}$$

$$=\text{总资产周转率}\times\text{销售息税前利润率}$$

影响总资产报酬率的因素有两个：一是总资产周转率，该指标作为反映企业运营能力的指标，可用于说明企业资产的经营效率，是企业资产经营效果的直接体现；二是销售息税前利润率，该指标反映了企业商品生产经营的盈利能力，产品盈利能力越强，销售利润率越高。可见，资产经营盈利能力受商品经营盈利能力和资产经营效率两方面影响。

在上述总资产报酬率因素分解式的基础上，运用连环替代法或差额分析法分析总资产周转率和销售息税前利润率变动对总资产报酬率的影响。

三、上市公司盈利能力分析与评价

微课

对上市公司的盈利能力，主要是通过每股收益、每股股利、股利支付率、市盈率、每股净资产、市净率等指标来分析的。

1. 每股收益

每股收益也称每股盈余或每股利润，是指普通股每股利润或每股盈余，表现为普通股股东每持有 1 股所能享有的企业利润或需承担的企业亏损。每股收益通常被用于反映企业的经营成果、衡量普通股的获利水平及投资风险。它是投资者等信息使用者据以评价企业盈利能力，预测企业成长潜力，进而做出相关经济决策的重要的财务指标之一。它也是衡量上市公司盈利能力的重要财务指标，对于公司股票市价、股利支付能力等均有重要影响，因而是股票投资人最为关心的指标。将历年每股收益进行比较，观察其变化趋势，对于投资决策很有帮助。

根据《企业会计准则第 34 号——每股收益》的规定，每股收益的计算公式为：

$$\text{每股收益}=\frac{\text{净利润}-\text{优先股股利}}{\text{平均发行在外的普通股股数}}$$

每股收益是股份公司发行在外的普通股每股所取得的利润，可以反映公司的盈利能力。该指标值越高，表明每股股票所获得的利润越多，股东的投资效率就越好，其盈利能力越强；反之，则越差。

对投资者而言，每股收益比公司财务状况或其他收益率指标更重要，也更为直观。但是在使用每股收益分析公司盈利能力时，要注意以下 3 个问题：

① 每股收益并不反映股票所含的风险。对于不同的上市公司，仅仅用每股收益来衡量盈利水平是不够的，还应注意每股股价的高低。例如，有两家上市公司，它们同期的每股收益都是 0.5 元，但两家公司的股价一个是 10 元，一个是 5 元，显然投资两家公司的风险与报酬是不一样的。

② 每股收益只是一个绝对数指标，并不决定实际收益。尽管每股收益可以直观地反映

股份公司的经营成果及股东的报酬，但它是一个绝对指标，每股收益高并不等于分红就多。因此，在分析时，应结合流通在外的股数和分配政策。如果公司采用股本扩张的政策，大量配股或以股票股利的形式分配股利，未来的每股收益可能会受到“稀释”。

③ 每股收益并不能直接衡量上市公司的盈利水平和资金利用效果。这是因为公司通过生产经营活动获得的税后利润，并非只动用了股本，而是使用了所筹集的全部资金。不同股票的每一股在经济上不等量，它们所含的净资产和市价不同，这就限制了每股收益的公司间的比较。

根据 HS 公司利润表（见表 2.21）提供的资料，公司 2020 年净利润为 26 201 万元，并且已知公司本年平均发行在外的普通股股数为 62 375 万股，因而可以计算该公司 2020 年的普通股每股收益。

每股收益＝（净利润－优先股股利）÷发行在外的普通股股数

＝26 201÷62 375＝0.42（元/股）

小知识

基本每股收益与稀释每股收益

每股收益包括基本每股收益和稀释每股收益。所谓基本每股收益是指企业应当按照属于普通股股东的当期净利润，除以发行在外普通股的加权平均数从而计算出的每股收益。

在计算归属于普通股股东的当期净利润时，应当考虑公司是否存在优先股。如果不存在优先股，那么公司当期净利润就是归属于普通股股东的当期净利润；如果存在优先股，在优先股是非累积优先股的情况下，应从公司当期净利润中扣除当期已支付或宣告的优先股股利；在优先股是累积优先股的情况下，公司净利润中应扣除至本期止应支付的股利。在我国，公司暂不存在优先股，所以公司当期净利润就是归属于普通股股东的当期净利润。

发行在外普通股加权平均数＝期初发行在外普通股股数＋当期新发行普通股股数×已发行时间÷报告期时间－当期回购普通股股数×已回购时间÷报告期时间

存在稀释性潜在普通股的，应当计算稀释每股收益。潜在普通股主要包括可转换公司债券、认股权证和股份期权等。如果没有潜在普通股，稀释每股收益就等于基本每股收益。

可转换公司债券

对于可转换公司债券，计算稀释每股收益时，分子的调整项目为可转换公司债券当期已确认为费用的利息等的税后影响额；分母的调整项目为假定可转换公司债券当期期初或发行日转换为普通股的股数加权平均数。

认股权证和股份期权

根据规定，认股权证、股份期权等的行权价格低于当期普通股平均市场价格时，应当考虑其稀释性。计算稀释每股收益时，作为分子的净利润金额一般不变；分母的调整项目为计算的增加的普通股股数，同时还应考虑时间权数。公式中的行权价格和拟行权时转换的普通股股数，按照有关认股权证合同和股份期权合约确定。公式中的当期普通股平均市场价格，通常按照每周或每月具有代表性的股票交易价格进行简单算术平均计算。在股票价格比较平稳的情况下，可以采用每周或每月股票的收盘价作为代表性价格；在股票价格波动较大的情况下，可以采用每周或每月股票最高价与最低价的平均值作为代表性价格。

无论采用何种方法计算平均市场价格，一经确定，不得随意变更，除非有确凿证据表明原计算方法不再适用。当期发行认股权证或股份期权的，普通股平均市场价格应当自认股权证或股份期权的发行日起计算。

2. 每股股利

每股股利是指普通股现金股利总额与发行在外的普通股股数的比值，反映普通股每股获得现金股利的多少。其计算公式为：

$$每股股利=\frac{现金股利总额-优先股股利}{发行在外的普通股股数}$$

式中的“现金股利总额”是指用于分配普通股的现金股利总额。该公式表明在某一时期内每股普通股能够获得的股利收益。

该指标的现金数值较高，不仅能够体现公司具有较强的盈利能力，而且能够体现公司的股利政策和现金较恰当、充足。每股股利的高低取决于上市公司盈利能力的强弱，同时，每股股利分配政策和现金是否恰当、充足，也决定了每股股利的高低。倾向于分配现金股利的投资者，应注意比较分析公司历年的每股股利，从而了解公司的股利政策。一般认为，每股股利如果能逐年持续稳定地增长，就能提高该股票的质量。

假定HS公司2020年无优先股，支付的普通股股利总额为6 400万元，发行在外的普通股股数为62 375万股，则计算其普通股每股股利为：

每股股利＝（现金股利总额－优先股股利）÷发行在外的普通股股数

＝6 400÷62 375＝0.10（元/股）

3. 股利支付率

股利支付率也称股利发放率，是指普通股每股股利与每股收益的比率，用于衡量普通股的每股收益中有多少比例用于支付股利。股利支付率没有一个固定标准，公司可以根据自己的股利政策及股东大会决议支付股利。其计算公式为：

$$股利支付率=\frac{每股股利}{每股收益}\times 100\%$$

假定HS公司2020 年普通股每股股利为0.10元，普通股每股收益为0.42元，则计算其股利支付率为：

股利支付率＝每股股利÷每股收益×100%＝0.10÷0.42×100%＝23.81%

该指标反映了普通股股东从每股收益中实际分到了多少比例的收益，即上市公司在当年的净利润中拿出多少利润分配给股东。它比每股收益更能直接体现股东的收益。该比率越大，说明公司当期对股东发放的股利越多。股利支付率主要取决于公司的股利分配政策，其大小并不能表明企业的经济效益。当然，企业的经营政策在很大程度上也影响着股利的分配政策。

4. 市盈率

市盈率是指在一个考察期（通常为12个月的时间）内，普通股每股市价与每股收益的比值。其计算公式为：

$$市盈率=\frac{每股市价}{每股收益}$$

假定HS公司2020年年末每股市价为4.20元，每股收益为0.42元，则计算其市盈率为：

市盈率＝每股市价÷每股收益＝4.20÷0.42＝10（倍）

市盈率是衡量上市公司盈利能力的重要指标之一。它反映了投资者对每1元净利润所愿支付的价格，可以用来估计股票的投资报酬与风险。较高的市盈率说明上市公司具有潜在的成长能力。一般说来，市盈率越高，公众对该公司的股票评价越高，但投资风险也会加大。分析市盈率时，应结合其他相关指标，因为某些异常的原因也会引起股票市价的变动，造成市盈率的不正常变动。另外，该指标不应用于不同行业公司间的比较。

实务演练

案例资料：市盈率，多高合适？

股指节节攀升，撩动了很多人的心，有人希望继续凯歌高唱，也有人说泡沫来了要打压。

泡沫论者的理论依据是市场的市盈率高了。有知名财经评论员表示，在处于4 300点一线时，44.89%的股票市盈率大于100倍，一半以上股票的市盈率高于86.64倍，70%以上股票的市盈率高于52.58倍；A股有70%的股票估值水平已超过中石油，风险已大面积存在。这里所说的100倍市盈率，指的就是市盈率超过100倍。那么，什么是市盈率呢？

用某只股票的价格除以这只股票的每股收益就是市盈率。假设一个公司的股票价格是每股20元，而该公司的每股收益是0.5元，那该公司的市盈率就是20元除以0.5元等于40倍。可能有些人以为，买市盈率越低的股票越安全。但事实上，股票市场中一些市盈率高的股票反而上涨很快，而一些市盈率低的股票却涨不动。这又是为什么呢？

通过研究可以发现，股市中市盈率高的股票多属于新兴行业，虽然市盈率高，但具有发展空间，如与互联网有关的行业。而市盈率低的股票大多属于成熟行业，成熟行业发展空间有限，所以虽然市盈率低，但还是上涨较慢。这个时候，你就会发现，其实市场是有效的。因为在股票市场上，不会将一个成熟行业股票的市盈率炒得很高，也不会将一个具有成长空间行业的股票的市盈率炒得很低。

记得学术界有关于"财务管理的目标是什么"的讨论，有的理论说是股东财富最大化，有的说是企业价值最大化，也有的说是相关者利益最大化。无论哪种理论，都绕不开的是：只有股价上涨了才有股东、企业和相关者的利益最大化。

在未来资本市场发展可期的当下，谈股市泡沫破裂为时尚早。举个例子，如果之前投资者在海外市场投资腾讯、阿里巴巴之类公司的股票，虽然市盈率可能超过50倍、100倍，但是它们具备成长空间，又怎么能因为市盈率高就说有泡沫呢？股民炒股，其实就是通过资本市场为实体经济输血。公司募集资金之后，随着未来的成长也能消化当前"有泡沫"的市盈率。与其说市场有泡沫，还不如呵护这个刚刚聚集人气的证券市场。更需要关注的其实是资本市场如何为实体经济输血，监管者如何更好地加强监管，建设一个公开、公平、公正的证券市场，保护中小投资者的利益。

资料来源：经济日报，2015-05-08.

要求：阅读案例资料，回答以下问题。

（1）有人说：买高市盈率股票的结果很可能是低收益率甚至亏损？你怎么看？

（2）近年来，中小板、创业板股票动辄以100多倍市盈率发行上市，且很多企业的业绩都有较明显的过度包装痕迹。请搜集相关资料，分析投资者面临的风险。

提示：北大光华管理学院副院长刘俏就美国股市市盈率做出了如下分析，给我们很多启示。2015 年 4 月 15 日，纳斯达克 2 599 家上市公司平均市盈率 21 倍，中国深圳 429 家创业板公司市盈率 95 倍。但纳斯达克扣除苹果、谷歌、微软后市值小于 300 亿元人民币的公司有 2 353 家，平均市盈率 88 倍；市值小于 200 亿元人民币的公司有 2 264 家，平均市盈率 112 倍；市值小于 100 亿元人民币的公司有 2 043 家，平均市盈率 572 倍。不仅每个市场的总体构成不同，每个公司的体量、质量、前景也大不相同。简单拿某个市场的数据去套另外一个市场，可能会面临重重问题。

5. 每股净资产

每股净资产也称每股账面价值，是指企业期末普通股净资产与期末与发行在外的普通股股数的比值。其计算公式为：

$$每股净资产=\frac{期末普通股净资产}{期末发行在外的普通股股数}$$

$$期末普通股净资产=期末股东权益-期末优先股股东权益$$

每股净资产指标表明发行在外的每股股票所代表的净资产的账面比值。它在理论上提供了股票的最低价值，可以用来估计其上市股票或拟上市股票的合理市价，判断投资价值及投资风险的大小。利用该指标进行纵向和横向的对比及结构分析等，可以衡量公司的发展进度、发展潜力，间接地表明企业盈利能力的大小。也就是说，在公司性质相同、股票市价相近的条件下，某公司股票每股净资产越高，则该公司发展潜力与股票的投资价值越大，投资者所承受的风险越小。

根据 HS 公司的资产负债表（见表 2.2），可知该公司 2020 年年末股东权益为 130 388 万元，全部为普通股，年末发行在外的普通股股数为 62 375 万股，则计算其每股净资产为：

每股净资产＝期末普通股净资产÷期末发行在外的普通股股数

＝130 388÷62 375＝2.09（元/股）

6. 市净率

对上市公司的评价还经常运用市净率指标。市净率是普通股每股市价与每股净资产的比值。

其计算公式为：

$$市净率=\frac{每股市价}{每股净资产}$$

假定 HS 公司 2020 年年末普通股每股市价为 4.20 元，普通股每股净资产为 2.09 元，则计算其市净率为：

市净率＝每股市价÷每股净资产＝4.20÷2.09＝2.01（倍）

由于每股净资产是根据历史成本数据计算的，因此在投资分析中只能有限度地使用每股净资产指标。市净率小于 1，表明这个企业没有发展前景；反之，市净率则会大于 1，表明投资者对股票的前景感到乐观。市净率大，说明投资者普遍看好该企业，认为这个企业有希望，有足够的发展潜力。

市净率指标与市盈率指标不同，市盈率指标主要从股票的收益角度进行考虑，而市净率则主要从股票的账面价值角度考虑。但两者又有不少相似之处，它们都不是简单的越高越好或越低越好的指标，都代表着投资者对某股票或某企业未来发展潜力的判断。同时，与市盈率指标一样，市净率指标也必须在完善、健全的资本市场上，才能据此对企业做出正确、合理的分析和评价。

小知识

市净率指标的估值逻辑

从估值角度，市净率反映当前公司的股价相对于公司净资产的溢价，是很重要的一个参考指标。与市盈率相比，它波动性少，有更好的稳健性。

在《巴菲特的估值逻辑》中，作者复盘了巴菲特20个非常经典的投资案例。其中，就有分析巴菲特投资富国银行时，对市盈率和市净率的考虑：富国银行在1989年年底的股东权益总计是28.61亿美元，市值是31.89亿美元，市净率是1.1倍。这就意味着这个企业的估值只是比它的面值稍高一点。虽然这不一定是银行最便宜的地板价，但对于一家净资产收益率做到20%以上的银行来说，肯定是很便宜的。之后，富国银行从美国经济衰退的阴影中恢复过来，成为一家非常成功的银行，并持续成为巴菲特股票篮子里较优秀的股票之一。

那么，市净率倍数多少是合理估值?

市净率越低，表示当前股价对净资产的溢价越少，市净率越高则溢价越多。例如工商银行，市净率为0.87，也就是说，花0.87元，买到了工商银行1元钱的净资产。而同时期的东方财富，市净率是6.14，要花6元钱才能买到其1元钱的资产。显然，单从净资产的角度，东方财富的溢价要远远大于工商银行。

单看市净率也会存在估值误区。从投资的角度，公司的价值可以分为：市场价值、账面价值和内在价值。市净率侧重的是对市场价值与账面价值的对比，如果单一用这一个指标作为判断公司的标准，那就可能会忽略公司真实的内在价值。

第一，账面资产可能失真。按照会计准则的要求，公司账面的固定资产通常采用历史成本计量，按照使用年限逐年摊销。这背后，就有不小的调节空间，已经被新技术淘汰的设备，已经没有价值的专利，这些如果还留在账面上，那就会是资产的水分。

再如高溢价的收购形成的商誉，对外的长期股权投资，也可能是很危险的资产，有些公司会计报表中商誉的占比甚至超过50%，如果投资失利，不能带来投资回报，就会面临资产减值的损失。前不久，西部矿业披露业绩预告更正公告，称公司投资的青投集团存在减值迹象，可回收金额为0，确认对青投集团长期股权投资减值损失25.22亿元。

第二，资产的风险。企业的风险有两类：高财务杠杆带来的财务风险和高营运杠杆带来的经营风险。计算市净率使用的是净资产，并没有考虑公司的资产结构。如果公司的资产负债率很高，选择了高财务杠杆系数，那就可能面临流动性危机，公司净资产的安全性就要大打折扣。类似的，如果公司长期扩大投资规模，或者因为行业本身的特点，必须不断投入以维持规模优势，那么，未来的投资回报就是值得关注的重点，一旦行业进入衰退周期，前期的投入很可能沉淀为公司的固定成本，成为吞噬利润的凶手，自然就会影响到股东的投资回报。

第三，公司的竞争优势很难用账面资产来衡量。现有的会计准则最早是基于传统制造行业，可以衡量公司的有形资产，但并不能对公司的无形资产进行有效的衡量，典型的如品牌价值、人力资源、客户群体，这些其实也是公司竞争优势中非常关键的一部分，却很难量化。例如可口可乐，它的品牌价值就很难衡量，再如互联网行业的轻资产公司，如亚马逊和 FaceBook，最核心的竞争优势就是用户数，也很难在资产中衡量。

因为市净率的局限性，在做出投资决策时，通常会将市净率与净资产收益率结合起来看。投资的目的是获得未来收益。市净率反映的是价格基于净资产的溢价，最终溢价还是来源于净资产的收益，只有市场对未来的收益有预期，才可能有溢价。净资产收益率高多数情况下意味着公司是好公司，而市净率低则意味着公司便宜。所以，高净资产收益率 + 低市净率的“便宜的好公司”，才是值得投资者关注的标的。

资料来源：会计视野，2019-08-11.

四、上市公司股利政策分析

（一）股利政策的概念

股利政策是指公司股东大会或董事会对一切与股利有关的事项所采取的较具原则性的做法，是关于公司是否发放股利、发放多少股利及何时发放股利等方面的方针和策略，所涉及的主要是公司对其收益进行分配，还是留存以用于再投资的策略问题。

股利政策作为企业的核心财务问题之一，一直受到各方的关注。因为股利的发放既关系到公司股东和债权人的利益，又关系到公司的未来发展。如果支付较高的股利，一方面可使股东获得可观的投资收益，另一方面还会引起公司股票市价上升。但是过高的股利，将使公司留存利润减少，或者影响公司未来发展，或者因举债、增发新股而增加资本成本，最终影响公司未来收益。而较低的股利，虽然使公司有较多的发展资金，但与公司股东的愿望相违背，会使股票价格下降，公司形象受损。因此，制定合适的股利政策，使股利的发放与公司的未来持续发展相适应，并使公司股票价格稳中有升，便成为公司管理层的终极目标。

（二）影响股利政策的因素

1. 法律法规限制

我国的法律法规对公司股利政策的影响有如下 3 种情况：

第一，《公司法》的规定。《公司法》第一百三十条规定股份的发行必须同股同权，同股同利；第一百七十七条规定了股利分配的顺序，即公司分配当年税后利润时，应当先提取法定公积金、法定公益金（提取法定公积金和法定公益金之前应当先利用当年利润弥补亏损），然后才可按股东持有的股份比例分配；第一百七十九条规定股份有限公司经股东大会决议将法定公积金转为资本时，所留存的该项公积金不得少于注册资本的 25%。

第二，《个人所得税法》的规定。按照《个人所得税法》和国家税务总局《关于征收个人所得税若干问题的通知》，个人拥有的股权取得的股息、红利和股票股利应征收 20% 的所得税。

第三，《关于规范上市公司若干问题的通知》的规定。①上市公司确实必须进行中期分红派息的，其分配方案必须在中期财务报告经过具有从事证券业务资格的会计师事务所审计后制定；公布中期分配方案的日期不得先于上市公司中期报告的公布日期；中期分配方案经股东大会批准后，公司董事会应当在股东大会召开 2 个月内完成股利（或股份）的派发事项。②制订公平的分配方案，不得向一部分股东派发现金股利，而向其他股东派发股票股利。③上市公司制订配股方案同时制订分红方案的，不得以配股作为分红的先决条件。④上市公司的送股方案必须将以利润送红股和以公积金转为股本明确区分，并在股东大会上分别做出决议，分项披露，不得将二者均表述为送红股。

2. 国家宏观经济环境

一国经济的发展具有周期性。当一国经济处在不同的发展周期时，对该国企业股利政策的制定也有不同的影响。相应地，我国上市公司在制定股利政策时，同样受到宏观经济环境的影响。当前，在形式上表现为由前几年的大比例送配股，到近年来现金股利的逐年增加。

3. 通货膨胀

当发生通货膨胀时，折旧储备的资金往往不能满足重置资产的需要。公司为了维持其原有生产能力，需要从留存利润中予以补足，这时管理层可能调整其股利政策，导致股利支付水平下降。

4. 企业的融资环境

当客观上存在一个较为宽松的融资环境时，企业可以发放债务融资性的股利和权益融资性的股利，即公司借新债或发新股来为股利融资。一般来说，企业规模越大，实力越雄厚，其在资本市场融资的能力就越强，财务灵活性也越大，当然其支付股利的能力也就越强。但对于许多小公司或新成立的公司而言，难以采取融资性的股利政策。

5. 市场的成熟程度

衡量市场的成熟程度，通常可划分为 3 种形式：弱式有效市场、半强式有效市场和强式有效市场。市场越有效，其成熟度也就越高。实证研究结果显示，在比较成熟的资本市场（半强式有效市场）中，现金股利是最重要的一种股利形式，股票股利则呈下降趋势。我国尚系新兴的资本市场，与成熟的市场相比，股票股利仍是一种重要的股利形式。

6. 企业所在的行业

股利政策具有明显的行业特征。一般来说，成熟产业的股利支付率高于新兴产业，公用事业公司的股利支付率高于其他行业的公司。经验表明，行业的平均股利支付率同该行业的投资机会成负相关关系。

7. 企业资产的流动性

所谓资产的流动性是指企业资产转换为现金的难易程度。企业的现金流量与资产整体流动性越好，其支付现金股利的能力就越强。而成长中的、获利性较好的企业，如果其大部分资金投在固定资产和永久性营运资金上，则它们通常不愿意支付现金股利以免危及企业的安全。

8. 企业的生命周期

我们通常把企业的生命周期划分为初创阶段、成长阶段、发展阶段和成熟阶段。在不同的阶段，企业的股利政策会受到不同的影响。在初创阶段，企业一般不考虑股利的发放；在成长阶段，企业急需资金投入，一般来讲，股利支付率相对较低；在发展阶段，企业开始能以较大的股利支付比率把收益转移给股东；到成熟阶段，由于投入产出相对稳定，股利支付率和股票收益率都将几乎保持不变。

9. 企业的投资机会

股利政策在很大程度上受投资机会所左右。如果企业有较多的有利可图的投资机会，往往采用低股利、高留存利润的政策；反之，如果投资机会较少，就可能采用高股利政策。当然，在采用低股利政策时，企业管理层必须向股东充分披露已留存利润投资于盈利高的项目，以取得股东的信任和支持。

（三）股利政策的选择

目前，除部分企业选择不分配股利的政策外，常见的股利政策有以下几种形式。

1. 剩余股利政策

剩余股利政策是指在企业有着良好的投资机会时，根据一定的目标资本结构，测算出投资所需的权益资本，先从盈余当中留用，然后将剩余的盈余作为股利予以分配。剩余股利政策的特点是把企业的股利分配政策完全作为一个筹资决策来考虑，只要企业有了其预期投资收益率超过资本成本率的投资方案，企业就会用留存利润来为这一方案融资。剩余股利政策比较适合于新成立的或处于高速成长期的企业。

假定HS公司上年税后利润为600万元，今年年初公司讨论决定股利分配的数额。预计今年需要增加投资资本800万元，公司的目标资本结构是权益资本占60%，债务资本占40%，今年继续保持。按法律规定，至少要提取10%的公积金。公司采用剩余股利政策，筹资的优先顺序是留存利润—借款—增发股份。公司当年应分配的股利计算如下。

留存收益＝未来投资资本×目标权益比重＝800×60%＝480（万元）

股利分配＝600－480＝120（万元）

采用剩余股利政策的根本原因在于保持理想的资本结构，使加权平均资本成本最低。

2. 固定或稳定增长的股利政策

固定或稳定增长的股利政策是指企业将每年派发的股利额固定在某一特定水平或是在此基础上维持某一固定比率逐年稳定增长。采用这一政策，不论经济状况如何，也不论企业经营业绩好坏，都将每期的股利固定在某一水平上保持不变。只有当管理层认为未来盈利将显著地、不可逆转地增长时，才会提高股利的支付水平。

该股利政策的优点有：①稳定的股利向市场传递企业正常发展的信息，有利于树立企业良好的形象，增强投资者对企业的信心，稳定股票的价格；②有利于投资者安排股利收入和支出。

其缺点有：①股利支付与盈余脱节；②不能像剩余股利政策那样保持较低的资本成本。

一般来说，想要取得收入的投资者更喜欢能支付稳定股利的企业，而不喜欢支付不稳定股利的企业。总之，稳定股利政策对有收入意识的投资者会产生正效用。另外，一些机构投资者，包括证券投资基金、养老基金、保险公司及其他一些机构，也比较欣赏能够支付稳定股利的企业。因此，大多数成熟的、盈利比较好的企业通常采用稳定的股利政策。

3. 固定股利支付率政策

固定股利支付率政策是企业确定一个股利占盈余的比率，长期按该比率支付股利的政策。其特点是：能使股利与企业盈余紧密配合，以体现多盈多分、少盈少分、无盈不分的原则。但是，这种政策下各年的股利变动较大。

采用固定支付比率的股利政策，使得企业的股利支付极不稳定，容易造成企业的信用下降、股票价格下跌与股东信心动摇的局面。因此，国外采用固定比率股利政策的企业较少。

4. 低正常股利加额外股利政策

低正常股利加额外股利政策是企业一般情况下每年只支付一个固定的、数额较低的股利，在盈余较多的年份，再根据实际情况向股东发放额外股利。但额外股利并不固定化，不意味着企业永久地提高规定的股利率。

采用该政策的理由是：具有较大灵活性，使一些依靠股利度日的股东每年至少可以得到虽然较低但比较稳定的股利收入，从而留住这部分股东。

低正常股利加额外股利政策尤其适合于盈利经常波动的企业。

小知识

股票分红、股息与股利

股票分红是指投资者购买一家上市公司的股票，对该公司进行投资，同时享受公司分红的权利。一般来说，上市公司分红有两种形式：向股东派发现金股利和股票股利。上市公司可根据情况选择其中一种形式进行分红，也可以两种形式同时使用。

股息即股票的利息，是指股份公司从提取了公积金、公益金的税后利润中，按照股息率派发给股东的收益。股息的利率是相对固定的，特别是对优先股而言。

股利是股息和红利的简称，也是一种统称。换言之，股利由股息和红利两部分构成，是指股东依靠其所拥有的公司股份从公司分得的利润。尽管股息和红利都是股东向公司投资所获得的报酬，它们都是股利的表现形式，但二者是不同的概念，即股息通常是对优先股而言，而红利则是对普通股而言。股利是股息和红利合并后的简化称呼。

公司股票分为普通股和优先股两大类。普通股的股东得红利，优先股的股东得股息。普通股的红利率不是事先约定的，每个普通股股东在公司营业年度内能分得红利数量的多少完全取决于公司当年的盈利状况，是不固定的。而优先股的股息率是按照事先确定的固定比例向股东分配的公司盈余，在一定的时间内是不变的。

（四）股利支付的方式

① 现金股利。它是以现金支付的股利，是股利支付的主要方式。公司支付现金股利除要有累计盈余（特殊情况下可用弥补亏损后的盈余公积金支付）外，还要有足够的现金，所以公司在支付现金股利前需要筹备充足的现金。

② 财产股利。它是以现金以外的资产支付的股利，主要是以公司所拥有的其他企业的有价证券，如债券、股票等，作为股利支付给股东。

③ 负债股利。它是公司以负债支付的股利，通常以公司的应付票据支付给股东，不得已情况下也有发行公司债券抵付股利的。财产股利和负债股利实际上是现金股利的替代品。

④ 股票股利。它是公司以增发的股票作为股利的支付方式。

实务演练

案例资料：股利支付率 9 589%，新三板公司高额派现为哪般？

2016 年 5 月 21 日，无锡海航发布分红预案公告称，以 2015 年 12 月 31 日公司总股本 500 万股为基准，拟向全体股东每 10 股转 9.78 股送 20.22 红股派 4.8 元，共计现金分红 240 万元，利润分配完成后公司总股本为 2 000 万股。

同日，浙江国祥、林格贝、集美新材、广咨国际、微动天下、九九华立、朗德金燕等 7 家新三板公司也同时发布了分红预案。

距离 5 月份结束还有 1 周，新三板市场已有 77 家公司发布分红预案，其中，上周二至周六共发布 30 起。

随着 2015 年年报的收官，新三板成长性完胜创业板虽已路人皆知，然而如此密集转送派，也是“土豪”得有点出人意料。

新三板上这些公司最“土豪”

据新三板资本圈记者统计，2016年至今，已有821家新三板挂牌公司发布转送派预案，其中，除38家分红难产外，其余都进展顺利。除7家以一季报为报告期外，以2015年年报为报告期的转送派公司就达776家，占新三板公司总数超过10%，远超同期主板市场的分红公司占比。

毋庸置疑，无论是“才气”还是“财气”，计算机、互联网及其相关行业都必须摘得桂冠。据统计，在分红公司中，软件和信息技术服务业共计102家，占比12%，居排行榜榜首；计算机、通信和其他电子设备制造业共有58家，占比7%，获得亚军；专用设备制造业57家紧随其后。不过以高新技术为核心亮点的新三板，这些公司最“土豪”其实也在情理之中。分红行业公司数量占比如图3.2所示。

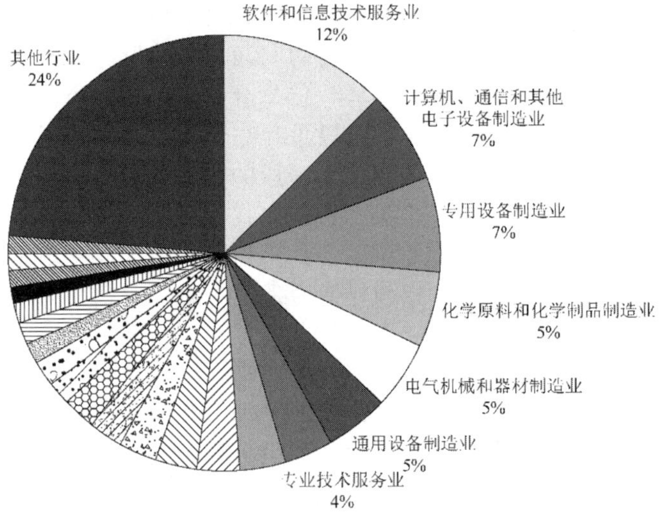

图3.2 分红行业公司数量占比

参与分红的公司在数量上占优势也就罢了，派送的现金也是足够豪！瞧，10股派10元或以上的就有12家，最高派现达25元。高分红公司排行如表3.20所示。

表3.20 高分红公司排行

元

代 码	名 称	预案公告日	每股派息（税前）	送股比例	转增比例
831318.OC	信易科技	2016/4/28	2.500 0		
833764.OC	斯达电气	2016/4/27	2.300 0		4.000 0
834383.OC	都邦药业	2016/4/14	2.166 7		0.140 0
833405.OC	原妙医学	2016/4/28	2.000 0	1.000 0	
835609.OC	潜龙股份	2016/4/28	1.515 0		1.000 0
833643.OC	必得科技	2016/4/12	1.500 0		2.000 0
836892.OC	广咨国际	2016/5/21	1.420 0		
833663.OC	百事秦	2016/4/21	1.189 0		1.400 0
430381.OC	阿兰德	2016/4/9	1.074 4		
832311.OC	兆科电子	2016/4/28	1.000 0		
834833.OC	成都文旅	2016/4/21	1.000 0		
831971.OC	开元物业	2016/4/21	1.000 0		2.000 0

“土豪”得不要不要的。只是有人会问，如果公司成长性不及预期，如此“土豪”谁来买单？

新三板派现公司是真豪

新三板公司高转送对公司股东、市场无疑都是利好消息，但事实上，这些高转送的土豪公司，却并非都是赚得盆满钵满的主儿，如某网科技 2015 年分红总额为 440 万元，但其当年净利润仅为 4.59 万元，股利支付率高达 9 589.42%。

无独有偶，某克曼 2015 年净利润为 444.58 万元，但这两年分红两次，金额高达 5 775 万元，股利支付率高达 1 298.99%……

就算公司看好未来收益，如此大手笔也实属罕见。

实际上，诸如此类“土豪”公司在新三板也非屈指可数。据统计，2015 年至今，新三板进行派现的公司共有 542 家，其中，股利支付率高达 100% 以上的公司合计 55 家，占比超过 10%；超过 200% 的也达 15 家。

然而，据不完全统计，A 股 2015 年股息支付率高于 40% 的也寥寥无几，许多公司迫于政策面压力才会走下过场进行现金分红。

与主板市场不少公司账面上有巨额未分配利润却吝于回报投资者相比，新三板高额、高频派现的公司，不管土不土，反正是真豪！股利支付率高于 200% 的新三板公司如表 3.21 所示。

表 3.21　股利支付率高于 200%的新三板公司

代　码	名　称	分红总额/万元	净利润/万元	股利支付率/%	2015—2016 分红次数
430343.OC	优网科技	440.00	4.59	9 589.42	1
430031.OC	林克曼	5 775.00	444.58	1 298.99	2
834933.OC	正弦电气	1 290.00	378.65	340.69	1
430530.OC	云铜科技	184.40	54.61	337.68	1
833680.OC	一览网络	3 000.00	964.77	310.95	2
430565.OC	莱力柏	506.00	167.36	302.34	1
430604.OC	三炬生物	600.66	216.72	277.16	1
832475.OC	欣欣饲料	1 861.39	691.02	269.37	1
430116.OC	中矿华沃	100.00	39.19	255.17	1
831673.OC	交联辐照	420.00	168.11	250.33	1
835706.OC	利诚股份	1 920.00	792.84	242.17	1
833570.OC	万全物流	495.00	205.36	241.04	1
832004.OC	海林节能	3 582.00	1 502.57	238.39	1
833637.OC	福建三星	5 616.00	2 703.37	207.74	1
831260.OC	东方碾磨	144.00	69.73	206.50	1

面对如此高额派现，套现者固然洋洋得意，然而谁又会愿意成为下一个接盘侠？

高额派现也好，高频送转也罢，新三板土豪公司频现到底为哪般？

读者需明白，送转股票对投资者来说，总持股市值不变，持仓数量也同比例增加而已。对公司来说，影响也不是很大。转增股本来自资本公积，它可以不受公司本年度可分配利润的多少限制。

送股是来自公司的税后利润，将利润转换为股本，对公司的盈利水平有一定的要求。送股后，公司总股本增大了，同时每股净资产降低了。

扩大股本有利于改善公司股本结构，这可以理解；不惜一切代价冲创新层，这也可以理解；但是派现来自财务报表中的未分配利润，对公司现金流将产生较大的影响。

这场数字游戏，谁才是真正的获利者？有些道理你我都明白，但是有些秘密你也未必知晓。

笔者发现，高额派现的公司大多数股权比较集中。以股利支付率超过 95 倍的某网科技为例，2015 年 8 月 8 日，某网科技发布 2015 年半年报，数据显示，公司当期净利润为－128 万元，未分配利润 440 万元。10 月 17 日发布利润分配方案公告，以截至 2015 年 6 月 30 日的总股本 500 万股为基数，每 10 股派发现金红利 8.8 元（含税），共计分配利润 440 万元。

半年报显示，公司只有 7 位股东，如表 3.22 所示。其中，实际控制人马某功及孟某智合计持有公司 85.2% 的股份，在此次派现中合计分红达 374.88 万元。

表 3.22　某网科技股东构成

股东名称	关联关系	对本公司的持股比例/%	对本公司的表决权比例/%
马某功	实际控股人	44.70	44.70
孟某智	实际控股人	40.50	40.50
马某倩	股东	4.80	4.80
程某	股东	3.00	3.00
高某谷	股东	3.00	3.00
孟某勇	股东	3.00	3.00
曾某军	股东	1.00	1.00
合计		100.00	100.00

值得注意的是，与主板送转派不同的是，主板有高转送热炒概念，送转后的填权行情有时值得一追，但是对于新三板来说，在流动性困局的背景下，流动高溢价是天方夜谭，填权更无从谈起。

因此对于当期净利润为负的公司来说，在可预见的未来其未分配利润累积增长也须谨慎对待。那么问题来了，你愿意成为其接盘侠吗？

资料来源：新三板资本圈，2016-05-24.

要求：

（1）阅读案例资料后，搜集有关信息，了解 2020 年上市公司采取的股利政策状况。

（2）选择优网科技为本公司，关注其近 5 年的股利政策并进行评价。

任务检测 3–3

选择题

1．总资产报酬率是指（　　）与平均总资产之间的比率。

A．利润总额　　B．息税前利润

C．净利润　　D．营业利润

在线自测

2．（ ）是反映盈利能力的核心指标。

A．总资产报酬率　　B．股利发放率

C．总资产周转率　　D．净资产收益率

3．某公司采用剩余股利政策分配股利，董事会正在制定2020年度的股利分配方案。在计算股利分配额时，不需要考虑的因素是（ ）。

A．公司的目标资本结构　　B．2020年年末的货币资金

C．2020年实现的净利润　　D．2021年需要的投资资本

4．在股利分配政策中，最有利于股价稳定的是（ ）。

A．剩余股利政策　　B．固定或稳定增长的股利政策

C．固定股利支付率政策　　D．低正常股利加额外股利政策

配套实训

实训3-6 资本经营盈利能力分析

实训目标

明确企业资本经营的含义，了解企业资本经营的主要特点；针对影响企业资本经营盈利能力的因素，能进行影响企业资本经营盈利能力因素的分析，并正确评价企业资本经营盈利能力。

实训资料

1．有关资本经营

资本经营是指围绕资本保值增值进行经营管理，把资本收益作为管理的核心，实现资本盈利能力最大化。

资本经营有广义和狭义之分。广义的资本经营是指以资本增值最大化为根本目的，以价值管理为特征，通过企业全部资本与生产要素的优化配置和产业结构的动态调整，对企业的全部资本进行有效运营的一种经营方式。它包括所有以资本增值最大化为目的的企业经营活动，自然也包括产品经营和商品经营。狭义的资本经营是指独立于商品经营而存在的，以价值化、证券化的资本或可以按价值化、证券化操作的物化资本为基础，通过流动、收购、兼并、战略联盟、股份回购、企业分立、资产剥离、资产重组、破产重组、债转股、租赁经营、托管经营、参股、控股、交易、转让等各种途径优化配置，提高资本运营效率和效益，以实现最大限度增值目标的一种经营方式。

资本经营的内容非常广泛，从不同的方面划分，有以下内容：

① 从资本的运动状态来划分，可以将其划分为存量资本经营和增量资本经营。存量资本经营指的是投入企业的资本形成资产后，以增值为目标而进行的企业的经济活动。资产经营是资本得以增值的必要环节。企业还通过对兼并、联合、股份制、租赁、破产等产权转让方式，促进资本存量的合理流动和优化配置。增量资本经营实质上是企业的投资行为，因此，增量资本经营是对企业的投资活动进行筹划和管理，包括投资方向的选择、投资结构的优化、筹资与投资决策、投资管理等。

② 从资本经营的形式和内容来划分，可以将资本经营分为实业资本经营、金融资本经营、产权资本经营和无形资本经营等。实业资本经营是指以实业为对象的资本经营活动；金融资本经营是指以金融商品（或称货币商品）为对象的资本经营活动；产权资本经营是

指以产权为对象的资本经营活动；无形资本经营是指以无形资本为对象的经营活动。

资本经营与商品经营、资产经营存在紧密的联系，但也存在区别，不能将资产经营、商品经营与资本经营等同。资本经营具有以下三大特征：

① 资本经营的流动性。资本是能够带来增值的价值，资本的闲置就是资本的损失。资本经营的生命在于运动，资本是有时间价值的，一定量的资本在不同时间具有不同的价值，今天的一定量资本，比未来的同量资本具有更高的价值。

② 资本经营的增值性。实现资本增值是资本经营的本质要求，是资本的内在特征。资本的流动与重组的目的是实现资本增值的最大化。企业的资本运动，是资本参与企业再生产过程并不断变换其形式，在这种运动中使劳动者的活劳动与生产资料物化劳动相结合，资本作为活劳动的吸收器，实现资本的增值。

③ 资本经营的不确定性。资本经营活动，风险的不确定性与利益并存。任何投资活动都是某种风险的资本投入，不存在无风险的投资和收益。这就要求经营者在进行资本经营决策时，必须同时考虑资本的增值和存在的风险，并为企业的长远发展着想。企业经营者要尽量分散资本的经营风险，把资本分散出去，同时吸收其他资本参股，实现股权多元化，以优化资本结构来增强资本的抗风险的能力，保证风险一定的情况下收益最大。

资本经营除上述的 3 个主要特征外，还具有价值性、市场性和相对性特征。

2．影响资本经营盈利能力的因素分析

根据某公司 2019年、2020年两个年度的资产负债表、利润表及其附表资料和报表附注，摘出以下分析数据，如表 3.23 所示。

表 3.23 主要财务数据资料

万元

项 目	2019 年	2020 年
平均总资产	963.8	1 523.1
平均净资产	856.1	1 145.8
利息费用	14.6	18.9
利润总额	82.1	168.9
所得税税率/%	3.0	2.5

实训要求

（1）根据实训资料 1，试说明资本经营与资产经营的联系与区别。

（2）根据实训资料 2，用连环替代法计算各因素变动对资本经营能力的影响程度并进行分析评价。

提示：资本经营盈利能力是指企业的所有者通过投入资本经营取得利润的能力。反映资本经营盈利能力的基本指标是净资产收益率，即企业本期净利润与平均所有者权益（净资产）的比率。影响净资产收益率的因素主要有总资产报酬率、负债利息率、企业资本结构和所得税税率等。净资产收益率与各影响因素之间的关系用下式表示。

$$净资产收益率=[总资产报酬率+(总资产报酬率-负债利息率)\times(负债\div平均净资产)]\times(1-所得税税率)$$

公式推导如下：

$$净资产收益率=\frac{净利润}{平均净资产}\times100\%=\frac{利润总额}{平均净资产}\times(1-所得税税率)$$

$$=\frac{\frac{息税前利润}{平均总资产}\times 平均净资产+\frac{息税前利润}{平均总资产}\times 平均负债-利息}{平均净资产}\times(1-所得税税率)$$

$$=\left[\frac{息税前利润}{平均总资产}+\frac{平均负债}{平均净资产}\times\left(\frac{息税前利润}{平均总资产}-\frac{利息}{平均负债}\right)\right]\times(1-所得税税率)$$

$$=\left[总资产报酬率+(总资产报酬率-负债利息率)\times\frac{平均负债}{平均净资产}\right]\times(1-所得税税率)$$

实训 3-7　资产经营盈利能力分析

实训目标

了解影响企业资产经营盈利能力的因素，熟悉运用因素分析法进行影响企业资产经营盈利能力的因素分析。

实训资料

甲公司 2019年、2020年有关资产负债表、利润表项目金额如表 3.24 所示。

表 3.24　财务数据资料　　万元

项　目	2020 年	2019 年
营业收入	2 000	1 500
利润总额	180	120
利息费用	12	8
平均总资产	3 840	3 096

实训要求

（1）什么是资产经营？影响企业资产经营盈利能力的因素有哪些？

（2）用因素分析法计算各因素变动对甲公司资产经营能力的影响程度，并进行分析评价。

提示：资产经营盈利能力是指企业运营资产产生利润的能力。反映资产经营盈利能力的指标是总资产报酬率，即息税前利润与平均总资产之间的比率。根据总资产报酬率指标的经济内容，可将其进行分解：

$$总资产报酬率=\frac{营业收入}{平均总资产}\times\frac{利润总额+利息费用}{营业收入}$$

$$=总资产周转率\times 销售息税前利润率$$

可见，影响总资产报酬率的因素有两个：一是总资产周转率，它是企业资产经营效果的直接体现；二是销售息税前利润率，反映了企业商品生产经营的盈利能力。

实训 3-8　商品经营盈利能力分析

实训目标

明确企业商品经营的含义，掌握分析企业商品经营盈利能力的核心衡量指标，能进行企业商品经营盈利能力的分析评价。

实训资料

大华公司 2020 年度利润表如表 3.25 所示。

表 3.25　利润表

编制单位：大华公司　　2020 年度　　万元

项　目	2020 年度	2019 年度
一、营业收入	231 644.4	179 840.8
减：营业成本	186 073.4	146 293.5
税金及附加	986	924.7
销售费用	8 760.3	7 712.2
管理费用	20 114	14 910.4
财务费用	6 242.9	8 728.7
资产减值损失	3 541.9	0
加：投资收益	−225.9	1 868.6
其中：对联营企业和合营企业的投资收益	0	0
二、营业利润	5 700	3 139.9
加：营业外收入	11 390.3	225.3
减：营业外支出	335.9	140.2
其中：非流动资产处置损失	0	0
三、利润总额	16 754.4	3 225
减：所得税费用	5 036	−149.6
四、净利润	11 718.4	3 374.6
五、每股收益		
基本每股收益	0.04	0.012
稀释每股收益		

实训要求

（1）什么是商品经营？影响企业商品经营盈利能力的因素有哪些？

（2）对大华公司的商品经营盈利能力进行全面分析。

提示：反映商品经营盈利能力的指标可分为两类：一类是各种利润额与收入之间的比率，统称收入利润率；另一类是各种利润额与成本之间的比率，统称成本利润率。反映收入利润率的指标主要有营业利润率、毛利率、销售利润率、销售净利率和销售息税前利润率；反映成本利润率的指标主要有营业成本利润率、成本费用利润率等。

$$\text{营业利润率}=\frac{\text{营业利润}}{\text{营业收入}}\times 100\%$$

$$\text{毛利率}=\frac{\text{营业收入}-\text{营业成本}}{\text{营业收入}}\times 100\%$$

$$\text{销售息税前利润率}=\frac{\text{息税前利润}}{\text{营业收入}}\times 100\%$$

$$\text{销售利润率}=\frac{\text{利润总额}}{\text{营业收入}}\times 100\%$$

$$\text{销售净利率}=\frac{\text{净利润}}{\text{营业收入}}\times 100\%$$

$$\text{营业成本利润率}=\frac{\text{营业利润}}{\text{营业成本}}\times 100\%$$

$$\text{成本费用利润率}=\frac{\text{利润总额}}{\text{成本费用总额}}\times 100\%$$

实训 3-9　上市公司市场价值比率分析

实训目标

关注上市公司的信息披露，了解上市公司市场价值的含义，明确市场价值比率分析的内容，熟练掌握市场价值比率分析的各项指标，理解其经济意义，并能够熟练运用。

实训资料

1. 关注上市公司年报中的分红预案

对于很多投资者来说，年报看点除了每股收益，就是分红预案了。分红预案可以包括3项内容：一是利润分配预案；二是资本公积转增股本预案；三是盈余公积转增股本预案。

其中，利润分配又有两种方式可以选择：一是分现金；二是送红股。分现金很容易理解，而送红股实际上是会计科目之间的调整，不涉及现金流出。

资本公积转增股本，严格来讲不属于分红范畴，但由于这一行为的实质与送红股类似，一般都将其视为分红的一种。因此，在上市公司年报中，利润分配预案与资本公积转增预案被放在一起表述。至于盈余公积转增股本预案，虽然在理论上可行，但上市公司极少实施，投资者可暂不予以关注。

（1）利润分配的前提条件

上市公司董事会在年报中提出利润分配预案有两个前提条件。

① 本年度净利润弥补以前年度亏损后仍为正。在实际中，有些上市公司以前年度发生过巨额亏损，导致其账面上“未分配利润”这一会计科目为负值。按照规定，上市公司当年的净利润在进行分配前，先要弥补以前年度亏损。如果弥补后，未分配利润还是负数，则上市公司不能进行利润分配。因此，对未分配利润还留有巨额亏损的上市公司，投资者就不必指望其年报中会出现利润分配预案了。

这里要特别提醒投资者注意的是：在现行的《公司法》实施以前，上市公司可以用资本公积弥补以前年度亏损，因此，弥补以前年度亏损还算容易——多数上市公司的资本公积都比较充裕。但现行的《公司法》中，禁止了用资本公积弥补以前年度亏损的行为。这样一来，一旦上市公司账面形成巨额亏损，很有可能在几年之内，该公司都难以提出分红预案。

② 本年度获利。虽然从理论上讲，当年亏损的上市公司仍然有可能分配利润——只要以前年度的未分配利润与本年度亏损相加后仍为正数，但在现实中，这样做的上市公司极为罕见。十几年来，总数也不超过5家。因此，对于那些年报已经预亏的上市公司，投资者也不用指望其提出利润分配预案了。

（2）资本公积转增的前提条件

从理论上讲，资本公积转增股本时，没有如利润分配那样的两个前提条件。也就是说，无论上市公司当期是否赚钱，无论上市公司的未分配利润是正还是负，如果公司的“资本公积”会计科目上有足够的钱，就可以提出资本公积转增的预案。

但在实际操作中，绝大多数上市公司董事会在决定是否提出资本公积转增预案时，还是遵循着利润分配的两个前提条件。前些年，有过一些亏损公司在年报中提出资本公积转增预案，但现在，这一现象已基本绝迹。

（3）能大量现金分红的公司大多很健康

有些公司看上去赚了不少钱，但这些钱很多是应收账款，实际账上的现金并不多，有的时候，应收账款最后就变成坏账了。因此，能大量现金分红，说明上市公司的经营风险不大，不太可能出现突然亏损的情况。

上市公司大量分现金，也说明它对投资者真正负责。有些钱放在公司账上，没什么好项目可以投资，日常经营中暂时也用不上，只好放在银行里吃利息，或者买卖国债，与其这样，不如分给投资者。

而且，投资者分得了现金，也算是真正落袋为安，这跟分到股票不一样，股票虽然多了，但有可能贴权，这样比起来，拿到现金更安全一些。而且，如果真看好这家公司，完全可以用分到的现金接着再买它的股票。

此外，有专家还从多年的实际情况分析得出这样一个结论：那些多年来坚持大量派送现金红利的上市公司，其股价的涨幅明显高于市场平均水平。

由于现金分红对股市健康发展的重要性，证监会也在2008年10月推出了有关现金分红的新规定。第一，申请增发或配股的公司（注意，不包括定向增发），最近3年以现金方式累计分配的利润不少于最近3年实现的年均可分配利润的30%。这项规定，使强有力的现金分红成为再融资的重要前提条件。因此，可以预期，很多以前年度现金分红比例过低的上市公司，很有可能会推出大比例的现金分红预案。第二，证监会要求从2008年年报开始，上市公司应当以列表方式明确披露公司前3年现金分红的数额与净利润的比率。同时要求，年报获利但未提出现金利润分配预案的公司，应详细说明未分红的原因、未用于分红的资金留存公司的用途。

2. 案例：高分红个股具备投资价值

2016年3月24日，贵州茅台发布了2015年度报告，公司营收和净利润连续3年持续增长，并推出了近3年最慷慨的分红方案——每10股派发现金红利61.71元。业内人士指出，随着上市公司年报的披露，越来越多的上市公司推出了分红方案，现金分红使得上市公司的投资价值提升，增加了投资者可掘金高分红个股的机会。

贵州茅台拟每10股派61.71元

作为蓝筹股代表公司，贵州茅台多年来的高派息率向来惹投资者眼红。根据公司2015年的利润分配预案，贵州茅台拟向全体股东每10股派发现金红利61.71元（含税），共分配利润77.52亿元，分红力度超过2013年和2014年，接近2012年每10股64.19元的分红水平。按照昨日的收盘价格计算，贵州茅台当前的股息率达到了2.54%，已经远远超过1.5%的当前一年期定期存款利率。对于长期投资者而言，贵州茅台的投资价值显著。此前，贵州茅台连续两年推出每10股派发43.74元（含税）的现金分红方案。

对于贵州茅台的慷慨分配，市场也十分认可，昨日该股大涨3.27%，收于242.66元，股价创出近8个月来的新高，单日市值增加了96.58亿元。事实上，机构投资者对于贵州茅台一直十分认可，贵州茅台股东名单显示，证金公司持股3 228.72万股，汇金公司持股1 078.73万股。

现金分红提升A股投资价值

贵州茅台年报派发的“大红包”推动股价创出8个月来的新高，作为A股第一高价股，或将引发市场对于高分红个股的新一轮掘金行情。据统计数据显示，截至昨日，A股市场总计有500多家上市公司发布了2015年度利润分配方案。其中90%的上市公司发布了现金分红方案。

数据显示，在进行现金分红的上市公司中，有120家上市公司的现金分红总额超过1

亿元，其中包括万科 A、中国平安、广发证券等在内的 13 家上市公司分红金额超过 10 亿元。万科 A 的现金分红金额约为 79.48 亿元，在已公布现金分红预案上市公司中位居第一。而从每股股利的角度看，华东医药、江铃汽车、四通新材、焦点科技、上海家化等上市公司每股股利较高。此外，在进行现金分红的上市公司中，有 283 家上市公司的分红股息率超 0.35%，超过了当前活期存款利率；有 48 家上市公司的分红股息率超过 1.5%，比一年期定期存款利率还高。

业内人士指出，在股市中稳定的投资回报是股息。一般来说，一家公司的股息率越高，一定程度上说明企业的盈利状况越好。投资高股息率的股票，可以让投资享有足够的安全边际，在一般行情里也能获取不错收益。

资料来源：成都日报，2016-03-25.

3．T 公司利润分配及股东权益相关资料（见表 3.26）

表 3.26　T 公司利润分配及股东权益相关资料　　万元

项　目	2017 年	2018 年	2019 年	2020 年
净利润	1 500	1 700	1 860	1 800
加：年初未分配利润	600	800	1 010	1 098
可供分配利润	2 100	2 500	2 870	2 898
减：提取盈余公积	255	255	279	270
可供股东分配的利润	1 875	2 245	2 591	2 628
减：已分配的优先股股利	400	400	400	400
提取任意盈余公积金	75	85	93	90
已分配普通股股利	600	750	1 000	1 300
未分配利润	800	1 010	1 098	838
优先股（面值 0.5 元/股，2 000 万股）（年末数）	1 000	1 000	1 000	1 000
普通股（2 元/股）（年末数）	2 500	2 700	3 000	3 050
资本公积（年末数）	1 600	1 600	1 600	1 600
盈余公积（年末数）	1 400	1 740	2 112	2 472
未分配利润（年末数）	800	1 010	1 098	838
股东权益合计（年末数）	7 300	8 050	8 810	8 960
普通股平均每股市价/元	6	7	8	9
年末普通股股数/万股	1 250	1 350	1 500	1 525

实训要求

（1）根据你所掌握的最新年度的上市公司信息，试分析某上市公司利润分配状况。

（2）根据实训资料 2，分析贵州茅台股利政策利弊。

（3）根据实训资料 3，计算 T 公司的影响市场价值的财务比率，填入表 3.27 中。

表 3.27　T 公司市场价值有关财务比率的计算

市场价值比率	2017 年	2018 年	2019 年	2020 年
每股收益/元				
每股净资产/元				
市盈率/倍				
市净率/倍				

续表

市场价值比率	2017年	2018年	2019年	2020年
每股股利/元				
股利报酬率/%				
普通股权益报酬率/%				
股利支付率/%				
股利保障倍数				
留存收益比率/%				

（4）根据表3.27，分析T公司近几年来的发展变化情况。

提示：

$$股利支付率=\frac{每股股利}{每股收益}\times 100\%$$

$$股利报酬率（市价股利率）=\frac{每股股利}{每股市价}\times 100\%$$

$$普通股权益报酬率=\frac{净利润-优先股股利}{平均普通股权益}\times 100\%$$

$$股利保障倍数=\frac{1}{股利支付率}$$

$$留存收益比率=\frac{净利润-现金股利}{净利润}\times 100\%$$

实训3-10　收益质量分析

实训目标

了解关于收益质量的有关论点，明确收益质量与盈利能力之间的关系，能运用现金流量数据计算反映盈利能力的指标。

实训资料

收益质量起源于20世纪30年代的美国。20世纪60年代，美国财务分析专家奥特洛弗出版了颇具影响力的投资咨询报告《收益质量》，提出公司的收益质量是对公司盈利能力的进一步评价。目前，由于证券市场中的信息不对称，加之财务舞弊事件日益增多，收益质量越来越受到各界人士的关注。

目前，关于收益质量有3种主要观点：一是强调收益可实现性的现金流量观点，但这种观点忽略了收益的可持续发展能力；二是更加全面的真实性观点，但这种观点仍然忽略了收益的可持续发展能力；三是强调收益可持续发展能力的持续性观点，但这种观点却忽略了收益的真实性。

综合上述分析，可以把收益质量概括为：企业真实的经营成果、经济效益和发展能力的内在揭示，是对当期企业经营的获利性、获现性与成长性的一种综合性评价结果。这样既有助于更加全面地把握收益质量的本质，又明确了收益的作用和目的，从而有利于综合分析企业的收益状况、收益水平及未来的发展潜能。

与收益质量紧密相关的概念是盈利能力。盈利能力是企业获取收益的能力，一般以权责发生制为基础，以企业在一定时期内获得利润的多少为评价结果；收益质量则是以收付实现制为基础，结合现金流量表所列示的经营活动创造现金的能力，对企业收益指标做进一步的修正和检验，反映企业在一定时期内获取利润的质量。收益质量与盈利能力是质与量的关系，收益质量是盈利能力的核心，也就是说一个企业的盈利能力很强，并不能由此推断这个企业的收益质量很高。

实训要求

请搜集资料，说明应设计哪些反映收益质量的比率指标补充分析企业的盈利能力。

提示：进行收益质量分析，可以考虑会计收益与企业业绩之间的相关性。如果会计收益能如实反映企业业绩，则其收益质量高；反之，则收益质量低。收益质量分析，主要包括净收益营运指数分析与现金营运指数分析。

任务四　企业发展能力分析

理论讲解

微课

一、企业发展能力分析的目的与内容

（一）企业发展能力分析的目的

发展能力是企业通过自身的生产经营活动，用内部形成的资金不断扩大积累而形成的发展潜能。企业未来的盈利能力和资本实力是衡量及评价企业可持续发展的依据。通过对企业发展能力的分析，能够使经营者更好地了解企业的经济实力和经济能力可持续发展的趋势。

① 通过发展能力分析，有利于了解企业的发展状况。企业要生存和发展，就必须增加营业收入，营业收入不断增长才能使企业的盈利能力得到增强。对营业收入增减变化进行分析，将为企业开发新产品、扩大市场占有率、促进企业的进一步发展奠定基础。

② 通过发展能力分析，有利于了解企业资产规模和发展水平。企业生产经营的增长离不开资产的增长，资产的增长是企业发展的物质保障，也是企业价值增长的基础，企业资产规模的增加反映了企业发展的水平。

③ 通过发展能力分析，有利于了解企业可持续发展的能力。一方面，企业资产规模的不断扩大，表明企业经济实力的提升，能增强投资者的投资信心，为企业进一步筹资提供保障；另一方面，留存收益的积累也为企业的进一步发展提供了条件。

（二）发展能力分析的内容

1. 企业竞争能力分析

企业竞争能力集中表现为企业产品的市场占有情况和产品的竞争能力，同时在分析企业竞争能力时还应对企业所采取的竞争策略进行分析。

2. 企业周期分析

企业的发展过程总是呈现出一定的周期特征，处于不同周期阶段的企业的同一发展能力分析指标计算结果反映不同的发展能力。

3. 企业发展能力的财务比率分析

企业发展能力的财务比率分析分为企业营业发展能力分析和企业财务发展能力分析两

个方面。

（1）企业营业发展能力分析

企业营业结果可通过销售收入和资产规模的增长体现出来。因此，企业营业发展能力分析可分为对销售增长的分析和对资产规模增长的分析。

（2）企业财务发展能力分析

从财务角度看，企业发展的结果体现为利润、股利和净资产的增长。因此，企业财务发展能力分析可以分为对净资产规模增长、利润增长和股利增长的分析3个方面。

① 对净资产规模增长的分析。在企业净资产收益率不变的情况下，企业净资产规模与收入之间存在正比例关系。同时，净资产规模的增长反映着企业不断有新的资本加入，表明了所有者对企业的充足信心，并对企业进行负债筹资提供了保障，提高了企业的筹资能力，有利于企业获得进一步发展所需的资金。

② 对利润增长的分析。利润是企业在一定时期内的经营成果的集中体现。因此，企业的发展过程必然体现为利润的增长，通过对利润增长情况的分析，即可从一定程度上把握企业的发展能力。

③ 对股利增长的分析。企业所有者从企业获得的利益可以分为两个方面：一是资本利得（股价的增长），二是股利。从长远来看，如果所有的投资者都不退出企业，所有者从企业获得利益的唯一来源便是股利的发放。虽然企业的股利政策要考虑到企业各方面因素，但股利的持续增长一般也就被投资者理解为企业的可持续发展。

在本任务中，我们只介绍企业发展能力的财务比率分析。

实务演练

案例资料：企业不管大小，增长才是硬道理

某电器是厨电行业的明星企业，自2010年上市以来，一直保持高速发展，受到投资人的大力追捧。仅用6年时间，其市值便翻了数倍，达到500亿元之多。然而2018年2月27日这一天，某电器股价一字跌停，之后便一路跌跌不休。8个月的时间，市值便只剩下200亿元不到，300亿元市值灰飞烟灭。

那么，发生了什么，让它遭遇如此劫难呢？

某电器之所以在2018年2月27日这一天跌停，是因为在2月26日晚间，它发布了2017年度的业绩快报。据该快报显示，2017年度某电器实现营业收入69.99亿元，同比增长20.78%；实现营业利润16.16亿元，同比增长21.11%；实现归属于母公司的净利润14.5亿元，同比增长20.18%。

这份业绩单独看没有问题，但与其历史业绩一比，就看出问题来了。2012—2016的5年时间里，它的营业收入增速分别为27.96%、35.21%、35.24%、26.58%、27.56%，而其利润增速分别为43.34%、43.87%、48.95%、44.58%、45.32%（均超过40%）。

简单点说，它的增长率下滑了。

正因如此，投资人才会用脚投票，并造成了某电器的漫漫跌途。尽管也受到同期大盘调整的影响，但增长率的下滑，无疑是其一路下跌最直接的导火索，也是最根本的原因。

所有的投资机构，不管是做股权投资的，还是做证券投资的，在对一家企业进行投资分析时，都会极为关注增长率。企业老总们每年年终总结时，也会很看重增长率。为什么增长率对企业如此重要呢？是因为：

第一，增长率代表了企业的未来，是企业前景的先行指标。

远见之人，站在未来看现在。要站在未来，就要先看清未来。要看清未来，就要找到先行指标。而增长率，就是企业前景的先行指标。

投资机构自不必言，需要用时间换空间，投的就是预期，投的就是未来，当然要关注增长率。而对企业老总们来说，企业的未来就是自己的未来，对自己的未来，怎么能不重视呢？

第二，增长率代表了企业的发展趋势，而趋势往往具有惯性。

增长率一旦开始下滑，就不会轻易地被逆转。它会形成一种趋势，按照一定的惯性继续下滑。就像上面的某电器，之后几个季度的业绩并没有改变下滑的态势。这证明了投资人当初判断的正确性，也证明了增长率指标的有效性。

第三，企业总有问题，增长给了企业消化问题的时间和空间。

企业不管大小，总有问题，想把所有问题解决，根本不可能。所以，带着问题奔跑，是企业的常态。但问题总要解决，否则积累到一定程度，必然使企业积重难返，甚至一触即溃。要解决问题，就需要物理时间，也需要经济空间。但如果企业没有增长，这些时间和空间就会极为有限，经常不足以解决问题。

第四，小企业要长大必须增长，大企业要发展也必须增长。

小企业弱小散乱，生存空间十分有限，几乎只能存活于市场夹缝之中。经济环境的一次震荡，行业巨头的一次市场行动，都足以让小企业伤筋动骨，甚至一夜回到解放前。要改变命运，小企业必须长大。而要长大，就必须不断增长。

大企业财大气粗、实力雄厚，但同时它成本也高、负担也重。所以才会有“当多大的家，发多大的愁”一说。所以，大企业也要发展。而要发展，就必须增长。

第五，一旦陷入增长困境，企业将进退维谷。

所谓增长困境，按照严重程度，可分为增长下滑、增长停滞、负增长 3 种情况。同时，它们也是企业陷入增长困境的 3 个阶段。越往后，企业暴露的问题越多，所处的状况越危险，解决的难度也越大。

企业的所有工作，都需要一个方向性的指标来统领。而增长率就是最重要的方向性指标。战略、品牌、营销、研发、管理，所有的企业行为，都是为了让企业增长。增长率是衡量工作成果的最终指标。

一句话，企业不管大小，增长才是硬道理。

资料来源：9C 产融，2018-11-07.

要求：谈谈你对企业发展能力，也就是增长能力的认识。

二、企业发展能力财务指标分析与评价

（一）营业发展能力分析

从财务状况角度，我们通常关注企业销售的增长和企业资产规模的增长。

从本质上看，企业销售的增长是企业发展的驱动力。因此，企业销售的增长是企业生存和发展的保障，分析企业的发展能力首先要分析企业的销售增长能力。

同时，任何一家企业实现价值的增长必须拥有一定的资源。因此，分析企业营业发展能力，也要关注资产规模的增长。

1. 销售增长指标

反映企业销售增长情况的财务比率主要有营业收入增长率和 3 年营业收入平均增长率。

（1）营业收入增长率

营业收入增长率是指企业本年营业收入增长额同上年营业收入总额的比率。它表示与上年相比企业营业收入的增减变动情况，是评价企业发展状况和发展能力的重要指标。其计算公式为：

$$营业收入增长率=\frac{本年营业收入增长额}{上年营业收入}\times100\%$$

$$=\frac{本年营业收入-前期营业收入}{上年营业收入}\times100\%$$

HS 公司 2020 年营业收入为 104 819 万元，2019 年营业收入为 86 723 万元，则其营业收入增长率为：

营业收入增长率＝本年营业收入增长额÷上年营业收入×100%

＝（104 819－86 723）÷86 723×100%

＝18 096÷86 723×100%＝20.87%

利用该指标进行企业发展能力分析，需要注意以下几点。

① 营业收入增长率是衡量企业经营状况和市场占有能力、预测企业经营业务拓展趋势的重要指标，也是企业增长量和存量资本的重要前提。不断增加的营业收入，是企业生存的基础和发展条件。

② 如果该指标大于 0，表示企业本年的营业收入有所增长，指标值越高，表明增长速度越快，企业市场前景越好；如果该指标小于 0，则说明企业或是产品适销不对路、质次价高，或是在售后服务等方面存在问题，产品销售不出去，市场份额萎缩。

③ 该指标在实际操作时，应结合企业历年的销售水平、企业市场占有情况、行业未来发展及其他影响企业发展的潜在因素进行潜在性预测，或者结合企业前 3 年的营业收入增长率做出趋势性分析判断。同时，在分析过程中要确定比较的标准，在比较中可分别以其他相类似的企业、本企业历史水平及行业平均水平等作为比较标准。

④ 营业收入增长率作为相对量指标，也存在受增长基数影响的问题。如果增长基数，即上年营业收入额特别小，即使营业收入出现较小幅度的增长，也会出现较大数值，不利于企业之间进行比较。例如，某企业上年营业额为 10 万元，本年营业额为 100 万元，则该企业的销售增长率为 900%，但这并不能说明该企业一定具有很高的发展能力。因此，在分析过程中还需要使用营业收入增长额及 3 年营业收入平均增长率等指标进行综合判断。

（2）3 年营业收入平均增长率

为消除营业收入短期异常波动对该指标产生的影响，并反映企业较长时期的营业收入增长情况，可以计算多年的营业收入平均增长率——实务中一般计算 3 年营业收入平均增长率。

3 年营业收入平均增长率表明的是企业营业收入连续 3 年的增长情况，体现企业的发展潜力。其计算公式为：

$$3年营业收入平均增长率=\left(\sqrt[3]{\frac{本年营业收入总额}{3年前年度营业收入总额}}-1\right)\times100\%$$

HS 公司 2020 年营业收入净额为 104 819 万元，假定 2017 年营业收入净额为 66 000 万元，则其 3 年营业收入平均增长率为：

$$3\text{年营业收入平均增长率}=\left(\sqrt[3]{\frac{104\ 819}{66\ 000}}-1\right)\times100\%=16.66\%$$

利用 3 年营业收入增长率指标，能够反映企业的营业收入增长趋势和稳定程度，较好地体现企业的发展状况和发展能力，避免因少数年份营业收入不正常增长而对企业发展潜力做出错误判断。

2. 资产增长指标

反映企业资产增长能力的财务比率包括总资产增长率和固定资产成新率两个指标。

（1）总资产增长率

总资产增长率是指企业本年资产增长额与年初资产总额的比率。企业销售的增长，一般会导致企业资产的增长，而企业资产的增长体现为企业的投资规模的增长。对于一个健康成长的企业来说，其投资规模应该是呈不断增加的趋势。如果企业处于成长期，通常存在许多良好的投资机会，此时企业会加大投资规模；如果企业处于成熟期或衰退期，通常缺乏投资机会，此时企业一般不会考虑增加投资规模。该指标根据资产规模来衡量企业的发展能力，表明企业规模增长水平对企业发展的影响。其计算公式为：

$$\text{总资产增长率}=\frac{\text{本年资产增长额}}{\text{年初资产总额}}\times100\%$$

HS 公司 2020 年年末资产总额为 174 678 万元，2020 年年初资产总额为 159 868 万元，则其总资产增长率为：

总资产增长率＝本年资产增长额÷年初资产总额×100%

＝(174 678－159 868)÷159 868×100%

＝14 810÷159 868×100%

＝9.26%

总资产增长率是用来考核企业资产规模增长幅度的财务指标。总资产增长率大于 0 时，企业本期资产规模增加；如果等于 0，则说明企业资产规模没有发生变化。该指标越高，表明企业在一定经营周期内的资产规模的扩张速度越快。但在分析时，需要关注资产规模扩张的质和量的关系，以及企业的后续发展能力，避免盲目扩张。如果企业能在一个较长时期内持续稳定地保持总资产的增长，则有助于企业增强竞争实力。

（2）固定资产成新率

固定资产成新率是企业当期平均固定资产净值同平均固定资产原值的比率。该指标反映了企业所拥有的固定资产的新旧程度，体现了企业固定资产更新的快慢和持续发展的能力。其计算公式为：

$$\text{固定资产成新率}=\frac{\text{平均固定资产净值}}{\text{平均固定资产原值}}\times100\%$$

在运用该指标时要注意以下问题。

① 运用该指标分析固定资产新旧程度时，应剔除企业应提未提折旧对房屋、机器设备等固定资产真实状况的影响。

② 加速折旧法下固定资产成新率要低于直线折旧法下的固定资产成新率。

③ 固定资产成新率受周期影响较大，一个处于发展期的企业与一个处于衰退期的企业的固定资产成新率会明显不同。虽然企业处于不同的阶段本身就反映了企业具有不同的发展能力，可以说处于发展期的企业的发展能力要高于处于成熟期或衰退期的企业，但在对企业做出评价时，仍需要考虑到企业所处周期阶段这一因素。

（二）企业财务发展能力分析

微课

1. 资本扩张指标

反映企业资本扩张情况的财务比率有所有者权益增长率、资本保值增值率和 3 年资本平均增长率。

（1）所有者权益增长率

所有者权益增长率又称资本积累率，是指企业本年所有者权益增长额同年初所有者权益的比率。该指标反映企业所有者权益在当年的变动水平，体现了企业资本的积累情况，是企业发展壮大的标志，也是企业扩大再生产的源泉，展示了企业的发展潜力，是评价企业发展潜力的重要指标。其计算公式为：

$$\text{所有者权益增长率}=\text{本年所有者权益增长额}\div\text{年初所有者权益}\times 100\%$$

所有者权益增长率反映了投资者投入企业资本的保全性和增长性。该指标越高，表示企业资本积累越多，企业资本保全性越强，应付风险、可持续发展的能力越强。

HS 公司 2020 年年末所有者权益总额为 130 388 万元，2019 年年末所有者权益总额为 108 305 万元，则其所有者权益增长率为：

所有者权益增长率＝(130 388－108 305)÷108 305×100%＝20.39%

计算结果表明，HS 公司净资产规模在不断增长，公司股东权益方面具有较强的发展能力。

（2）资本保值增值率

资本保值增值率是企业扣除客观因素后的年末所有者权益总额与年初所有者权益总额的比率，反映企业当年资本在企业自身努力下的实际增减变动情况。其计算公式为：

$$\text{资本保值增值率}=\frac{\text{扣除客观因素后的年末所有者权益总额}}{\text{年初所有者权益总额}}\times 100\%$$

年末所有者权益扣除的客观因素值，具体包括国家资本金及其权益因客观因素增加值和国家资本金及其权益因客观因素减少值两大类。

其中，扣除的各种客观因素增加值有：①国家投资等增加国家资本金；②国家专项拨款及各项基金增加的国家资本公积；③按规定税收返还或专项减免增加的国家资本金及资本公积；④按国家规定进行资产重估（评估）增加的国家资本公积；⑤住房周转金转入增加的国家资本公积；⑥接受捐赠增加的国家资本公积；⑦清产核资增加的国家资本金及其权益；⑧其他。

扣除的各种客观因素减少值有：①经专项批准核减国家资本金及其权益；②按国家规定重估（评估）减少的国家资本公积；③无偿划出或分立减少的国家资本金及其权益；④清产核资核减的国家资本金与资本公积；⑤其他。

一般认为，资本保值增值率越高，表明企业的资本保全状况越好，所有者权益增长越快，债权人的债务越有保障。该指标通常应大于 100%。

如果不考虑客观因素的影响，则：

$$资本保值增值率=1+所有者权益增长率$$

（3）3 年资本平均增长率

3 年资本平均增长率表示企业资本连续 3 年的积累情况，体现企业发展水平和发展趋势。其计算公式为：

$$3年资本平均增长率=\left(\sqrt[3]{\frac{年末所有者权益总额}{3年前年末所有者权益总额}}-1\right)\times 100\%$$

利用 3 年资本平均增长率指标，能够反映企业资本保值增值的历史发展状况，以及企业稳步发展的趋势。该指标越高，表明企业所有者权益得到的保障程度越大，企业可以长期使用的资金越充裕，抗风险和可持续发展的能力越强。

在对资本扩张情况进行分析时，还要注意所有者权益各类别的增长情况。一般来说，实收资本的快速扩张来源于外部资金的加入，反映企业获得了新的资本，表明企业具备了进一步发展的基础，但并不表明企业过去具有很强的发展能力。如果资本的扩张主要来源于留存收益的增长，则反映企业通过自身经营活动不断在积累后备发展资金，既反映了企业在过去经营过程中的发展能力，也反映了企业进一步发展的后劲。

2. 收益增长指标

由于企业的收益可表现为营业利润、利润总额、净利润等指标。因此，相应的收益增长率有多种不同的表现形式。在实际中，通常使用营业利润增长率和净利润增长率这两个指标。

（1）营业利润增长率

营业利润增长率是企业本年营业利润增长额与上年营业利润总额的比率，反映了企业营业利润的增减变动情况。其计算公式为：

$$营业利润增长率=\frac{本年营业利润增长额}{上年营业利润总额}\times 100\%$$

利用营业利润增长率可以更好地考察企业利润的成长性。如果上年营业利润总额为负值，则计算公式的分母也应取其绝对值。该公式反映的是企业营业利润的增长情况。如果营业利润增长率为正数，则说明企业本期营业利润增加，营业利润增长率越大，说明企业收益增长得越多；如果营业利润增长率为负数，则说明企业本期营业利润减少，收益降低。

HS 公司 2020 年营业利润为 21 671 万元，2019 年营业利润为 15 590 万元，则其营业利润增长率为：

$$\begin{aligned}营业利润增长率&=本年营业利润增长额\div上年营业利润总额\times 100\%\\&=(21\,671-15\,590)\div 15\,590\times 100\%\\&=6\,081\div 15\,590\times 100\%\\&=39\%\end{aligned}$$

（2）净利润增长率

净利润增长率是本年净利润增长额与上年净利润的比率。其计算公式为：

$$净利润增长率=\frac{本年净利润增长额}{上年净利润}\times 100\%$$

越多；反之，说明企业本年净利润减少，收益降低。

分析时应注意：如果企业的净利润主要来源于营业利润，则表明企业盈利能力强，具有良好的发展能力；反之，如果企业的净利润不是主要来源于正常业务，而是来自营业外收入或其他项目，则说明企业的可持续发展能力并不强。

HS 公司 2020 年净利润为 26 201 万元，2019 年净利润为 22 168 万元，则其净利润增长率为：

净利润增长率＝本年净利润增长额÷上年净利润总额×100%
＝(26 201－22 168)÷22 168×100%
＝4 033÷22 168×100%
＝18.19%

3. 股利增长指标

股利增长率是本年每股股利增长额与上年每股股利的比率。该指标反映企业发放股利的增长情况，是衡量企业发展性的一个重要指标。其计算公式为：

股利增长率＝本年每股股利增长额÷上年每股股利×100%

企业发展能力分析是企业财务报表分析的一个重要方面。在与财务报表分析其他内容的关系上，企业发展能力的分析既是相对独立的一项内容，又与其他分析密切相关，在分析过程中要结合其他财务分析进行。同时，企业发展能力分析还应特别注意定量分析和定性分析相结合。

实务演练

案例资料：C 公司是国内一家知名家电企业。该公司从一个负债累累的小厂，到营业额上亿元的知名企业，仅用了十几年的时间，其增长速度可谓是一个神话。然而，C 公司在高速增长的同时也伴随着种种质疑。某投资咨询有限公司的投资分析师想对 C 公司的增长能力做更进一步的分析，现将 C 公司 2016—2020 年的主要财务指标进行汇总，如表 3.28 所示。

微课

表 3.28　C 公司 2016—2020 年主要财务指标　　万元

项　目	2016 年	2017 年	2018 年	2019 年	2020 年
股东权益（年末数）	250 248	281 016	493 218	508 995	538 897
净利润	31 064	42 409	61 784	39 706	36 895
营业利润	81 903	86 993	190 372	148 851	169 858
营业收入	397 427	482 838	1 144 183	1 155 352	1 168 837
总资产（年末数）	367 902	393 356	694 241	739 414	737 271

另外，投资分析师根据财政部统计评价司颁布的《企业绩效评价标准手册》和 C 公司的资产规模及主营业务，明确了该公司所从事的业务为大型的家用电器制造业；通过查阅 2018 年企业绩效评价的标准值，了解了大型家用电器制造业收入增长率的平均标准值为 12.8%。

要求：

（1）假如你是该投资咨询有限公司的投资分析师，请应用企业发展能力分析框架分析 C 公司的增长能力。

（2）请以投资分析师的身份为该投资咨询有限公司的投资总监就投资C公司提出相关建议。

任务检测 3-4

选择题

1. 评价企业发展能力状况的基本指标是（　　）。

A. 净资产收益率　　B. 总资产周转率

C. 资产负债率　　D. 股利增长率

2. 评价企业财务发展能力分析的指标包括（　　）。

A. 销售增长率　B. 所有者权益增长率　C. 股利增长率　D. 资产增长率

在线自测

配套实训

实训 3-11　企业发展能力分析

实训目标

了解企业发展能力分析的目的和内容，熟悉衡量企业发展能力的财务指标，能进行企业发展能力财务比率的计算和分析，评价企业的未来增长性。

实训资料

HM 公司 2017—2020 年主要财务指标如表 3.29 所示。

实训要求

利用以上数据计算下列发展能力指标，填入表 3.30 中，并分析 HM公司的整体发展能力。

表 3.29　HM 公司 2017—2020 年主要财务指标　　万元

项　目	2017 年	2018 年	2019 年	2020 年
资产总额（年末数）	1 369	1 649	2 207	3 103
股东权益（年末数）	797	988	1 343	1 915
营业收入	4 576	6 194	8 671	12 413
营业利润	674	913	1 298	1 866
净利润	398	550	873	1 293

表 3.30　HM 公司 2017—2020 年增长率的计算　　万元

项　目	2017 年	2018 年	2019 年	2020 年
股东权益（年末数）				
股东权益增加额				
股东权益增长率				
资产总额（年末数）				
资产增加额				
资产增长率				
营业收入				
营业收入增加额				
营业收入增长率				
营业利润				
营业利润增长额				
营业利润增长率				
净利润				
净利润增加额				
净利润增长率				

项目习题

一、单项选择题

1. 在短期偿债能力指标中，（　　）不宜用于企业间的比较。
   A. 流动比率　B. 速动比率　C. 现金比率　D. 营运资金
2. 下列哪项长期偿债能力的指标计算时需使用利润表中的有关数据？（　　）。
   A. 资产负债率　B. 产权比率
   C. 利息保障倍数　D. 长期负债比率

在线自测

3. 可以减弱企业短期偿债能力的非财务报表指标包括（　　）。
   A. 可动用的银行贷款指标　B. 偿债能力的声誉
   C. 或有负债　D. 将变现的长期资产
4. 关于流动比率，下列说法不正确的有（　　）。
   A. 流动比率过低，说明企业可能有清偿到期债务的困难
   B. 流动比率过高，说明企业有较多不能获利的闲置流动资产
   C. 流动比率是衡量短期偿债能力的唯一指标
   D. 流动比率为 2 比较合适
5. 流动比率小于 1 时，赊购原材料会（　　）。
   A. 增大流动比率　B. 降低流动比率　C. 降低资金　D. 增大营运资金
6. 甲企业的流动比率为 0.9，如果用银行存款偿还应付账款，则对流动比率的影响是（　　）。
   A. 提高　B. 下降　C. 保持不变　D. 不一定
7. 一般而言，表明企业的流动负债有足够的流动资产作为保证，其营运资金应为（　　）。
   A. 0　B. 正数　C. 负数　D. 小数
8. 最稳健的短期偿债能力指标是（　　）。
   A. 流动比率　B. 速动比率　C. 现金比率　D. 营运资金
9. 某企业税后利润为 134 万元，所得税税率为 25%，利息费用 70 万元，则该企业的利息保障倍数是（　　）。
   A. 3.55　B. 2.22　C. 1.91　D. 2.91
10. 对企业长期偿债能力进行分析时，与资产负债率之和等于 1 的比率是（　　）。
    A. 权益乘数　B. 利息保障倍数　C. 所有者权益比率　D. 有形净值债务比率
11. 下列不属于分析企业长期偿债能力的指标是（　　）。
    A. 产权比率　B. 速动比率　C. 资产负债比率　D. 利息保障倍数
12. 如果产权比率大于 1，则资产负债率（　　）。
    A. 大于 1/2　B. 小于 1/2　C. 等于 1/2　D. 不确定
13. 下列有关利息保障倍数的叙述，不正确的是（　　）。
    A. 利息保障倍数是从企业的收益方面考察其长期偿债能力
    B. 利息保障倍数越高，表明企业对偿还债务的保障程度越大
    C. 这里的利息费用还包括予以资本化的部分
    D. 这里的利息费用不包括予以资本化的部分
14. 产权比率与权益乘数的关系是（　　）。
    A. 产权比率×权益乘数＝1
    B. 权益乘数＝1÷（1－产权比率）

C. 权益乘数＝（1＋产权比率）÷产权比率

D. 权益乘数＝1＋产权比率

15. 某企业期初应收账款 230 万元，期末应收账款 250 万元，本期产品销售收入为 1 200 万元，本期产品销售成本为 1 000 万元，则该企业应收账款周转期为（　　）。

A. 90 天　　B. 75 天　　C. 84 天　　D. 72 天

16. 下列不属于资产周转速度比率的是（　　）。

A. 总资产周转率　　B. 应收账款周转率　　C. 存货周转率　　D. 利息保障倍数

17. 某企业期初存货 200 万元，期末存货 300 万元，本期产品销售收入为 1 500 万元，本期产品销售成本为 1 000 万元，则该企业存货周转率为（　　）。

A. 3.3　　B. 6　　C. 3　　D. 4

18. 已知某存货的周转天数为 50 天，则该存货的年周转率为（　　）。

A. 7.2 次　　B. 7.3 次　　C. 72%　　D. 73%

19. （　　）指标越高，说明企业资产的运用效率越好，也意味着企业的资产盈利能力越强。

A. 总资产周转率　　B. 存货周转率　　C. 总资产报酬率　　D. 应收账款周转率

20. 股利发放率的计算公式是（　　）。

A. 每股股利÷每股市价　　B. 每股股利÷每股收益

C. 每股股利÷每股账面价值　　D. 每股股利÷每股金额

21. 在企业各收入利润率中，（　　）通常是其他利润率的基础。

A. 产品销售利润率　　B. 营业收入利润率

C. 总收入利润率　　D. 销售净利润率

22. 上市公司盈利能力分析与一般企业盈利能力分析的区别关键在于（　　）。

A. 利润水平　　B. 股东权益　　C. 股利发放　　D. 股票价格

23. 商品经营盈利能力分析是利用（　　）进行分析。

A. 资产负债表　　B. 现金流量表　　C. 利润表　　D. 利润分配表

24. 反映商品经营盈利能力的指标可分为两类：一类统称为收入利润率；另一类统称为（　　）。

A. 成本利润率　　B. 销售成本利润率

C. 营业成本费用利润率　　D. 全部成本费用利润率

25. （　　）是指股东权益总额减去优先股权益后的余额与发行在外的普通股平均股数的比值。

A. 每股收益　　B. 每股股利　　C. 每股金额　　D. 每股账面价值

26. 每股收益主要取决于每股账面价值和（　　）两个因素。

A. 净利润　　B. 普通股权益报酬率

C. 优先股股息　　D. 普通股股数

27. （　　）是普通股股利与每股收益的比率，反映普通股股东从每股的全部获利中分到多少。

A. 每股收益　　B. 普通股权益报酬率

C. 市盈率　　D. 股利支付率

28. 营业利润与营业利润率的关系是（　　）。

A. 正比例关系　　B. 反比例关系　　C. 相等关系　　D. 无关

29. 下列对市盈率的表述正确的是（　　）。

A. 过高的市盈率隐含着较高的风险　　B. 过高的市盈率意味着较低的风险

C. 市盈率越高越好　　D. 市盈率越低越好

30. （　　）指标是评价上市公司盈利能力的核心指标。

A. 每股收益　　B. 每股市价　　C. 净资产收益率　　D. 每股净资产

31. 下列说法不正确的是（　　）。
A. 处于经营收缩的公司，由于资金短缺，所以多采取低股利政策
B. 在通货膨胀时期公司股利政策往往偏紧
C. 盈余不稳定的公司一般采取低股利政策
D. 举债能力弱的公司往往采取较紧的股利政策

32. 主要依靠股利维持生活的股东最赞成的公司股利政策是（　　）。
A. 剩余股利政策　B. 固定或稳定增长的股利政策
C. 固定股利支付率政策　D. 低正常股利加额外股利政策

33. 某股份公司目前的每股收益和每股市价分别为 2.4 元和 24 元。现拟实施 10 送 2 的送股方案，如果盈利总额不变，市盈率不变，则送股后的每股收益和每股市价分别为（　　）元。
A. 2 和 20　B. 2.4 和 24　C. 1.8 和 18　D. 1.8 和 22

34. 下列可以反映股东权益账面价值增减变化的指标是（　　）。
A. 权益乘数　B. 股东权益增长率　C. 产权比率　D. 3 年资本平均增长率

35. 下列不属于企业资产规模增加的原因的是（　　）。
A. 企业对外举债　B. 企业实现盈利　C. 企业对外发放股利　D. 企业发行股票

36. 下列属于增长率指标的是（　　）。
A. 产权比率　B. 资本收益率　C. 不良资产比率　D. 所有者权益增长率

37. 如果说生存能力是企业实现盈利的前提，那么企业实现盈利的根本途径是（　　）。
A. 发展能力　B. 营运能力　C. 偿债能力　D. 资本积累

38. 从根本上看，一个企业的股东权益增长率应主要依赖于（　　）。
A. 净资产收益率　B. 股东权益净投资率
C. 净损益占营业收入的比率　D. 所有者权益增长率

二、多项选择题

1. 影响现金比率的因素有（　　　）。
A. 期末企业所拥有的现金数额　B. 流动负债
C. 流动资产　D. 长期负债

2. 下列属于速动资产范围的有（　　　）。
A. 货币资金　B. 短期投资　C. 存货　D. 待摊费用

3. 某公司年初流动比率为 2.1，速动比率为 0.9，而年末流动比率下降为 1，速动比率为 1.1，则不能说明（　　　）。
A. 当年存货增加　B. 当年存货减少
C. 应收账款的回收速度加快　D. 现销增加，赊销较少

4. 速动比率大于 1，有可能说明（　　　）。
A. 流动负债有较多的速动资产做保证　B. 企业有足够的能力偿还流动负债
C. 企业将依赖出售存货或举债来偿债　D. 企业拥有较多现金

5. 有形净值债务率中的“有形净值”是指（　　　）。
A. 有形资产净值　B. 固定资产净值与流动资产之和
C. 所有者权益　D. 所有者权益扣除无形资产

6. 不能用于偿债的流动资产主要有（　　　）。
A. 预付账款　B. 待摊费用　C. 存货　D. 应收票据

7. （　　　）经济业务会影响产权比率。
A. 接受所有者投资　B. 建造固定资产
C. 可转换债券转换为普通股　D. 偿还银行借款

8. 影响长期偿债能力的因素有（　　　　）。
A. 尚未全部入账的资产　　B. 长期经营性租赁
C. 承诺事项　　D. 为其他企业的贷款担保

9. 从资产负债表中获取数据的长期偿债能力指标有（　　　　）。
A. 权益乘数　　B. 利息保障倍数　　C. 资产负债率比率　　D. 有形净值债务比率

10. 计算应收账款周转率时，赊销收入净额不等于（　　　　）。
A. 销售收入－现销收入
B. 销售收入－现销收入－销售退回
C. 销售收入－现销收入－销售退回－销售折让
D. 销售收入－现销收入－销售退回－销售折让－销售折扣

11. 流动资产周转率的指标包括（　　　　）。
A. 现金周转率　　B. 应收账款周转　　C. 存货周转率　　D. 固定资产周转率

12. 下列不属于流动资产周转率的指标有（　　　　）。
A. 总资产周转率　　B. 应收账款周转率
C. 存货周转率　　D. 固定资产周转率

13. 应收账款周转率提高，意味着企业（　　　　）。
A. 流动比率提高　　B. 短期偿债能力增强
C. 坏账损失下降　　D. 速动比率提高

14. 影响营业周期计算结果的因素有（　　　　）。
A. 营业年度的选择　　B. 应收账款周转率　　C. 存货周转率　　D. 固定资产周转率

15. 影响净资产收益率的因素主要有（　　　　）。
A. 总资产报酬率　　B. 负债利息率　　C. 企业资本结构
D. 总资产周转率　　E. 所得税税率

16. 反映企业盈利能力的指标有（　　　　）。
A. 营业利润　　B. 利息保障倍数　　C. 净资产收益率
D. 成本利润率　　E. 净利润

17. 影响总资产报酬率的因素有（　　　　）。
A. 资本结构　　B. 销售利润率　　C. 产品成本
D. 销售息税前利润率　　E. 总资产的周转率

18. 反映商品经营能力的指标有（　　　　）。
A. 销售收入利润率　　B. 总资产报酬率　　C. 普通股权益报酬率
D. 净资产收益率　　E. 销售成本利润率

19. 反映上市公司盈利能力的指标有（　　　　）。
A. 每股收益　　B. 普通股权益报酬率
C. 股利发放率　　D. 总资产报酬率　　E. 价格与收益比率

20. 资产经营盈利能力受（　　　　）的影响。
A. 资本经营盈利能力　　B. 商品经营盈利能力
C. 资产运营效率　　D. 产品经营盈利能力
E. 资本运营效率

21. 营业成本费用总额包括（　　　　）。
A. 产品销售成本　　B. 期间费用　　C. 管理费用
D. 财务费用　　E. 营业费用

22. 普通股权益报酬率的变化受（　　　　）因素的影响。
A. 普通股股息　　B. 净利润　　C. 优先股股息
D. 普通股权益平均额　　E. 普通股股数

23. （　　　　）是企业发放每股股利与股票市场价格之比。
A. 股利发放率　B. 股利报偿率　C. 价格与收益比率
D. 股利与市价比率　E. 市盈率

24. 分析企业投资报酬情况时，可使用的指标有（　　　　）。
A. 市盈率　B. 股票获利率　C. 市净率
D. 销售利润率　E. 资产周转率

25. 企业单项发展能力包括（　　　　）。
A. 资产发展能力　B. 销售发展能力　C. 股东权益发展能力　D. 负债发展能力

26. 可以用来表示发展能力的财务指标包括（　　　　）。
A. 资产增长率　B. 收入增长率　C. 营业利润增长率　D. 股东权益增长率

27. 一个发展能力强的企业，表现为（　　　　）。
A. 资产规模不断扩大　B. 营运效率不断提高
C. 股东财富持续增加　D. 财务风险不断加大

28. 对于收入增长率指标，下列表述正确的有（　　　　）。
A. 它是评价企业成长状况和发展能力的重要指标
B. 它是衡量企业经营状况和市场占有率的标志
C. 它是企业扩张的重要前提
D. 该指标小于 0，说明收入有增长，指标越低，增长越快。

三、判断题

1. 对债权人而言，企业的资产负债率越高越好。（　　）
2. 对任何企业而言，速动比率应该大于 1 才是正常的。（　　）
3. 企业的盈利能力强，其偿债能力也强。（　　）
4. 如果企业采用租期较长的经营性租赁方式租入固定资产，则企业实际的偿债能力要比财务报表上显示的偿债能力低。（　　）
5. 为了稳健地反映企业的偿债能力，往往排列企业连续几年的利息保障倍数指标，选择其中中等年份的数据与本行业的平均水平进行比较。（　　）
6. 将积压的存货若干转为损失，将会降低流动比率。（　　）
7. 收回当期应收账款若干，将会提高流动比率。（　　）
8. 计算利息保障倍数时的利息费用，指的是计入财务费用的各项利息。（　　）
9. 在企业资金需求量一定的情况下，提高长期负债比率，意味着企业对短期借入资金的依赖性降低，从而减轻企业的当期偿债压力。（　　）
10. 企业的长期偿债能力强，短期偿债能力也一定强。（　　）
11. 流动资产周转率与销售收入总是成正比关系。（　　）
12. 资产周转次数越多越好，周转天数越短越好。（　　）
13. 总资产周转率越高，说明企业的销售能力越强，资产投资的效益越好。（　　）
14. 流动资产周转越快，表明其实现的周转额越多。（　　）
15. 计算应收账款周转率时，分子只包括应收账款。（　　）
16. 资本经营盈利能力分析主要是对全部资产报酬率指标进行分析和评价。（　　）
17. 对企业盈利能力的分析主要指对利润额的分析。（　　）
18. 总资产报酬率越高，净资产收益率就越高。（　　）
19. 资本经营的基本内涵是合理配置与使用资产，以一定的资产投入，取得尽可能多的收益。（　　）
20. 净资产收益率是反映盈利能力的核心指标。（　　）
21. 收入利润率是综合反映企业成本效益的重要指标。（　　）

22. 企业盈利能力的高低与利润的高低成正比。（　　）
23. 影响销售成本利润率的因素与影响销售收入利润率的因素是相同的。（　　）
24. 普通股权益报酬率与净资产收益率是相同的。（　　）
25. 净资产报酬率是所有比率中综合性最强的、最具有代表性的一个指标。（　　）
26. 每股利益越高，意味着股东可以从上市公司分得越高的股利。（　　）
27. 企业能否持续增长，对投资者、经营者至关重要，而对债权人相对不重要，因为他们更关心企业的变现能力。（　　）
28. 从长远的角度来看，上市公司的增长能力是决定公司股票价格上升的根本因素。（　　）
29. 与盈利能力不一样，增长能力的大小不是一个相对的概念。（　　）
30. 企业资产增长率越高，说明企业的资产规模增长势头一定越好。（　　）
31. 仅仅分析某一项发展能力的指标，我们无法得出企业整体发展能力情况的结论。（　　）

四、计算分析题

1. 某企业资产负债表有关资料如表 3.31 所示。

表 3.31　资产负债表　　万元

资　产	年初数	年末数	负债及所有者权益	年初数	年末数
货币资金	1 000	960	短期借款	2 000	2 800
应收账款		1 920	应付账款	1 000	800
存货		4 400	预收账款	600	200
待摊费用	32	64	长期借款	4 000	4 000
固定资产	5 792	6 400	所有者权益	5 680	5 944
总计	13 280	13 744	总计	13 280	13 744

补充资料：

（1）年初速动比率为 0.75，年初流动比率为 2.08。

（2）该企业所在行业中的平均流动比率为 2。

（3）该企业为摩托车生产厂家，年初存货构成主要为原材料、零配件，年末存货构成主要为产品（摩托车）。

要求：

（1）计算该企业年初应收账款、存货项目的金额。

（2）计算该企业年末流动比率，并做出初步评价。

（3）分析该企业流动资产的质量，以及短期偿债能力。

2. 某企业资产负债表有关资料如表 3.32 所示。

表 3.32　资产负债表　　万元

资　产	年初数	年末数	负债及所有者权益	年初数	年末数
货币资金	1 000	960	短期借款	2 000	2 800
应收账款	1 700	1 920	应付账款	3 600	
存货	4 788	4 400	长期借款	2 200	4 200
待摊费用	32	64	实收资本	4 000	4 000
固定资产	5 760	5 776	未分配利润		
总计	13 280	13 120	总计	13 280	13 120

补充资料：

（1）年末流动比率为 2。

（2）年末资产负债率为 60%。

要求：

（1）计算年末应付账款。

（2）计算未分配利润。

（3）计算长期偿债能力的指标，并分析评价该企业的长期偿债能力。

3. 某公司 2020 年年末根据有关资料计算的有关财务比率指标如下。

（1）流动比率为 2。

（2）速动比率为 1。

（3）现金比率为 0.2。

（4）资产负债率为 50%。

（5）长期负债对所有者权益比率为 25%。

要求：根据上述财务比率填列表 3.33 中空白处的数据。

表 3.33 资产负债表

元

项　目	金　额	项　目	金　额
货币资金		流动负债	
应收账款		非流动负债	
存货			
固定资产		所有者权益	
资产总额		负债及权益总额	100 000

4. 某企业全部流动资产为 20 万元，流动比率为 2.5，速动比率为 1，最近刚刚发生以下业务。

（1）销售产品一批，销售收入 3 万元，款项尚未收到，销售成本尚未结转。

（2）用银行存款归还应付账款 0.5 万元。

（3）应收账款 0.2 万元，无法收回，做坏账处理。

（4）购入材料一批，价值 1 万元，其中 60% 为赊购，开出应付票据支付。

（5）用银行存款购入设备 1 台，价值 2 万元，安装完毕，交付使用。

要求：计算每笔业务发生后的流动比率与速动比率。

5. 某企业发生的经济业务如表 3.34 所示。

表 3.34 财务指标计算

指标 业务	资产负债率/%	产权比率/%	有形净值债务比率/%	利息保障倍数
1. 用短期借款购买存货				
2. 支付股票股利				
3. 降低成本以增加利润				
4. 发行股票获得现金				
5. 偿还长期借款				

要求：根据上述经济业务分析对各财务指标的影响，并填列表 3.34。用“+”表示增大，用“－”表示减小，用 0 表示无影响（假设利息保障倍数大于 1，其余指标均小于 1）。

6. 乙公司 2019 年年初存货为 30 000 元，应收账款为 25 400 元。年末计算的流动比率为 200%，速动比率为 130%，存货周转率为 4 次，流动资产为 84 000 元。其中，现金类资产 20 000 元，本期销货成本率为 80%。

要求：

（1）计算该公司本年的销货额。

（2）计算该公司本年应收账款的平均收账期。

7. 某公司的有关资料如下所示。

存货：期初数 180 万元，期末数 240 万元；流动负债：期初数 150 万元，期末数 225 万元；速动比率：期初数 0.75；流动比率：期末数 1.6；总资产周转次数：本期数 1.2 次；总资产：本期平均数 900 万元。

要求：

（1）计算该公司流动资产的期初数和期末数。

（2）计算该公司本期销售收入。

（3）计算该公司本期流动资产平均余额和流动资产周转率。

8. 股份公司盈利能力分析。

某公司 2019 年度、2020 年度有关财务数据如表 3.35 所示。

表 3.35　财务数据摘录

元

项　目	2019 年	2020 年
净利润	200 000	250 000
优先股股息	25 000	25 000
普通股股利	150 000	200 000
普通股股利实发数	120 000	180 000
普通股权益平均额	1 600 000	1 800 000
发行在外的普通股平均数（股）	800 000	1 000 000
每股市价	4	4.5

要求：

根据所给资料计算该公司 2020 年度每股收益、普通股权益报酬率、股利支付率和市盈率等指标。

项目四

企业财务综合分析

知识目标

1. 了解杜邦财务分析体系、沃尔评分法和可持续发展财务分析体系的含义。
2. 熟悉财务分析报告的撰写步骤。
3. 掌握杜邦财务分析体系、沃尔评分法和可持续发展财务分析体系的运用。
4. 掌握财务分析报告的撰写。

大数据下的财务共享如何进行财务分析

能力目标

1. 能够运用杜邦财务分析体系对财务报表进行综合分析。
2. 能够运用沃尔评分法对财务报表进行综合分析。
3. 能够运用可持续发展财务分析体系对财务报表进行综合分析。
4. 能够撰写财务分析报告。

企业财务综合分析就是将有关财务指标按其内在联系结合起来，系统、全面、综合地对企业的财务状况和经营成果进行剖析、解释和评价，说明企业整体财务状况和经营成果的优劣。通过本项目的学习，使学生了解财务报表综合分析的特点、类型，掌握财务报表综合分析的方法，如杜邦财务分析体系、沃尔评分法和可持续发展财务分析体系，最后能根据分析内容写出财务分析报告。

任务一　杜邦财务分析体系

微课

理论讲解

一、杜邦财务分析体系的含义

前面已经介绍过反映企业各项能力的财务比率，虽然可以了解企业各方面的财务状况，但是不能反映企业各方面财务状况之间的关系，无法揭示企业各种财务比率之间的相互关系。实际上，企业的财务状况是一个完整的系统，内部各因素是相互依存、相互作用的，任何一个因素的变动都会引起企业整体财务状况的改变。财务分析者只有深入了解企业财务状况内部的各项因素及其相互关系，才能较全面地揭示企业财务状况的全貌。

杜邦财务分析体系，又称杜邦分析法，就是利用各主要财务比率之间的内在联系来综合分析企业财务状况的方法。杜邦财务分析体系是由美国杜邦公司于 1910 年首先设立并采用的。该体系是以净资产收益率为起点，以总资产净利率和权益乘数为基础，重点揭示企业盈利能力及权益乘数对净资产收益率的影响，以及各相关指标间的相互影响和作用关系。

二、杜邦财务分析体系图

杜邦财务分析体系的公式为：

净资产收益率＝总资产净利率×权益乘数

＝营业净利率×总资产周转率×权益乘数

杜邦财务分析体系的内容可用杜邦财务分析体系图来表示，如图 4.1 所示。

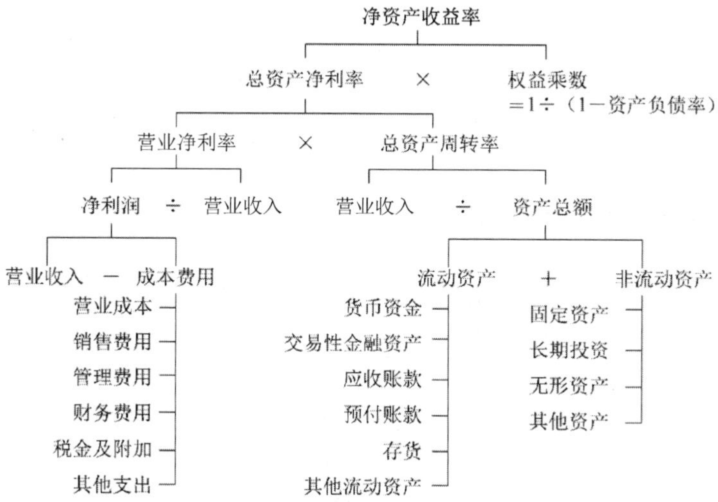

图 4.1　杜邦财务分析体系图

图中有关资产、负债与权益指标通常用平均值计算

杜邦财务分析体系主要反映了以下几种财务比率关系。

① 净资产收益率与总资产净利率及权益乘数之间的关系。

净资产收益率＝总资产净利率×权益乘数

权益乘数＝平均总资产÷平均净资产

＝1÷（1－资产负债率）

② 总资产净利率与营业净利率及总资产周转率之间的关系。

总资产净利率＝营业净利率×总资产周转率

营业净利率＝净利润÷营业收入

总资产周转率＝营业收入÷平均资产总额

杜邦财务分析体系在揭示上述几种关系之后，再将净利润、资产总额进行层层分解，这样就可以全面、系统地揭示出企业的财务状况及系统内部各个因素之间的相互关系。

杜邦财务分析体系图提供了下列主要的财务指标关系的信息。

① 净资产收益率是一个综合性最强的财务比率，是杜邦财务分析体系的核心。它反映所有者投入资本的盈利能力，同时反映企业筹资、投资、资产运营等活动的效率。决定净资产收益率的因素有 3 个：权益乘数、营业净利率和总资产周转率。权益乘数、营业净利率和总资产周转率 3 个比率分别代表了企业的负债比率、盈利能力比率和资产管理比率。

② 权益乘数主要受到资产负债率的影响。资产负债率越大，权益乘数越高，说明企业有较高的负债程度，给企业带来较多的杠杆利益，同时也给企业带来较多风险。

③ 总资产净利率是一个综合性的指标，同时受到营业净利率和总资产周转率的影响。总资产净利率说明企业资产利用的效果。影响总资产净利率的因素有产品价格、单位成本、产量和销量、资金占用量。可以利用它来分析企业经营中存在的问题，从而提高营业利润率，加速资金周转。

④ 营业净利率反映了企业利润总额与营业收入的关系，从这个意义上看，提高营业净利率是提高企业盈利能力的关键所在。要提高营业净利率，一是扩大营业收入，二是降低成本费用。降低成本费用是企业财务管理的一项重要内容。通过各项成本费用的列示，企业可以进行成本费用的结构分析，加强成本控制，从而为寻求降低成本费用的途径提供依据。

⑤ 总资产周转率反映了资产总额的周转速度。周转越快，反映销售能力越强。其可以进一步表现为长期资产周转率、流动资产周转率、应收账款周转率等因素。

综上所述，杜邦财务分析体系以净资产收益率为主线，将企业在某一时期的销售成果及资产营运状况全面联系在一起，层层分解，逐步深入，构成一个完整的分析体系。它能较好地帮助管理者发现企业财务和经营管理中存在的问题，能够为改善企业经营管理提供十分有价值的信息，因而得到了人们普遍的认同并在实际工作中被广泛应用。

杜邦财务分析体系是一种综合分析方法，并不排斥其他财务分析方法。相反，与其他分析方法相结合，不仅可以弥补其自身的缺陷和不足，而且可以弥补其他方法的缺点，使分析结果更完整、更科学。例如，以杜邦财务分析体系为基础，结合专项分析，可以对有关问题做更深、更细致的了解：可以结合比较分析法和趋势分析法，将不同时期的杜邦财务分析结果进行对比、趋势化，形成动态分析，从而找出财务变化的规律，为预测、决策提供依据；可以与一些企业财务风险分析方法相结合，进行必要的风险分析，也为管理者提供依据。分析者在应用该分析方法时，应注意这一点。

另外，从杜邦财务分析体系图可以看出，净资产收益率和企业销售规模、成本水平、资产营运、资本结构有着密切的联系，这些因素构成一个相互依存的系统。只有把系统内这些因素的关系协调好，才能使净资产收益率达到最大值。

三、杜邦财务分析体系的运用

由于杜邦财务分析体系是一种对财务比率层层分解的方法，所以不同企业都可以根据需要利用财务报表等有关数据资料，对企业的财务状况进行综合分析。

现在以 HS 公司 2020 年和 2019 年的杜邦财务分析体系图为例进行分析（见图 4.2、图 4.3）。

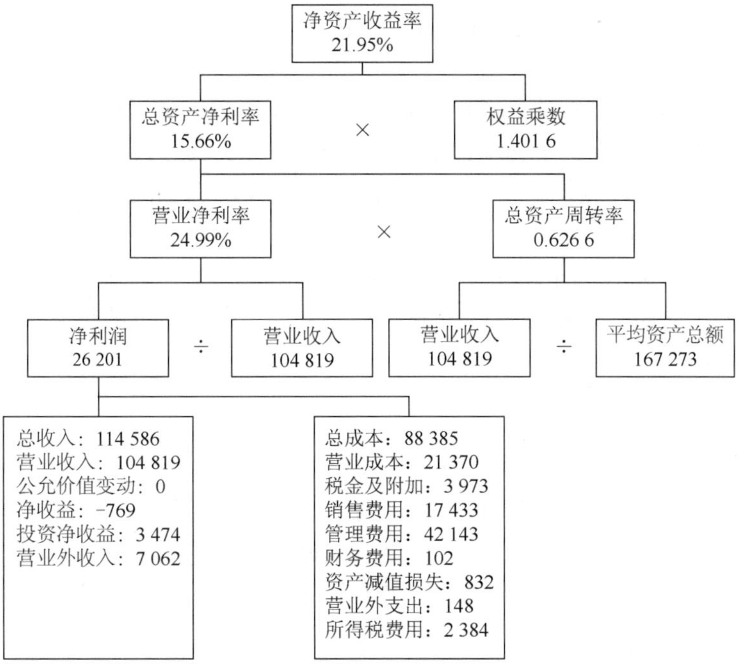

图 4.2 2020 年 HS 公司杜邦财务分析体系图（金额单位：万元）

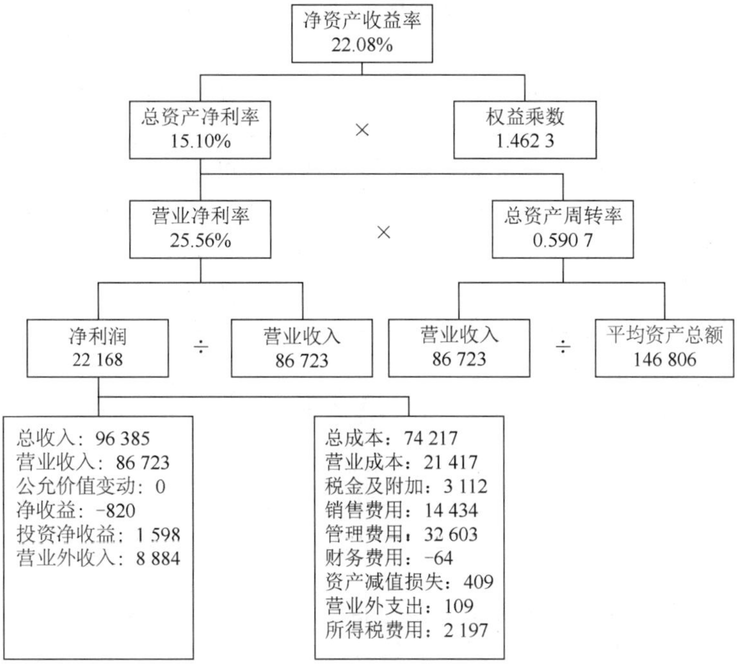

图 4.3 2019 年 HS 公司杜邦财务分析体系图（金额单位：万元）

从 2019 年和 2020 年 HS 公司杜邦财务分析体系图可以看出，净资产收益率 2020 年为 21.95%，2019 年为 22.08%，2020 年比 2019 年下降了 0.13 个百分点，其主要原因如下。

① 2020 年权益乘数比 2019 年有所下降，虽然总资产净利率相比 2019 年有所上升，

但由于权益乘数的下降速度快于总资产净利率的上升速度，导致 HS 公司 2020 年净资产收益率稍有下降。

② 2020 年总资产净利率比 2019 年高，主要原因是 2020 年总资产周转速度比 2019 年有所加快。但 2020 年的营业净利率比 2019 年降低了 0.57%，根本原因在于收入的增长速度低于成本费用的增长速度，导致 2020 年 HS 公司的净利润虽比 2019 年多 4 033 万元，但营业净利率却比 2019 年低。

杜邦财务分析体系是一种分解财务比率的方法，而不是另外建立新的财务分析指标。总之，杜邦分析体系和其他财务分析方法一样，关键不在于指标的计算而在于对指标的理解和运用。

实务演练

案例资料：从杜邦财务分析体系看永辉超市 10 年发展

杜邦财务分析体系涵盖了资产负债表、利润表和现金流量表 3 张报表信息，全方位对企业业务运营、资产运营和资本运营进行分析。把数年杜邦财务分析体系相关指标进行排列，对财务数据进行深挖细掘，可清晰展现大到企业战略，小到单个产品盈利能力、费用的实施与管控等情况。

永辉超市是中国上市企业市值 500强第 105位、中国连锁百强 10强、中国快速消费品连锁百强 5强企业，被国家七部委评为中国“农改超”推广典范，是以现代农业和食品工业为两翼、以实业开发为基础的大型集团企业。其至 2018年全国已开店面 669家，筹建店面 209家。

通过对永辉超市杜邦财务分析体系相关指标的层层分解分析，和对超市 2008—2017 十年杜邦财务分析体系指标进行趋势分析，可以从业务运营、资产运营和资本运营层面看出企业的发展战略、经营轨迹和运营效果，以及资产利用效率和财务结构布局。

通过计算杜邦财务分析体系的相关指标，可见 10 年来永辉超市净资产收益率逐年下降，从 2008年的 34.8%下降至 2017年的 8.58%，下降幅度巨大。下降的原因是总资产净利率和权益乘数逐年下降。权益乘数的下降原因是企业资产负债率逐年降低。总资产净利率逐年降低是由于营业净利率和总资产周转率都逐年下降所致，但总资产周转率的下降趋势远高于营业净利率的下降趋势。

可以看出导致净资产收益率下降的主要因素是资产利用效率的降低和负债比率下调、财务杠杆弱化。

下面，将分别从业务运营层面、资产运营层面和资本运营层面对永辉超市相关指标及数据进行分析。

第一，业务运营层面。

通过计算 2008—2017年相关盈利能力指标可以看出，虽然主营业务盈利能力在逐年提升，但总资产盈利能力和成本费用盈利能力逐年下降幅度更大，尤其是总资产净利率在 2017年下降幅度大，最终导致营业净利率逐年呈微降趋势。说明企业营业净利率逐年下降的主要原因是资产利用效率的下降和费用的逐年上升。

进一步分析 2008—2017年营业收入品类占比：企业品类管理上与企业战略高度契合，坚持农业与食品布局，但也逐年提高毛利在 30%左右的服装品类和其他品类，从其他品类高达近 90%的毛利率判断，可能是将租赁收入或收取供应商管理费等单独剥离反映。如果超市调整品类布局，加大服装销售占比，可使销售毛利显著增加。但作为生鲜品类 12%、13%的毛利率低于行业平均水平。具体是因为损耗严重还是采取低价多销策略或其他因素需要结合相关资料进一步分析。

通过对 2008—2017 年 3 项期间费用比率趋势的分析，发现在主营业务利润率逐年微增的情况下，营业净利率呈逐年微降趋势，说明费用增长超过营业毛利的增长。其中，企业管理费用管理良好，费率呈逐年微降趋势；财务费用项目因为理财自 2017 年开始有理财收益；销售费率的逐年增长是导致营业净利率逐年下降的主要因素。

从 2011 年永辉超市加大在全国开店力度，至 2013 年完成了全国以 7 大区域为主和其他地区零星开店的商业布局。至 2018 年全国已开店面 669 家，另有已签约筹建中门店 209 家，共计 878 家，说明永辉超市经营模式的快速复制能力很强。企业规模越来越大，对企业的运营管理能力要求必然越来越高。在如此大规模的情况下，从逐年提高的主营业务利润率和逐年增长的各项比率看出净利润增长比率远高于主营业务和资产的增长比率，说明永辉超市的整体业务运营能力还是非常强的。

第二，资产运营层面。

通过计算企业 2008—2017 年各资产周转率指标，可以看出应收账款和预付账款管理较好，固定资产周转速度逐步变慢，从 2008 年的 15.13 天增加至 2017 年的 21.13 天。存货、流动资产和总资产周转变慢加剧。具体变慢原因需要进一步对相关数据做深入分析。

实际在经营周转中不产生效益的其他应收款占流动资金比率逐年降低，说明财务部门对营运资金管理较好。存货占流动资金的比例逐年降低，但周转却逐年变慢，结合实际上不参与业务营运的交易性金融资产和其他流动资产的逐年上升，说明企业整体流动资金参与运营的比例逐年下降，是导致流动资金周转速度越来越慢的主要因素。

对于存货下降原因，应结合整条供应链和库存数量的合理性进行分析，从采购、配送、库存等环节查找原因。作为以生鲜、食品为主的超市，生鲜及加工 10 年平均销售占总销售比例达 45%左右，生鲜产品周转一次的天数应在几天才合理。但 2017 年存货周转天数却达 42.54 天，可见存货周转还可以有较大改善提升空间。

交易性金融资产、可供出售金融资产和长期股权投资大幅增加，但投资收益却不理想是导致企业总资产净利率下降的主要因素。在经历 2015 年的总资产收益低谷后，2016、2017 年总资产净利开始呈上升趋势。结合企业战略布局可以看出，总资产收益下降的原因是长期投资项目处在培育和建设期，导致短期收益降低。但从 2016 年开始，投资回报已经看到效益，所以总资产净利率开始回升。

第三，资本运营层面。

随着现金流的充足，对超出超市营运周转需要的资金必定要进行再投资。永辉超市一方面大力开店，另一方面对外投资逐年加大，从财务费用和投资收益可以看出对外投资方面短期回报并不理想，结合逐年持续增加的投资额看，这并不能说明投资失败，从战略布局来看应该是企业进行的战略投资，更注重长期收益，需要一定的时间去布局，从而影响短期收益。

由于店面的增多，经营现金流更加充裕，2011 年至 2017 年永辉超市开始布局优化负债结构，逐年偿还有成本的短期借款和长期借款，同时增加无成本的应付账款和预收账款。根据超市行业看，永辉超市财务结构优良。

从现金流量表中可以印证经营活动现金流量充足，企业融资的钱主要用于开店固定资产购置和对外投资及逐年根据情况安排偿还有偿使用的借款，后期融资偏向于无利息的资本融资方式，以及调整经营策略逐年增加应付账款和预收券卡等预收账款来增加无使用成本的资金来源。

结合 10年来永辉超市净利润绝对增长金额，从 2008年的 21 663万元到 2017年的 168 467 万元（不考虑报表合并少数股东权益因素），充分说明了规模经济效益的厉害。虽然净资产收益率 10 年来下降较多，但从绝对金额看，2017 年盈利比 2008 年增加了 146 804万元，增长比率高达 677.67%！所以在对企业相对指标进行分析时，一定要结合绝对数额。

随着企业积累的增多，从 2017 年开始尝试投资房地产版块来赚取租金或享受资本增值，因受资料限制，无法对其收益情况进行判断。估计受房地产业整体行情的影响，虽然投资金额逐年增加，从风控角度考虑，此版块投资占总投资比例较小。

可以看出永辉超市 10年来始终坚持以现代农业和食品工业为两翼的发展战略，从不断增加的店面数量和筹建店面的数量，尝试投资房地产和逐年加大长期股权投资，可以判断，经过多年积累，在战略层面永辉超市形成了以超市为核心，在做好本业稳健发展的同时尝试对外投资的战略布局。

说到底，即使是在互联网、大数据和信息化下的新零售模式，也同样离不开其商业本源，即对战略的布局，对产品、物流、资金流、信息流、人员和客户的经营管理。通过纵向上对杜邦财务分析体系指标的层层分解分析和横向上对数年指标趋势的分析，可以清晰地了解企业经营业绩、资产利用情况和总体财务结构布局及战略走向和达成情况。同时加强顾客、供应商、雇员、技术创新等杜邦财务分析体系无法反映的因素对企业经营业绩的影响，可以更好地为企业经营服务。

从上述分析也可以看出，杜邦财务分析体系重视短期利益，在企业为取得长期价值而布局时，会导致短期内降低股东投资回报。如果用该指标考核经营层，一是极有可能导致经营层为达成目标忽视企业长期利益，更重视短期利益的行为；二是责权不对等，经营层没有对负债权益结构进行调整的权限，但负债权益结构肯定会影响企业盈利。用总资产净利率来对经营层进行考核则更加合理。

资料来源：中国会计视野，2018-11-27.

要求：如何运用杜邦财务分析体系对永辉超市进行分析？请梳理分析思路。

任务检测 4-1

在线自测

选择题

1．杜邦财务分析体系的核心指标是（　　）。

A．净资产收益率　　B．总资产周转率

C．资产净利率　　D．营业净利率

2．决定权益乘数大小的主要指标是（　　）。

A．资产负债率　　B．总资产净利率　C．销售利润率　　D．资产周转率

3．提高净资产收益率的根本途径在于（　　）。

A．扩大销售，改善经营结构　　B．减缓资金周转

C．节约成本费用　　D．合理配置资源

4．杜邦财务分析体系中包含的主要指标有（　　）。

A．销售净利率　　B．资产周转率　　C．权益乘数　　D．流动资产周转率

配套实训

实训 4-1 杜邦财务分析体系

实训目标

熟悉杜邦财务分析体系的指标体系，能运用杜邦财务分析体系进行企业财务状况的综合分析评价。

实训资料

HB 公司 2019 年、2020 年度会计报表的有关资料如表 4.1 所示。

表 4.1 HB 公司会计报表数据 万元

项 目	2019 年	2020 年
平均总资产	46 780	49 120
平均负债	21 051	24 069
平均所有者权益	25 729	25 051
营业收入	37 424	40 278
净利润	3 473	3 557

实训要求

（1）根据资料，计算杜邦财务分析体系所需的有关财务指标，填入表 4.2 中。

（2）采用因素分析法，确定有关因素变动对净资产收益率的影响方向和影响程度。

（3）试对净资产收益率指标的变动情况进行分析评价。

表 4.2 HB 公司杜邦财务分析体系有关财务指标的计算

指 标	2019 年/%	2020 年/%	差 异
营业净利率			
总资产周转率			
资产负债率			
净资产收益率			

任务二 沃尔评分法

理论讲解

一、沃尔评分法的原理

沃尔评分法是由财务状况综合评价的先驱者之一亚历山大·沃尔提出的。他在 20 世纪初出版的《信用晴雨表研究》和《财务报表比率分析》中提出了信用能力指数的概念，把若干个财务比率用线性关系结合起来，以此评价企业的信用水平。他选择了 7 种财务比率，分别给定了其在总评价中占的比重，总和为 100 分，然后确定标准比率，并与实际比率相比较，评出每项指标的得分，最后求出总评分，以此对企业的财务状况做出评价。

沃尔评分法采用的 7 个指标分别是流动比率、股权比率、固定资产比率、存货周转率、应收账款周转率、固定资产周转率和自有资金周转率，且分别给予 25%、25%、10%、10%、10%、10% 和 10% 的权重，然后确定标准比率（以行业平均数为基础），将实际比率与标准比率相比，得出相对比率，将此相对比率与各指标比重相乘，得出总评分。

二、沃尔评分法的分析步骤

（一）选定评价企业财务状况的财务比率

选择财务比率时，一要具有全面性，即要求反映企业的偿债能力、营运能力和盈利能力的三大类财务比率都包括在内；二要具有代表性，即要选择能够揭示企业财务状况的重要的财务比率；三要具有变化方向的一致性，即当财务比率增大时，表示财务状况的改善，反之，财务比率减少时，表示财务状况的恶化。例如，在选择反映偿债能力的比率时，最好选择股权比率而不选择资产负债率，因为通常认为在一定的范围内，股权比率高说明企业的偿债能力强，而资产负债率高则说明企业的负债安全程度低。

（二）确定各项财务比率的标准评分值

根据各项财务比率的重要程度，确定其标准评分值，即重要性系数。各项财务比率的标准评分值之和应当等于 100 分。各项财务比率评分值的确定是沃尔评分法应用的一个重要问题，它直接影响到对企业财务状况的评分。对各项财务比率的重要程度，不同的分析者会有截然不同的态度，但是，一般来说，应根据企业经营活动的性质、企业的生产经营规模、市场形象和分析者的分析目的等因素来确定。

（三）确定各项财务比率的评分值的上限和下限

确定各项财务比率的评分值的上限和下限，也就是确定最高评分值和最低评分值。这主要是为了避免个别财务比率的异常给总分造成不合理的影响。

（四）确定各项财务比率的标准值

财务比率的标准值是指各项财务比率在本企业现时条件下最理想的数值，即最优值。财务比率的标准值，通常可以参照同行业的平均水平，并经过调整后确定。

（五）计算企业在一定时期各项财务比率的实际值

企业经过一定时期的经营，其财务状况和经营成果会通过财务报表展现出来。这时可以借助财务报表计算企业在一定时期各项财务比率的实际值，目的是与各项财务比率的标准值对比。

（六）计算关系比率

关系比率是指各项财务比率实际值与标准值的比率，即关系比率等于财务比率的实际值除以标准值。

（七）计算各项财务比率的实际得分

各项财务比率的实际得分是关系比率与标准值的乘积，每项财务比率的得分都不得超过上限或下限，所有财务比率实际得分的合计数就是企业财务状况的综合得分。企业财务状况的综合得分反映了企业综合财务状况。如果综合得分等于或接近 100 分，则说明企业的财务状况是良好的，达到了预先确定的标准；如果综合得分远低于 100 分，则说明企业的财务状况较差，应当采取适当的措施加以改善；如果综合得分远超过 100 分，则说明企业的财务状况很理想。

小知识

企业经济增加值

1982年，美国思腾思特公司提出了经济增加值（EVA，Economic Value Added）的概念。思腾思特公司认为：企业在评价其经营状况时通常采用的会计利润指标存在缺陷，难以正确反映企业的真实经营状况，因为它忽视了股东资本投入的机会成本，企业盈利只有在高于其资本成本（含股权成本和债务成本）时才为股东创造价值。经济增加值高的企业才是真正的好企业。

思腾思特公司认为，以经济增加值为核心的企业价值管理体系包含4个方面：①评价指标和业绩考核；②管理体系；③激励制度；④理念意识和价值观。其中，业绩考核的核心指标就是经济增加值。对经济增加值的考核要注意：首先，要以企业的长期和持续价值创造为业绩考核导向；其次，考核时要根据企业的规模、发展阶段、经营实际、行业特点选择合适的参照企业，从而确定目标值；最后，结合传统财务指标进行考核，适当考虑和选择一些关键的非财务指标。

经济增加值，指从税后净营业利润中扣除包括股权和债务的全部投入资本成本后的所得。

经济增加值计算公式为：

EVA＝税后净营业利润－资本成本（机会成本）

＝税后净营业利润－资本占用×加权平均资本成本率

公司每年创造的经济增加值等于税后净营业利润与全部资本成本之间的差额。其中资本成本包括债务资本的成本，也包括股本资本的成本。经济增加值是对真正“经济”利润的评价，或者说，是表示净营运利润与投资者用同样资本投资其他风险相近的有价证券的最低回报相比，超出或低于后者的量值。经济增加值为正，表明经营者在为企业创造价值；经济增加值为负，表明经营者在损毁企业价值。

经济增加值是从股东角度去评价企业经营者有效使用资本和为企业创造价值的业绩评价指标。因此，它克服了传统绩效评价指标的缺陷，能够直实地反映企业的经营业绩，是体现企业最终经营目标的绩效评价办法。目前，我国许多企业都在推行经济增加值管理方式，国资委也对下属的中央企业采用经济增加值评价体系，一些大型的民营企业在咨询过程中也提出了这方面的需求。

三、沃尔评分法的运用

利用沃尔评分法，给某股份有限公司2020年的财务状况评分的结果如表4.3所示。

表4.3 某股份有限公司2020年沃尔评分法分析

财务比率	比重/% （1）	标准比率/% （2）	实际比率/% （3）	相对比率/% （4）=（3）÷（2）	评分 （5）=（1）×（4）
流动比率	25	2.0	5.3	2.7	66
股权比率	25	1.5	4.7	3.1	78
固定资产比率	10	2.5	4.5	1.8	18
存货周转率	10	8.0	16.7	2.1	21

（续表）

财务比率	比重/% （1）	标准比率/% （2）	实际比率/% （3）	相对比率/% （4）=（3）÷（2）	评分 （5）=（1）×（4）
应收账款周转率	10	6.0	16.4	2.7	27
固定资产周转率	10	4.0	11.0	2.8	28
自有资金周转率	10	3.0	3.0	1.0	10
合计	100				248

说明：
股权比率＝所有者权益总额÷负债总额
固定资产比率＝资产÷固定资产
存货周转率＝营业成本÷存货
应收账款周转率＝营业收入÷应收账款
固定资产周转率＝营业收入÷固定资产
自有资金周转率＝营业收入÷净资产

利用沃尔评分法，得出该股份有限公司2020年的财务状况评分的结果是248分。按照沃尔评分法的原理，得分越高，企业总体价值就越高，这表明该公司的财务状况是优秀的。

这种综合分析方法解决了在分析公司各项财务指标时如何评价其指标的优、良、差，以及公司整体财务状况在同行业中的地位等问题。但原始意义上的沃尔评分法有两个缺陷：一是选择这7个比率及给定的比重，在理论上难以证明，缺乏说服力；二是从技术上讲，由于评分是相对比率与比重相乘计算出来的，当某一个指标严重异常（过高或过低，甚至是负数）时，会对总评分带来不合逻辑的重大影响。因而，在采用此方法进行财务状况综合分析和评价时，应注意几个方面的问题：①同行业的标准值必须准确无误；②标准分值的规定应根据指标的重要程度合理确定；③分析指标应尽可能全面，采用的指标越多，分析的结果越接近现实。尽管沃尔评分法在理论上还有待证明，在技术上也需要完善，但它在实践中还是具有较大的应用价值。

实务演练

案例资料：财务报表的分析视角

说到财务报表分析，比较典型的有两种视角。一是从偿债能力、营运能力、盈利能力3个方面入手，结合相关财务指标进行分析。例如，从资产负债率看公司的债务风险，从周转率看公司运营效率，从毛利率、净利率看公司盈利状态。将这几个方面进行组合，则是通过净资产收益率和杜邦财务分析体系看公司整体情况。二是从公司所处行业入手，重点看公司在供应链关系中的地位和未来竞争能力。例如，结合经济周期看行业整体环境，借助波特五力模型分析公司机会和挑战。与指标分析相比，这种分析方法更关注公司所处的行业环境，侧重行业对比分析。

以上两个角度，前者可以说是由点到面的过程，而后者则是由面到点的过程，在侧重点上自然也会有差异。与之不同的是，在《从报表看企业：数字背后的秘密》一书里，张新民总结了一个比较全面的看报表的分析框架：从资产结构看战略；从利润看效益和质量；从成本看决定机制；从报表看风险。比纯粹的指标分析，更侧重数字背后的业务，比从行业视角出发的“基本面”分析，则更关注公司管理的细枝末节。这或者是我们分析企业财务报表时可以借鉴的思路。

第一，从资产结构看战略。

资产负债表中最重要的信息不是反映偿债能力的资产负债率，而是公司的资产结构，这是由公司的资源配置战略决定的。比如，格力和美的是家电行业两家非常有名的上市公司，但资产结构却有很大差异，美的的资产负债表中，投资类资产占比明显要高于格力。这背后就是两家公司的战略选择不同。

同样，资产负债表中的负债和股东权益是企业资本引入战略的体现，是优先采用股权融资还是债券融资，很大程度上决定了企业的资金成本，也影响着企业的股东回报。像房地产行业是典型的依赖债权融资的行业，而同是房地产行业，万科资产负债率低控制风险，融创资产负债率高追求高收益，这也是两家公司战略选择的结果。

第二，从利润看效益和质量。

重点看核心利润实现过程、利润的结构和利润的质量。关心公司卖的是什么，卖给谁，能赚多少钱，赚的钱能不能拿回来。有很多上市公司，主营业务亏损，靠卖房地产获利，或者靠政府补贴弥补亏损，或者产品结构单一，或者客户结构单一，或者应收账款占比很大，这些都会影响到利润的质量，这就是在看财务报表时需要注意的问题。例如，某莱达2018年靠卖厂房扭亏为盈，那未来持续盈利就很难有保证；某大讯飞在补贴缩水后，表现总有些差强人意。

而另一家非常有意思的公司是中公教育，在其披露的财务报表中，收入和现金流总是差距甚远，这背后是中公教育非常独特的商业模式，只有到年度报表中，收入和现金流才是匹配的。那在判断利润质量时就不能墨守成规。

第三，从成本看决定机制。

在财务指标分析里，毛利率指标是一个非常重要，也很受报表阅读者关注的指标。毛利率中隐含着公司产品的竞争力和行业地位。但是，如果从数据回归到业务，那毛利率其实也只是结果的最后呈现而已，在这其中，公司的成本管理是重要的影响因素，但还有两项因素也对成本有很大影响。

一是成本战略。公司的成本首先取决于公司战略，是差异化战略还是成本领先战略，公司战略决定了公司的产品结构和产品的市场定位。公司的投资战略则影响着产品成本构成中固定成本的比重。例如，有一家公司的老板，在听了一场培训之后，决定引入国外最先进的设备，但设备买回来后水土不服，根本没办法开工，那最后这笔损失就会体现到成本里。类似的，如果老板引入的新设备或投资的新生产线能极大地提升生产效率，那无疑也会对成本结构产生影响。

二是成本核算。财务的估计和假设是无处不在的，成本核算同样如此。成本如何在不同产品中分摊，对财务来说，是一个很复杂的事情，正因为复杂，也容易让成本变得不真实。比较典型的是泛微软件，其财务报表中所披露的毛利率一直在 A 股中名列前茅，但这完全是取决于成本确认模式，并非真正的产品成本很低。

第四，从报表看风险。

公司的风险通常会从两个维度衡量：经营风险和财务风险。经营风险源于公司的过度投资，产品成本结构中固定成本太高，公司的盈亏平衡点就会提高，需要卖更多的产品才有可能获利，一旦需求市场发生变化，风险就会加大。而财务风险来自财务杠杆和现金流状况，如果公司大举借债，且短期债务占比很大，一旦短期内现金流入出现状况，就会面临巨大的财务风险。例如最近公告债务违约的某大方正，短期内就已经有很大的资金压力。

经营风险和财务风险在资产负债表结构中会有迹可循。公司通常会在两者之间选择其一来降低整体风险，如果公司同时选择高的经营风险和财务风险，那就很容易出现危机，让公司疲于应对。例如造纸行业的山鹰纸业，债务比重较大，财务风险高，但因为规模优势，产品的毛利较好，能适当弥补财务风险。而另一家公司景兴纸业毛利率低，市场规模小，资产负债率就比较低。当然，这也要结合行业周期去看，如果行业正处在蓬勃发展的初级阶段，未来需求有很大能挖掘的空间，那快速扩张的风险就能被市场稀释，反而形成未来的竞争力，比较典型的是光伏行业的隆基股份。

总的来说，张新民总结的财务报表分析方法，在数字之外，结合了企业的公司经营，是透过数字看到公司业务实质的一种分析方法。这比单纯从数字出发的财务报表分析要更有深度和广度。当然，这个过程，若是能结合对行业业务逻辑的理解——财务数据之外的业务数据，势必能更有收获。

资料来源：中国会计视野，2019-12-06.

要求：搜集案例中提及的有关上市公司的资料，尝试进行公司的战略、效益、机制及风险方面的分析。

任务检测 4-2

在线自测

一、选择题

在现在使用的沃尔评分法中，共选用了10个财务指标。下列指标中没有被选用的是（　　）。

A．总资产净利率　　B．资产负债率　　C．自有资本比率　　D．速动比率

二、判断题

在现代的沃尔评分法中，A企业总资产净利率的评分值为18分，标准比率为5.5%，行业最高比率为15.8%，最高评分为30分，最低评分为10分，总资产净利率的实际值为10%，则A企业的该项得分为24.37分。（　　）

任务三　可持续发展财务分析体系

微课

理论讲解

杜邦财务分析体系中没有涉及企业的发展能力，没有摆脱追求短期利润的局限性。针对杜邦财务分析体系存在的这一缺陷，美国哈佛大学教授克雷沙·帕利普等在《经营透视：企业分析与评价》一书中，提出了以可持续增长比率为核心的财务综合分析指标体系，所以可持续发展财务分析体系也称为帕利普财务分析体系。由于可持续增长比率相当于资本增长（积累）率，故本教材称其为可持续发展比率。

一、可持续发展财务分析体系的含义

企业的整体目标是在保持良好的财务状况的前提下，为股东创造价值。然而，从财务的角度来看，一味追求快速增长不一定是件好事。美国华盛顿大学教授罗伯特·希金斯在《财务管理分析》一书中指出："增长不总是上帝的一种赐福，快速增长可能会使一个公司的资源变得相当紧张，除非管理层采取积极的措施加以控制，否则快速增长可能导致破产。"并且他提出，公司应在不需要耗尽财务资源的情况下，追求可持续增长。然而，现在仍然

有很多企业一味追求做大、做强，甚至不惜一切代价拼资源、拼消耗，以求快速增长达到最大化，导致很快陷入破产，如我国的某驰、韩国的某宇等。

可持续发展财务分析体系是以杜邦财务分析体系为基础，以可持续发展比率为核心指标，以盈利能力为企业的核心能力，以良好的股利政策为依托，根据盈利能力比率、资产管理比率和债务管理比率三者之间的内在联系，对企业的财务状况和经营成果及利润分配进行综合、系统的分析和评价的一种方法。

与杜邦财务分析体系一样，可持续发展财务分析体系也采用指标分解的方法，也是通过数学变换，将核心指标可持续发展比率，逐项推移分解为营业净利率、总资产周转率、权益乘数和留存收益比率四者的乘积，形成一组指标体系，以反映企业盈利能力、营运能力、偿债能力、资本结构和股利政策的共同作用对企业可持续发展的影响。核心指标可持续发展比率的计算公式为：

可持续发展比率＝净资产收益率×（1－股利支付率）

＝营业净利率×总资产周转率×权益乘数×留存收益比率

需要说明的是，上述公式中的股利必须是现金股利，而不包括股票股利，因为股票股利不影响股东权益。公司分配现金股利，既体现公司对股东的投资回报，同时也会减少公司的股东权益。当年实现的税后净利润减去支付的现金股利总额后，即为公司当年通过经营理财活动，从税后利润中扣除对股东的分配后，最终所增加的留存收益额。因此，可持续发展比率既考虑了利润分配对股东投资的回报，又突出了公司通过经营理财活动所达到的资本的积累和增长，充分体现了可持续发展的观念。

二、可持续发展财务分析体系图

由于可持续发展财务分析体系也是通过对核心指标进行分解，建立一组具有代表性的相互联系、相互依存的指标体系，因此可以根据该核心指标可持续发展比率与各项分解指标之间的内在联系，及其所涉及的各项会计要素，按照一定的规律进行有序排列，建立可持续发展财务分析体系图，简称可持续发展图（见图 4.4），以便利用可持续发展图更直观、更明晰地理解并运用可持续发展财务分析体系进行财务报表综合分析。

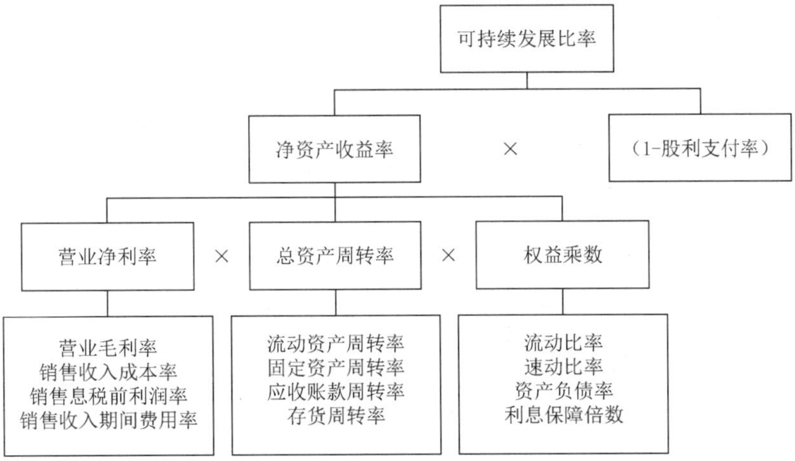

图 4.4 可持续发展图

可持续发展财务分析体系的主要作用在于，它在杜邦财务分析体系以净资产收益率为目标的基础上，向前发展一步，提出以企业可持续发展比率为目标，强调企业可持续发展能力，弥补了杜邦财务分析体系忽视企业发展能力的缺陷，体现了追求企业价值长期最大化的观念。这从核心指标可持续发展比率的分解公式“可持续发展比率＝净资产收益率×（1－股利支付率）＝净资产收益率×留存收益比率”中就可以看出，企业经营者不仅要追求净资产收益率，而且应重视利润分配与股利政策对保持企业可持续发展能力的重要影响，正确处理好股东的投资回报与企业资本逐步积累的关系。公式中的留存收益是公司当年通过经营理财活动实现的净利润，扣除分配给股东的现金股利后，所增加的内部积累资本，相当于股东对公司的再投资。

尤其当公司进行不恰当的高比例分配和超额分配时，即使净资产收益率较高，但是核心指标可持续发展比率将很低或出现负数，表明公司的可持续发展能力极差。这是一个危险信号，若公司不能及时扭转，将很快陷入困境。

可持续发展财务分析体系通过对核心指标“可持续发展比率”的逐步分解，以及由此形成的指标体系告诉人们，可持续发展比率与净资产收益率和企业的股利政策，以及企业的再融资政策密切相关，同时与企业的销售规模、销售盈利能力、成本水平、营运能力、资产运用效率及资本结构等诸要素也有着密切的联系，它们构成一个相互依存、相互影响的系统。只有把这个系统内的各个方面、各个因素的关系安排好、协调好、处理好，才能使企业拥有可持续发展的能力，使净资产收益率获得持续的增长，不断地为股东创造财富、积累财富，以实现企业价值最大化或股东财富最大化的目标。

三、可持续发展财务分析体系的运用

现在以HS公司2020年的可持续发展图为例进行分析（见图4.5）。

根据图4.5，2020年HS公司可持续发展能力良好。公司在净资产收益率高达21.95%的基础上，股利支付较少，留存收益比率为82.08%，表现出公司盈利能力较强，能在适当给予股东回报的同时，注重公司后续发展，增加公司积累。2020年公司可持续发展能力有所提升，有利于实现公司价值最大化的财务目标。

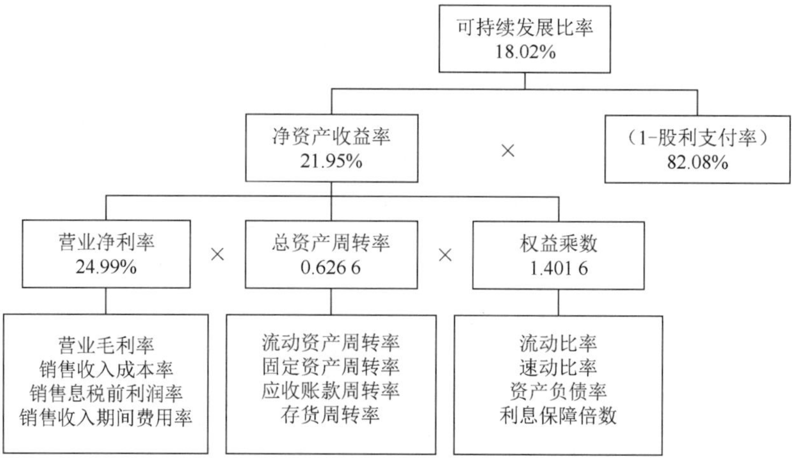

图4.5　2020年HS公司可持续发展图（金额单位：万元）

小知识

平衡计分卡

平衡计分卡是从财务、客户、内部运营、学习与成长4个角度，将组织的战略落实为可操作的衡量指标和目标值的一种新型绩效管理体系。人们通常称平衡计分卡是加强企业战略执行力的最有效的战略管理工具。

平衡计分卡方法打破了传统的只注重财务指标的业绩管理方法。传统的财务会计模式只能衡量过去发生的事情（落后的结果因素），但无法评估组织前瞻性的投资（领先的驱动因素）。在工业时代，注重财务指标的管理方法还是有效的。但在信息时代，传统的业绩管理方法并不全面，组织必须通过在客户、供应商、员工、组织流程、技术和革新等方面的投资，获得可持续发展的动力。正是基于这样的认识，平衡计分卡方法倡导：组织应从4个角度审视自身业绩，即财务、客户、内部运营、学习与成长。这几个角度分别代表企业3个主要的利益相关者：股东、顾客、员工。每个角度的重要性取决于角度的本身和指标的选择是否与公司战略相一致。其中每个层面都有其核心内容。

一、财务层面

财务业绩指标可以显示企业的战略及其实施和执行是否对改善企业盈利做出贡献。财务目标通常与盈利能力有关，其衡量指标有营业收入、资本报酬率、经济增加值等，也可能是销售额的迅速提高或创造现金流量。

二、客户层面

在平衡记分卡的客户层面，管理者确立了其业务单位将竞争的客户和市场，以及业务单位在这些目标客户和市场中的衡量指标。客户层面指标通常包括客户满意度、客户保持率、客户获得率、客户盈利率，以及在目标市场中所占的份额。客户层面使业务单位的管理者能够阐明客户和市场战略，从而创造出出色的财务回报。

三、内部运营层面

在这一层面上，管理者要确认组织擅长的关键的内部流程，这些流程帮助业务单位提供价值主张，以吸引和留住目标细分市场的客户，并满足股东对卓越财务回报的期望。

四、学习与成长层面

它确立了企业要创造长期的成长和改善必须建立的基础框架，确立了未来成功的关键因素。平衡记分卡的前3个层面一般会揭示企业的实际能力与实现突破性业绩所必需的能力之间的差距，为了弥补这个差距，企业必须进行员工技术再造、组织流程和日常工作的优化。这些都是平衡记分卡学习与成长层面追求的目标，如员工满意度、员工保持率、员工培训和技能等，以及这些指标的驱动因素。

平衡计分卡反映了财务与非财务衡量方法之间的平衡，长期目标与短期目标之间的平衡，外部和内部的平衡，结果和过程的平衡，管理业绩和经营业绩的平衡等多个方面。平衡计分卡与传统评价体系比较，能为企业战略管理提供强有力的支持；可以提高企业整体管理效率；更注重团队合作，防止企业管理机能失调；可以提高企业激励作用，扩大员工的参与意识；使企业信息负担降到最少，在保证满足企业管理需要的同时，尽量减少信息负担成本。

任务检测 4-3

选择题

1．可持续发展比率的计算公式是（　　）。

A．总资产净利率×（1－现金股利÷净利润）

B．总资产净利率×（1＋现金股利÷净利润）

C．净资产收益率×（1－现金股利÷净利润）

D．净资产收益率×（1＋现金股利÷净利润）

2．根据可持续发展财务分析体系，下列影响可持续发展比率的因素有（　　）。

A．营业净利率

B．总资产周转率

C．财务杠杆作用

D．股利支付率

在线自测

实训 4-2　可持续发展财务分析体系

实训目标

熟悉可持续发展财务分析体系的内容，明确可持续发展财务分析体系的指标构成，能运用可持续发展财务分析体系进行企业财务状况的综合分析评价。

实训资料

HU 公司可持续发展比率指标资料如表 4.4 所示。

表 4.4　可持续发展比率指标资料　　万元

项　目	2019 年	2020 年
平均总资产	68 520	74 002
平均净资产	41 112	40 701
营业收入	51 390	57 722
净利润	3 083	3 215
现金股利支付额	1 233	1 125

实训要求

（1）根据资料计算可持续发展财务分析体系所需用的有关财务指标，填入表 4.5 中。

（2）采用因素分析法确定有关因素变动对可持续发展比率的影响方向和影响程度。

（3）试对可持续发展比率指标变动情况进行分析。

表 4.5　财务指标计算

项　目	2019 年	2020 年
净资产收益率/%		
营业净利率/%		
总资产周转率/次		
权益乘数		
股利支付率/%		
可持续发展比率/%		

任务四　财务分析报告的撰写

理论讲解

微课

一、财务分析报告的撰写要求

财务分析报告是反映企业财务状况和财务成果意见的报告性书面文件。撰写财务分析报告是对财务分析工作的概括和总结的重要环节。财务分析人员将财务分析评价结果向财务报表的使用者报告，以便他们了解企业的财务状况、经营成果、发展前景及存在的障碍，从而做出科学、合理的决策；同时，财务分析报告也是财务分析人员分析工作的最终成果，其撰写质量直接反映出财务报表分析人员的业务能力和素质。可见，财务分析报告既是财务报表使用者做出决策的依据，也是财务分析人员工作能力的最好体现。

财务分析不仅有利于企业内部生产经营管理，也有利于企业外部债权人做出正确的贷款决策、赊销决策，以及投资者做出正确的投资决策等。而这一作用是否能够得到充分发挥还有赖于财务分析及其最终的载体，即财务分析报告质量的高低。为了最终得到一份高质量的财务分析报告，在财务分析及其报告编制过程中应注意以下几个问题。

（一）财务分析报告应满足不同报告使用者的需要

在实际工作中，因为财务分析报告的使用者有各自不同的要求，因而使得分析的内容也应有一定的区别。例如，对企业外部投资者所做出的投资分析报告要提供企业能否投资的分析资料，而企业内部经营者却想得到企业整体经营状况的分析结论。因此，要做好分析工作，应首先明确分析的目的，这样才能抓住重点，从而提高分析效率，避免不必要的成本浪费。例如，投资分析报告应解决投资项目的可行性、未来的盈利能力等问题，而贷款分析报告则应将重点放在企业的还款能力及贷款的使用效率等方面。

（二）财务分析报告须具备真实性

真实性是财务分析报告质量的重要评价标准。要完成一份真实可靠的分析报告，得出正确的分析结论，必须进行有效的分析。这不仅要求在分析资料的搜集过程中应保证分析资料的真实，也要求在具体分析时选择科学而高效的分析技术和方法。例如，对企业财务数据资料的分析应关注审计师出具的审计报告，这对企业财务报表的真实性、合理性有重要的说明作用。较常用的信息资料来源有政府机关（包括国家财政部、商务部等公布的数据）、各行业协会公布的信息，一些专业的商业职业组织（如投资咨询公司、资信评级公司等）公布的各类数据，以及一些专业计算机数据库的各类信息等。另外，还要注意尽可能全面搜集所有分析所需要的资料，以避免“偏听偏信”。

（三）财务分析报告必须明晰

财务分析报告的内容应条理清晰，表述顺畅，没有语法错误，不易使人误解。这就要求分析报告的行文要尽可能流畅、通顺、简明、精练，避免口语化、冗长化。基于这一原则，要完成一份高质量的财务分析报告，必须有一个清晰的思路，建立一个好的框架。例如，投资分析报告，首先应分析投资的盈利能力，然后分析投资的风险大小。若分析贷款的可行性，则应先分析贷款企业短期偿债能力，然后预计该企业可利用和处置的现金，这就应对企业的盈利能力进行分析。再如，分析一家跨国公司的经营情况，该公司在世界各国分别有多家分公司，财务报告的分析思路是：公司总体指标分析—总公司情况分析—各分公司情况分析。在每一部分里，对最近几年经营情况进行比较分析；具体分析时，按盈利能力分析—销售情况分析—成本费用控制情况分析展开。如此层层分解，环环相扣，各部分之间及每部分内部都存在着紧密的联系。另外，清晰的分析过程可以提高分析者的判断能力，有助于分析者从重要的分析证据中提炼出正确的分析结论。

（四）财务分析报告须体现出重要性原则

财务分析报告要求在编制过程中，根据内容重要性大小做到详略得当。如上所述，对于重要的、对决策有着重要影响的内容不仅要详细地反映，而且要放在报告前面。对于可作为决策参考的不太重要的内容，则放在报告后面做较为简略的反映。在具体确定重要分析内容时，可采用同一指标进行比较分析，指出重点，揭示异常情况。例如，某公司下属有 10 个销售分公司，为分析这 10 个分公司的销售情况，首先可选择一个反映销售情况的指标，如销售收入额，然后分别计算最近几个月各分公司的销售收入增长额和增长率，再选取增长额和增长率都较高的分公司或都较低的分公司作为主要分析对象，并进行重点分析。只要有重要性原则的意识，分析人员就会始终抓住重点问题和主要问题。

（五）财务分析报告须及时提供给使用者

由于财务分析报告是用于评价企业经营状况、作为相关决策依据的重要信息来源，而影响企业经营的内外部经济环境都在不断变化，企业面对的是复杂多变的市场，在这个大市场里，任何宏观经济环境的变化或行业竞争对手政策的改变都会或多或少地影响着企业的竞争力，甚至决定着企业的命运，因此报告的时效性非常强。在分析中应尽可能地立足当前，瞄准未来，以便分析报告发挥预测的作用。

实务演练

案例资料：如何将财务分析工作做得更优秀

什么样的财务分析工作才可以称为优秀？财务分析对象是与财务报表有关的数据，但呈现出来的财务分析结果却反映着分析师的水平。财务分析的水平有 3 个境界：统计—洞察—建议。我所见到的大部分财务分析都停留在统计阶段。

举个实例。3 月招了一名预算分析经理，TA 入职后的第一个任务是撰写向股东和董事会成员汇报的今年经营计划与财务预算的分析报告。报告的形式是 PPT，这就要求把 Excel 形式的财务预算报表的重点内容以图表形式呈现到 PPT 里，还要有必要的文字说明。读一下这些漂亮图表下 TA 写的文字说明：

- 收入主要来源于 A 业务，2019 年和 2018 年的收入与收益占比分别达到 81%及 95%。政府补助摊销占整体收入与收益的 46%和 67%。
- 虽然营业收入同比增长 127%，但鉴于去年基数较低，导致在收入大幅增长情况下，整体收入与收益仅增长 46%。

- 经营性费用同比增长 80%，人力资源成本占比 58%，同时增速达到 127%，是 2019 年预算经营性费用大幅上涨的原因。

读了这些文字有什么感受呢？是不是对这个公司 2019 年财务业绩变化的原因一头雾水？如果我是远离一线运营的董事，我对这些文字会有进一步的追问：①收入占比变化。为什么 A业务的收入 2019年占比从去年的 95%下降到 81%？是该业务市场竞争力下降还是公司其他业务线快速增长？②费用增长。经营性费用大幅增长是由于占比最大的人力成本大幅增长，那么为什么人力成本会大幅增长？不管是因为增员还是调薪，理由是什么？增长的效益在哪？人均效能有无提升？如果人均效能不升反降，是增加对长线战略性新业务的人力资源投入还是现有业务存在冗员？③统计结果有没有必要写？从图上的数字看，政府补助收益摊销似乎是每年固定的金额，那么特地说明它占整体收入与收益的比例有啥意义？由于这项收益摊销是每年固定的金额，所以营业收入的增长率必然会大于加上固定收益后的总额增长率，专门解释这点的目的是什么？

这位预算分析经理写的分析报告仅仅是把图表里的数字用文字翻译了一遍，没有任何业务洞察。对所有指标 2019年对比 2018年的变化都仅解读了指标本身的数学意义，而没有阐述让这些数字发生变化的业务情节，董事会看到这样的预算汇报材料只知其然不知其所以然，就无法批准预算。

做财务分析工作要想从统计上升到洞察层次，关键是参与到业务部门日常的经营决策中去，这是形成对数字背后业务情节的洞察的最好途径。

你可能没有权力去影响业务部门的决策，但总会有很多旁听了解业务的机会，如列席公司或某个业务单元的经营分析会，听业务部门汇报经营业绩；在某个特殊的合同签署前参与跨部门的讨论会，了解业务部门为什么要签这个合同；审核某个付款单时，翻阅后面的支持性文件及审批流程中业务领导的评论意见；茶余饭后与业务部门同事闲聊……

看看“业务洞察”型的财务分析与“统计”型的财务分析的不同：经营性费用构成及预算偏差的图示没变，区别在于把原来空洞的统计型描述改得有业务情节，如人力资源成本比预算低是因为预算中估计的浮动绩效部分由于方案未获得事业部批准没有发放；另外，图中的数字给人的直观感受是公司所有类型的费用都比预算低不少，特别是审计咨询、营销宣传费低于预算 70%以上，这能解读为预算控制好吗？未必。因为这些费用预算多是为聘请第三方做专项工作预留的，如果这些专项费用实际发生额大幅低于预算，财务分析师就应该调查这些专项工作是否拖延或取消。该做的事情如果没做或没按计划时间完成，自然钱花得也少。现在没有干事，未来就没有效益，这种费用节省不是什么好事。在这页的文字解读特别强调了这种“时间性差异”，潜台词是告诉事业部看报告的领导们：这个下属公司的费用下降不是预算控制得好，而是因为没按计划完成工作！

- 7 项费用：由于部分项目拓展缓慢或人力不足，导致差旅与业务招待计划延迟或取消，使预算完成率仅为 67%。
- 审计咨询费：各部门咨询、尽调、审计等专项工作未按计划执行或验收，致一季度实际发生额大幅低于预算。
- 营销宣传费：海南 XYZ 项目的媒体宣传工作未按计划开展，致预算完成率仅为 26%。

财务分析最高的境界是建议，因为洞察只能告诉报告的阅读者公司哪方面有问题或指出了风险点，而没有给出解决方案。

财务分析报告中的建议只是方向性的，具体方案的制订还需要业务部门自己落实，但是这毕竟是一个起点，财务分析工作能起的是引导和聚焦作用，引导业务部门往最有利于改善财务指标结果的方向去想解决方案。

例如，进行公司一季度财务分析：从公司的A业务一季度的收入、成本、毛利率的结果来看，这项业务在一季度采用了“以价换量”的策略，不论是与预算比还是与去年同期比，收入都大幅增加，但同时毛利率大幅下降。也就是说，表面欣欣向荣、快速增长，其实没多赚多少钱。那么要改善毛利率这个财务指标，可行的方案无非是提高销售价格或降低产品成本。但优秀的财务分析绝对不会提这个不疼不痒、人尽皆知的建议，而是要与销售、采购、生产端的部门一起调研分析后，估计提高售价和降低成本哪个方向更为合理易行，然后再“头脑风暴”具体的改进方案。

假设与产品经理了解到产品的技术壁垒低或差异化功能少，那么市场竞争程度自然会激烈，提升销售价格的可能性便不高，想提高毛利只能更多地从降低成本方面来想办法。而产品成本包括物料采购成本和加工费用，从哪方面着手降本？就要与采购供应链的同事了解供应商的情况，哪类供应商跟公司有长期合作关系或是生产效率高？这种供应商才容易谈判议价成功。这些都是思考提出降本建议方案的首要考虑点。

当然，现实情况很可能比这里举例的要复杂，总之无论洞察还是建议，都需要财务分析师深入了解业务。

资料来源：中国会计视野，2019-05-04.

要求：如何才能将财务分析工作做得更优秀？谈谈你的认识。

二、财务分析报告的撰写步骤

（一）撰写前的准备工作

1. 搜集资料阶段

搜集资料是一个调查过程，深入全面的调查是进行科学分析的前提，但调查要有目的地进行。分析人员可以在日常工作中，根据财务分析内容要点，经常搜集、积累有关资料。这些资料既包括间接的书面资料，又包括从直属企业取得的第一手资料。财务分析人员应搜集的资料具体包括：①各类财务资料；②各类业务资料；③各类报纸、杂志公布的行业资料；④其他资料。

2. 整理核实资料

各类资料搜集齐全后，要加以整理核实，以保证其合法性、正确性和真实性，同时根据所规划的财务分析报告内容进行分类。整理核实资料是财务分析工作中的中间环节，起着承上启下的作用。在这一阶段，分析人员应根据分析的内容要点做些摘记，合理分类，以便查找和使用。

应当指出，搜集资料和整理核实资料不是截然分离的两个阶段，一般可以边搜集边核实整理，相互交叉进行。但切忌临近撰写分析报告才搜集资料，应把这项任务贯穿在日常工作中进行，这样才能搜集到内容丰富、涉及面广、有参考价值的资料，在进行分析时就会胸有成竹，忙而不乱。

（二）财务分析报告的选题

由于财务分析报告的形式多种多样，因此报告的选题没有统一的标准和模式，一般可以根据报告所针对的主要内容和提供的核心信息确定报告的选题，如某季度财务分析、负债情况分析、税法变更对企业效益的影响分析等都是比较合适的选题。报告的选题应能准确地反映出报告的主题思想。报告的选题一旦确定，就应当紧紧围绕选题搜集资料、整理资料，并编制财务分析报告。

（三）财务分析报告的起草

资料整理完毕，选题确定后，就可以进入财务分析报告的撰写阶段，而财务分析报告撰写的首要工作就是报告的起草。财务分析人员只有具备较强的综合素质，才能胜任编制财务分析报告这一重要工作。

报告的起草应围绕报告的选题并按报告的结构进行，特别是专题分析报告，应将问题分析透彻，真正地分析问题、解决问题。对综合分析报告的起草，最好先拟写报告的提纲，提纲必须能反映综合分析报告的主要内容，然后只需在提纲框架的基础上，依据所搜集、整理的资料选择恰当的分析方法，起草综合分析报告。

（四）财务分析报告的修订

财务分析报告形成初稿后，可交由财务分析报告的直接使用者审阅，并征求使用者的意见和建议，充实补充新的内容，使之更加完善，最后由直接使用者审定即可定稿。

三、财务分析报告撰写实例

W 公司系根据中华人民共和国法律在中国境内注册成立的股份有限公司。经营范围为：钢铁冶炼、加工、电力、煤炭、工业气体生产、码头、仓储、运输等与钢铁相关的业务，技术开发、技术转让、技术服务和技术管理咨询服务，汽车修理，经营本企业自产产品及技术的出口业务等。

公司主营业务为：钢铁冶炼、加工、电力、煤炭、工业气体生产、码头、仓储、运输等与钢铁相关的业务，技术开发、技术转让、技术服务和技术管理咨询服务，汽车修理，经营本企业自产产品及技术的出口业务，经营本企业生产、科研所需的原辅材料、仪器仪表、机械设备、零配件及技术的进口业务（国家限定公司经营和国家禁止进出口的商品及技术除外），经营进料加工和“三来一补”业务。公司主要从事钢铁产品的制造和销售，以及钢铁产销过程中产生的副产品的销售与服务。

公司主要报表资料如下。

（一）资产负债表（见表 4.6）

表 4.6　资产负债表

元

项　目	2020 年 12 月 31 日	2019 年 12 月 31 日	2018 年 12 月 31 日
流动资产：			
货币资金	8 840 469 097.21	14 379 464 105.74	9 200 675 786.05
交易性金融资产	89 577 809.31	352 804 683.86	297 133 851.72
应收票据	12 411 303 185.31	12 860 113 254.16	7 879 784 804.93
应收账款	8 542 193 127.62	6 983 893 119.47	6 728 952 000.41

（续表）

项　目	2020年12月31日	2019年12月31日	2018年12月31日
预付款项	3 716 337 443.68	5 298 265 694.46	5 464 166 424.66
应收利息	948 484 949.13	11 757 749.94	8 097 921.09
应收股利	33 639 886.82	246 648 970.16	19 199 112.85
其他应收款	1 127 915 016.72	1 227 688 540.03	1 088 689 487.14
存货	28 790 882 932.79	37 389 713 386.91	38 027 321 873.88
一年内到期的非流动资产	4 880 000 000.00	483 907 475.02	150 362 590.00
其他流动资产	—	—	—
流动资产合计	69 380 803 448.59	79 234 256 979.75	68 864 383 852.73
非流动资产：			
可供出售金融资产	1 467 832 301.93	1 504 972 994.37	1 253 630 345.22
持有至到期投资	—	—	—
投资性房地产	477 471 234.63	487 474 698.00	154 564 391.52
长期股权投资	9 118 968 766.28	4 498 487 312.97	4 432 305 394.65
长期应收款	18 035 939 000.00	27 388 500.00	—
固定资产	79 440 015 016.44	115 371 361 577.46	117 737 019 179.64
工程物资	111 190 366.94	805 812 260.74	504 102 159.55
在建工程	9 966 930 139.34	16 282 590 033.75	9 762 744 217.47
固定资产清理	—	—	—
生产性生物资产	—	—	—
油气资产	—	—	—
无形资产	6 152 529 015.20	8 126 173 826.75	8 149 310 483.44
开发支出	—	—	—
商誉	—	—	—
长期待摊费用	906 159 533.22	42 017 928.52	18 828 446.84
递延所得税资产	2 026 536 047.54	1 188 689 741.88	1 135 371 070.97
其他非流动资产	14 509 906 520.94	120 375 537.42	121 043 972.78
影响非流动资产其他科目	2 763 019 609.19	3 410 144 438.27	3 931 800 234.92
非流动资产合计	144 976 497 551.65	151 865 488 850.13	147 200 719 897.00
资产总计	214 357 301 000.24	231 099 745 829.88	216 065 103 749.73
流动负债：			
短期借款	28 964 525 209.64	38 876 457 632.91	23 611 246 423.82
交易性金融负债	20 789 685.96		3 480 773.10
应付票据	3 255 540 509.18	2 677 585 618.61	2 221 942 799.91
应付账款	18 655 403 230.17	19 270 699 108.70	19 164 134 658.37
预收款项	11 194 900 927.62	10 789 724 318.08	11 795 800 061.97
应付职工薪酬	1 565 024 385.52	1 553 291 216.55	1 641 234 036.31
应交税费	1 238 213 835.07	−987 589 062.21	1 122 962 791.89
应付利息	177 928 027.43	316 050 944.68	289 681 337.11

（续表）

项　目	2020 年 12 月 31 日	2019 年 12 月 31 日	2018 年 12 月 31 日
应付股利	22 155 313.83	18 082 635.32	14 489 839.41
其他应付款	681 525 421.62	780 610 181.71	865 954 967.77
预提费用	—	—	—
预计负债	—	—	—
一年内到期的非流动负债	—	—	—
其他流动负债	2 938 659 947.30	—	—
影响流动负债其他科目	8 671 462 806.92	8 733 585 032.21	8 908 340 779.32
流动负债合计	82 226 685 180.89	98 838 166 074.85	73 175 978 552.29
非流动负债：			
长期借款	2 731 689 992.42	7 325 679 720.00	8 586 976 200.00
应付债券	9 835 739 000.07	8 918 663 150.96	18 474 795 283.20
长期应付款	250 000 000.00	—	2 542 058 246.12
专项应付款	688 993 701.54	911 415 731.15	458 086 945.11
递延所得税负债	320 632 524.32	316 780 621.85	396 226 414.46
其他非流动负债	961 802 609.24	1 319 044 230.80	1 088 486 622.56
非流动负债合计	14 788 857 827.59	18 791 583 454.76	31 546 629 711.45
负债合计	97 015 543 008.48	117 629 749 529.61	104 722 608 263.74
所有者权益：			
实收资本（或股本）	17 122 048 088.00	17 512 048 088.00	17 512 048 088.00
资本公积金	35 892 221 131.19	37 330 639 029.54	37 565 832 959.01
盈余公积金	23 229 714 608.04	21 132 255 172.18	20 124 401 541.84
未分配利润	35 540 808 913.80	30 754 305 445.21	29 674 047 101.69
库存股	115 785 165.80	—	—
外币报表折算差额	−299 633 775.37	−245 545 838.69	−145 142 801.00
未确认的投资损失	—	—	—
少数股东权益	5 954 489 275.04	6 974 505 417.34	6 596 017 233.65
归属于母公司股东权益合计	111 387 268 716.72	106 495 490 882.93	104 746 478 252.34
所有者权益合计	117 341 757 991.76	113 469 996 300.27	111 342 495 485.99
负债及所有者权益总计	214 357 301 000.24	231 099 745 829.88	216 065 103 749.73

（二）利润表（见表 4.7）

表 4.7　利润表　　元

项　目	2020 年度	2019 年度	2018 年度
一、营业总收入	191 512 137 670.60	222 856 551 230.36	202 413 451 160.48
营业收入	191 135 536 828.10	222 504 684 693.73	202 149 152 364.77
二、营业总成本	189 117 333 837.44	214 640 818 873.43	186 586 431 218.13
营业成本	176 879 358 812.58	203 040 720 884.79	177 816 743 212.39
税金及附加	307 987 349.04	441 204 466.15	525 055 202.74
销售费用	1 925 622 030.62	1 949 535 869.48	1 784 620 103.36

（续表）

项　目	2020 年度	2019 年度	2018 年度
管理费用	7 237 559 690.08	8 583 662 236.26	5 304 370 387.55
财务费用	415 679 745.91	72 320 524.41	806 574 502.66
资产减值损失	2 084 099 983.65	350 302 590.67	187 685 600.66
三、其他经营收益	−66 884 221.34	−602 064 417.18	−14 870 783.07
允许价值变动净收益	−12 975 596.11	−7 305 654.37	12 063 575.63
投资净收益	1 214 690 828.50	630 470 730.12	826 681 541.14
联营、合营企业投资收益	207 026 633.19	260 237 983.08	444 906 040.66
汇兑净收益	—	—	—
四、营业利润	3 596 519 065.55	8 838 897 432.68	16 665 765 059.12
营业外收入	10 502 489 013.27	646 413 128.52	589 839 984.17
营业外支出	959 355 275.97	225 185 204.97	179 372 012.82
非流动资产处置净损失	779 567 721.43	178 886 100.76	133 386 264.64
五、利润总额	13 139 652 802.85	9 260 125 356.23	17 076 233 030.47
所得税	2 706 697 134.02	1 524 325 189.19	3 715 345 425.92
未确认的投资损失	—	—	—
六、净利润	10 432 955 668.83	7 735 800 167.04	13 360 887 604.55
少数股东损益	46 583 146.78	373 838 530.63	471 804 285.43
归属于母公司股东的净利润	10 386 372 522.05	7 361 961 636.41	12 889 083 319.12
七、每股收益	0.60	0.42	0.74
基本每股收益	0.60	0.42	0.74
稀释每股收益	0.60	—	0.74

（三）现金流量表（见表 4.8）

表 4.8　现金流量表　　元

项　目	2020 年度	2019 年度	2018 年度
一、经营活动产生的现金流量			
销售商品、提供劳务收到的现金	220 057 231 706.70	250 862 817 851.43	231 965 535 494.77
收到的税费返还	236 335 694.24	198 250 118.63	120 096 182.75
收到其他与经营活动有关的现金	3 735 055 127.63	3 866 898 235.74	4 434 516 649.85
经营活动现金流入小计	224 028 622 528.57	254 927 966 205.80	236 520 148 327.37
购买商品、接受劳务支付的现金	184 147 619 778.19	222 611 487 125.82	198 696 473 425.56
支付给职工以及为职工支付的现金	8 780 477 553.29	9 093 149 003.85	8 025 470 106.38
支付的各项税费	4 431 758 211.64	7 367 904 635.22	7 277 031 657.28
支付其他与经营活动有关的现金	4 466 593 116.57	3 713 195 692.93	3 665 646 774.30
经营活动现金流出小计	201 826 448 659.69	242 785 736 457.82	217 664 621 963.52
经营活动产生的现金流量净额	22 202 173 868.88	12 142 229 747.98	18 855 526 363.85
二、投资活动产生的现金流量			
收回投资收到的现金	3 449 444 471.54	2 637 328 762.55	5 894 245 599.30
取得投资收益收到的现金	602 985 116.92	414 483 716.25	586 383 359.92
处置固定资产、无形资产和其他长期资产收回的现金净额	21 328 973 756.85	31 650 014.98	123 578 548.77
处置子公司及其他营业单位收到的现金净额	1 973 043 650.38	12 703 102.72	—
收到其他与投资活动有关的现金	413 889 215.27	179 485 470.05	50 545 045.75

（续表）

项　目	2020 年度	2019 年度	2018 年度
投资活动现金流入小计	27 768 336 210.96	3 275 651 066.55	6 654 752 553.74
购建固定资产、无形资产和其他长期资产支付的现金	12 343 614 165.20	15 068 201 566.60	13 246 396 042.13
投资支付的现金	12 760 475 730.40	4 340 991 625.70	5 977 056 402.29
取得子公司及其他营业单位支付的现金净额	−1 422 513.09	−6 427 856.16	—
支付其他与投资活动有关的现金	16 864 017.29	2 977 331.19	2 910 513 292.10
投资活动现金流出小计	25 119 531 399.80	19 405 742 667.33	19 265 165 736.52
投资活动产生的现金流量净额	2 648 804 811.16	−16 130 091 600.78	−12 610 413 182.78
三、筹资活动产生的现金流量			
吸收投资收到的现金	—	—	—
子公司吸收少数股东投资收到的现金	—	—	—
取得借款收到的现金	62 422 098 535.16	69 659 982 105.95	57 442 984 308.40
收到其他与筹资活动有关的现金	1 921 647 447.24	0.00	0.00
发行债券收到的现金	1 491 500 000.00	—	—
筹资活动现金流入小计	66 165 063 380.48	69 871 863 456.06	57 666 069 046.80
偿还债务支付的现金	86 374 410 725.23	50 798 083 624.57	53 440 636 678.25
分配股利、利润或偿付利息支付的现金	5 356 022 090.67	6 912 378 714.40	4 523 729 900.65
子公司支付给少数股东的股利	—	—	—
支付其他与筹资活动有关的现金	2 868 833 680.10	2 868 833 680.10	0.00
筹资活动现金流出小计	96 515 792 364.00	60 579 296 019.07	60 833 166 578.90
筹资活动产生的现金流量净额	−30 350 728 983.52	9 292 567 436.99	−3 167 097 532.10
四、现金及现金等价物净增加额			
汇率变动对现金的影响	−59 021 345.38	−62 401 619.77	35 820 868.28
现金及现金等价物净增加额	−5 558 771 648.86	5 242 303 964.42	3 113 836 517.25
期初现金及现金等价物余额	13 180 223 388.65	7 937 919 424.23	4 824 082 906.98
期末现金及现金等价物余额	7 621 451 739.79	13 180 223 388.65	7 937 919 424.23
补充资料：			
1. 将净利润调节为经营活动的现金流量			
净利润	10 432 955 668.83	7 735 800 167.04	13 360 887 604.55
加：资产减值准备	2 084 099 983.65	350 302 590.67	187 685 600.66
固定资产折旧、油气资产折耗、生产性生物资产折旧	11 186 545 722.35	—	—
无形资产摊销	199 604 168.91	208 224 717.38	205 783 446.80
长期待摊费用摊销	17 729 337.01	9 532 660.28	31 272 485.15
待摊费用减少	—	—	—
预提费用增加	—	—	—
处置固定资产、无形资产和其他长期资产的损失	−8 911 231 072.81	159 966 895.88	123 700 730.69
固定资产报废损失	—	—	—
公允价值变动损失	12 975 596.11	7 305 654.37	−12 063 575.63
财务费用	370 518 327.08	13 478 973.19	759 194 635.36

（续表）

项　目	2020 年度	2019 年度	2018 年度
投资损失	−1 214 690 828.50	−630 470 730.12	−826 681 541.14
递延所得税资产减少	−837 846 305.66	−53 561 399.73	−80 701 316.25
递延所得税负债增加	11 893 153.28	68 341 855.89	104 116 054.03
存货的减少	2 459 971 298.38	244 515 920.26	−8 712 787 971.53
经营性应收项目的减少	−1 078 774 524.19	−5 080 365 872.74	−4 372 485 203.34
经营性应付项目的增加	7 468 423 344.44	−3 797 163 479.08	5 055 744 194.57
未确认的投资损失	—	—	—
其他	11 186 545 722.35	12 906 321 794.69	13 031 861 219.93
经营活动产生的现金流量净额	22 202 173 868.88	12 142 229 747.98	18 855 526 363.85
2. 债务转为资本	—	—	—
3. 一年内到期的可转换公司债券	—	—	—
4. 融资租入固定资产	—	—	—
5. 现金及现金等价物净增加情况			
现金的期末余额	7 621 451 739.79	12 899 442 675.29	7 887 919 424.23
减：现金的期初余额	12 899 442 675.29	7 887 919 424.23	4 724 082 906.98
现金等价物的期末余额	—	280 780 713.36	50 000 000.00
减：现金等价物的期初余额	280 780 713.36	50 000 000.00	100 000 000.00
现金及现金等价物净增加额	−5 558 771 648.86	5 242 303 964.42	3 113 836 517.25

根据W公司的财务资料，编写的W公司2020年度的财务分析报告如下。

一、利润分析

（一）利润总额

2020年实现利润为13 139 652 802.85元，与2019年的9 260 125 356.23元相比有所增加，增长41.87%；与2018年的17 076 233 030.47元相比有所下降，下降23.05%。利润主要来自内部经营业务，公司盈利基础比较可靠。利润变化情况如图4.6所示。

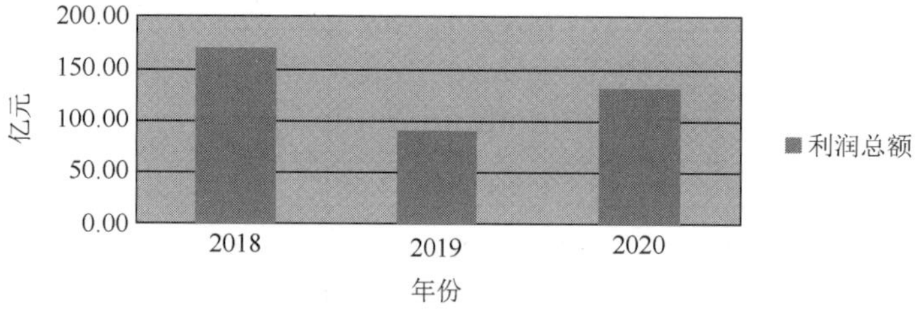

图4.6　利润变化情况

（二）主营业务的盈利能力

根据企业报表数据，参照表4.9，公司2020年主营业务收入净额191 135 536 828.10元，与2019年的222 504 684 693.73元相比有所下降，下降了14.10%；与2018年的202 149 152 364.77元相比有所下降，下降了5.45%。主营业务成本为176 879 358 812.58元，与2019年的203 040 720 884.79元相比有所下降，下降了12.89%；与2018年的177 816 743 212.39元相比有所下降，下降了0.53%。主营业务收入和主营业务成本同时下降，但主要业务收入下降幅度大于主营业务成本，表明公司主营业务盈利能力下降。

表 4.9　利润增减情况　　亿元

利润表	2018 年	2019 年	2020 年	2019 年横向分析	2020 年横向分析
营业收入	2 021.49	2 225.05	1 911.36	10.70%	−14.10%
营业成本	1 778.17	2 030.41	1 768.49	14.19%	−12.89%
销售费用	17.85	19.50	19.26	9.24%	−1.23%
财务费用	8.07	0.72	4.6	−91.08%	477.77%
管理费用	53.04	85.84	72.38	61.82%	-15.68%
资产减值损失	1.88	3.50	20.84	86.63%	494.95%
投资收益	8.27	6.31	12.15	−23.37%	92.66%
营业利润	166.66	88.39	35.97	−46.96%	−59.31%
利润总额	170.76	92.60	131.40	−45.77%	41.89%
所得税	37.15	15.24	27.07	−58.97%	77.57%
归属母公司所有者净利润	128.89	73.62	103.86	−42.88%	41.08%

（三）利润真实性判断

从报表数据来看，公司销售收入主要是现金收入，收入质量是可靠的。公司的实现利润主要来自营业利润。2018 年、2019 年和 2020 年实现的营业收入及营业利润情况如表 4.10 所示。

表 4.10　营业收入变化　　亿元

年　份	营业收入	营业利润
2018 年	2 021.49	166.66
2019 年	2 225.05	88.39
2020 年	1 911.36	35.97

根据上述数据，绘制营业收入和营业利润变化图，如图 4.7 所示。

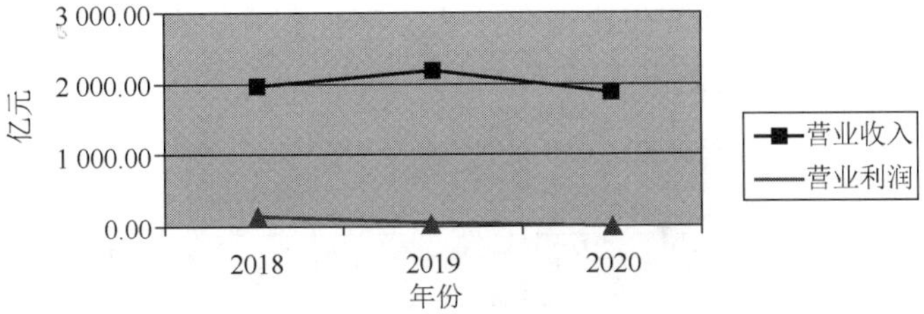

图 4.7　营业收入和营业利润变化情况

由图 4.7 可见，在市场份额迅速扩大的情况下，公司营业利润却有所下降，应注意在市场销售业绩迅速上升背后所隐藏的经营压力和风险。

二、成本费用分析

（一）成本构成情况

2020 年 W 公司营业总成本为 18 911 733 万元。其中，主营业务成本为 17 687 936 万元，占成本总额的 94%；销售费用为 192 562 万元，占成本总额的 1%；管理费用为 723 756 万元，占成本总额的 4%；财务费用为 41 568 万元，占成本总额的 0.22%。成本构成如图 4.8 所示。

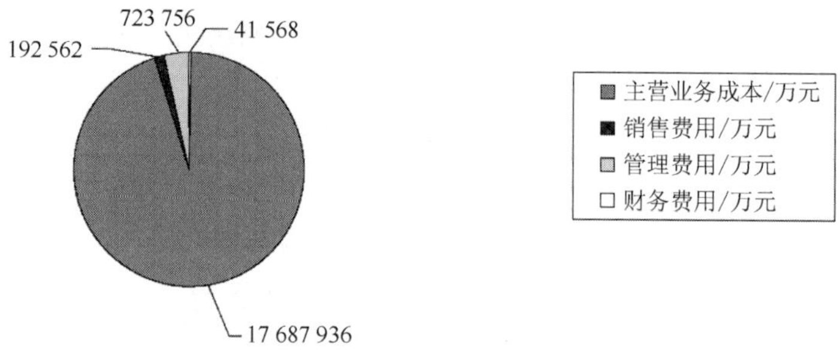

图 4.8　2020 年成本构成

（二）销售费用的合理性评价

销售费用变化情况如图 4.9 所示。2020 年销售费用为 192 562 万元，与 2019 年的 194 954 万元相比有较大幅度的下降，并且在收入下降情况下销售费用也有所下降，说明公司进行了销售费用控制，但此举也影响了公司的营业收入，公司销售活动效果一般。

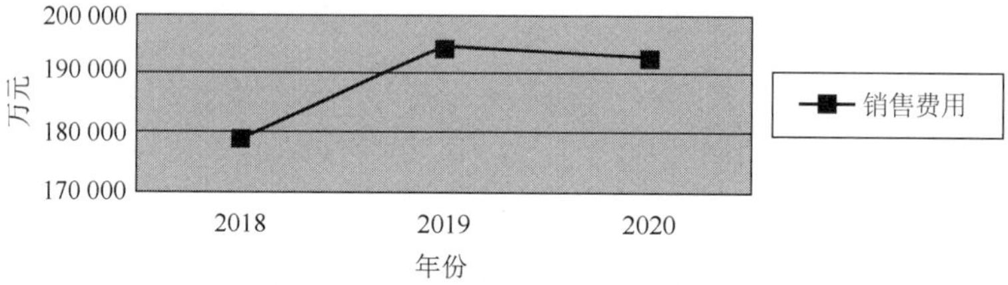

图 4.9　销售费用变化情况

（三）管理费用变化情况及合理性评价

管理费用变化情况如图 4.10 所示。2020 年管理费用为 723 756 万元，与 2019 年的 858 366 万元相比有较大下降，下降了 15.68%。2020 年管理费用占营业收入的比例为 3.79%，与 2019年的 3.86% 相比变化不大。管理费用与营业收入同步下降，且营业利润大幅度下降，因此要注意提高管理费用支出的效率。

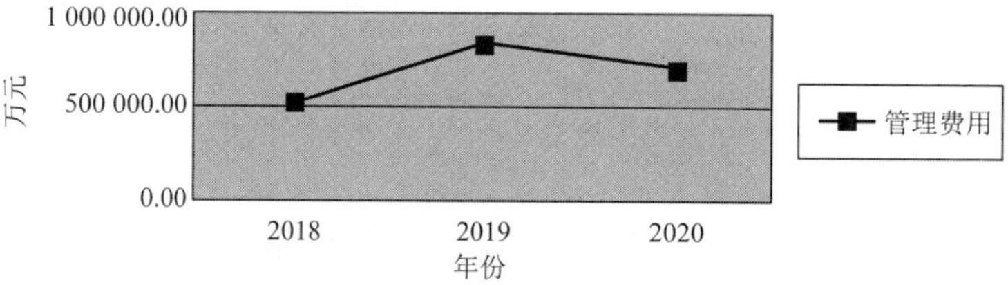

图 4.10　管理费用变化情况

三、资产分析

（一）资产构成情况

W 公司 2020 年资产总额为 21 435 730 万元，其中流动资产为 6 938 080 万元，主要分布在存货、应收款项、货币资金上，分别占公司流动资产合计的 41.50%、30.20%、12.74%。非流动资产为 14 497 650 万元，主要分布在固定资产、长期股权投资和无形资产上，分别占公司非流动资产的 54.80%、6.29%、4.24%。资产构成情况如图 4.11 所示。

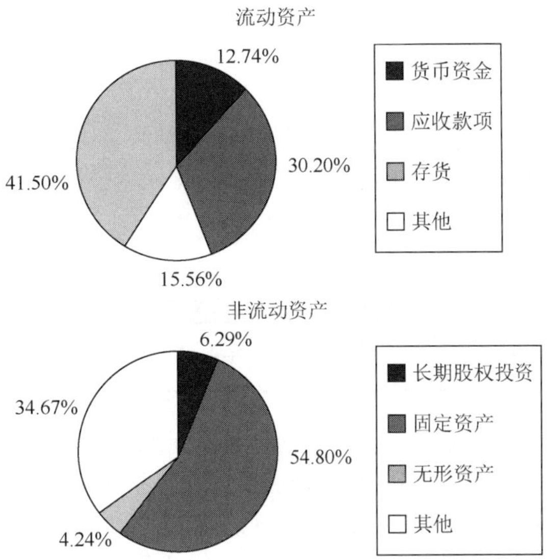

图 4.11　资产构成情况

如图 4.11 所示，公司生产加工环节占用的资金数额较大，约占公司流动资产的 41.50%，说明市场销售情况的变化会对公司资产的质量和价值带来较大影响，要密切关注公司产品的销售前景和增值能力。公司流动资产中被别人占用的、应当收回的资产数额较大，约占公司流动资产的 30.20%，应当加强应收款项管理，关注应收款项的质量。从资产构成来看，公司非流动资产所占比例较高，非流动资产的质量和周转率对公司的经营状况起决定性作用。

（二）资产的增减变化

2020 年总资产为 21 435 730 万元，与 2019 年的 23 109 974 万元相比变化不大，变化幅度为 7.24%。具体来说，以下项目的变动使资产总额增加：应收账款增加 155 830 万元，应收利息增加 93 673 万元；共计增加 249 503 万元。以下项目的变动使资产总额减少：预付款项减少 158 193 万元，其他应收款减少 9 977 万元，应收票据减少 4 480 万元，货币资金减少 553 903 万元；共计减少 726 553 万元。以上增加项和减少项相抵，使资产总额减少 447 050 万元。

四、偿债能力分析

（一）短期偿债能力

从支付能力来看，W 公司 2020 年的日常现金支付资金比较紧张，主要依靠短期借款。从发展角度来看，W 公司按照当前资产的周转速度和盈利水平，公司短期债务的偿还没有充足的资金保证。如表 4.11 所示，2020 年的流动比率为 0.84，与 2019 年的 0.80 相比变化不大。2020 年速动比率为 0.45，与 2019 年的 0.42 相比变化不大。

表 4.11　W 公司 2018—2020 年偿债能力指标

财务指标	2018 年度	2019 年度	2020 年度
流动比率	0.94	0.80	0.84
速动比率	0.42	0.42	0.49

（二）还本付息能力

从短期来看，公司经营活动的资金主要依靠短期借款，全部偿还短期债务本息会有一定困难。从盈利情况来看，公司盈利对利息的保障倍数为50.31倍。从实现利润和利息的关系来看，公司盈利能力较强，利息支付有保证。根据表4.12的数据，资产负债率变化情况如图4.12所示。可以看出，公司资产负债率2020年呈下降趋势，说明公司长期偿债能力逐渐增强。

表4.12　资产负债率对比

财务指标	2018年度	2019年度	2020年度
资产负债率	48.47%	50.90%	45.26%

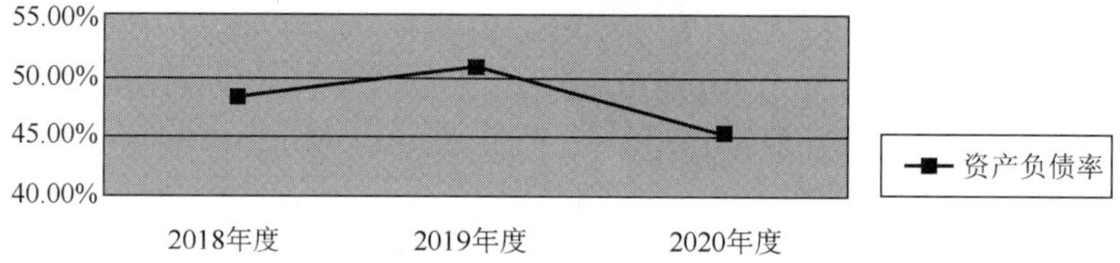

图4.12　资产负债率变化情况

五、盈利能力分析

W公司盈利能力财务指标计算如表4.13所示。

表4.13　盈利能力财务指标计算

财务指标	2018年	2019年	2020年
营业净利率	6.61%	8.86%	5.46%
营业利润率	8.24%	3.97%	1.88%
营业毛利率	12.04%	15.26%	7.30%
成本费用利润率	9.17%	4.31%	6.95%
总资产净利率	6.40%	3.46%	4.68%
净资产收益率	12.31%	7.02%	9.52%

（一）主营业务的盈利能力

如表4.13所示，W公司2020年的营业利润率为1.88%，总资产净利率为4.68%，净资产收益率为9.52%，成本费用利润率为6.95%。

（二）净资产收益率

如图4.13所示，2020年净资产收益率为9.52%，与2019年的7.02%相比有所上升，上升了2.50%。

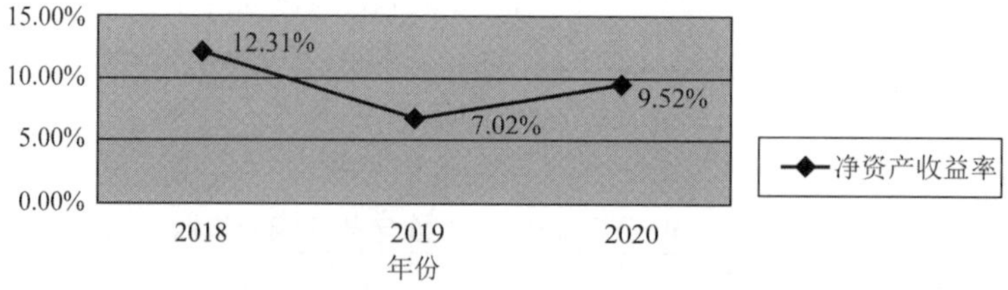

图4.13　净资产收益率变化情况

（四）总资产净利率

2020 年总资产净利率为 4.68%，与 2018 年的 3.46% 相比有所上升，上升了 1.22%。2020 年总资产净利率比 2019 年上升的主要原因是：2020 年净利润为 1 308 600 万元，与 2019 年的 736 200 万元相比有较大幅度上升，上升 41.08%。2020 年平均总资产为 21 435 730 万元，与 2019 年的 23 109 975 万元相比变化不大，变化幅度为 7.24%。

（五）成本费用利润率

2020 年成本费用利润率为 6.95%，与 2019 年的 4.31% 相比有所上升，上升了 2.64%。

六、营运能力分析

（一）存货周转天数

如图 4.14 所示，W 公司 2020 年存货周转天数为 67.35 天，2019 年为 66.86 天，2020 年比 2019 年增长 0.49 天。2020 年存货周转天数比 2019 年增长的主要原因是：2020 年平均存货为 2 879 088 万元，与 2019 年的 3 738 971 万元相比变化不大，变化幅度为 23%。2020 年主营业务成本为 17 687 936 万元，与 2019 年的 20 304 072 万元相比有较大下降，下降了 12.89%。平均存货下降速度快于主营业务成本的下降速度，致使存货周转天数增长。收入增长而存货没有多大变化，存货水平未出现不合理增长。

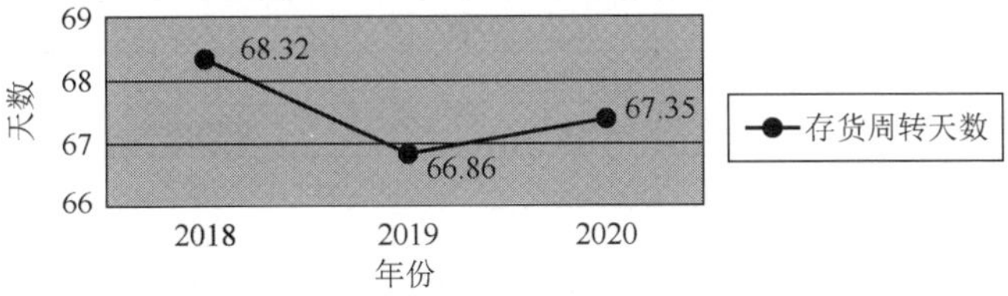

图 4.14 存货周转天数变化情况

（二）应收账款周转天数

如图 4.15 所示，W 公司 2020 年应收账款周转天数为 14.62 天，2019 年为 11.09 天，2018 年为 10.95 天。2020 年比 2019 年延长 3.53 天，2019 年比 2018 年延长 0.14 天，应引起关注。

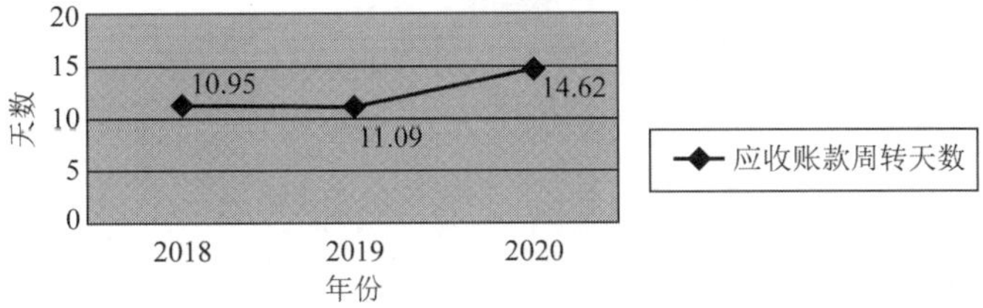

图 4.15 应收账款周转天数变化情况

（三）营业周期

如图 4.16 所示，W 公司 2020 年营业周期为 81.97 天，2019 年为 77.95 天，2020 年比 2019 年增长 4.02 天。从存货、应收账款、应付账款三者占用资金数量及其周转速度的关系来看，公司经营活动的资金占用有较大幅度的下降，营运能力明显提高。

（四）营运能力财务指标比较分析

如表4.14所示，2020年流动资产周转天数比2019年增加的主要原因是：2020年流动资产为6 938 080万元，与2019年的7 923 426万元相比变化不大，变化幅度为12.44%；2020年主营业务收入为19 113 554万元，与2019年的22 250 468万元相比有较大下降，下降了14.10%；流动资产下降速度慢于主营业务收入的下降速度，致使流动资产周转天数增加。

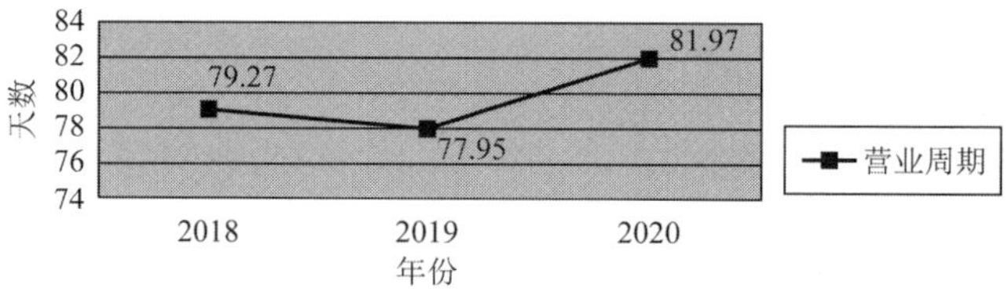

图4.16　营业周期变化情况

表4.14　2018—2020年营运能力财务指标比较

财务指标	2018年度	2019年度	2020年度
总资产周转率/次	0.97	1	0.86
总资产周转天数/天	371.48	361.81	418.6
流动资产周转率/次	3.33	3	2.75
流动资产周转天数/天	108.22	119.8	130.91
应收账款周转率/次	32.88	32.45	24.62
应收账款周转天数/天	10.95	11.09	14.62
存货周转率/次	5.27	6.7	5.35
存货周转天数/天	68.32	66. 86	67.35

如图4.17所示，W公司2020年总资产周转速度比2019年减慢，周转天数从361.81天增加到418.6天。公司在资产规模增加的同时，主营业务收入有较大幅度的增加，表明公司经营业务有较大幅度的扩张，总资产周转速度有较小幅度的下降。

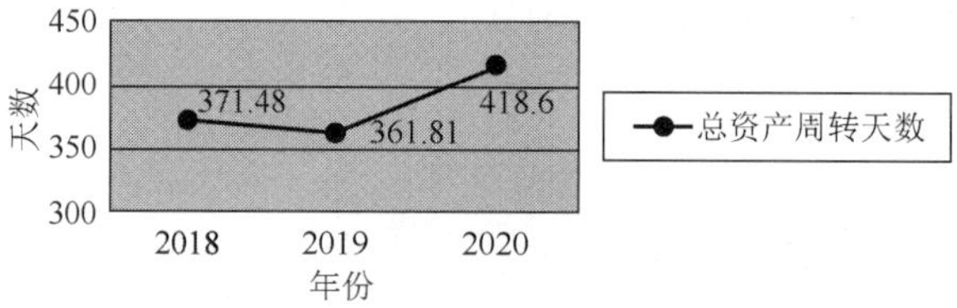

图4.17　总资产周转天数变化情况

七、发展能力分析

W公司2019—2020年发展能力指标如表4.15所示。

结合2019年和2018年的数据来看，2020年总资产增长率较2019年有明显下降趋势，净资产增长率较2019年有明显上升趋势，净利润增长率上升幅度比较大，但营业收入下降，需要引起重视。

表 4.15 W 公司 2019—2020 年发展能力指标

财务指标	2018 年度	2019 年度	2020 年度
营业收入/亿元	2 021	2 225	1 911
归属净利润/亿元	128.89	73.6	103.86
净资产（年末数）/亿元	1 113.42	1 134.70	1 173.42
总资产（年末数）/亿元	2 160.65	2 341.00	2 143.57
营业收入增长率/%		10.09	−14.11
净利润增长率/%		−42.89	41.11
净资产增长率/%		1.91	3.41
总资产增长率/%		6.91	−7.20

八、经营风险分析

（一）主要风险

宏观经济政策趋于收紧、经济增速趋缓等因素导致我国钢铁需求增速下降的风险正在出现。我国经济结构调整、产业升级和发展模式转型任重而道远，钢铁企业发展环境仍具有很多的不确定性。

国内钢铁市场供求矛盾依然突出，上游资源价格上升，钢铁企业成本压力继续加重，下游行业议价能力提高，国内钢铁企业受双重挤压，对公司稳定获利和效益提升形成制约和挑战。节能减排、环保压力依然很大。“十四五”期间，国家节能减排政策日趋严格，公司所在地政府对钢铁行业的环保提出更高的要求，社区居民的环保诉求仍将持续提高，对公司生产经营带来制约。

（二）对策与措施

面对复杂多变的国内外竞争环境，公司本着“居危思进”精神，在做好“微利时代”长期艰苦奋斗的准备的同时，坚定信心，坚持差异化经营，加强成本管理，把握机遇，确保公司持续的竞争优势，在逆境中实现新的跨越。公司将继续关注损益、资产使用效率和现金流量，围绕产品经营、成本改善、解决方案、精品开发、环境经营等战略主题，全面落实公司年度各项重点工作。

优化产品结构，提升成本竞争力，坚持服务领先，努力拓展差异化竞争优势，继续确保公司保持国内行业“业绩最优”地位。优化资产配置，巩固并强化公司在优质碳钢扁平材领域的领先地位，提升公司业绩。公司拟向控股股东出售不锈钢、特钢事业部的相关资产。资产出售后，公司将专注于碳钢领域产品发展，并进一步巩固竞争优势，继续将公司打造成“最具竞争力钢铁企业、最具投资价值的上市公司”。加强战略管理，完善运营管理，夯实基层基础管理；坚持以内涵发展为主的道路，落实新一轮规划各项战略举措；完善市场倒逼的长效机制，持续改善现有钢铁单元的竞争力；进一步完善公司的体系、流程及持续创新能力，不断增强公司核心竞争力。继续加强和完善公司的风险管理，提升公司抗风险能力。以营运资金风险、信用风险、原燃料市场价格波动风险、投资风险、协力风险、外汇及利率风险、市场贸易摩擦风险等重点风险为抓手，进一步完善风险管理策略和风险应对方案；发挥内控审计在重大风险领域的监督评价作用。

实务演练

案例资料：请根据本教材提供的 HS 公司有关资料（资产负债表、利润表、现金流量表、所有者权益变动表，参见表 2.2、表 2.21、表 2.46、表 2.59），撰写 HS 公司 2020 年度财务分析报告。

任务检测 4-4

在线自测

选择题

1．财务分析报告按其分析的内容范围分（　　）。

A．综合分析报告　　B．专题分析报告

C．简要分析报告　　D．定期分析报告

2．财务分析报告的资料内容有（　　）。

A．会计资料　　B．业务资料

C．对比资料　　D．其他资料

3．财务分析报告的使用者有（　　）。

A．企业的投资者　　B．企业的债权人

C．企业的经营者　　D．政府有关部门

实训 4-3　财务分析报告及其撰写

实训目标

明确财务分析报告的作用和特点，熟悉财务分析报告的结构，掌握报告的撰写步骤和要求，能根据搜集的相关资料进行企业财务分析，并撰写财务分析报告。

实训资料

1．如何撰写一篇有管理意义的财务分析报告

又到了一年中财务工作最繁忙的时候，除了结账、报税、预算、决算，还要写那些“食之无味、弃之可惜”的财务分析报告。财务分析报告该怎么写？如何撰写一篇有管理意义的财务分析报告呢？可以从以下两个层面分析。

第一，对于过往管理职能的财务分析。

在公司管理层面，过去一年公司的各项改进是否在财务层面有所反应？它们所反映出来的结果与一项管理举措的初衷是否吻合，是财务分析报告的一个重要内容。

需要反思我们的管理举措是否能达成之前的设想，而检验这一设想最有效也最直观的反映就是财务数据。例如，对部门内控流程进行了调整，那么各项资产损失的发生是否有所反映？关键成本是否有所节约？账款是否缩短了周期？例如，进行了短期借款融资，那么融资是否有效解决了流动资金的不足？再如，对厂房进行了改扩建，那么改扩建所需要的产量是否有明显提高，对销售订单的响应是否足够及时，这在存货管理及收入上均会有所反映。

如果没有达成我们的管理目标，还应具体分析原因，是管理目标错配，还是执行层面不到位，或者有其他因素造成这项管理措施没有真正起到作用。最后应该分析如何对以往的管理目标进行改善或调整，以满足最初的设计初衷。

第二，对于未来管理职能的财务分析。

在一年的终结，除了财务人员忙于结账，其实公司的管理层也在做第二年的工作计划，

而财务管理工作就是为了能让这些工作计划从财务层面予以落实。因此，在财务分析报告中，我们应该结合公司整体计划，对财务工作中的关键点予以分析:

例如，工作计划中，对于资金的调配工作，我们是否能予以配合，如果存在资金缺口，缺口有多大？应如何解决？这里还要说的是，财务分析报告不是提问题的报告，而是提供解决思路的报告。以资金问题为例，在分析这个问题的时候，需要结合公司的融资能力、还款压力、公司往来款账期予以分析，也就是明确如果要实现这样一个目标，我们需要在哪个方面予以调整？调整到什么程度可以满足这个目标？

再如，对于未来的销售业绩，不是简单地除以12个月就是次年的销售完成进度，财务工作者应该结合以往的销售淡旺季，对销售业绩波动的影响因素予以分析，甚至可以从账龄及资金成本来提供解决思路。

甚至对于公司未来的产业调整，也应该提供财务思路，即公司计划在对上下游进行并购或横向并购的时候，我们要从公司内部财务情况、被投资方是属于轻资产公司还是重资产公司，链条衔接后我们能有哪些明确的财务效益等方面提供解决思路。

只有在解决上述问题后，才算做了一次合格的财务分析报告！在这里要有一种假设，如果是老板或管理层，他们想看到的是一份什么样的报告？提出问题，还是解决问题？站在管理角度看财务，才是一个从事财务管理工作者应具备的素质，否则就是核数师。

资料来源：http://shuo.news.esnai.com.

2．RM公司2020年度财务报告分析

（1）RM公司2020年度财务数据

2021年4月17日晚，RM公司发布2020年度财务报告。报告显示，RM公司2020年度营业收入人民币7.08亿元，同比增长42%；归属于RM公司母公司的净利润人民币2.1亿元，同比增长50.78%；稀释每股收益为0.83元/股，同比增长23.88%。

（2）RM公司2020年度财务分析

1）营业收入项目

RM公司2020年度财务报告显示，年度总营业收入70 802万元，比上年增长42.38%。如图4.18所示，RM公司营业收入增长速度比上市前两年有所放缓。

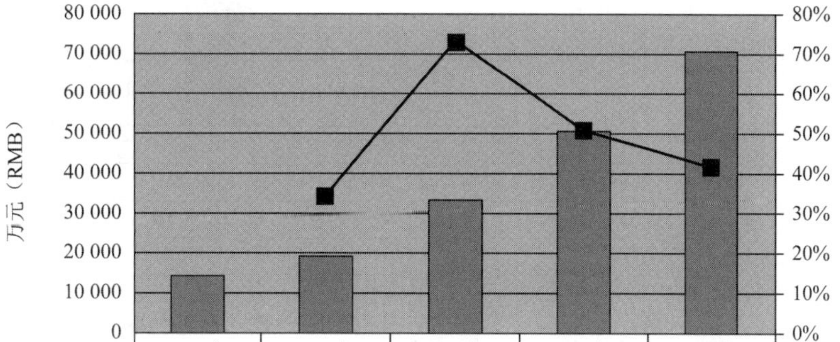

	2016年	2017年	2018年	2019年	2020年
营业收入	14 233	19 032	33 166	49 726	70 802
增长率		34%	74%	50%	42%

图4.18 RM公司历年总收入及增长率

根据 RM 公司公布的 2020 年度财务报告披露的其主要经营收入来源，很难确切地了解其市场化收入情况。从财务报告中的主营业务产品收入分类看，其收入主要来自四大类，即广告及宣传服务收入为 39 409 万元，同比增长 32.49%；信息服务收入为 18 004 万元，同比增长 28.7%；移动增值业务收入为 11 766 万元，同比增长 140.63%；技术服务收入为 1 623 万元，同比增长 47.16%。按地区收入计算，RM 公司 2020 年国内收入为 70 209.42 万元，同比增长 43.56%；国外收入为 592 万元，同比下降 27.98%。

图 4.19 显示按主营产品分类，各业务板块收入在总收入中的占比。但广告及宣传服务收入项目下，并无法知晓其市场化广告收入情况。

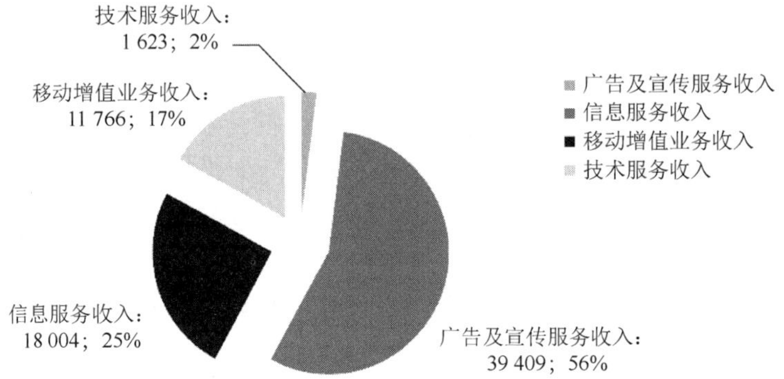

图 4.19　2020 年 RM 公司各项收入（单位：万元）及比重

从 RM 公司财务报告披露的各项主营业务收入及营业成本计算看，RM 公司各项业务的毛利率都较高，在国内新媒体行业中属于较好水平。图 4.20 至图 4.23 显示 2019 和 2020 年度 RM 公司各业务的毛利率数据：2020 年度广告及宣传服务收入的毛利率高达 67%；信息服务收入的毛利率为 64%；移动增值服务收入的毛利率相对略低，为 42%；技术服务收入的毛利率为 64%。

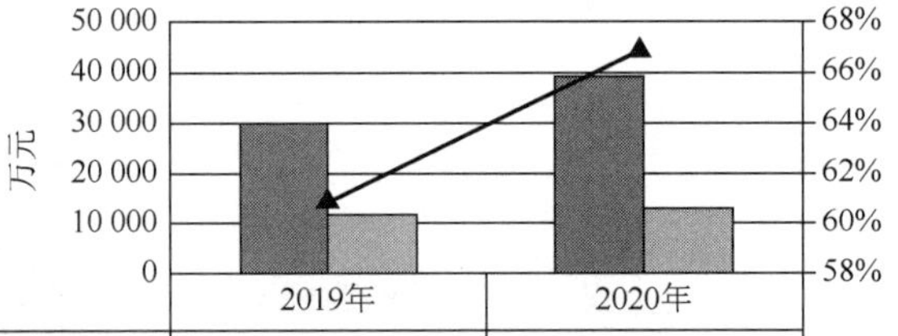

	2019年	2020年
广告及宣传服务收入	29 745	39 409
营业成本	11 592	12 899
毛利率	61%	67%

图 4.20　RM 公司广告及宣传服务收入及毛利率

2）成本费用项目

RM 公司 2020 年度营业总成本 49 617 万元，比上年增长 32.15%。其中，营业成本 26 766 万元，同比增长 37.3%。从图 4.24 看，2020 年 RM 公司营业总成本增长率较上年大幅度下降，营业总成本增长率远低于营业总收入增长率，结合 RM 公司历年 3 项主要费用数据（见图 4.25），可以看出，RM 公司营业总成本增长率下降，主要因为该公司实现了较多的利息收入，抵减了营业成本。

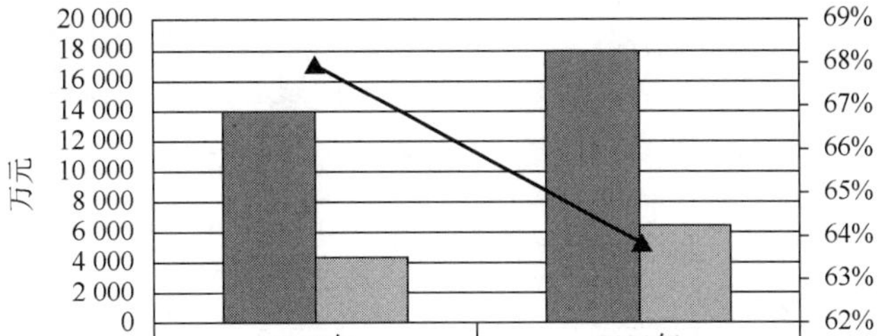

	2019年	2020年
信息服务收入	13 989	18 004
营业成本	4 423	6 435
毛利率	68%	64%

图 4.21　RM 公司信息服务收入及毛利率

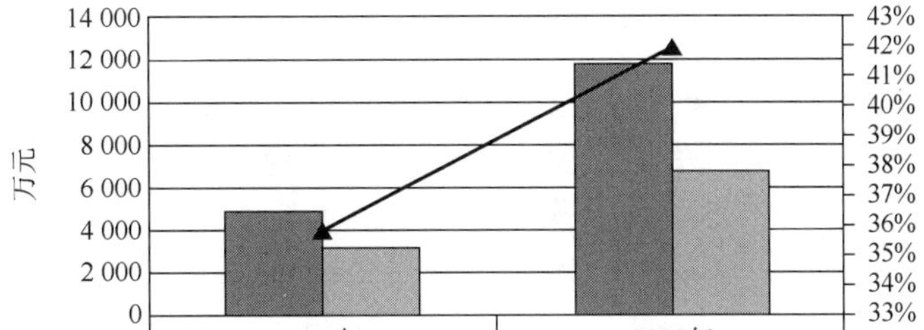

	2019年	2020年
移动增值业务	4 890	11 766
营业成本	3 119	6 851
毛利率	36%	42%

图 4.22　RM 公司移动增值业务收入及毛利率

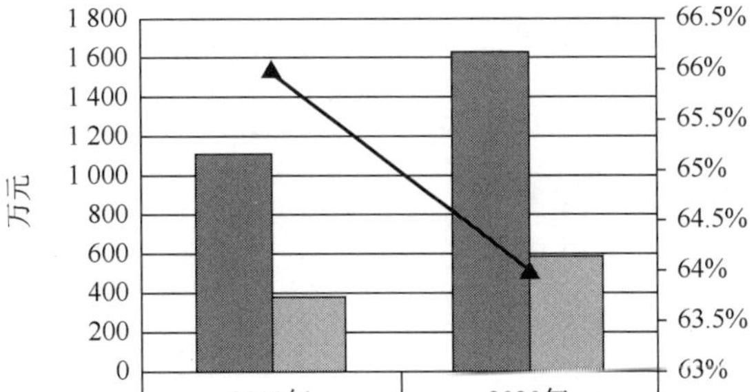

	2019年	2020年
技术服务收入	1 103	1 623
营业成本	377	581
毛利率	66%	64%

图 4.23　RM 公司技术服务收入及毛利率

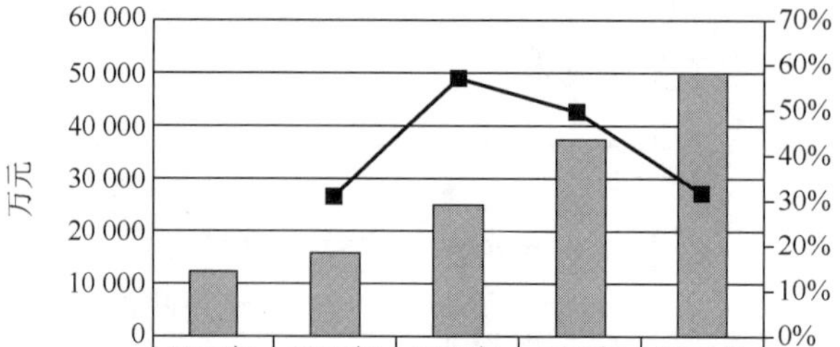

	2016年	2017年	2018年	2019年	2020年
营业总成本	12 264	16 053	25 258	37 547	49 617
增长率		31%	57%	49%	32%

图 4.24　RM 公司历年营业总成本及增长率

2020 年度，RM 公司主要费用项目有：税金及附加 3 226 万元，同比增长 10.4%；销售费用 14 984.7 万元，同比增长 58.69%；管理费用 8 769.9 万元，同比增长 25.9%；财务费用 −4 326 万元（表现为利息收入），同比增长 229.47%；资产减值损失 195.4 万元，增长率 404.9%。

图 4.25 显示，2020 年度 RM 公司财务费用同比增长 229%，这主要是 RM 公司 2020 年上市后所募集的巨额资金的利息收入所致。财务费用明细表显示，2020 年度利息收入约 4 360 万元，这在一定程度上平衡了营业总成本的增加额。

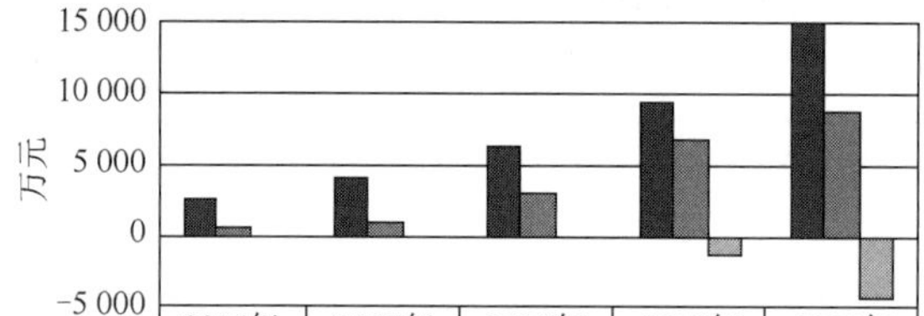

	2016年	2017年	2018年	2019年	2020年
销售费用	2 653	4 151	6 352	9 443	14 985
管理费用	596	1 032	3 086	6 966	8 770
财务费用	−15	−31	−120	−1 313	−4 326

图 4.25　RM 公司历年 3 项主要费用

3）毛利、运营利润、净利润

图 4.26 显示，RM 公司总体毛利率水平一直在稳步提升，说明 RM 公司盈利能力在稳步增强。

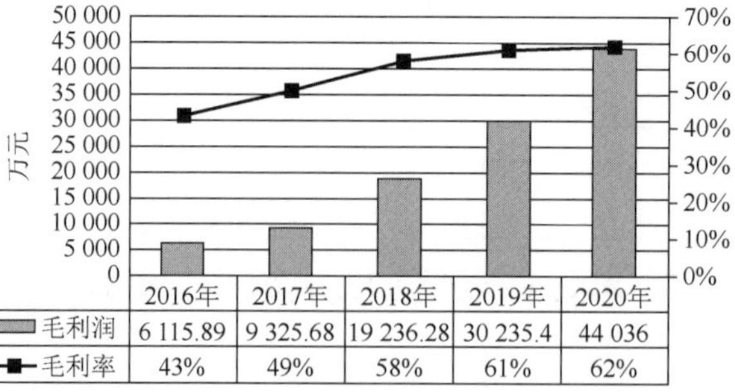

	2016年	2017年	2018年	2019年	2020年
毛利润	6 115.89	9 325.68	19 236.28	30 235.4	44 036
毛利率	43%	49%	58%	61%	62%

图 4.26　RM 公司历年毛利率及毛利润

图 4.27 显示了 RM 公司历年营业利润及增长率。2018 年度 RM 公司营业利润获得了 165%的增长率；2020 年度 RM 公司营业利润达 21 186 万元，增长率达 74%。这说明 RM 公司运营成本控制良好。

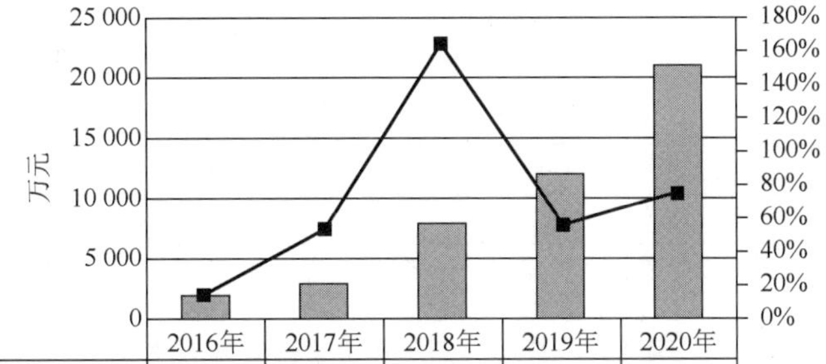

	2016年	2017年	2018年	2019年	2020年
营业利润	1 959	2 979	7 908	12 196	21 186
增长率	14%	52%	165%	54%	74%

图 4.27　RM 公司历年营业利润及增长率

图 4.28 显示，RM 公司净利润及净利润率在几年中稳定提升，目前也处于新媒体行业中较好水平。

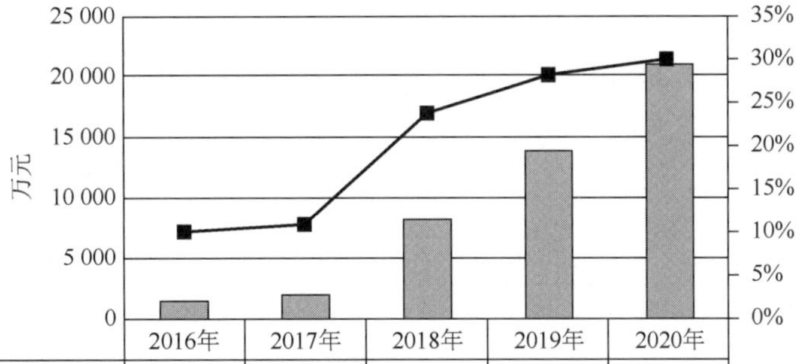

	2016年	2017年	2018年	2019年	2020年
净利润	1 447	2 154	7 976	13 948	21 031
净利润率	10%	11%	24%	28%	30%

图 4.28　RM 公司历年净利润及利润率

4）现金流及资本运营

图 4.29 显示了 RM 公司 2016—2020 年的现金流量净额数据。2020 年度 RM 公司经营活动产生的现金流量净额为 9 283 万元，比前两年大幅度减少。查看 RM 公司 2020 年上半年公布的财务报告，现金流量表显示其 2020 上半年经营活动产生的现金量净额约为−3 585 万元。

2020 年度 RM 公司投资活动的现金量净额为负值，从财务数据上看，RM 公司持续多年对企业进行资金注入，尤其是 2020 年度注入了 86 938 万元。但从年度财务报告公布的数据看，RM 公司动用的公司上市募集资金累计仅使用了 1 328 万元。目前 RM 公司现金及现金等价物约为 20.2 亿元。

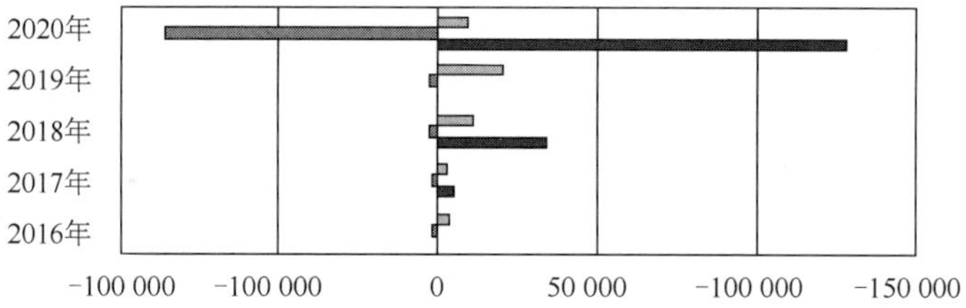

	2016年	2017年	2018年	2019年	2020年
经营活动的现金流量净额	3 347	2 422	10 855	10 078	9 283
投资活动的现金流量净额	-1 670	-2 228	-3 128	-2 749	-86 938
融资活动的现金流量净额		5 000	33 790	-237	128 351

图 4.29　RM 公司历年现金流量净额情况

RM 公司经过几年的改制、股权融资及公开上市融资，融得的大量资金还没有得到有效的利用，这是其资产周转率（见图 4.30）大幅度下降的主要因素。

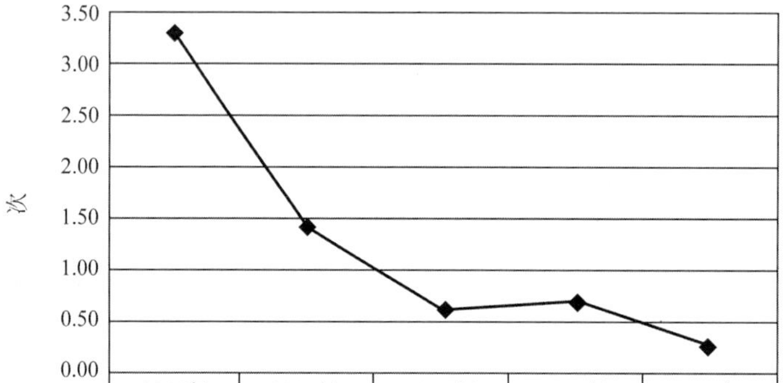

	2016年	2017年	2018年	2019年	2020年
资产周转率	3.3	1.44	0.6	0.72	0.32

图 4.30　RM 公司资产周转率

如图 4.31 所示，RM 公司资产利润率也有所下降，说明 RM 公司现在的投资回报率下降。

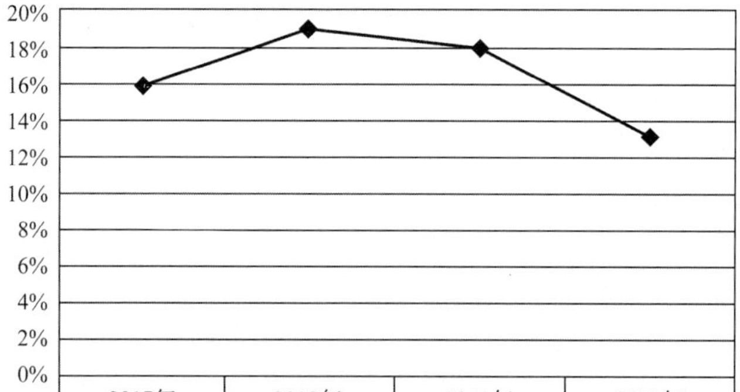

	2017年	2018年	2019年	2020年
资产利润率	16%	19%	18%	13%

图 4.31　RM 公司资产利润率

RM 公司 2020 年 4 月在 A 股上市。从 2020 年度财务报告看，RM 公司作为国家重点新闻网站运营情况良好。希望能从市场战略上了解 RM 公司进一步的举措。

资料来源：央视国际网络.

3．X 集团有限公司

X 集团有限公司（以下简称 X 公司）是 20 世纪 50 年代初由几家公司联合组建而成的，1998 年改制，现有职工 30 000 多人。X 公司是一个产业多元化发展的企业，它以生产经营浓香型白酒及其系列酒和相关辅助产品为主营业务，同时也兼营饮料、药品、水果种植、进出口业务、物业管理等。

X 公司 2018—2020 年度主要财务报表资料如表 4.16 至表 4.18 所示。

表 4.16 资产负债表

万元

项 目	2020 年 12 月 31 日	2019 年 12 月 31 日	2018 年 12 月 31 日
流动资产：			
货币资金	754 359	592 540	406 077
交易性金融资产	2 371	809	809
应收票据	184 213	60 175	52 394
应收账款	10 276	517	679
预付款项	19 569	4 546	762
应收利息	2 934	5 282	4 322
其他应收款	6 886	2 594	2 759
存货	347 684	207 693	180 587
流动资产合计	1 328 292	874 155	648 389
非流动资产：			
长期股权投资	2 998	2 747	2 639
固定资产	693 593	433 438	467 066
在建工程	21 846	32 772	32 290
无形资产	30 809	6 090	6 249
商誉	162	0	0
长期待摊费用	6 636	0	0
递延所得税资产	574	439	532
非流动资产合计	756 617	475 487	508 776
资产总计	2 084 909	1 349 642	1 157 165
负债及所有者权益：			
应付账款	23 907	3 808	3 031
预收款项	437 627	105 292	71 159
应付职工薪酬	4 171	3 748	19 336
应交税费	104 611	82 780	94 173
应付股利	22 063	0	0
其他应付款	33 996	8 420	6 593
流动负债合计	626 375	204 048	194 291
长期应付款	100	0	250
递延所得税负债	388	0	0
非流动负债合计	488	0	250
负债合计	626 863	204 048	194 541
实收资本	379 597	379 597	379 597
资本公积	95 320	95 320	95 320

（续表）

项　目	2020 年 12 月 31 日	2019 年 12 月 31 日	2018 年 12 月 31 日
盈余公积	231 889	198 520	180 374
未分配利润	720 696	464 570	301 647
所有者权益合计	1 458 046	1 145 594	962 624
负债和所有者权益总计	2 084 909	1 349 642	1 157 165

表 4.17　利润表

万元

项　目	2020 年度	2019 年度	2018 年度
一、营业总收入	1 112 922	793 307	732 856
营业收入	1 112 922	793 307	732 856
二、营业总成本	656 119	550 352	514 815
营业成本	386 066	361 807	337 798
税金及附加	79 859	56 575	58 263
销售费用	116 415	89 083	78 276
管理费用	83 897	58 899	49 794
财务费用	−10 973	−15 995	−9 223
资产减值损失	855	−17	−93
三、营业利润	458 667	243 113	218 342
加：营业外收入	2 072	145	189
减：营业外支出	181	3 342	696
非流动资产处置损失	63	263	058
四、利润总额	460 559	239 916	217 835
减：所得税费用	113 892	56 946	70 556
五、净利润	346 667	182 970	147 278

表 4.18　现金流量表

万元

项　目	2020 年	2019 年	2018 年
一、经营活动产生的现金流量：			
销售商品、提供劳务收到的现金	1 512 050	951 452	907 798
收到的税费返还	2 697	0	0
收到其他与经营活动有关的现金	25 702	16 149	7 420
经营活动现金流入小计	1 540 449	967 602	915 218
购买商品、接受劳务支付的现金	352 204	353 785	318 699
支付给职工以及为职工支付的现金	112 735	89 505	69 219
支付的各项税费	316 546	215 546	255 150
支付其他与经营活动有关的现金	153 563	111 503	105 595
经营活动现金流出小计	935 048	770 338	748 663
经营活动产生的现金流量净额	605 401	197 264	166 555
二、投资活动产生的现金流量：			
收回投资收到的现金	0	0	60
取得投资收益收到的现金	50	50	339
处置固定资产、无形资产和其他长期资产收回的现金额	31	336	146
收到其他与投资活动有关的现金	311	0	0
投资活动现金流入小计	392	386	545
购建固定资产、无形资产和其他长期资产支付的现金	98 516	10 937	24 881

（续表）

项　目	2020 年	2019 年	2018 年
投资支付的现金	320	0	0
取得子公司及其他营业单位支付的现金净额	326 946	0	0
支付其他与投资活动有关的现金	310	0	0
投资活动现金流出小计	426 092	10 937	24 881
投资活动产生的现金流量净额	−425 700	−10 551	−24 335
三、筹资活动产生的现金流量：			
吸收投资收到的现金	11	0	1 500
其中：子公司吸收少数股东投资收到的现金	11	0	1 500
筹资活动现金流入小计	11	0	1 500
分配股利、利润或偿付利息支付的现金	18 980	0	16 268
支付其他与筹资活动有关的现金	250	250	0
筹资活动现金流出小计	19 230	250	16 268
筹资活动产生的现金流量净额	−18 130	−250	−14 768
四、汇率变动对现金及现金等价物的影响	0	0	0
五、现金及现金等价物净增加额	161 571	186 463	127 451
加：期初现金及现金等价物余额	592 540	406 077	278 626
六、期末现金及现金等价物余额	754 359	592 540	406 077

实训要求

（1）请在互联网上浏览沪市、深市上市公司的年度财务报告及有关信息。

（2）根据 RM 公司资料，结合财务分析报告撰写的要求，谈谈 RM 公司财务分析报告的优缺点及改进建议。

（3）根据 X 公司资料，撰写 X 公司 2020 年度财务分析报告。

提示：报告需要包括以下几方面内容。

（1）行业情况及公司情况

① 公司所处的行业发展概况。

② 公司基本情况。

③ 公司总体财务状况。

（2）偿债能力分析

（3）资产营运能力分析

（4）盈利能力分析

（5）存在的问题及改进措施

（4）以小组为单位完成以下分析内容。

① 搜集某上市公司近 3 年的财务报表。

提示：所分析公司年度报告与同行业先进企业年报可至上海证券交易所——上证所公告、上市公司信息、定期报告（http://www.sse.com.cn）或巨潮资讯（http://www.cninfo.com.cn）分别寻找。

② 计算该上市公司主要的财务比率。

③ 采用杜邦财务分析体系进行综合分析。

④ 撰写该上市公司 2020 年度财务分析报告。

项目习题

一、单项选择题

在线自测

1. 可持续发展财务分析体系的核心指标是（　　）。

A. 权益乘数　　B. 1－股利支付率
C. 净资产收益率　　D. 可持续发展比率

2. 在杜邦财务分析体系的第一层次分解中，将（　　）分解为营业净利率和总资产周转率两个因素的乘积。

A. 权益乘数　　B. 净资产收益率　　C. 总资产净利率　　D. 可持续发展比率

3. 总资产和净资产的比率是（　　）。

A. 权益乘数　　B. 净资产收益率　　C. 总资产净利率　　D. 可持续发展比率

4. 可持续发展比率指标是净资产收益率和（　　）的乘积。

A. 权益乘数　　B. 1－股利支付率　　C. 总资产净利率　　D. 可持续发展比率

5. （　　）越大，可持续发展比率越低。

A. 营业净利率　　B. 总资产周转率　　C. 权益系数　　D. 股利支付率

6. 一般情况下，综合经济指数达到（　　），说明企业经营总体水平达到了标准要求。

A. 90%　　B. 100%　　C. 80%　　D. 60%

二、多项选择题

1. 杜邦财务分析体系是利用各个主要财务比率之间的内在联系，将反映企业（　　　）的比率形成一个完整的指标体系，最终通过（　　　）这一核心指标来全面、系统、综合地反映企业的财务状况。

A. 发展能力　　B. 偿债能力　　C. 盈利能力　　D. 营运能力
E. 净资产收益率

2. 杜邦财务分析体系包含两大层次，分别对（　　　）进行分解。

A. 总资产净利率　　B. 权益乘数　　C. 净资产收益率　　D. 营业净利率
E. 总资产周转率

3. 可持续发展财务分析体系以可持续发展比率为核心，将反映企业（　　　）的指标联系在一起，使财务分析的方法体系更加完善。

A. 发展能力　　B. 偿债能力　　C. 盈利能力　　D. 营运能力
E. 净资产收益率

4. 净资产收益率可以分解为（　　　）因素的乘积。

A. 营业净利率　　B. 总资产周转率　　C. 权益乘数　　D. 1－股利支付率
E. 存货构成

5. 绩效评价结果以评价得分和评价类型加评价级别表示，评价类型包括（　　　）。

A. 优　　B. 良　　C. 中　　D. 低　　E. 差

三、判断题

1. 杜邦财务分析体系最终通过净资产收益率这一核心指标来全面、系统、直观地反映企业的财务状况。（　　）

2. 净资产收益率可以分解为总资产周转率和权益乘数的乘积。（　　）

3. 营业净利率也是杜邦财务分析体系的重要内容，而且属于第二层次的分解内容。（　　）

4. 权益乘数最大，净资产收益率越高，财务风险越小。（　　）

5. 可持续发展财务分析体系是对杜邦财务分析体系的发展与完善。（　　）
6. 可持续发展财务分析体系的核心是净资产收益率。（　　）
7. 可持续发展比率的高低取决于净资产收益率和股利支付率两个因素。（　　）

四、计算分析题

1. 某公司净资产收益率指标资料如表 4.19 所示。

表 4.19　相关财务指标资料　　万元

项　目	上　年	本　年
平均总资产	46 780	49 120
平均净资产	25 729	25 051
营业收入	37 424	40 278
净利润	3 473	3 557

要求：根据以上资料，按杜邦财务分析体系对净资产收益率变动原因进行分析。

2. 某公司有关财务指标资料如表 4.20 所示。

表 4.20　相关财务指标资料　　万元

项　目	上　年	本　年
平均总资产	68 520	74 002
平均净资产	41 112	40 701
营业收入	51 390	57 722
净利润	3 083	3 215
现金股利支付额	1 233	1 125

要求：根据以上资料，按可持续发展财务分析体系对可持续发展比率变动原因进行分析。

参考文献

[1] 财政部会计资格评价中心. 初级会计实务（2019）[M]. 北京：中国财政经济出版社，2019.

[2] 财政部会计资格评价中心. 中级会计实务（2019）[M]. 北京：经济科学出版社，2019.

[3] 财政部会计资格评价中心. 财务管理（2019）[M]. 北京：中国财政经济出版社，2019.

[4] 中国注册会计师协会. 财务成本管理（2019）[M]. 北京：中国财政经济出版社，2019.

[5] 张先治，陈友邦. 财务分析[M]. 大连：东北财经大学出版社，2019.

[6] 张先治，陈友邦，秦志敏. 财务分析习题与案例[M]. 大连：东北财经大学出版社，2019.

[7] 张新民，王秀丽. 财务报表分析[M]. 北京：高等教育出版社，2016.

[8] 张新民，钱爱民. 财务报表分析[M]. 北京：中国人民大学出版社，2019.

[9] 钱爱民，张新民. 财务报表分析：案例分析与学习指导[M]. 北京：中国人民大学出版社，2020.

[10] 苏布拉马尼亚姆. 财务报表分析[M]. 宋小明，谢盛纹，译. 北京：中国人民大学出版社，2015.

[11] 袁天荣. 财务分析[M]. 北京：中国财政经济出版社，2018.

[12] 刘姝威. 上市公司虚假会计报表识别技术[M]. 北京：机械工业出版社，2011.

尊敬的老师：

您好。

请您认真、完整地填写以下表格的内容（务必填写每一项），索取相关图书的教学资源。

教学资源索取表

<table>
<tr><td colspan="2">书　名</td><td colspan="3"></td><td>作者名</td><td></td></tr>
<tr><td colspan="2">姓　名</td><td></td><td>所在学校</td><td colspan="3"></td></tr>
<tr><td colspan="2">职　称</td><td></td><td>职　务</td><td></td><td>职　称</td><td></td></tr>
<tr><td rowspan="2">联系方式</td><td>电　话</td><td colspan="2"></td><td>E-mail</td><td colspan="2"></td></tr>
<tr><td>QQ号</td><td colspan="2"></td><td>微信号</td><td colspan="2"></td></tr>
<tr><td colspan="2">地址（含邮编）</td><td colspan="5"></td></tr>
<tr><td colspan="3">贵校已购本教材的数量（本）</td><td colspan="4"></td></tr>
<tr><td colspan="2">所需教学资源</td><td colspan="5"></td></tr>
<tr><td colspan="2">系/院主任姓名</td><td colspan="5"></td></tr>
</table>

系 / 院主任：＿＿＿＿＿＿＿＿（签字）

（系 / 院办公室公章）

20＿＿年＿＿月＿＿日

注意：

① 本配套教学资源仅向购买了相关教材的学校老师免费提供。

② 请任课老师认真填写以上信息，并请系 / 院加盖公章，然后传真到（010）80115555 转 718438 索取配套教学资源。也可将加盖公章的文件扫描后，发送到 fservice@126.com 索取教学资源。欢迎各位老师扫码关注我们的微信号和公众号，随时与我们进行沟通和互动。

③ 个人购买的读者，请提供含有书名的购书凭证，如发票、网络交易信息，以及购书地点和本人工作单位来索取。

微信号

公众号